nunquam retrorsum

Gerhard Volråler

17. August 2017

# GERHARD SCHRÖDER

# 게르하르트 슈뢰더 자서전
## 문명국가로의 귀환

김소연(감수) · 엄현아 · 박성원 옮김
김택환 해제

# GERHARD
# SCHRÖDER

메디치

이 책을 집필하는 일은 나에게 대단한 도전이면서 동시에 큰 소득이었다. 역사의 격랑에서 잠시 벗어나 뒤를 되돌아보는 시간이었다. 일부는 오래전에 잊었고 일부는 애써 잊고자 했던 기억을 끄집어내어 다시 한 번 더듬어보는 계기가 되었다.

어떤 순간에서는 왜 그 노선을 그토록 고집했는지 그 시점으로 돌아가 생각해보기도 하고, 또 어떤 선택의 갈림길에서는 왜 본능적으로 그 꺾어진 길을 선택하면서 다른 길을 찾으려고 하지 않았는지 반추해보는 시간이었다. 그때 내린 결정들이 어떤 결과로 이어졌는지 알고 있는 지금에 와서는 그 결과가 당시에 의도한 것과 잘 맞아떨어졌는지, 목표에는 도달했는지를 점검해볼 수 있었다. 요컨대 정치가로서 살면서 일상의 압박이나 시간에 쫓겨 불가능했던 일들을 내 시간을 마음껏 누릴 수 있는 지금에 와서 만회할 수 있게 된 것이다. 시간적 거리를 두고 보면 전후 사정을 더 잘 파악할 수 있고 비로소 그에 대한 판단을 내릴 수 있다.

나는 이 책에서 주로 7년에 걸쳐 이루어진 독일 적녹연정(사민당-녹색당

연립정부)의 정책과 그 이전의 이야기를 다루었다. 이 시기에 대해서는 특히 시대를 관찰하는 일을 직업으로 하는 사람들이 쓴 글이 많이 있겠지만, 그런 글들은 대체로 당사자 개인의 생각과 결정 과정을 서술해놓았기에 시각이 제한적일 수밖에 없다.

나는 이들 정치적 사건이 발생하고 나서 1년쯤 지난 뒤에 나의 개인적인 해석을 제시하여 이 시기에 대한 총체적이고 객관적인 평가를 하는 데에 중점을 두었다. 그러면서도 모든 사건을 하나하나 기억해 불러내지는 않았다. 나뿐만 아니라 내 동료와 동반자들에게 적지 않은 결정력과 용기 그리고 관철 능력과 단호함을 요구한 중요한 정치적 사건들과 그 진행 과정을 중점적으로 다루었다. 우리가 결정해야 했던 수많은 이슈와 문제 중에서도 그 결정이 직접적인 기회였을 뿐만 아니라 미래의 운명까지도 좌우하는 일들만을 선별해보았다.

2006년에 이 책이 출판되고 11년이 흘렀다. 총리라는 직책과 일정에 얽매이지 않고 세계 여러 곳을 방문하며 좀 더 자유로운 관점으로 현상을 관조하고 사람과 문화를 접하는 시간이었다. 그중 한국은 특별한 기억으로 남는 나라다. 총리 퇴임 이후 많은 나라로부터 강연 초청을 받았지만, 내 나름의 원칙과 소신에 따라 모든 초청에 응하지는 않았다. 하지만 한국의 초청은 내 사정이 허락하는 한 기꺼이 응했고, 기쁘게 방문했다. 바로 세 가지 이유에서다.

첫 번째 이유는 무엇보다 두 나라가 공유하고 있는 가슴 아픈 분단의 역사 때문이다. 독일은 한국이 느끼는 분단의 아픔을 가장 잘 공감할 수 있는 나라다. 아울러 나는 한국이 일본의 점령과 남북한 간의 전쟁이라는 역사의 멍에로부터 완전히 벗어나지 못하고 있는 현실을 안타깝게 생각한다. 잘못된 역사는 분명하게 바로잡아야 한다.

전 세계 많은 이에게 제2차 세계대전에 대한 독일의 사과는 아마도 1970년 빌리 브란트 총리가 1943년에 발생한 바르샤바의 게토 봉기 희생자 기념비 앞에서 무릎 꿇은 장면으로 기억될 것이다. 바르샤바에서는 그다음 해인 1944년 나치 독일에 항거해 규모가 더 큰 봉기와 함께 잔악한 진압이 있었다. 이 과정에서 폴란드인이 수십만 명 사망했다. 나는 2004년 8월 바르샤바 봉기 60주년을 맞아 전 세계가 지켜보는 가운데 이 도시를 방문해 다시 한 번 사과했다. 폴란드 그단스크 출신의 귄터 그라스와 폴란드 애호가인 리하르트 폰 바이체커 전 연방대통령이 이 역사적인 자리에서 내가 할 말을 조언해주었다. 그 연설에서 나는, 베를린에 '국제 추방 반대센터'를 만들려는 독일 내 우파들의 행동에 반대의 뜻을 밝혔고, 폴란드와 독일 대통령이 제안하는 유럽 네트워크 설치에 협력하겠다고 밝혔다. 그날 연설을 들은 사람들은 내가 "과거의 힘든 시련에 대한 기억이 우리를 다시 갈라놓는 것이 아니라 묶어주는 역할을 해야 한다"라고 말한 것을 기억할 것이다.

독일은 1990년 분단을 극복하고 통일 국가를 이루었다. 갑작스런 통일에 따른 정치적·경제적·사회적 혼란을 극복하는 일은 생각보다 쉽지 않았다. 무엇보다 독일 국민들은 통일 이후 독일이 국제사회에서 좀 더 확대되고 우호적인 역할을 수행해야 한다는 마음의 준비가 되어 있지 않았다. 내가 총리가 되었을 때 독일은 정치적으로는 양대 이념의 대결기에 서방 측 전진기지로서 누려온 협소한 위치에 머물러 있었고, 경제적으로는 통일 이후 8년간의 인위적 호황에 취해 있었다. 이를 하나하나 개선해 냉전 시대의 어둡고 낡은 독일이 아니라 문명화된 민족공동체로 귀환한 독일을 입증하는 게 나의 책무였다.

나는 한국도 당장의 남북 간 대치를 풀고 미국과 중국, 러시아, 일본이

얽힌 가운데 동북아에서 평화를 만들어내는 데 힘써야 하는 것은 물론이고, 무엇보다 통일 이후 새로운 동북아, 한반도의 정세를 예측하고 이에 걸맞은 문명화된 통일 한국의 모습을 미리 설계하기를 권하고 싶다. 준비 없이 변화는 없다.

두 번째는 '어젠다 2010'에 관한 이야기다. 내가 총리로 취임했던 1998년은 한국에서 평화로운 정권 교체와 더불어 외환위기가 닥쳐 온 국민이 국난을 극복하려는 염원으로 개혁을 시작했던 시기이고, 독일에서도 정권 교체와 더불어 그동안 적체된 통일의 여러 후유증이 본격화된 위기의 시기였다. 500만이 넘는 기록적 실업과 눈에 보이지 않는 동서독 국민들의 마음속 장벽, 사회복지 국가의 위기 등으로 독일은 '유럽의 병자'라는 소리를 듣기에 이르렀다.

내가 하르츠 개혁, 즉 '어젠다 2010'에 집중하게 된 것은 일반적인 대책으로는 통일로 인한 경제사회적 후유증이 치유되기 어렵다는 판단 때문이었다. 당시 독일은 1,800만 명의 동독인이 새로이 독일 국민에 포함되었음에도 과거의 사회보장정책, 고용노동정책, 산업정책을 그대로 쓰고 있어 체제 능력의 한계점을 보이기 시작했다. 외교와 안보에서 독립적인 독일이 되려면 탄탄한 경제력이 뒷받침되어야 하며, 이는 곧 경제정책과 사회정책에서 좀 더 유연한 제도의 도입을 의미했다. 2003년 6월 1일의 사민당 특별 전당대회에 제안된 어젠다 2010의 표제가 '혁신, 성장, 일, 지속 가능성'인 것은 이러한 시대적 배경을 담고 있다.

2002년 9월 박빙의 선거 승리로 제2기 적녹연정을 수립한 후 나는 연말까지 경제노동부장관, 사민당 원내대표, 연정 파트너인 요슈카 피셔 외무장관 등과 내부 토론을 많이 했다. 우리는 이 자리에서 서독 정부 수립 후 50년간 손보지 않은 사회보장 시스템 등 현 제도로는 독일의 재도약을 기대할 수 없다고 결론지었다. 시대를 앞서가지 못하면 시대에 잡아먹힌다는 위기감이 분명 있었다. '독일이 과연 개혁 능력이 있는가.' 박빙의 선거 끝에 막 재집권한 정부로서는 스스로 시작한 도박이었다.

2003년은 어젠다 2010을 제도로 정착시키기 위한 첫해였다. 나는 사민당의 지역별 콘퍼런스를 포함해 수많은 회합에서 어젠다 2010을 이해시키기 위해 여러 시간씩 설명에 나섰다. 한국의 독자들에게 지나간 독일 정치를 다 얘기하기는 힘들다. 어쨌든 시대의 과제를 피하지 않았고, 뜻을 같이하는 동지들이 있었고, 한번 발표한 정책은 끝까지 최선을 다해 설명한 결과 어젠다 2010은 법으로 채택되었다. 독일은 책임감과 능력이 있는 나라로 다시 거듭났다.

마지막 세 번째는 갈등 현안의 사회적 타결에 대해서다. 2000년 6월의 원자력발전소를 단계적으로 폐쇄하는 내용의 핵합의 타결과 관련해서도 독일의 경험은 한국에 시사하는 바가 있다고 생각한다. 우리는 이를 녹색당과의 연립정부 내에서 협의했고, 이어 에너지 공급사들과 다시 협의했다. 이해 당사자를 모두 참여시켜 합의를 만드는 것은 시간도 많이 걸리고 과정도 힘든 어려운 일이다. 그러나 정치가는 바로 이런 일을 하라고 있는 존재다.

핵합의 타결 후 원자력에 반대하는 사람들은 이 협상이 충분하지 않다고, 찬성하는 사람들은 너무 지나치다고 보았다. 그러나 우리는 이 협의로 연방정부와 에너지 공급사 간의 합의 말미에 "(전략) 우리 에너지 공급사들은 핵에너지에서 전력을 생산하는 일을 순차적으로 종료하려는 독일 연방정부의 결정을 존중한다"라는 의미심장한 구절을 넣을 수 있었다. 원자력발전소를 더는 짓지 않고, 이후 시효가 만료된 발전소는 문을 닫는다는 공식 합의가 있었기에 탈원전정책에 대한 기민당의 철회 시도에도 불구하고 독일은 2011년 일본 후쿠시마 원전 사고 이후 안정적으로 원전 폐쇄로 나아갈 수 있었다. 우리가 하고자 하는 일이 시대 흐름에 맞고, 진정한 의지가 있다면 협상에 드는 시간과 노력은 즐겁게 받아들일 수 있어야 한다.

나는 한국을 방문하면서 한국이 언젠가 다가올 통일을 준비하는 과정에서 내가 독일 총리로서 맞닥뜨렸던 도전들, 그 도전에 대처하려 고민했던 대안과 해법들이 작으나마 도움이 될지도 모른다는 생각을 했다. 그리고 이런 생각이 나에게 한국과 인연을 더욱 특별하게 만들어주었다.

국제적 문제와 한국이 당면한 문제에 대해 독일과 유럽의 시각에서 내 견해를 강연하고 토론하는 과정에서 많은 사람과 교류하며 그들과 더 가까워졌고, 이런 인연은 깊은 우정으로까지 발전했다. 그 과정에서 한국의 문화와 예술에도 더 많은 관심이 생겨났다.

이 책을 번역한 김소연 씨는 내가 한국을 방문했을 때 여러 차례 강연과 인터뷰를 통역해준 역량 있는 통역사일 뿐만 아니라 한국의 정서와 문화, 매너를 이해하는 데 큰 도움을 준, 한마디로 한국의 홍보대사라 할 수 있다. 메디치미디어의 김현종 대표가 내 회고록에 관심을 갖고 출판을 기획하게 된 것 또한 기쁘게 생각한다.

끝으로 한국의 독자들에게 당부드리고 싶은 말은 이 책이 2006년에 집필되었고, 따라서 당시 상황을 배경으로 한다는 점을 감안해서 봐주셨으면 하는 것이다. 또한 독자들이 궁금해하는 점이 있다면 나는 언제든 귀를 열고 경청하고 싶다.

2017년 8월
하노버에서
게르하르트 슈뢰더

# 해제: 스마트 개혁의 리더십을 발휘하다

대한민국은 왜 지금 슈뢰더 총리의 리더십에 주목해야 하는가?

독일이 걸어온 길과 대한민국이 걸어갈 길의 '동시성의 비동시성'에서 살펴볼 때, 시차를 두고 '국가 대개혁'이라는 과제에 궤적을 같이하기 때문이다. 슈뢰더는 통일 이후 '유럽의 환자'로 조롱받는 나라를 대대적으로 개조하기 위해 총리직을 내걸었다. '불변의 법칙'인 "손에 쥔 권력은 절대 내놓는 게 아니다"(본문 360쪽)라는 원칙을 깬 대인배 정치인이었다. 한국의 문재인 대통령은 "이게 나라냐"라는 국민의 탄식 속에 출범한 정부에서, 국가 대개혁에 앞장서야 하는 상황에 처해 있다. 이는 촛불 명예혁명의 정신이기도 하다.

슈뢰더는 "문명화된 민족공동체로 귀환"(본문 301쪽)과 "통일된 자주국"(본문 166쪽)으로서 국격을 높이는 정치를 실천했다. 그 결과 독일 국제정치의 '패러다임'을 바꿔냈다. 슈뢰더 1기 정부 때 독일은 유럽의 주도국가로서 전후 처음으로 코소보와 아프가니스탄에 군대를 파병했다. 문명사회를 위해 책임 있는 국가 모습을 보여줬다. 하지만 잘못된 이라크 전쟁에 대해 "미국 외교의 치마폭에 다시 휩싸이는"(본문 223쪽) 것을 거부하고 프랑스, 러시아 등과 국제 공조를 취했다.

필자가 슈뢰더 총리를 탐구하게 된 계기는《넥스트 리더십: 나라 경영의 영웅들》을 집필하면서다. 이 책에서 건국의 아버지 콘라트 아데나워부터 현 앙겔라 메르켈 총리까지 역대 독일 총리 여덟 명과, 이승만 전 대통령부터 박근혜 전 대통령까지 한국 대통령 아홉 명의 리더십을 비교 분석했다. 특히 독일 총리들 중 슈뢰더의 리더십이 흥미로웠다. 오늘날 대한민국 상황에서 큰 시사점을 얻을 수 있는 '영리한 개혁의 리더십'을 발휘했기 때문이다.

슈뢰더는 '통 큰 정치인'이었다. 정파·정당을 넘어 국가·국민의 미래를 먼저 생각하고 실행한 리더였다. 말은 다들 그렇게 하지만 실제로 그런 지도자를 보기 힘든 게 현실인데, 그는 해냈다. 대표적인 것이 '어젠다 2010'이다. 지지층을 거스르는 사회복지 및 경제 개혁을 불굴의 의지로 실행해갔다. "인구 변화와 세계화"(본문 248쪽)라는 메가트렌드에 대응하는 '국가 아키텍처'로서 미래를 준비한 것이다.

그는 또 강대국의 잘못된 행동에 대해 막스 베버가 지적한 '그럼에도 불구하고dennoch'를 실천한 평화주의자다. 미국이 이라크 전쟁을 일으킬 때 "어떤 경우에도 전쟁이 평화를 대신할 순 없다"(본문 217쪽)면서 '노No'라고 비판했다. 그는 또 사회민주주의 원칙을 지키면서 실적을 만들어낸 실용주의 리더였다. 탈핵을 주도하면서 독일을 재생에너지 신기술의 선두주자로 만들었다. 러시아·중국과 전략적 동맹을 맺고 에너지 확보와 수출 부문에서 실적을 올렸다. 2001년 유럽 광우병 파동을 계기로 "과잉 생산의 종료와 농산품 품질"(본문 259쪽)에 역점을 둔 농업 개혁을 일궈냈다. 지금 우리가 겪고 있는 살충제 계란 파동에 시사점을 주는 대목이라

할 수 있다.

하지만 사회·경제 개혁인 '어젠다 2010' 개혁안을 발표하자 사민당 핵심 지지층인 노조원과 연금 수령자들이 공분하여 "슈뢰더 총리는 기민당 명예당원이다. 우리 연금에서 더러운 손을 치워라!"라며 그에게 온갖 비난을 쏟아냈다. '어떤 불황이 닥쳐도 연금엔 손대지 않는다'는 게 사민당 원칙이었으나, 국가의 장래를 바라보고 이를 버린 것이다. 국가 이익과 지지층 이익의 충돌, 역사적 평가와 눈앞의 표의 충돌에서 그는 전자를 택했다. 아마도 이 점이 오늘 우리가 이 책을 들추는 이유일 것이다.

슈뢰더 집권 2기 첫해인 2002년에는 통일 후유증으로 500만 명이 넘는 14%의 높은 실업률에다 경제성장률은 마이너스(-0.1%)였다. 슈뢰더가 극비로 준비해서 발표한 '독일 경제재생 계획 10개항'은 충격적이었다. 핵심 내용은 노동시장 유연성을 위한 해고방지법의 도입과 연금·의료보험의 개혁이었다. 이후 여론조사에서 슈뢰더의 지지율은 급락했다. 개혁안은 간신히 의회를 통과했지만 슈뢰더는 언론으로부터 정치적 자살이라는 평까지 들어야 했다. 그는 개혁을 서두르면 독일 경제가 2~3년 안에 되살아나 다음 총선에서 사민당의 재집권이 가능하다고 믿었다. 하지만 그의 고백처럼 개혁을 너무 서둘렀고, 경제 회복에는 시간이 필요했다.

슈뢰더의 개혁은 독일 경제가 재도약할 수 있는 발판을 만들었고, 과실은 후임자 앙겔라 메르켈 총리에게 돌아갔다. 그 덕에 수많은 일자리가 창출되고 독일 경제는 부활했다. 메르켈은 2005년 총리 취임 후 첫 의회 연설에서 "어젠다 2010으로 새 시대의 문을 열게 해준 전임 슈뢰더 총리에게 감사드린다"라고 말했다. 슈뢰더는 자신의 정파·정당의 이익보다 국가·국민의 이익을 먼저 챙긴 것이다. 하지만 대가도 컸다. 그의 개혁정치로 사민당은 분당의 길로 접어들었다. 당내 좌파인 오스카 라퐁텐이 이끄는 세력이 박차고 나가 '좌파당'을 창당했다. 이 책 3장에서 당시 상황을 길게 설명할 정도로 슈뢰더에게는 뼈아픈 사건이었다.

슈뢰더는 1944년 노르트라인-베스트팔렌주의 벡스텐에서 태어났다. 어릴 적엔 집안 형편이 어려워 야간 고교를 다니며 공장에서 일했다. 대학 입학 후에도 주경야독으로 공부해 변호사 시험에 합격했다. 그의 삶의 여정은 사민당에 딱 맞을 뿐 아니라 뼛속까지 사회주의자로서 '한계라는 지평'을 넘어선 입지전적 인물이다. 그는 18세에 청년사회민주당 Juso에 입당해 정치 인생을 시작했다. 독일 통일의 해인 1990년에는 니더작센주에서 기민당을 물리치고 녹색당과 연정을 이뤄 주총리(1990~1998)를 지냈다. 이는 8년 후 연방정부에서 이룬 '적녹연정'의 예고편이었다. 그는 청년·사회적 기업 창업을 지원하는 일자리 창출에 올인한 결과 니더작센주에서만 기업 수가 9.5%나 늘어났다(참고로 같은 기간 독일 전체 기업 수는 11% 감소했다). 그는 '사회복지 국가의 현대화'를 슬로건으로 내걸었다. 그에겐 실업수당 지출보다는 일자리 창출이 우선이었다. '어젠다 2010' 개혁을 위한 사전 연습이었던 셈이다. 슈뢰더는 개인의 물질적 부에 치중한 "아메리칸 드림은 끝났다"면서 공동체와 구성원의 조화를 중시하는 "유러피언 드림"(본문 287쪽)을 추구했다. 이는 노무현 전 대통령이 꿈꾼 모델이기도 하다.

1998년, 한국에서 김대중 정부가 출범할 때 독일에서는 보수 기민당 출신 콜 총리의 16년 집권이 끝나고 슈뢰더의 사민당이 승리를 거머쥐었다. 콜은 비틀거리고 있었다. 통일을 이뤘으나 과거에 붙잡혀 새 희망을 제시하지 못했다. 새 세기가 다가오면서 사민당은 "모든 것을 자력으로 개척한" 슈뢰더를 새 리더로 선보였다. 그는 모든 면에서 콜 총리와 대비됐다. 젊고 잘생겼으며, 박식하고 스마트했다. 그는 현란하게 '캐치 올 catch all' 전략, 즉 모든 이슈를 어젠다로 삼아 쟁점화해 집권에 성공했다.

슈뢰더는 미국 민주당의 빌 클린턴 대통령, 영국 노동당의 토니 블레어 총리와 함께 서방 세계의 '트로이카'였다. 젊은 리더들은 '제3의 길' 혹은 '신新중도'를 주창했다. 콜 총리가 애용해온 '중도로의 노선' 이동으로 슈뢰더는 그를 쓰러뜨렸다. 독일 연방정부 차원에서 처음으로 사민당·녹색당 연립정부가 성사됐다. 슈뢰더는 자유로운 정치인이었고, 반전反戰과 탈권위를 내건 '68 학생운동'의 세례를 받았다. 그는 신세대 정치인답게 청바지를 즐겨 입고 시가를 피웠다. 그의 승리는 독일 정치의 세대교체를 의미했다.

과거 독일의 이미지를 벗기 위해 '정치적 할아버지'인 빌리 브란트 총리는 '평화'를, 슈뢰더는 '문명사회'를 가장 중요한 정치적 화두로 삼았다. 문명사회란 '낡은 이데올로기를 벗고 정의로운 사회'와 '평등과 정의가 자본과 경쟁을 통제하는 사회'를 말한다. 그는 신자유주의를 증오했다. 경제민주주의를 위해 '기업 영역에서 통제와 투명성 법률'을 제정해 기업의 감사위원회를 강화했다.

그는 또 '자율적이고 독립적인 독일 외교'를 선언했다. 취임 초 그는 미국의 조지 W. 부시 대통령과 가까웠다. 슈뢰더는 언젠가 스스로를 '미합중국에 대한 비판적 숭배자'라고까지 말했다. 2001년 9·11 테러 당시 미국 편에 서서 테러 세력에 대응했다. 그러나 그는 미국의 이라크 전쟁에 대해서는 증거 부족을 이유로 강력하게 반대했다. 프랑스의 시라크 대통령, 러시아의 푸틴 대통령과 트로이카를 형성해 미국의 이라크 전쟁에 참가하지 않았다. 독일의 중도 보수인 기민당의 아데나워, 콜, 메르켈 총리가 미국 및 서방과의 연대를 강화했다면, 중도 좌파인 사민당의 빌리 브란트, 헬무트 슈미트, 슈뢰더 총리는 러시아 및 동구권과 화해·협력을 강화했다. 독일 정치는 좌우가 균형을 이루면서 정권 교체와 더불어 더 큰 '파이'라는 국익을 챙기면서 경제 대국으로 우뚝 섰다.

슈뢰더는 1998년 아시아에 IMF 경제위기가 닥쳤을 때 '동아시아 및 한국식 경제개발 모델'의 종말을 선언했다. 개인과 독과점 기업이 엄청 난 자본을 축적하는 재벌 모델을 비판한 것이다. 2005년 5월에는 베를린 에서 노무현 대통령과 정상회담을 하면서 '한반도 평화 통일'을 지지했 다. 그는 또 일본의 잘못된 과거사 인식에 대해서도 비판적이다. 그가 책 서문에 한국 독자들에게 쓴 "나는 한국도 당장 남북 간 대치를 풀고……동북아에서 평화를 만들어내는 데 힘써야 하는 것은 물론이고, 무엇보다통일 이후 새로운 동북아, 한반도의 정세를 예측하고 이에 걸맞은 문명화된 통일 한국의 모습을 미리 설계하기를 권하고 싶다. 준비 없이 변화는 없다"(본문 6쪽)라는 문장이 크게 와닿는다.

《게르하르트 슈뢰더 자서전》은 독일의 베스트셀러로, 메르켈 총리를 포함해 《쥐트도이체 차이퉁》 등 수많은 독일 언론의 찬사를 받았다. 치적 자랑을 넘어서 자기비판이 담긴 투쟁적 정치 인생의 일기장이다. 대한민 국 각 영역에서 리더를 꿈꾸는 정치인을 비롯해 경제인, 학자, 주부, 학생 누구나 읽기를 권한다. 분명 작금의 한미·한중·한일 등 외교 안보와 북 핵·원전 문제 등 우리 앞에 놓인 수많은 난제를 풀어갈 '영감'과 '지혜' 를 얻을 수 있을 것이다.

김택환(경기대 교수)

# 차례

한국의 독자들께 • 4

해제: 스마트 개혁의 리더십을 발휘하다 • 10


제1장   벡스텐에서 하노버까지                          19

제2장   역사의 궤도에서                                63

제3장   결국 모든 것을 완전히 다른 방식으로              91

제4장   2001년 9월 11일과 그날의 결과                 141

제5장   평화를 위한 용기                             185

제6장   출발: 1차 집권기                             227

제7장   유럽, 조용한 세계 권력                         273

제8장   변화하겠다는 용기                             325

제9장   러시아, 세계 무대의 선수                        395

제10장  연방하원 선거                                423


에필로그: 남은 것들 • 444


옮긴이의 말 • 453

찾아보기 • 458

내가 자라온 환경과 우리 형제들에게 '사자'라 불린 내 어머니를 떠올릴 때마다 나는 무엇이 진정 내게 중요한지를 느낄 수 있었다. 이러한 나의 출발 지점을 결코 잊지 않으려 한다. 이 소박한 어린 시절과 그 시절을 향한 선명한 시선은 내 인생의 나침반이 되었다.

# 벡스텐에서
# 하노버까지

1

Von Bexten
nach
Hannover

"나는 팀을 위해 우직하게
뛰는 미드필더였다."
1960년대 초 탈레스포츠클
럽 축구팀 동료들과 함께한
게르하르트 슈뢰더(맨 뒷줄
왼쪽에서 세 번째가 슈뢰더).

———————————————

머릿속을 떠다니는 작은 기억의 조각들을 모아 그림 여러 장으로 조합해 본다. 어떤 것이 의미 있는 일이었을까? 기억 속에 남아 있는 모든 것이 중요한 일이었을까? 혹 기억하고 싶지 않아서 억지로 묻어둔, 구멍 난 기억은 없을까?

가장 먼저 떠오르는 기억을 몇 가지 적어본다. 축구공이 가건물 판자 벽에 부딪혀 튕겨나가면서 애달픈 소리를 낸다. 가건물 바깥에서는 함성이 끊임없이 터지고, 안쪽에서는 찻잔 여러 개가 달그락거린다. 빌레펠트에서 동쪽으로 약 20킬로미터 떨어진 벡스텐, 정확히 말하면 독일 서부의 노르트라인-베스트팔렌NRW주에 있는 소도시 리페에 위치한 축구장 한쪽 구석에 세워져 있는 가건물이다. 축구장 한쪽 가건물에서 나는 어머니와 형제들과 함께 살았다. 1950년 무렵이었다.

그로부터 몇 년 뒤, 의붓아버지의 기침소리가 귓가에 맴돈다. 처음 얼마간 억지로 참고 있던 기침소리가 녹슨 문지방의 쇳소리처럼 날카로워지다가 한동안 잠잠해지더니 다시 엄습해와 결국 의붓아버지는 세상을 떠나고 말았다. 1965년, 결핵이 그의 폐를 갉아먹었다. 의붓아버지는 길고도 험난한 마지막 길을 힘겹게 걸어갔다.

의붓아버지는 조용하고 이성적인 사람이었다. 그는 제2차 세계대전 참전 당시 병환을 얻었다. 벡스텐에서 거주한 몇 년 동안 그는 이른바 '토미'라 불리는 영국 점령군 부대에서 근무했다. 정확히 무슨 일을 했는지는 모르지만, 그가 집으로 가져온 빵과 콘비프는 아직도 기억한다. 아마도 입에 풀칠하기 위해 군부대에서 슬쩍 가져온 것이리라.

우리는 항상 배가 고팠다. 우리뿐만 아니라 당시 독일의 대다수 사람이 배가 고팠다. 의붓아버지 파울 포슬러$^{Paul Vosseler}$에게는 남자 형제들이 있었다. 그중 한 명은 철강업체인 크루프$^{Krupp}$에서 선반공으로 일했다. 그는 배기량 250cc 오토바이를 타고 아내와 함께 이따금 우리 집에 들렀다. 그나마 우리 친척 중 잘사는 축에 속했다. 부는 상대적인 것이라지만, 부를 지닌 사람은 주위 사람들에게 존중을 받는다. 좋은 직장에 다니는 사람도 마찬가지다. 나는 이런 사실을 기억해두었다.

생전에 의붓아버지는 정치에 관심이 있는 사람이었던 것 같다. 물론 그와 정치 이야기를 해본 적은 한 번도 없다. 당시 나는 열 살도 채 되지 않았고, 내가 나이가 좀 더 들었을 때는 그가 폐질환 전문병원에서 살다시피 했기 때문이다. 하지만 나는 그가 베를린방송국 정치시사 프로그램인 〈서베를린 섬사람$^{Insulaner}$〉을 빼놓지 않고 들었던 것을 기억한다. 나는 요즘도 이 프로그램의 타이틀곡을 종종 듣는다.

서베를린 섬사람은 평정심을 잃지 않아요.
서베를린 섬사람은 거드름 피우기를 좋아해요.
서베를린 섬사람은 자신의 섬이 다시 아름다운 대륙이 되기를 애타게 바라지요.

아, 그렇게만 된다면 얼마나 좋을까요.

그 무렵 나는 이 노래의 가사가 무엇을 의미하는지 전혀 알지 못했다. 더욱이 이 노래에 담긴 바람이 내 정치적 전성기에 실현되리라고 단 한 번도 생각해본 적이 없다. 당시 나는 정치가가 되고 싶은 마음은 없었지만, 마을 사람들이 얕보며 '가게 꼬맹이'라 부르는 상점 직원도 되고 싶지 않았다. 나는 '어엿한 직업을 가진 사람'이 되고 싶었다. 우리 집안에서 어엿한 직업이란 우체국이나 철도청의 하위 공무원을 의미했다. 이것이 여의치 않으면 그다음으로 상점 직원이나 노동자가 되는 순이었다.

초등학교 8학년 때 독일연방철도청에서 견습생 채용시험을 보았다. 이는 연방철도청의 선로공이 되는 코스였는데, 나는 채용시험에 합격하지 못했다. 이론시험은 어렵지 않았지만, 실기 능력이 부족했다. 이로써 나는 '손재주가 없다'는 사실을 공식적으로 확인받은 셈이다. 물론 내가 채용시험에 탈락한 자리는 대단한 고위직은 아니었다. 훗날 독일연방철도청 청장으로 재직한 하르트무트 메도른Hartmut Mehdorn은 이 이야기를 듣고도 나를 그다지 동정하지 않았다. 그는 하마터면 청장 자리 경쟁자가 한 명 더 많아질 뻔했다며 내가 채용시험에서 떨어져 천만다행이라고 농담하며 웃었다.

## 남에게 절대로 굽히지 마라

이따금 여러 가지 삶의 소리가 떠오른다. 어떤 소리는 아주 가까이 들리고, 어떤 소리는 멀리 떨어져 들린다. 호르스트 얀센Horst Janssen(1929~1995, 독일 함부르크 출신의 화가—옮긴이))의 손에 쥐어져 있는 검은색 펜이 활짝 펼쳐진 우산 위에서 멋들어진 손짓을 따라 이리저리 움직이는 소리는 의붓아버지의 기침소리보다 최근의 일이기에 훨씬 가까이 들린다. 얀센이 창조해내는 그림이나 커다란 얼굴은 그의 펜이 닿은 모든 우산을 예술작품으로 만들어낸다. 내 기억 속에서 얀센은 코가 비뚤어질 정도로 술에 취해 있다. 큄제에서 열린 예술가 축제이자, 1986년 나의 첫 대규모 선거전의 시작을 알리는 자리에 빌리 브란트Willy Brandt(1913~1992, 독일의 제4대 연방총리—옮긴이)가 동석해 있다. 니더작센주 총리 후보로 출마한 나를 지원하기 위해 애주가이자 천재 예술가인 얀센을 비롯하여 많은 사람이 참석해주었고, 친구이자 화가인 우베 브레머Uwe Bremer와 귄터 그라스Günter Grass(1927~2015, 독일의 소설가이자 극작가—옮긴이)도 한자리에 있다.

브레머는 부식 동판화를 한 점 가지고 왔다. 예술적이고 자유로운 느낌의 고삐가 인상적인 말이 새겨져 있다. 작품 제목이 '말의 고삐 새롭게 매기'란다. 물론 이것은 항상 오른쪽 아래에서 왼쪽 위로 뛰어오르는 니더작센주 문장에 등장하는 말을 의미한다. 언젠가는 이 말이 나의 고향 니더작센주에서 사회민주당(사민당, SPD) 출신의 차세대 정치인을 위해 다시 한 번 도약하기를 희망하는 그의 마음이 상징적으로 담겨 있는 작품이다.

비가 계속 내리는 가운데 모두가 흥겹게 즐기는데, 여전히 축제에 아무런 정치적 특색이 엿보이지 않는다. 귄터 그라스의 입에서 주총리 후보자인 내가 아직 배울 것이 많다는 진지한 지적이 나온 것은 이 때문이다. 독일의 위대한 작가이자 달변의 비평가인 귄터 그라스는 내게 끊임없이 자극이 되어주었다. 나는 그가 쓴 저서를 여러 권 읽으면서 그의 언어를 경탄해왔다. 당시 사민당의 차세대, 즉 빌리 브란트의 '손자 세대'에 속하는 여러 주자 가운데 나는 아마도 귄터 그라스가 선택하고 싶은 최고의 카드는 아니었을 것이다. 하지만 나에게는 그가 최고의 카드였다. 작가로서뿐만 아니라 정치적 지도자로서 귄터 그라스가 보여준 용기와 불굴의 정신은 나에게 항상 존경의 대상이었다. 노동자들의 마지막 지도자라 불릴 만한 저명한 노동운동가 빌리 블라이허Willi Bleicher는 "남에게 절대로 굽히지 마라"라는 말을 한 바 있는데, 나는 이 말이 귄터 그라스의 정치적 삶을 축약하는 모토라고 생각한다. 그의 문학을 비롯하여 여러 가지 시행착오, 무엇보다 이 문장에 나타나 있는 삶에 대한 그의 자세는 나에게 끊임없이 깊은 감명을 주었다.

얀센이 자기 손을 거쳐 예술작품으로 탄생한 우산을 주인에게 되돌려준다. 거창한 몸짓을 하며 우산을 아래쪽으로 건넨다. 테이블 위에 놓인 의자에 앉아 있는 그의 모습은 마치 왕관 위에 의자를 놓고 앉아 있는 것 같다. 테이블 주위에는 그날 선거전의 시작을 축하하러 와준 사람들이 벌떼처럼 모여 있다. 그치지 않는 비가 야외 천막 지붕을 북을 치듯 리드미컬하게 내리치고, 건물 안쪽 위편에서는 얀센의 손에 들려 있는 펜이 사각거린다.

## 어머니에게서 배운 긍정의 힘

나는 안타깝게도 전쟁이 끝난 당시 제대로 먹지 못한 탓에 몸이 바싹 말라 있었다. 그렇기에 농가의 소년들은 나를 눈여겨보지 않았고, 내가 그토록 애타게 기다리던 말, "너도 같이 축구 할래?"라는 말도 건네지 않았다. 따라서 한동안 나의 패기를 실현할 수 있는 유일한 수단은 학교뿐이었다. 당시 선생님이 어머니와 의붓아버지를 설득하여 나를 인문계 고등학교로 전학시키려 온갖 노력을 한 것을 보면 나는 꽤 우수한 학생이었던 것 같다. 하지만 인문계 고등학교 진학은 우리 가족에게 엄두도 내지 못할 일이었다. 나 역시 인문계 고등학교 학생이 된다는 것이 무척 무모한 일로 느껴졌다. 당장 수업료만 하더라도 그것을 누가 감당하겠는가?

따라서 나는 벡스텐에서도, 훗날 탈레로 이사하고 나서도 인문계 고등학교 학생으로서 멋진 성과를 낼 기회가 없었다. 나의 패기를 실현할 수 있는 유일한 수단은 축구뿐이었다. 1964년 무렵, 나는 탈레 스포츠클럽 일원으로는 거의 유일하게 프로에 준하는 축구선수가 되었다. 당시 나는 상거래 도제수업을 마친 뒤 괴팅겐에 위치한 철물점에서 점원으로 일했다. 준프로 축구선수로 뛰면서 받는 보수는 괴팅겐에서 탈레까지 또 상대팀 축구장이 있는 도시까지 이동하는 열차 비용과, '팀을 위해 우직하게 뛰는 선수'에게 지불하는 식사비 정도였다. 나는 미드필더로 팀을 위해 최선을 다했고, 골을 넣을 때마다 내 위상도 높아졌다. 그때가 프리츠 발터Fritz Walter와 헬무트 란Helmut Rahn, 골키퍼 토니 투렉Toni Turek이 월드컵 축구대회에서 신화의 주역이 된 지 10년쯤 지났을 때다. 10년 전 제5회 스위스 월드컵 경기에서 헬무트 란은 강력한 우승 후보였던 헝가리팀을 맞아 3 대 2로 역전하는 결승골을 터뜨렸고, 골키퍼 토니 투렉은 생방송 라디오에서 헤르베르트 짐머만Herbert Zimmermann에게서 '축구의 신'이라는 명예로운 칭호를 얻은 바 있다. 1954년 스위스 베른의 방크도르프 경기장에서 거둔 독일 축구팀의 승리는 암울했던 전후 시기를 환하게 밝혀주었고, 여러 해가 지난 뒤에도 군 단위 리그에서 뛰던 우리까지 '작은 신'으로 격상해주었다. 이처럼 축구는 찬란한 빛을 창조할 수 있는 존재였다.

당시 나는 이 유명한 결승전 경기를 텔레비전에서 보았다. 물론 집에서 본 것은 아니다. 1954년만 하더라도 텔레비전은 엄청난 사치품이었고, 우리 집은 그걸 살 만한 형편이 아니었다. 나는 결승전 경기를 보기 위해 인근 마을 크네터하이데로 갔다. 그곳에는 홀에 텔레비전이 구비되어 있는 음식점이 있었다. 문제는 내게 입장료 50페니히가 없다는 것이었다. 그럼에도 나는 꿋꿋하게 자전거 페달을 밟아 크네터하이데로 향했다. 나는 50페니히를 내지 않고 계산대를 통과하여 음식점 안으로 숨어들었다. 그곳에서 숨소리도 내지 않고 마음 졸이며 경기를 지켜보았고, 독일팀이 골을 넣을 때마다 환호성을 질렀다.

내가 축구에 매진한 것은 이날의 체험 때문이기도 하지만, 축구 외에 다른 운동을 할 기회가 거의 없었기 때문이다. 나는 테크닉이 그다지 뛰어난 편은 아니었지만, 발이 빠르고 승부욕이 누구보다도 강했다. 그럼에도 도 단위 리그보다 더 큰 경기에 출전한 적은 한 번도 없다.

그 시절에도 월드컵 우승팀의 기념품을 판매했다. 예컨대 모든 선수의 얼굴이 그려져 있는 목도리가 있었는데, 물론 정식 번호 순으로 선수들의 이름이 표시되어 있었다. 나는 지금도 1954년 월드컵 우승팀 전원의 이름을 외운다. 이 시절 여러 해 동안의 장면들은 내가 삶의 뿌리를 잃어버리지 않기 위해 필요할 때마다 한결같이 내 기억 속에서 떠올랐다.

한 가지 덧붙이면 내가 어린 시절을 힘겹게 보냈다는 표현은 옳지 않다. 심지어 어머니조차 그 시절을 힘겨웠다고 표현하지 않을 것이다. 어머니는 한없이 긍정적인 성정을 지녔으며, 아무리 어려운 상황이 닥치더라도 그 뒤에 숨겨져 있는 긍정적인 면을 찾아냈다.

무엇보다 어머니는 놀랄 만한 힘을 지니고 있었다. 미혼모에게서 태어

"나는 어머니가 한탄하는 소리를 단 한 번도 들은 적이 없다. 어머니는 항상 모든 일이 좋은 쪽으로 연결되리라 굳게 믿었다."
2000년 9월 하노버 자택에서 슈뢰더와 어머니 에리카 포슬러.

난 어머니는 어린 나이부터 일을 해야만 했다. 어머니는 당시 사람들이 표현하듯, '밥벌이를 할 정도의 일자리'를 건졌다. 근로보호법이나 1일 8시간 근무 규정 같은 항목은 계약서에 적혀 있지도 않았다. 어쩌면 어머니는 내 아버지와의 사랑을 자신의 삶을 변화시킬 기회라고 여겼는지도 모르겠다. 어머니는 아버지를 매우 사랑했지만, 아버지는 내가 세상에 태어나고 6개월 만에 전쟁터에서 전사했다.

아버지가 세상을 떠난 지 수십 년이 지난 후 큰누나 군힐트Gunhild가 우연히 아버지 무덤을 발견했다. 프리츠 슈뢰더Fritz Schröder 병장은 1944년 10월 4일 루마니아의 작은 마을에 묻혔다. 아버지가 세상을 떠나고 수십 년이 지난 후 루마니아 정부는 내가 아버지 무덤을 확인할 수 있도록 적극 도와주었다. 2001년 9월 18일 실무회담 차원으로 루마니아를 방문하여 아버지 무덤에 들르기로 루마니아 정부와 합의했다. 하지만 이 일은 성사되지 못했다. 2001년 9월 11일에 벌어진 테러 사건으로 계획에 차질이 생긴 것이다.

아버지가 세상을 떠난 지 60년이 지난 2004년이 되어서야 비로소 아버지 무덤에 다녀올 수 있었다. 나는 아버지에 관해 아는 것이 별로 없었고, 어머니와 대화를 나누다가 아버지에 관해 몇 번 들은 것이 전부였다. 하지만 아버지 무덤 앞에 선 순간 말로는 설명하기 힘들지만 아버지가 매우 가깝게 느껴졌다. 아버지가 묻힌 곳은 소박한 군인 묘지로, 동료 군인 열 명과 함께 있었다. 아버지 무덤을 독일로 이장하겠느냐는 루마니아 정부의 제안에도 내가 아버지 무덤을 그곳에 놔둔 것은 이 때문이다.

나는 여러 면에서 어머니를 존경한다. 어머니는 우리 형제를 자유롭게 풀어두었다. 교육에는 시간이 필요한데, 어머니에게는 그럴 여유가 없었다. 그 덕분에 규율에 얽매이지 않고 어린 시절을 자유롭게 보냈는데, 그

"아버지는 내가 태어난 지 6개월이 되었을 때 전쟁터에서 전사하셨다."
1941년 벨기에로 파병된 아버지 프리츠 슈뢰더의 모습.

럼에도 매를 맞은 적은 한 번도 없다. 이는 어머니가 교육학적 이론을 실천한 결과라기보다 단순히 어머니의 성격 덕분이다. 어머니는 우리 형제들을 사랑했다. 어머니는 과거에도 자식들을 차별하지 않았고, 지금도 우리 형제들을 모두 똑같이 대한다. 우리는 모두 어머니에게서 사랑만 받았다. 감성적으로 들릴지 모르겠지만 사실이다. 게다가 어머니는 우리에게 절망하는 모습도 좀처럼 드러내지 않았다. 간혹 어머니가 힘들어하는 기색이 보이면 나는 어머니에게 다가가 나중에 벤츠를 타고 모시러 가겠다는 말로 어머니를 위로하곤 했는데, 적어도 이 약속만큼은 지킬 수 있었다.

## 꿈에 그리던 괴팅겐대학교에 입학하다

왜 이런 이야기를 하고 있을까? 이 기억들이야말로 나를 자각시키는 원천이기 때문이리라. 이 기억들은 나의 자아상을 구성하는 퍼즐 조각이다. 이렇게 만들어진 나의 자아상은 여러 언론 보도로 소개되는 내 이미지와 그다지 일치하지 않는다. 이른바 '미디어 총리'라 불리는 정치인 게르하르트 슈뢰더를 묘사해놓은 글들 가운데 나의 내적 동인과 동기를 제대로 담은 글은 그다지 많지 않다. 나는 평생 내 한계를 지평선 너머로 확장하려고 끊임없이 노력해왔다.

지난날을 돌이켜보면 태생적으로 내게 주어지지 않은 것들을 모두 내 손으로 직접 만들어가야만 했다. 하지만 나 스스로가 발견한 부족한 점을 모두 메울 수는 없었다. 나는 중상류층 출신 가운데 대인관계가 형편없음에도 이를 자신의 결점이라 느끼지 못하는 사람들을 만나면서 나 자신을 위로했다. 낯가죽이 정말로 두꺼워야만 할 법한 행동을 하는 사람들을 보면서 나는 스스로 (물론 예외일 때도 있겠지만) 이러한 행동을 하지 않도록 주의했다.

당시 나는 내가 처한 상황이 나 자신을 제한하고 압박한다고 느꼈다. 이러한 상황에서 벗어나는 유일한 길이 무엇인지 분명하게 인식하기 전까지 나는 오랫동안 그 길을 찾아 헤맸다. 정확한 목표물을 찾아다녔다기보다는 앞을 향해 손을 뻗어 더듬으며 모색하고 저울질해가며 앞을 내다보려 했다. 그러다가 결정적으로 괴팅겐으로 이사 오고 나서 1962년부터 1964년까지 철물점에서 점원으로 일하는 동안 나는 정치에 관심을 갖기 시작했다.

정치인 중에는 헬무트 슈미트Helmut Schmidt에게 매료되었는데, 특히 그의 화려한 언변은 나를 완전히 사로잡았다. 하지만 그 무렵 기존의 모든 정당을 알아보고 나서야 비로소 내가 원하는 정치적 방향과 가장 가까운 정당이 사민당이라는 것을 분명히 알게 되었다. 나는 사회의 계층구조를 그대로 감내하기를 거부하는 정당을 원했다. 탈레라는 작은 도시에서 벗어나 인정받으며 살 수 있는 유일한 길이 직업교육이라는 사실을 자각하게 된 것도 사민당에서였다. 이런 연유로 나는 사민당에 가입했다.

1962년 가을, 외투 주머니 속에서 맥주잔 종이받침을 발견했다. 야간 직업학교 주소를 적어놓은 받침이었다. 6개월 전에 나는 주점에서 스카트 게임을 함께하던 사람에게서 직업학교 졸업증서를 받기 위해 매일 저녁 야간학교에서 세 시간씩 수업을 받으며 공부한다는 얘기를 들었다. 그때 메모해둔 받침을 발견하고 다음 날 직업학교에 등록했다. 드디어 내가 나아갈 방향을 찾은 것이다. 내키지 않는 철물점 일과 달리 공부는 무척 재미있었다. 한순간도 공부하는 것이 힘들게 느껴지지 않았다.

"헬무트 슈미트의 화려한 언변은 나를 완전히 사로잡았다."
1980년 연방하원 의원 후보 시절 헬무트 슈미트 연방총리(왼쪽)와 함께.

낮에 철물점 일에서 충족되지 않는 부분이 밤에 직업학교에서 의미 있게 채워졌다.

나는 매일 저녁 직업학교 건물에서 수업을 받았다. 고등학교 교감으로 재직하다가 퇴직한 브레트슈나이더Brettschneider 교사 부부가 그곳에서 열의에 찬 학생들을 지도해주었다. 1964년 나는 바이데나우로 거주지를 옮겨 실업계 학교를 이수한 사람들을 위한 인문계 고등학교 상급과정 교육기관인 지거란트-콜레그Siegerland-Kolleg에 다녔고, 1966년 대학입학 자격시험을 보기 전 마지막 해에는 빌레펠트에 있는 베스트팔렌-콜레그Westfalen-Kolleg로 옮겨왔다. 당시 의붓아버지가 위독한 상태였기 때문에 되도록 어머니와 가까운 곳에 있어야 했다. 이 시기에 생활비는 원호청에서 지급해주었다. 한쪽 부모를 여읜 내게 허용된 권리였다. 원호청에서 지급한 지원금은 나의 대학 시절에도 물질적 토대가 되었다. 나중에 대학생 때는 프리드리히에버트재단Friedrich-Ebert-Stiftung(독일 사민당이 설립한 연구재단―옮긴이)에서 우수학생지원금을 받아 책값을 충당했다.

드디어 대학입학 자격시험을 통과하고 대학에 입학할 수 있게 되었다. 말로 형용하기 힘든 기분이었다. 세상의 문이 내게 활짝 열려 있고, 모든 것이 가능해 보였다. 마치 황홀경에 빠진 것만 같았다. 내가 괴팅겐대학교(독일에서 매우 유서 깊은 대학 중 하나로 독일 중부 니더작센주에 위치하며, 이론물리학자 로버트 오펜하이머, 수학자 가우스 등이 이 대학 졸업생이다―옮긴이) 학생이라니. 무한한 가능성이 펼쳐져 있는 세상으로 들어가는 입장권을 얻은 것이나 다름없었다. 내 오랜 소망이 이루어진 것이다. 법학을 공부해서 변호사가 되겠다는 꿈이 내 손에 닿을 만큼 가까이 다가왔다. 어렸을 때부터 지녀온 꿈이었다. 당시 텔레비전에서는 페리 메이슨Perry Mason이라는 변호사가 주인공으로 등장하는 미국 시리즈물이 방영되었다. 페리 메이슨은 얽히고설킨 사건들을 참으로 멋지게 해결했다. 나도 페리 메이슨 같은 변호사가 되고 싶었다.

나는 법률가로서 활동하는 것을 평생 즐겨왔고 지금도 그러하다. 하지만 법률 분야의 일을 학문이라기보다 일종의 기술로 간주해왔다. 이러한 생각 때문인지 괴팅겐대학교에서는 조교직과 파트타임 연구원직 이상의 일을 수행한 적이 한 번도 없다. 괴팅겐에서 지낼 때부터 이른바 '청년

사회주의자'라 불리는 청년사회민주당 일원으로 활동했으며, 학업을 마칠 무렵에는 크리스티안 슈타르크<sup>Christian Starck</sup> 교수의 강의를 보조하는 일을 했다. 보수적이면서도 유화적인 슈타르크 교수는 나에게 학문보다 정치 쪽 일을 해보라고 조언해주었다. 그는 아마도 나의 실제적 성향이 법학이 아닌 다른 분야에 있다는 사실을 감지했던 것 같다. 훗날 나는 니더작센주 총리가 되어 슈타르크 교수에게 니더작센주 헌법재판소 재판관 임명장을 전달하였다.

1966년 학업을 시작하여 1971년 제1차 사법고시를 치르기까지 괴팅겐에서 보낸 학창 시절은 내게 주어진 엄청난 특권처럼 느껴졌다. 이 시기에 나는 처음으로 편안한 마음으로 숙면을 취할 수 있었다.

대학생이 되어 내가 학업에 열중한 기간은 첫 학기뿐이었다. 첫 학기에 나는 아침 8시부터 '민법개론' 강의를 들었다. 두 번째 학기부터는 시간표를 좀 더 여유 있게 짰다. 그럼에도 나는 상당히 빠른 속도로 학점을 이수해나갔다. 왜냐하면 생계를 유지하고 방값을 내려고 방학마다 공사장 인부로 일해야 했기 때문이다. 즉 내게는 학업을 서둘러 마쳐야 할 충분한 이유가 있었다.

# 왜 누구는 기회를 얻고
# 누구는 얻지 못하는가

당시 나는 생활 형편상 학생운동의 초기 조짐을 거의 접하지 못했다. 학생운동의 쟁점이 무엇인지 파악하기까지도 상당한 시간이 걸렸다. 나치 집권 시기는 우리 가족의 삶에 아무런 영향을 미치지 않았다. 어머니는 정치와 거리가 멀었고, 아무런 교육도 받지 못한 채 날마다 생존을 위해 투쟁하는 삶을 살았다. 자신의 삶이 극도로 불공평한 사회의 결과이며, 이러한 불공평 때문에 특권층과 소외계층이 생겨났고, 상류층과 하류층이 고착화되었을 수도 있다는 사실을 어머니는 단 한 번도 생각해보지 못했을 것이다.

68년 학생운동은 여러 가지 동기에서 출발했다. 종속으로부터 해방을 주창했고, 입을 다물고 침묵하는 부모와 조부모 세대에 대한 반사 작용이 폭발한 결과였다. 전후 시대의 재건과 경제 기적이 그토록 열정적으로 추진될 수 있었던 이유는 사람들이 일하는 데 열중함으로써 자신들의 과거를 떨쳐버릴 수 있었기 때문이다. 한순간에 모든 사람이 저마다 무거운 짐을 벗은 듯 보였으며, "그러한 일이 자행되었을 때 당신은 어디에 있었는가?"라고 비판의 목소리를 내는 사람들은 훼방꾼으로 간주되었다. 아우슈비츠 재판을 목도하면서 젊은 세대가 느낀 부끄러움은 구세대에 반기를 든 신세대의 반란에 열정을 더해주었다. 하지만 이 모든 것은 나와는 거리가 먼 일이었다. 게다가 나는 더 나은 삶을 향한 첫걸음을 가능케 해준 국가에 대해 고맙게 생각했기 때문에 더욱 그런 일들과 동떨어져 있었다.

나는 68년 학생운동의 행동주의자가 아니었다. 이러한 운동은 나의 태생적 배경과 동떨어져 있었다. 하지만 이 시기는 분명 나에게 영향을 미쳤다. 68년에 자신들이 지향하는 의미를 찾아나선 젊은이들과 나를 하나로 묶어준 동시에 내가 유일하게 중요하게 여기던 문제, 이른바 "누가 기회를 얻고, 누가 기회를 얻지 못하며, 그 이유는 무엇인가?"라는 질문에 답을 찾아가는 투쟁이었다. 이런 점에서 볼 때 나는 사민당 내에서 '좌익으로' 존재하면서 항상 다음과 같은 의문을 품었다. "나와 환경이 비슷한 사람들이 현실 사회에서 의미 있는 존재로 살아가도록 내가 기여할 수 있는 일은 무엇일까?"

당시 우리는 청년사민당 내에서 격렬하게 이론적 논쟁을 펼쳤는데, 문화적 측면은 소홀히 다룬 반면 사회 분석에는 많은 시간을 할애했다. 그 때문에 나는 국가가 거대기업의 중재자 역할을 자처하는 국가독점적 자본주의에 갈수록 반감을 가졌다. 청년사민당 내에서 우리는 이런 견해에 관해 수많은 설전을 벌였다.

괴팅겐에서 벌인 여러 토론은 내게 매우 뚜렷한 영향을 미쳤다. 당시 괴팅겐에는 두 그룹이 형성되어 있었다. 두 그룹 모두 정치적으로 좌익 성향을 지녔으나, 기존 정당과 협력은 고려하지 않고 대중의 독자적 활동만을 주장하는 순수한 이론적 그룹과 실용적 노선 그룹 간에 의견 충돌이 잦았다. 논점은 근본적인 사회 변혁을 사민당과 더불어 사민당 내에서 실행할지, 아니면 변화를 원하는 대중운동을 벌여 정당 밖에서 실행할지의 문제였다. 나는 실용적인 노선에 속했다.

시간이 갈수록 니더작센주 청년사민당원들은 새로운 생각을 펼쳐나갔다. 당시 청년당원들은 대부분 정치가 대중의 지지를 받고 단호하게 행동한다면 강력한 경제적 이해집단에 대항할 수도 있을 거라고 확신했다. 훗날 사민당과 녹색당이 연립하여 이룬 '적녹연립정부(이른바 적녹연정)'의 연방총리로서 핵에너지 사용 중단에 관해 협상에 나섰을 때, 과거 이런 확신에 찬 기억이 무척이나 선명하게 떠올랐다. 다행히 거대 자본 세력을 제한하려는 시도가 성사되어 에너지 분야의 거대기업에 명백한 메시지를 전달할 수 있었다. 즉 "합리적인 이행 기간이 지난 뒤에는 퇴출 대상(이를테면 눈을 감고도 돈을 벌 수 있는) 원자력발전소 스위치를 꺼야 한다"라는 내용의 메시지였다. 안전에 아무런 결함이 없고 충분히 가동이

1978년 2월 청년사민당 연방의장으로 당선되어 축하객에 둘러싸여 있는 모습. 슈뢰더 왼쪽은 전임 연방의장 클라우스 우베 베네터.

가능한 원자력발전소의 스위치를 끄는 일이었다. 이는 마르크스주의 사회이론 추종자들의 주장대로라면 전혀 불가능하거나 오직 혁명으로만 실행할 수 있는 사건으로, 연구·분석해볼 만한 가치가 있는 일이다.

　1978년 나는 청년사민당 연방의장에 선출되어 1980년 초까지 연방의장직을 유지하며 정치를 했다. 또한 1976년부터 1990년까지 하노버에서 변호사로 활동하면서 정치적으로 흥미로운 사건을 맡기도 했다.

　1970년대 말과 1980년대 초에 '직업 금지 조치'(독일공산당DKP 당원에게 특히 교사와 같은 공공 부문 직업을 금지한 조치―옮긴이)에 맞선 소송은 세간의 이목을 집중시켰다. 1972년 빌리 브란트 정부는 오로지 외교적인 이유로 이른바 '급진주의자 지침'(독일공산당 당원을 급진주의자로 간주하여 교사 등 공공 부문 직업을 금지한 지침─옮긴이)을 공포했다. 독일 내 우파가 빌리 브란트 총리의 동방정책을 공산주의 사상의 장려라고 비방하는 것을 차단하려는 의도였는데, 얼마 안 가서 드러났듯이 아무런 소득이 없는 시도였다. 해당 조례는 교사, 법률가뿐만 아니라 독일연방철도청의 단순직 기관사들에게도 무자비한 결과를 초래했다. 헌법에 반한다고 분류된 정당이나 집단에 속한 사람은 누구도 공무원이 될 수 없다고 1975년 연방헌법재판소가 선언한 이후에는 더욱더 파장이 커졌다. 특히 독일공산당 당원 혹은 68년 학생운동이 잦아든 후 형성된 마르크스주의 분파조직의 행동주의자들이 타격을 받았다. '급진주의자 지침'은 현실 정치에서 정치적으로 의견을 달리하는 이들을 진압하는 곤봉이 되었다.

나는 변론할 때마다 독일 헌법과 공무원법의 처벌 대상은 신념 자체가 아니라 헌법에 위배되는 업무적 행위라는 것을 강조했다. 물론 이러한 소송에서 나는 대부분 패소했다. 그런 만큼 내가 니더작센주 총리가 된 후 적어도 주 내에서 이러한 정책을 단숨에 역사의 쓰레기통으로 던져버릴 수 있었을 때는 마음이 한결 가벼웠다. 나는 이러한 사건들을 체험하면서도 권리를 규정하고 판결을 내리는 기능을 하는 법이 비정치적인 존재라 여긴 적은 한 번도 없었다. 지금도 이러한 생각에는 변함이 없다.


## 니더작센주 총리에 도전하다

1986년 나는 니더작센주 총리직을 넘겨받기 위해 처음으로 움직이기 시

"활기차게 움직이는 슈뢰더."
1986년 6월 니더작센주 총리 후보로서 선거전을 치르고 있다.

작했다. 주의회 선거를 앞두고 몇 주 동안 낡은 폭스바겐을 타고 니더작센주를 가로지르며 돌아다녔다. 나는 주총리 후보로서 당시 현직 주총리로 재임하던 에른스트 알브레히트Ernst Albrecht와 겨루어야 했다. 따라서 사민당 선거구의 여러 지역 단체에 들러 당에 대해 배워나갔다. 담배연기가 자욱한 주점과 별실, 술집 바에서 대화를 나누고 논쟁을 하면서 사민당이 얼마나 많은 당원의 희망과 소망, 신뢰를 토대로 명맥을 이어가는지 알게 되었다. 많은 이들은 나를 무엇보다도 청년사민당 연방의장으로 기억했는데, 이는 내가 선출될 확률을 높이는 데 그다지 도움이 되지 않았다. 왜냐하면 앞에서 언급한 논쟁, 즉 우리가 수년 전에 청년사민당에서 벌인 논쟁은 다수 당원에게 그들이 짊어지고 갈 십자가나 다름없었기 때문이다.

나는 많은 지역 단체에서 나를 향한 불신과 부딪쳤다. 대다수 사람은 사민당 내에서 내 지위가 지나치게 급상승했다고 여겼다. 그럼에도 1980년 나는 연방하원 의원으로 선출되었다. 알브레히트와 겨룰 후보직을 둘러싼 대결이 벌어지기 1년 전인 1983년, 나는 페터 폰 외르첸Peter von Oertzen이 재임하던 사민당 하노버 지구장직을 차지했고, 외르첸은 재입후보하지 않았다. 말하자면 내가 니더작센주 최대 선거구의 사민당 신임 지구장이 된 것이다. 이로써 앙케 푹스Anke Fuchs를 니더작센주 총리 후보로 내세우자는 중앙당 최고위원회의 제안을 거절할 만한 충분한 상황이 되었다(앙케 푹스는 훗날 중앙당 총무직을 수행하였다).

이제 나는 전투적이면서도 공정한 적수인 앙케 푹스와 당내 대결을 벌여야 했다. 앙케는 노동운동가 출신이며, 비중 있는 사민당 여성 정치인으로서 빠르게 이름을 알려나갔다.

그즈음 니더작센주 사민당 원내 대표를 지냈고 두 차례 니더작센주 총리 후보였던 칼 라벤스Karl Ravens가 지역 정치에서 물러나겠다고 발표했다. 그 발표 후 나는 기자회견에서 라벤스의 후계자를 자처하고 나섰다.

해당 기사의 위력은 마치 폭탄과도 같았다. 한스 아펠Hans Apel을 비롯한 몇몇 사람은 이 기사를 읽고 슈미트 정부의 당시 국방부장관을 새로운 주총리 후보자로 내세우려 했다. 하지만 내가 출마 의사를 굽히지 않고 다른 출마자가 나와 대결 구도로 가야 하는 상황이 되자, 후보 물망에 올랐던 그 사람은 출마 제안을 고사했다. 그 결과 앙케와 내가 남았고, 누가 후보자가 될지는 니더작센주 사민당 측이 전당대회에서 결정해야 했다. 내가 여러 지역 단체를 돌아다니면서 선거운동을 한 것도 이 때문이었다.

그 시절 사민당 동프리슬란트 지역구를 접한 이후 지금까지도 나는 그 지역에 깊은 호감을 지니고 있다. 레어와 엠덴, 베저강과 엠스강 사이의 지역 주민들을 찾아다니며 후보로서 나의 자질을 확신시키고자 애썼는데, 그들은 너무나도 순수하고 솔직하며 개성적이었다. 당시 지역구 의장으로, 훗날 주 의장직을 맡은 요크 브룬스Joke Bruns는 나를 지원하겠다며 격려해주었다. 사민당 베저-엠스 지역구에서 내가 최종적으로 우위를 점한 것도 티센-노르트제베르케 조선사의 직장평의회 의장 발터 겔푸스Walter Gehlfuß를 내 쪽으로 끌어올 수 있었기 때문이다. 나는 그와 직장평의회와 만난 일을 잊지 못한다. 앙케와 나는 차례로 그곳에 초청받아 하노버에서 활동 계획을 설명할 기회를 얻었다. 나의 연설에 이어 간략한 토론이 진행된 후 그는 저지 독일어 방언으로 다음과 같이 말했다.

"동료 여러분, 이 사람이 슈뢰더입니다. 앞서 앙케의 말을 들었고 방금 슈뢰더의 말을 들었습니다. 여러분에게 내 생각을 말하겠습니다. 우리 니더작센에서 치마를 두른 사람을 꼭대기에 앉힐 필요는 없습니다."

엠덴에서 열린 이 행사 이후 선거가 내게 유리한 쪽으로 흘러갔다. 입후보 과정 또한 마찬가지였다. 겔푸스 위원장은 이미 오래전에 세상을 떠났지만, 앙케는 그를 용서했을 것이다. 그는 말 그대로 고철더미 속에서 일생을 보낸 노동자들의 대표였다.

이제 귐제에서 열린 선거전 개막행사를 떠올려보자. 나를 지원하는 예술가와 지식인들이 처음으로 함께한 그 축제는 내게 매우 깊은 인상을 주었으며, 지금도 기억 속에 생생하게 남아 있다. 내가 이 축제에서 깨달은 사실은, 살 만한 가치가 있는 공동체를 이루려면 예술과 문화가 마음껏 융성할 수 있는 자유 공간을 보장하고 확장해야 한다는 점이었다. 동부 베스트팔렌 지역 탈레 출신으로 프롤레타리아의 아들인 나는 그날 축제 현장에서 앞으로 내가 정복해나가야 할 신비한 세계를 체험했다.

나는 빌리 브란트 총리가 나의 선거전 개막행사를 축하하러 귐제에 와줬다는 것이 무척 영광스러웠다. 앞서 3년 전 나는 본Bonn으로 그를 찾아간 적이 있다. 그와 나눈 대화는 니더작센주 총리 입후보가 주된 화두였고, 그가 많은 사람에게서 내가 출마 결정을 번복하도록 나를 설득해달라는 요청을 받았다는 이야기도 나왔다. "상황이 이러한데도 출마할 생각입니까?"라는 그의 질문에 나는 "네, 그럴 생각입니다"라고 대답했다. 그 순간 그의 얼굴에 번진 환한 미소를 잊을 수 없다. "알다시피 나는 당 대표로서 당신을 지원해줄 수는 없소"라는 그의 말에 깊은 호감이 담겨 있다는 것을 느꼈다. 나는 고개를 끄덕였다. 그러고 나서 그가 중앙당 최고위원회의 의견에 따라 앙케를 후보로 지원할 수밖에 없다는 사실을 분명히 알고 있지만, 허용되는 범위 내에서 나를 간접적으로나마 지원해달라고 요청했다. 그는 후보 결정 과정에서 한 발 물러난 태도를 취했으며, 내가 후보자로 결정된 뒤에는 적극적으로 지원해주었다.

나는 정치적 이력을 쌓는 다양한 국면에서 빌리 브란트와 마주쳤다. 젊은 당원으로서 그를 처음 봤을 때 그와 개인적인 친분을 만든다는 것은 감히 생각지도 못했다. 만인이 존경하는 그를 가까이에서 볼 수 있는 것만으로도 신기했다. 1969년 괴팅겐에서 선거요원으로 처음 그를 만났을 때, 그는 외무장관으로 그곳에 와 있었다.

빌리 브란트 총리와 대화를 많이 나누지는 않았으나, 그와 얘기하다 보면 나와 매우 상반된 생각을 하는 사람이라는 생각이 들었다. 그는 종종 근접하기 힘들고 상대방을 무시하는 듯한 느낌을 주기도 했지만, 때로는 정반대로 유머가 넘치는 모습으로 친화력 있게 남에게 다가갈 줄도 알았다. 하지만 무엇보다도 나를 매료시킨 것은 우리 사회의 정치적 추세를 읽어내는 미세한 촉이었다. "다수는 중도에서 좌측 방향으로 위치한다"라는 그의 유명한 말이나, 통일을 앞두고 내가 체험한 일화는 그의 예리한 정치적 감각을 잘 드러내주었다.

1989년 10월 니더작센주 야당 대표 자격으로 그의 모스크바 방문에 동행할 기회가 있었다. 베를린 장벽이 무너지던 그즈음 빌리 브란트가 전직 총리 자격으로 에곤 바르Egon Bahr(빌리 브란트의 최측근이자 동방정책의 입안자—옮긴이)와 한스 코쉬닉Hans Koschnick과 함께 미하일 고르바초프Michail Gorbatschow 당시 소련 공산당 서기장과 회담 약속이 잡혀 있었는데, 그 자리에 함께한 것이다. 당시 동독 사회민주당의 창당 멤버 중 한 사람에게서 받았다며 그가 비행기 안에서 내게 편지 한 장을 보여주었다. 짐작하건대 이브라힘 뵈메Ibrahim Böhme에게서 받은 편지였다. 뵈메와 마르쿠스 메켈Markus Meckel을 비롯해 몇몇 사람이 동독 내에서 사회민주당을 창당하였으니, 사회주의인터내셔널SI에 가입할 수 있도록 지원해달라고 빌리 브란트에게 요청하는 내용의 편지였다. 빌리 브란트 총리는 작은 정당의

"귐제에서 열린 선거전 개막행사에서 나를 지원하는 예술가와 지식인들이 처음으로 한자리에 모였다."
빌리 브란트(가운데)와 귄터 그라스(오른쪽).

행동주의자들이 이토록 거창한 요구를 하는 것에 한바탕 웃고 나서는, 이내 진지한 얼굴로 이렇게 말했다. "이 사람들을 주목해야 합니다. 우리가 이루어낸 모든 일도 시작은 항상 이처럼 미약했습니다."

내가 빌리 브란트 총리에게서 느낀 감정을 그대로 잘 묘사해놓은 표현이 있어 소개한다. 바로 그 시절의 트로이카라 불리던 빌리 브란트, 헤르베르트 베너Herbert Wehner, 헬무트 슈미트를 대상으로 한 표현이다. "우리에게 빌리 브란트는 사랑을 받았고, 헤르베르트 베너는 찬양을 받았으며, 헬무트 슈미트는 존경을 받았다." 세 거물이 사민당에 미친 서로 다른 영향력과 사민당이 이들에게 가지고 있는 상이하지만 확고한 존경심을 가장 함축적으로 표현한 말이 아닌가 한다.

## 낙선은 실패가 아니다

연방총리로 가는 길은 매우 멀었으며, 적어도 1986년에는 시작조차 하지 못했다. 왜냐하면 그해 니더작센주 선거에서 사민당이 엄청난 득표를 거두었음에도 선거에서 패했기 때문이다. 내가 이 선거에 패했다는 생각에서 벗어나기까지는 상당한 시간이 걸렸다. 이때 나를 수도인 본으로 초청하여 선거 결과를 '성공 아니면 실패'라는 공식 이외에 다른 눈으로 바라보게끔 확신을 준 사람이 당시 사민당 대표였던 한스-요헨 포겔Hans-Jochen Vogel이다. 그때 그가 나에게 이 말을 해준 것에 무척 감사하고 있다.

니더작센주 총리가 될 수 있다는 희망이 산산조각 났을 때 나는 당연히 실망했다. 사민당 득표율이 과거보다 5.6% 상승했음에도 표결 결과

"한스-요헨 포겔은 나를 다시 일으켜세웠다."
1988년 10월 사민당 대표였던 포겔과 니더작센주 의회 야당 대표 시절 슈뢰더.

에른스트 알브레히트가 이끄는 주정부가 가까스로 재집권했다. 알브레
히트 정부는 자유민주당FDP과 연정해 의석수가 과반수보다 정확히 한
자리 더 많았다. 포겔은 나를 다시 일으켜세웠다. 이는 매우 성공적인 공
조의 시작이었다. 하지만 아쉽게도 그와의 공조는 극심한 논쟁으로 종결
되었는데, 그가 루돌프 샤핑Rudolf Scharping이 만하임에서 몰락한 데 대한
주된 책임자들 중에 나도 속한다고 판단했기 때문이다.

다행히도 포겔과 나는 다시 가까워졌다. 내가 연방총리로 재임하던 시
기에 포겔은 나에게 없어서는 안 될 조언자였다. 그는 이러한 자신의 역

할을 공식적으로 단 한 번도 드러낸 적이 없다. 당시 연방총리청 총괄 수석이던 프랑크-발터 슈타인마이어Frank-Walter Steinmeier(현 독일 연방대통령—옮긴이) 역시 중요한 결정을 내릴 때마다 포겔에게 의견을 물었다. 다만 한 가지 중요한 사안에서 우리는 의견이 일치하지 않았다.

내가 포겔을 국가윤리위원회로 초빙했을 때, 그는 다음과 같이 간결하게 말했다. 자신은 줄기세포 연구에 대해 매우 제한적인 견해를 가지고 있는데(예상컨대 가톨릭 윤리이론의 영향을 받아), 이는 앞으로도 변하지 않을 테니 자기 생각이 바뀌길 기대하지 말라는 것이었다. 줄기세포 연구에 관해 그와 나는 과거에도 그리고 현재에도 의견이 다르지만, 그럼에도 별다른 충돌 없이 원만하게 지냈다.

포겔의 조언 덕분에 1986년 선거 결과를 실패가 아니라 성공을 향한 첫 도전으로 바라보기 시작했다. 솔직히 나 스스로도 아직 주정부를 이끌 만큼 경지에 오르지 않았다는 생각을 하고 있었다. 이후 야당으로 활동한 4년이라는 시간은 1990년 두 번째 도전에 나서서 결과적으로 성공을 거두는 데 매우 유용했다. 이때도 몇 년 전 포겔과 본의 이탈리아 식당에서 나누었던 대화가 두 번째 선거 과정에서 큰 도움이 되었다.

돌이켜보면 1986년 선거전 무렵 일어난 사건은 선거 결과에도 큰 영향을 미쳤다. 그해 4월 26일 우크라이나의 체르노빌에 러시아식 구조로 건축된 원자력발전소에서 사상 최대의 사고가 일어나 유럽 대륙 전체가 공포에 휩싸였다. 방사능을 함유한 비가 백러시아(벨라루스)와 우크라이나, 폴란드를 비롯하여 스칸디나비아 국가에 내렸고, 독일에서도 방사능 수치가 상당히 높게 측정되었다. 사람들은 공포에 떨었고, 완벽한 인간만이 제어할 수 있는 기술에 대한 불신이 한층 깊어졌다. 수많은 놀이터가 폐쇄되었고, 야외의 놀이용 모래상자에 들어 있던 모래가 폐기되었다. 방사능을 함유한 여름비는 야외 활동을 망쳐버렸다.

당시 연방총리였던 헬무트 콜Helmut Kohl은 유권자의 두려움을 하루빨리 덜어주어야 한다는 것을 본능적으로 감지했고, 무언가 조치를 취한다는 신호로써 원자로 안전을 함께 담당하는 환경부장관을 처음 임명했다. 이 장관 자리에 임명된 발터 발만Walter Wallmann은 훗날 헤센주 총리가 되었다.

사람들은 콜 총리가 에너지 문제를 생소하게 여기고 원자력에너지를 전기 생산을 위한 당연한 수단으로만 간주할 것이라고 생각했다. 본래 원자력에너지를 전적으로 옹호하던 콜 총리도 어쩔 수 없이 한동안은 원자력에너지를 다소 회의적으로 보는 쪽으로 변해갔다. 전형적인 보수주의자 발만 장관은 새로운 형태의 전력 생산에 관해 고심하는 사람이 아니었다. 독일 정치에 중요한 영향을 미친 에르하르트 에플러Erhard Eppler (1926~2015, 사민당 내 좌파 정치인. 키싱거 총리 때 경제부장관, 브란트 총리 때 외무장관을 지낸 원로급 인사—옮긴이)와 젊은 세대를 중심으로 한 사민당과 녹색당은 대체에너지원을 활용한 전력 생산 문제에 몰두했다. 물론 이는 발만 장관의 관심 분야가 아니었다. 그는 흥분 상태에 빠진 사회를 원자력에너지 안전 담당 부처를 설립하는 등의 관료적 조치를 해서 진정시키려 했다. 일부 사민당 의원을 비롯하여 대다수 시민은 탈핵에 기반을 둔 새로운 에너지 정책에 전력을 다해 반대했다. 이런 어려움 속에서도 선구자적·미래지향적 사고를 실질적인 정책으로 연계하는 능력을 지닌 에플러의 의미 있는 연설은 당시 내게 깊은 인상을 심어주었다.

1980년대 중반 로널드 레이건Ronald Reagan 미국 대통령은 구약성서 구절을 인용하며 선과 악의 전쟁을 선언했는데, 여기서 악이란 물론 공산주의를 가리킨다. 독일 기독교계의 중요한 인물로 알려져 있는 에플러는 이에 대해 아마겟돈 전투는 민주주의 정치를 합법화하기 위한 적합한 수단이 아니라며 냉담한 반응을 보였다.

환경부장관을 임명함으로써 유권자들의 불안감을 잠재우려는 콜 총리의 시도는 성공적이었으며, 이를 계기로 기민당 정권이 안정되면서 알브레히트도 니더작센주 총리직을 연임할 수 있었다. 그런데 장기적으로 보면 이 사건을 계기로 실질적인 대안으로서 새로운 정치가 모습을 갖추어가기 시작했다. 무엇보다 역사가 그다지 길지 않은 녹색당은 베를린과 헤센주에서 사민당과 적녹연정을 처음 시도하다가 실패함으로써 많은 것을 배우는 계기가 되었다.

결과적으로 녹색당과 사민당 양측 모두 내부적으로 볼 때 갈등을 이성적으로 해결하지 못하고, 협상 대안을 찾지 못한 데에 실패 원인이 있었다. 하지만 다른 한편 사민당이 녹색당을 마치 '벌을 가하면 집으로 돌아오는 버릇없는 아들딸'로 여기고 오랜 시간을 허비한 것도 실패 원인으로 작용했다. 본래 녹색당은 생태계 파괴 문제의 심각성을 각성시키려는 환경운동에서 출발하여 격심한 산고를 겪으며 하나의 정당으로 탄생했다. 녹색당은 초기에는 68년 학생운동과 공감대를 이루었지만, 시간이 지나면서 자유사상을 지닌 시민계급에 안주했다. 이들 시민계급에게 자민당FDP의 시장자유주의는 지나치게 단순해 보였다. 만일 녹색당이 단지 정부 권력에 참여하겠다는 의도만 갖고 기독민주당(기민당, CDU)과 연합했다면 녹색당은 몰락했을 것이다. 연합하면 녹색당의 매력이 사라질 수밖에 없기 때문이다.

1986년 니더작센주 총리 후보로 도전했을 때 나는 녹색당과 적녹연정을 이룰 수 있었으나 최종적으로 그렇게 하지 못했다. 당시 사민당 연방총리 후보이자 노르트라인-베스트팔렌주 총리였던 요하네스 라우

Johannes Rau(1931~2006, 슈뢰더 집권 후 1999년부터 2004년까지 독일 연방대통령을 지냈다—옮긴이)는 사민당이 단독 집권하는 연방정부를 기대했으며, 녹색당과 연립하여 주정부를 구성하는 것을 비생산적이라 여겼다.

신문 논평에서도 사민당과 녹색당의 조합을 대부분 부정적으로 평가했다. 이러한 경향은 니더작센주의 오랜 보수 언론에서 더욱 심했다. 나는 이러한 압력에 굴복했지만, 엄밀히 말하면 확신이 없었다. 아직은 녹색당이 정부에 참여할 능력이 안 된다며 나 자신과 동료들을 위로했다. 실제로 나는 사민당과 녹색당이 연립정부를 구성하는 것이 당시로서는 양측 모두에게 과한 부담이라는 것을 예감했다.

결과적으로 내게는 승리를 거머쥘 만한 선택권이 더는 없었다. 왜냐하면 기민당과 자민당이 연정을 하겠다고 나섰기 때문이다. 36% 지지율로 니더작센주에서 절대다수를 차지하리라 기대하는 것은 1986년 연방선거에서 요하네스 라우가 시도한 것과 마찬가지로 성공할 가능성이 크지 않았다. 이러한 경험을 하면서 나는 합당한 연립정부를 구성할 방법이 없는 상태로 치르는 선거전에서는 승리할 수 없다는 사실을 또 하나 배웠다.


# 누구도 예기치 못한 통일


1989년 한순간에 '철의 장막'이 걷히고 새로운 세계를 바라볼 수 있게 되었을 때, 나는 3년간 니더작센주에서 야당 역할을 하고 있었다. 내가 바라본 새로운 세계는 왠지 모르게 경직되어 있었다. 우리 세대 사람들은 동독과 서독이 총알 한 발 오가지 않고 이처럼 평화롭게 통일되리라 아무도 생각지 못했다. 바로 이러한 일이 실제로 우리 눈앞에서 일어났

을 때에도 우리는 이를 좋은 일이라 반기기보다는 걱정과 두려움이 앞
섰다. 그동안 구서독 스타일에 따라 상당히 사회화되었기 때문에 너무도
다른 두 독일이 통일되리라는 생각은 아예 지워버렸던 것이다. 이러한
상황에서 예기치 못한 지진과도 같이 통일이 불쑥 찾아왔다. 이제 우리
는 통일이라는 시험을 함께 풀어나가야 했다. 그런데 언론과 보수 측에
서 환호하는 것처럼 전후 시대가 정말로 종결되었을까?

전후 시대는 아직 종결되지 않았다. 오늘날 내가 통일을 떠올릴 때마
다 드는 행복감이 당시에는 좀처럼 느껴지지 않았다. 우리는 무언가 확
실치는 않았지만 구서독 시절과 모든 것이 달라지리라는 것을 예감했다.
이미 파산 지경에 이른 정부에서 콜은 통일에 따른 단기적 호황 덕분에
총리직을 8년 더 연임했다(헬무트 콜은 1982년부터 1990년까지 서독 총리, 1990년
부터 1998년까지 통일 독일의 총리로 총 16년간 재직했다—옮긴이). 하지만 이 8년
은 통일에 대한 환호가 급속도로 잦아든 가운데 찾아온 정치적 정체기를
의미하기도 했다. 개혁 과제는 점점 쌓여만 갔다.

동독과 서독 지역 모두 시행착오가 있었는데, 이로써 양쪽 독일인들
사이에 새로운 장벽이 높아져갔다. 나는 사민당원들이 통일 정국에서 상
대적으로 좀 더 지혜롭고, 확고한 역사 인식을 가지고 미래를 확신하며
행동했다고 생각하지는 않는다. 그렇다. 사민당원들 또한 다른 정당과
마찬가지로 두 갈래로 나뉘었다. 한쪽은 통일을 부담스러운 짐으로 여기
는 이들이었고, 다른 한쪽은 통일 이후 애국심으로 가슴이 벅차오르는
이들이었다. 이 시기에 어떤 정치 진영도 독일 전역에 영향력을 미치지
못했다. 콜 총리는 구동독 상황을 전혀 모르는 상태였기에 '번영하는 땅'
이라는 말을 했고, 콜 정부 재무부장관은 별도의 소규모 예산으로 통독
비용을 감당할 수 있으리라 여겼다. 구서독의 끝없는 거만함이 사그라지

기까지는 매우 긴 시간이 걸렸다.

구서독 사람들은 마치 쓰러져가는 구시가지의 부흥을 기대하며 자신만 바라보는 가난한 형제자매를 둔 부자 친척처럼 행동했다. 하지만 독일 민족이 넘겨받은 공동의 유산을 재개발하는 과정은 45년이라는 분단기간을 극복하고 조금씩 서로에게 다가가는 계기가 되었다.

우리가 내적 통일의 속도를 얼마나 과대평가했는지는, 내가 첫 연방총리 임기를 끝낸 2002년에 연방과 각 주가 제2차 연대협약Solidarpakt II을 협상할 때 확인할 수 있었다. 제2차 연대협약은 제1차 연대협약이 만료되는 시점부터 15년간 구동독 재건사업과 지원을 내용으로 한다. 독일 연방이 이를 위해 제공하는 총액은 1,565억 유로에 이른다. 이러한 이유 때문에도 남부 독일의 연방주들은 여기에서 공공연하게 발을 빼고 책임을 회피하려 했다. 모든 연방주를 한배에 묶어두려는 시도는 매우 힘겨웠지만 결국 성공적이었다. 이 과정에서 부유한 헤센, 바덴-뷔르템베르크, 바이에른주는 구동독과 구서독 의료보험 간의 격차 해소를 위한 연대조정제도를 폐지하려다 연방헌법재판소에 소를 제기했다. 결국 그들이 패소하는 모습을 지켜볼 때는 흡족한 마음이 들기도 했다.

한편, 통일은 또 다른 도전을 불러일으켰다. 우리는 독일의 두 젊은 전후 세대, 즉 반파시즘적 견해를 취해온 구동독과 엄격한 반공산주의에 기반을 둔 구서독의 젊은 전후 세대가 기존의 정치에 대해 각기 상이한 모습으로 반기를 든다는 사실을 알게 되었다. 서쪽에서는 기존 정치에 대한 젊은 세대의 반대가 좌경화로 이어졌고, 동쪽에서는 구동독 시대에 전혀 가공되지 않은 채 억눌려 있던 네오나치Neonazi의 메아리가 통일을 기점으로 요란한 고함으로 변해버렸다. 네오나치의 유입은 동유럽 시장의 처참한 폭락과 경제구조의 붕괴와도 연관이 있었다. 구서독에 산발적으로 남아 있던 나치 잔당들은 상당수 동독 지역 젊은이들의 흥미를 돋우었다. 독일민족민주당NPD은 하루아침에 더는 텅 빈 껍질에 불과한 정당이 아니었으며, 과거 극좌 조직인 적군파RAF의 행동대장이었다가 우경화된 호르스트 말러Horst Mahler도 그곳에서 다시 모습을 드러냈다. 구서독 출신의 우익 민중 선동가들은 구동독 지역에서 청년 문화와 만났고, 이들 중 일부는 외국인 혐오와 반유대주의 구호를 외치기를 서슴지 않았다. 통일 자체만으로도 어려운 시험대에 오른 우리에게 융화라는 과제가 부과된 것이다. 나는 낙관주의자였기에 다음과 같이 말할 수 있었다. "우리는 이 과제를 완수할 수 있으며, 우익의 도전 역시 멋지게 극복할 수 있다."

이 모든 것은 우리가 1989년 통일의 환호 속에 젖어 있을 때에는 생각조차 못했다. 하지만 통일이 되고 얼마 후, 인구 8,000만의 통일 독일은 이제 외교적으로 더는 난쟁이처럼 왜소한 존재로 머물 수 없다는 것이 명백해졌다. 독일은 새롭게 온전한 존재로 역사의 무대에 입장했다. 독일 내에서는 이러한 낯선 상황에 대한 인식이 거의 전무한 상태였다.

## 결코 쉽지 않은 적녹연정

이 시기 초반에 내게는 또 다른 도전이 있었다. 바로 니더작센주에서 처음으로 녹색당과 연립정부를 이루어내는 것이었다. 1986년 패배 이후 4년 뒤인 1990년 5월 13일에 치러진 선거에서 우리 사민당은 44.2% 득표율로 42%를 얻은 기민당을 제쳤다. 자민당은 6%를 얻었고, 녹색당은 5.5%로 의회 진출을 위한 장애물을 뛰어넘었다.

1차 출구조사가 끝나자마자 기민당은 패배를 인정했고, 자민당은 사민당과는 절대로 연립정부를 구성할 의사가 없다고 확고하게 선언했다. 따라서 남은 건 사민당과 녹색당의 적녹연정뿐이었다. 양당 지지자들 또한 이를 강력하게 요청했다. 연립정부 협약은 예상보다 어렵지 않았다. 핵에너지 반대에 관해서는 양당의 의견이 일치했고, 주정부 내 관할 부처 배분에 관해서도 생산적인 타협점을 찾을 수 있었다. 마침내 녹색당은 현실에 안착했고, 이는 훗날 연방정부에서 활약한 테아 뒤커르트<sup>Thea</sup> Dückert와 위르겐 트리틴<sup>Jürgen Trittin</sup>이 하노버에 남긴 업적이기도 했다.

돌이켜볼 때 1990년부터 1994년까지 니더작센주에서 성공적으로 이루어진 사민당과 녹색당의 적녹연정을 두고 이로부터 8년 후 연방에서 실현될 일, 즉 연방정부의 적녹연정을 위한 일종의 내부 정책적 준비 단계로 해석할 만한 여지가 있다. 그런데 니더작센주의 연정은 치밀하게 목표를 정해두고 추진된 것은 아니다. 그럼에도 니더작센주에서 녹색당과 협력한 일은 보수주의자들이 그토록 격렬하게 반대했던 정국이 몇 년 후 연방 차원에서도 가능하게 된 데에 분명 기여를 하였다.

1998년 연방선거를 앞두고 나는 극심한 노선 갈등으로 내부적으로 분열된 신생 정당인 녹색당이 협력 파트너로서 편안한 상대가 아니라는 것을 분명히 알고 있었다. 하지만 자민당이 마치 바빌론으로 끌려간 유대 민족 포로처럼 기민당의 손에 붙잡혀 있는 상황이었기에, 녹색당과 협력은 본에서 그리고 수도 이전 후 베를린에서 사민당이 정권을 잡기 위한 유일한 선택이었다. 이러한 변증법적 상황으로 자민당이 노선적 측면에서 기민당에 미치는 영향력은 날로 커져만 갔다. 특히 경제정책 면에서 자민당은 지대한 영향력을 행사했다.

기민당은 자민당의 원칙적인 경제 이론에 점점 더 휘말려 들어갔고, 기독사회당<sup>CSU</sup>과 달리 신자유주의 쪽으로 방향을 꺾었다. 기민당은 자민당과 연정할 수 있는 가능성을 유지하기 위해 국민 정당으로서 자기 정체성을 갉아먹었다.

니더작센주의 적녹연정에서 출발하여 베를린 연방정부의 적녹연정에 이르기까지 하나의 긴 연장선상에 놓여 있는 사안이 몇 가지 있다. 당시 니더작센주 정부 내에서 논란이 분분했던 문제 중 하나가 '녹색 유전공학', 즉 유전자 변형 유용작물의 문제였다. 살충제를 사용하지 않아도 특정 질병에 내성이 있다는 유전자 변형 유용작물을 재배하는 것을 둘러싼 논란이었다. 찬반 양 진영의 대립은 날로 심해졌다. 일부 환경주의자 집단들은 유전자 변형 유용작물의 씨앗을 뿌린 시범 경작지를 주기적으로 갈아엎었다. 내 목표는 이 문제에 관한 논쟁을 객관화할 방안을 찾는 것이었다. 곧 공동체의 감독과 시범 파종 결과의 예측, 연구·개발을 가능케 하는 지침을 개발할 위원회를 설치했다. 이는 니더작센주 경제에 큰 비중을 차지하는 식품업계 측에서 생산지를 이전하겠다고 엄포를 놓았기 때문이기도 하다. 당시 이웃 국가 네덜란드와 벨기에에서는 유전자 변형 유용작물의 시범 파종이 아무런 제재 없이 허용되었다. 사회적 논쟁의 쟁점은 무엇보다도 농산물 생산자의 경작지가 유전자 변형 물질에 '오염'될 경우 책임 소재가 누구에게 있느냐는 문제였다. 이에 관한 명확한 규정을 찾아 적용하는 것이 관건이었다. 원칙적으로 원인 제공자가 책임을 져야 한다는 쪽으로 결론이 났다. 당시 우리가 정치적으로 접근해야만 했던 이 논란은 오늘날까지도 잦아들지 않고 있다.

일례로 이유식을 생산하는 한 유명 전문 기업은 독일 내에서 대량으로 유전자 변형 작물 종자를 사용한다면 생산지를 해외로 이전하겠다며 엄포를 놓기도 했다. 이 기업은 소비자의 신뢰가 곧 자신들의 자본이라고 역설했다. 즉 소비자들이 유전공학을 적용하지 않은 천연재료로 생산된

"연방총리청에 문화수석직을 도입한 사람이 총리인 나일 것이라고 생각할 텐데, 실은 내가 아니라 미하엘 나우만이 이 직책을 도입했다."

저널리스트이자 출판인인 미하엘 나우만은 1998년 10월부터 2000년 말까지 총리청 문화수석을 지냈다.

제품이라는 점을 신뢰하기 때문에 자사 이유식을 구입한다는 것이다. 다수의 생물학자는 유전자 변형 작물을 재료로 사용할 경우 결과를 예측할수 없다면서 이러한 재료 사용을 자제하라고 강력하게 경고했다. 이 문제와 관련하여 최소한 엄격한 표시제를 의무화하고, 꽃가루가 다른 경작지로 날아가는 것을 막을 수 있는 실질적인 해법을 강구해야 했다.

2002년에 줄기세포 연구에 관한 문제를 놓고 열띤 공방이 벌어졌을때 나는 이를 '연방윤리위원회'를 발족시켜 전문가들의 자문을 받아 타협점을 찾았는데, 이는 니더작센주 적녹연립정부 시절 유전자 변형 유용작물 문제를 '녹색 유전자공학'위원회를 발족시켜 해결했던 경험에서 기인한 것이었다. 또한 산업체와 환경단체 간의 갈등을 극복해야 하는 사안들에서는 니더작센주 정부에서 메르세데스 벤츠의 자동차주행 시험장 건설허가를 내주면서, 그 대신 주변의 늪지대를 복원하는 비용도 부담하는 방향으로 갈등을 조절했던 경험이 도움이 되었다. 그 밖에 노르웨이를 출발하여 훼손되기 쉬운 갯벌 지대를 지나는 파이프라인을 신기술을 이용하여 친환경적으로 건설한 사례도 니더작센주 정부의 적녹연정에서 시작하여 베를린 연방정부의 적녹연정까지 하나의 긴 연장선상에 놓여 있었다. 이처럼 니더작센주의 적녹연정은 연방 차원에서 적녹연정의 문제 해결 능력을 살펴보는 실험공간 역할을 했다.

한편 재정이 아무리 어려워도 문화 예산을 최대한 삭감하지 않는 연방정부의 재정정책 또한 니더작센주 정부 시절의 정책과 맞닿아 있다. 국가의 지원만으로 문화 예산을 감당할 수 없는 경우에는 민간 자금의 지원을받기도 했다. 그 결과 하노버의 케스트너협회는 새로운 거처를 얻었고, 니더작센주의 연극계와 오페라계는 새로운 개방적인 정책의 혜택을 누렸다.

내가 자라난 환경은 문화를 자연스럽게 접할 수 있는 분위기가 아니었다. 문학이나 그림, 음악에 접근하려면 인위적으로 노력해야 했다. 우리 가족은 당시 많은 인기를 누린 〈카프리섬의 어부Capri Fischer〉라는 유행가를 들으며 막연히 어부의 항해를 동경했다. 우리 집 벽에는 그림 한 장 걸려 있지 않았고, 철학에 관해 이야기하는 사람도 없었다. 이 모든 것을 내게 전해준 이들은 친구들이었다. 재임 시절, 늦은 저녁 시간에 총리청에서 한 문화 모임은 의무적인 행사가 아니라 마음에서 우러난 일이었다. 예술가들은 내가 지금껏 알지 못한 세상을 향해 눈뜨게 해주었다. 예술가들과의 만남은 나를 성장시켰다. 이 만남을 계기로 나는 연방정부에 문화수석직을 도입했는데, 이는 지역 정치가들의 반대에 부딪혔지만 독일 전역에 문화정책적 환경을 조성하기 위한 의미 있는 일이었다. 내가 총리로 재임하는 동안 연방총리청 문화수석을 지낸 사람들은 모두 자신만의 방식으로 긍정적인 영향을 남겼다. 연방총리청에 문화수석직을 도입한 사람이 총리인 나일 것이라고 생각할 텐데, 실은 내가 아니라 미하엘 나우만Michael Naumann이 이 직책을 도입했다.

벡스텐에서 출발하여 탈레와 괴팅겐을 거쳐 하노버에 이르기까지 나는 무척 다채로운 길을 걸어왔다. 이 길을 걸어오는 동안 지금의 내가 만들어졌고, 사람에 대한 내 생각이 형성되었다. 이 길을 걸어오는 동안 내 귀에 무언가를 속삭여대는 타인들에게 되도록 마음을 빼앗기지 않으려 노력했다. 그리고 '내면의 목소리' 내지 '본능'에 귀 기울이는 법을 배웠다.

Denn es gibt keine Freiheit ohne Erinnerung. Ein Volk ist vor dem wieder... ...wenn es nur seine faschistische auch ihre schlimmsten Phasen gegenwärtig und wiederwärtig... ...nicht in... ...umgeht.

왜냐하면 과거에 대한 기억 없이는 자유를 누릴 수 없기 때문이다. 어떤 민족이 진정으로 자유로워지려면 역사의 가장 어두운 부분까지 정면으로 응시하고, 역사에 대한 책임의식을 가지고 행동해야 한다.

# 역사의 궤도에서

2

Im Bann der
Geschichte

"베를린은 한순간도 멈추지 않고 항상 변화한다."
2002년 8월 연방총리청으로 가는 길목에서. 슈뢰더 뒤로 한창 건설 중인 새로운 정부청사가 보인다.

———————————

1999년 8월부터 2001년 5월까지 2년 가까이 연방총리청은 구동독 국가
평의회 건물에 임시 거처를 두었다. 집무실 책상에 앉아 있으면 구베를
린 성터 앞 광장과 이른바 '에리히의 전등 가게'라 불리는 '공화국 궁전'
이 보였다. 이는 (동)베를린 시민들이 로비에 수많은 전등이 달려 있는 공
화국 궁전을 웃음거리 삼아 붙인 이름이다. 한때 구동독의 형식상 의회
였던 최고인민회의가 열리기도 했던 건물이다. 최고인민회의는 구동독
이 붕괴되고 최초의 자유선거가 시행된 후 종착점에 이르러서야 비로소
진정한 민주적 정당성을 지녔다.

　몰락한 구동독 국가에 얽힌 가장 황당한 이야기를 꼽으라면 아마도 최
고인민회의가 열리던 공화국 궁전 건물에서 에리히 밀케Erich Mielke가 외
친 사랑의 고백일 것이다. 슈타지(구동독 비밀경찰)의 총수인 밀케는 자신
의 조직원들로 형성된 그물망 속에서 진치고 있는 거미와 다름없었다.
그런 그가 감찰 대상이었던 피해자들을 향해 "나는 그대들 모두를 사랑
한다"라고 외쳤다. 밀케가 최고인민회의 연단에서 이 말을 세상을 향해

내뱉었을 때 그 자리에 있던 사람들은 모두 호메로스의 서사시에 나올 법한 끝도 없는 웃음을 터뜨렸다.

구베를린 성터의 광장 우측에 솟아 있는 이 육중한 회색빛 건물은 누가 보아도 어색하고 거친 인상을 주었다. 이 건물은 편치 않은 역사를 감추기 위해 그곳에 서 있었다. 1945년 전쟁이 끝난 후 모스크바에서 베를린으로 몰려온 발터 울브리히트Walter Ulbricht(1950년부터 1971년까지 동독의 국가 원수―옮긴이)와 그의 무리는 폐허가 된 베를린성을 사람들의 기억에서 말살시켜야 할 시대의 잔재라고 여겼다.

베를린성 건물 중 전쟁을 빗겨간 잔재들은 1950년 구동독 국가평의회 초대 의장인 울브리히트의 명령에 따라 폭파되었다. 울브리히트에게는 모스크바처럼 도심 한가운데에 시위대가 행진할 수 있는 광대한 평지가 필요했기 때문이다. 당시 빌헬름 픽Wilhelm Pieck 구동독 대통령은 이를 두고 '노동자 계급의 강력한 시위'라 표현한 바 있다. 베를린 도심에는 비어 있는 곳이 없었기 때문에 베를린성 잔재의 운명이 이렇게 결정된 것이다. 훗날 스스로를 프로이센의 화려함과 위병대의 엄격함을 지닌 합법적인 프로이센의 후손이라 자처한 울브리히트와 픽의 후임자들은 베를린성의 잔재가 전임자들의 손에 폭파된 것을 수없이 아쉬워했을 것이다. 만약 성의 용도를 바꾸어 유지했더라면 사람들의 시선을 좀 더 많이 끌수 있지 않았을까.

성터 앞 광장에 우뚝 들어선 구동독 시절의 공화국 궁전은 건축학적으로 실패작으로, 성터 앞 광장의 조화를 깨뜨려버렸다. 이 철근 콘크리트 건물은 베를린 도심에 존재하는 짓무른 상처를 치유할 필요가 있다는 사실과 함께 베를린의 역사를 분명히 알려준다. 나는 이 건물을 철거하기로 마음먹었다. 확신하건대 공화국 궁전을 철거하는 목적은 결코 프로이

"나는 우리가 공유하는 역사의 모든 장면을 기억하고, 이를 베를린의 건물에 구현하기 위해 모든 노력을 기울일 가치가 있다고 생각한다."
슈뢰더는 '공화국 궁전' 앞에 옛 베를린성의 모습을 재현해놓았다.

센에 대한 향수를 불러일으키거나 호엔촐레른 가문의 정신을 재건하자는 것이 아니다. 또한 구동독과 연계된 일부 독일 역사와 베를린 역사를 말소하기 위한 것도 아니다. 나는 베를린성을 복원하는 일을 매우 긍정적으로 여겼다. 베를린성 복원과 함께 베를린시의 미래 모습을 떠올려보았다. 옛 박물관과 무기저장소, 겐다르멘마르크트광장, 운터덴린덴 거리 사이에 위치하고, 균형에 의거한 조화가 돋보이며, 우아함과 장중함을 뿜어내던 공간의 복원을 머릿속에서 그려보았다.

베를린성의 잔재를 폭파함으로써 생겨난 빈 공간을 채워야 할 시점이 다가왔다. 독일의 새로운 수도 베를린에 매우 중요한 이 문제는 의회의 손에 맡겨졌다. 이로써 독일 연방하원은 2003년과 2006년 다수의 표결에 따라 공화국 궁전의 철거와 베를린성의 복원을 결의했다. 단, 베를린성 복원은 재정 계획이 수립되는 대로 진행하기로 결정했다. 이제 '궁전'이 시야에서 사라져버리고 나면 거대한 녹지가 드러날 것이다. 이러한 과도적 상태가 조속히 지나가고 베를린성 복원의 재정과 활용 문제가 잘 마무리되길 바랄 뿐이다. 하지만 에른스트 블로흐Ernst Bloch의 표현대로 '한순간도 멈추지 않고 항상 변화하는 도시'인 베를린에는 충분한 시간이 있다.


## 기억, 책임 그리고 미래

베를린 시가지를 걸을 때면 내 입에서는 감탄이 흘러나오고 온몸에 소름이 돋았다. 한편 베를린 도심의 화려한 건물 벽의 총탄 흔적을 바라볼 때면 1945년 4월과 5월 소련군의 베를린 시가전이 떠올랐다. 나치가 권력

을 인수하는 순간 불타는 횃불처럼 환하게 빛을 발하던 제국의회를 바라
보고, 유럽 내 유대인 학살을 상기시키는 홀로코스트 추모관을 걸어보기
도 했다. 베를린 시가지 구석구석을 걸을 때마다 나는 우리가 공유하는
역사의 모든 장면을 기억하고, 이를 베를린의 건물에 구현하기 위해 모
든 노력을 기울일 가치가 있다고 생각했다.

나는 독일이 통일된 후 수도 위치를 되찾은 베를린에서 전체 임기를
보낸 첫 연방총리였다. 그렇다. 나는 임시 총리청 건물로 사용된 국가평
의회 건물에서 지낼 때에도, 제국의회 건너편에 신축된 총리청에서 지낼
때에도 이 도시가 내게 부여한 과제에서 눈을 돌리지 못했다. 그것은 바
로 이 도시 곳곳에 숨겨져 있는 역사적 사건을 인식하는 것이었다.

단언컨대 현재 내 감정은 하노버에서도 본에서도 의식하지 못했던 것
이다. 베를린으로 옮겨오고 나서야 비로소 지금 우리 행동이 과거의 집
단적 경험과 밀접하게 연관되어 있다는 사실을 확실하게 깨달았다. 독일
공화국이라는 꿈이 사그라질 무렵 이 꿈을 완전히 소멸시킨 아돌프 히틀
러Adolf Hitler는 독일제국의 마지막 총리로서 아무런 혁명도 거치지 않고
합법적으로 바이마르헌법을 갈기갈기 찢어버렸다. 히틀러는 민주주의
실험을 종결함으로써 독일이 제1차 세계대전 이후 계몽된 국가들과 연
결될 기회마저 차단하였다. 그 결과 제2차 세계대전이 발발했고, 나치의
만행이 자행되었다. 우리에게 두 번째로 주어진 기회는 공짜가 아니었
다. 아무런 대가도 치르지 않기에는 우리가 주변국에 입힌 피해와 고통
이 너무나도 컸다.

이와 관련하여 내가 언급하려는 사례 중 하나가 '기억, 책임 그리고 미
래Erinnerung, Verantwortung und Zukunft'라는 재단이 설립된 배경과 뒤늦은 우
리의 시도이다. 즉 나치 독일에 착취당한 수백만 강제노동자의 고통을

"경제계와 정부가 함께 차원 높은 노력을 기울여야만 이 문제를 해결할 수 있습니다."
경제계 대표들과 현안에 관해 처음으로 협의하는 모습. 티센크루프 대표 게르하르트 크롬(왼쪽)
과 도이체방크 대표 롤프 브로이어(가운데).

더는 모른 척하지 않고, 잊지 않고 있다는 것을 보여주기 위해 뒤늦긴 했
지만 적어도 물질적으로라도 배상하려는 것이다. 1998년 여름, 하노버에
서 주총리로 재직 중이던 나는 프랑크푸르트의 독일 증권거래소에 상장
된 최대 기업 대표이사 열두 명을 니더작센주 정부 영빈관에 초청했다.

나는 연방하원 선거를 앞두고 이들에게 독일 경제계와 새로운 연방정
부가 해당 재단의 운영을 주도하기를 기대한다고 전했다. 아울러 이에
대한 급부로 미국에서 활동하는 독일 기업을 위해 법적 안정성을 협상에
서 최대한 이끌어내겠다는 의지를 분명히 전달했다. 즉 내가 이행하고자
한 것은 두 가지였다. 하나는 과거 나치 독일에 착취당한 강제노동자들

에게 손해배상을 하는 것이고, 다른 하나는 독일 기업들의 활동 공간을
최대한 확보해주는 것이었다.

내가 독일 기업의 법적 안정성을 촉구하려 한 까닭은 60명이 넘는 미
국 변호사가 제기한 집단소송 때문이었다. 이들은 독일 기업들에 대해
고액의 손해배상을 주장했다. 해당 기업으로는 도이체방크와 티센크루
프, 알리안츠 등이 있는데, 초기에 이들은 각자 자체 변호사를 내세워 미
국 내 소송에 대응했다. 그 이유는 콜이 이끈 연방정부가 1953년에 체결
한 채무협약과 1996년 연방헌법재판소의 결정을 근거로 강제노동자들
에 대한 손해배상 규정에 관여하지 않으려 했기 때문이다. 나는 이처럼
피해자들의 등 뒤에서 옥신각신하는 부적절한 처사를 근본적으로 매듭
짓고 싶었다. 그리고 미국 내 소송에 대해 기업이 개별적으로 대처하기
보다는 독일 경제계와 정부가 함께 노력해야 해결할 수 있다고 보았다.

나는 이 문제가 독일 현대사를 대하는 근본적인 자세와도 직결된다고
생각했다. 과거에도 현재에도 나치 시대를 직접 접하지 못한 다음 세대
에게 우리 사회에서 역사적으로 어떤 일들이 일어났는지, 과거에 이러한
죄를 지은 사람은 누구이며, 현재 이에 대해 책임을 져야 하는 사람은 누
구인지를 분명히 깨우쳐주는 것이 중요하다고 여겼다. 물론 죄를 지은
것도 책임을 져야 하는 것도 우리 독일이다. 우리의 다음 세대는 죄를 짓
지는 않았지만 우리 세대와 마찬가지로 이에 대한 책임을 져야 한다. 우
리는 이 사실을 모든 세대에게 끊임없이 새롭게 전달해야 한다. 그리고
이는 앞으로도 계속될 것이다. 왜냐하면 과거에 대한 기억 없이는 자유
를 누릴 수 없기 때문이다. 어떤 민족이 진정으로 자유로워지려면 역사
의 가장 어두운 부분까지 마주하고, 역사에 대한 책임을 의식하고 행동
으로 옮겨야 한다. 누구보다 아직 생존해 있는 강제노동자들에게 우리는

이러한 의무를 지고 있다.

1998년 하노버에 모인 경제계 대표들은 수억 마르크 정도로 이 문제를 매듭지을 수 있으리라 생각했는데, 이들은 나치 정권 치하에서 자행된 노동 착취의 실제 규모에 대해 전혀 아는 바가 없었기 때문이다. 하지만 세계유대인회의를 비롯해 기타 연관 단체와 협의 과정이 진행되면서 일련의 강제노동자들이 공개적으로 봉기했다. 이로써 독일 역사에서 가장 어두운 장을 다시 한 번 파악해볼 필요가 생겼다. 유대인 단체와 비유대인 단체, 미국 행정부와 협상을 클린턴 정부 측에서 주도한 사람은 당시 미국 재무차관 스튜어트 아이젠스타트Stuart Eizenstat였다.

손해배상에 관한 원칙적인 합의 문제는 1999년 12월 독일 협상 대표인 오토 그라프 람스도르프Otto Graf Lambsdorff의 주도 아래 이루어졌다. 미국 측 피해자의 변호사들은 처음으로 100억 마르크라는 구체적인 요구 조건을 제시했다. 독일 연방정부 측은 독일 경제계와 함께 해당 금액을 각기 절반씩 부담하여 손해배상 펀드에 지불하겠다고 밝혔다. 아이젠스타트는 이를 두고 '의미 있는 날'이라 표현했다.

2000년 6월, 협상이 여러 차례 거듭된 이후 독일 기업의 법적 안정성 문제에서도 성과가 도출되었다. 독일 측은 이 문제와 관련해 요구 조건을 관철시켰는데, 이는 상당 부분 람스도르프가 이룬 공적이다. 이제 모든 전제 조건이 충족되었고, 우리는 협상을 최종적으로 매듭지었다. 손해배상 차원에서 100억 마르크를 지불하기로 합의했다. 아울러 독일 측과 미국 측은 독일 기업들에 여타 집단소송에 대해 무제한적이라 할 수 있는 법적 안정성을 보증하는 정부 협정에 서명했다.

2001년 3월, 독일 경제계는 주도적으로 재단을 설립하고, 자신들이 지불하기로 되어 있는 기금 50억 마르크가 마련되었다고 발표하였다. 독일

2000년 6월 17일 베를린에서 열린 기자회견.
이날 기자회견에서 과거 나치 독일에 착취당한 강제노동자들에 대한 손해배상 합의 문제가 마무리되었다고 발표했다. 왼쪽부터 스튜어트 아이젠스타트, 슈뢰더, 오토 그라프 람스도르프.

연방정부도 동일한 액수를 지불하며 재단에 참여했다. 2001년 5월 30일 연방하원은 압도적인 다수로 법적 안정성을 확정했다. 이는 지불 개시에 결정적으로 필요한 요건이었다. 2001년 6월 15일 '기억, 책임 그리고 미래' 재단은 과거 강제노동자로 부역했던 폴란드인과 체코인 3만 명에게 송금을 개시했다. 하지만 결과적으로 손해배상 합의 도출에 필요한 100억 마르크는 전 세계에 퍼져 있는 160만 명 이상의 고령 피해자들에게 나누어주기에는 턱없이 부족한 액수라는 사실이 드러났다.

나는 베를린이라는 역사적 무대가 이러한 과제를 해결하는 데 기여했다는 사실이 전혀 놀랍지 않았다. 통일 독일의 수도로 본과 베를린을 두고 벌어진 논쟁을 떠올려보면, 우리가 전후 시대의 새로운 시기 안으로 얼마나 무지한 상태에서 순수하게 뛰어들었는지, 오히려 이 부분이 놀랍기만 하다. 처음부터 베를린을 수도로 주장했던 나를 비롯한 다른 사람들도 마찬가지다. 당시 연방하원 본회의장에서는 베를린을 통일 독일의 수도로 삼게 되면 독일은 자신도 모르게 빌헬름 시대의 거만함을 이어가게 될 거라는 우려 섞인 논평이 흘러나왔다. 하지만 베를린이라는 도시의 현 상황과 이곳에서 '유대인 문제를 최종적으로 해결하기 위해' 수립된 거대한 계획을 감안해보면, 독일 민족의 양심은 수년 전 우려와 달리 더욱 강화되었고, 통독으로 우리가 유럽 내에서 얼마나 큰 사명을 감당해야 하는지에 관한 의식 또한 성장하였다.

우리는 세계 정치 기반의 구조적 변화를 예감하긴 했으나, 그 결과를 충분히 상상하지 못한 가운데 소련의 종말을 생생하게 목도했다. 자본주의가 승리를 거두었고, 구소련의 위성국가들은 미국의 본보기를 모방할 자유를 얻었다. 신중한 고찰이 필요했을 시기에 금광을 찾은 듯한 분위기가 만연했다. 엄밀히 말하면 철의 장막 이면의 진실을 공공연하게 무시하려는 경향이 전 지역에 만연해 있었다. 즉 우리 자신이 멋대로 만들어놓은 진실에 부합하지 않는다는 이유로 엄연한 진실을 외면하고자 했다. 하지만 이러한 경향은 반대 방향에서도 똑같이 존재했다. 서독에서 동독에 대해 아는 바가 없는 것처럼, 동독에서는 서독에 대해 아는 바가 없었으며, 서독과 연결만 되면 이들과 동일한 생활 여건을 얻으리라는 희망이 넘실거렸다.

우리는 소련의 내부 구조에 대해서도, 가늠하기 힘든 심리적 상이함에 대해서도 알지 못했다. 통일 후 10년에 가까운 세월이 지나고 총리로서 첫 임기가 시작된 1998년 10월에도 무엇 하나 명백하게 규명된 게 없었다. 그렇기 때문에 1999년 여름 연방정부의 수도 이전은 내게 전환기 이후 새로운 세계의 상황을 파악하기 위한 중요한 전환점처럼 느껴졌다. 한마디로 베일에 가려진 모습이 온전하게 드러나면서 새로운 세계를 파악할 수 있게 된 것이다. 그리하여 라인강 인근의 본에 위치한 연방정부 청사 지역 내 툴펜펠트와 달만 거리를 오가며 국제적 이슈를 안일하게 회피해온 태도로는 결코 이해할 수 없는 세계를 바라보기 시작했다.

연방정부가 베를린으로 이전되고 나서야 비로소 거리상으로 가까워진 것만큼이나 동쪽과 서쪽의 서로 다른 심리를 좀 더 민감하게 감지할 수 있게 되었다. 우리는 통합된 유럽의 지도를 교정해야 한다며 변화를 요구하는 압력을 감지했다. 80킬로미터만 가면 폴란드 국경이니 바르샤바는 이웃 도시나 다름없다. 베를린에 수도를 다시 자리 잡으면서 그 이웃 국가가 최근의 역사와 그 역사에서 독일이 차지하는 부분을 현재에도 매우 생생하게 기억한다는 사실은 우리에게 분명하게 와닿는다. 철의 장막이 드리운 그림자는 매우 거대하다. 이 그림자는 독일의 만행과 전투태세에 대한 공포에 가까운 집단적 기억이 전혀 퇴색되지 않았다는 사실을 덮어주었을 뿐이다. 철의 장막이 걷히고 소련에 의해 빗장이 채워져 있던 동구권 민족들이 자결권을 행사하면서 비로소 이들은 그간 서구 국가들이 해낸 일을 쫓기 시작했다. 그것은 바로 이웃 나라 독일을 신뢰하는 법을 배우는 것이었다.

"집무실에서 나는 그와 단둘이 대화를 나누곤 한다."
새로운 총리공관 집무실에 놓여 있는 빌리 브란트 조각상 앞에서.

# 빌리 브란트의 신동방정책

1970년대에 빌리 브란트 총리는 비록 장벽과 철의 장막으로 시선이 가로막혀 있긴 했지만, 동쪽을 향해 시선을 주는 것이 유럽의 미래를 위해 중요하다는 사실을 누구보다 잘 알고 있었다. 그는 전후 장벽으로 가로막힌 세상에 길을 내고, 폭력 지양 정책을 펴서 무기로 무장한 이분법적 사고를 평화로운 길로 이끌어내려고 부단히 노력했다. 이러한 그의 노력은 나치 독일이 동유럽과 러시아에 남긴 공포감을 누그러뜨리려는 첫 시도이기도 했다. 빌리 브란트 총리의 신新동방정책은 접근을 통해 변화를 이끌어냈다.

나의 연방총리 집무실 안 좁다란 받침돌 위에는 빌리 브란트 총리 조각상이 놓여 있는데, 이는 사민당 중앙당사 안마당에 세워져 있는 라이너 페팅Rainer Fetting 작품의 축소판이기도 하다. 집무실 안에서 나는 그와 단둘이 대화를 나누곤 한다. 1970년 12월 7일 그는 바르샤바의 유대인 희생자 추모비 앞에서 무릎을 꿇었다. 그럼으로써 엄청난 나치의 만행이 집단 기억으로 각인되어 있는 주변 국가들에 독일인이 어떤 자세와 모습으로 나아가야 할지를 젊은 세대에게 분명하게 보여주었다. 이는 말로 표현할 수 없는 간절한 마음을 전달하기 위해 참으로 위대한 사람만이 할 수 있는 행동이었다. 그가 무릎을 꿇는 순간 나는 숨이 멎는 것만 같았다. 그 자리에서 그는 서독의 정부 수반으로서 모든 독일인을 대표하여 더없이 낮은 자의 겸허함을 보여주었다. 빌리 브란트 총리가 무릎을 꿇은 모습은 두 가지를 상징한다. 첫 번째로 과거의 만행을 '절대로 반복하지 않으리라'는 다짐이고, 두 번째로 우리가 우리 과거를 인정해야만 비로소 미래를 얻을 수 있다는 의미다. 이 또한 전후 세대 독일 정치인들이 유럽 주변 국가에 대해 지녀야 할 사명이다.

　여러 사람의 삶을 합친 것만큼 충만한 삶을 산 빌리 브란트 총리는 목표를 추구하는 과정에서 놀라운 일관성을 보여주었다. '작은 걸음 정책 Politik der kleinen Schritte'을 끈기 있게 실천했으며, 분열에 기초한 이분법적 세계에서 예외 조항을 동원해서라도 공통점을 이끌어내야 한다는 생각을 일관성 있게 실천했다. 그 결과 '베를린 통행증 협정'과 '국경 통과 경로에 관한 협정'이 체결되었다. 이처럼 그는 동서독을 분리하는 모든 것을 연결하는 고리로 삼고자 부단한 노력을 쏟았다.

　빌리 브란트와 에곤 바르 두 정치인 콤비는 변증법적으로 얽혀 있는 두 독일의 전후 시대 정치를 누구보다 능숙하게 창의적으로 이끌어갔다. 이 두 위대한 사민당 정치인은 확고한 역사의식을 가지고 유럽 통합으로 나아가는 첫걸음을 매우 자연스럽게 동행하고 서로 지원했다. 1925년에 제정된 하이델베르크 강령 이후 사민당이 위대한 유럽 통합을 꿈꾸고 '통합된 유럽 국가'에 대한 열망이 커졌을 때도 마찬가지였다. 하이델베르크 강령에는 다음과 같이 규정되어 있다. "사민당은 경제적인 이유로 시급해진 유럽 내 경제 단위를 마련하고, 통합된 유럽 국가의 구축에 적극적으로 참여함으로써 전 세계 모든 민족의 이해관계를 연대적으로 아우를 것이다." 하이델베르크 강령에는 사민당 노선을 처음부터 현재까지 규정해온 가치와 목표가 요약되어 있다.

　수십 년 뒤 통합된 유럽 속의 독일은 모든 이의 눈에 예전보다 덜 공포스럽고 제어가 가능한 존재로 비친다. 독일에 대해 느끼는 감정이 어떻든 간에 프라하, 바르샤바, 부쿠레슈티, 부다페스트 혹은 모스크바 사람들이 베를린 쪽을 바라볼 때, 독일이 처음으로 모든 이웃 국가와 조약으로 보장된 평화로운 관계 속에서 산다는 사실은 틀림없이 그들을 안심시켜줄 것이다. 나 또한 지금의 이러한 상황이 독일 역사상 가장 행복한 순간이라 여기지 않을 수 없다. 독일인들은 피로 얼룩진 20세기가 안겨준 막중한 교훈을 스스로 깨우치고 있다.

본에 지도부를 두고 놀라운 경제 발전을 이룩한 반쪽짜리 독일은 냉전 당시 서구의 '쇼윈도' 역할을 했고, 스스로 이러한 특별한 역할에 편안하게 적응해갔다. 통일이 구서독이나 구동독 지역에서 과잉 애국심으로 이어진 것은 아니지만, 많은 이는 구서독에서 누리던 편안한 상황을 통일을 맞아 독일 전역에서도 유지할 수 있으리라는 희망을 놓지 않았다. 과거 독일 역사에서 이처럼 오랫동안 평화가 유지된 적이 언제였던가? 분배에 격차가 있긴 하지만 이만큼 부를 누린 적은 없었다. 두 차례의 세계대전과 인플레이션을 겪은 독일인들은 이러한 상태가 계속 유지되길 원할 뿐 아무런 변화도 원하지 않았다. 하지만 이러한 부를 유지하고 확대하려면 변화를 준비해야 한다. 이 사실을 국민에게 이해시키는 것이야말로 적녹연정이 풀어나가야 할 첫 과제였다.

여럿이 함께 앞을 내다보는 것이 힘든 이유는 앞을 바라보는 시점이 제각기 다르기 때문이다. 1990년대에 구서독 지역에서 개혁 의지가 얼마나 컸든 간에, 통일은 무엇보다 평등과 부의 공유에 대한 구동독 국민들의 기대를 충족해주는 것이 중요했다. 이는 대외적인 여러 과제에 대비해야 하는 사회에서는 그다지 고무적인 일이 아니다. 통일로 인해 우리는 시선을 바깥으로 돌릴 수도 없었고, 모두가 저마다 자기 일에 몰두해 있었다. 또한 통일에 따른 단기적 호황은 사람들로 하여금 '두 독일이 합쳐지면 경제적 부 또한 두 배가 된다'는 허무맹랑한 공식을 믿게끔 만들었다. 하지만 경기회복이 곧 빈껍데기로 드러나고, 구동독의 낡은 공장들이 경쟁력이 없다고 입증되자 사람들은 허탈감에 빠졌다. 이에 대해 헬무트 콜 총리는 아무런 대답을 할 수 없었기에 정권 교체는 예정된 것이나 다름없었다.

1998년 독일 통일 후 첫 사민당 총리로서 정권을 인수할 때만 해도 나와 사민당 동료들은 통일에 환상을 갖고 있었다. 이는 "우리는 모든 것을 다 바꾸지는 않을 것이다. 하지만 우리는 더 잘할 것이다"라는 내 슬로건에도 잘 나타나 있다. 이 슬로건은 선거를 지켜보는 유권자들에게 통일이 된 뒤에도 모든 것이 예전과 변함없을 테니 안심하라는 메시지를 주었다.

## 통일 독일에 부여된 새로운 의무

현실은 우리가 원했던 것보다 훨씬 더 빨리 우리를 각성해주었다. 1998년 10월 선거일 이후 어느 누구도 세상의 새로운 질서와 변화가 어떤 모습으로 드러날지 예측하지 못했다. 세상의 한쪽 구석에 있던 나와 사민당은 하루아침에 세상 한가운데에 우뚝 서서 집권 초기부터 중요한 결정을 내려야만 했다. 그것은 바로 코소보 전쟁에 대한 개입 여부를 결정하는 일이었다. 정치적 사고를 할 수 있는 모든 사람은 이 결정의 중대성을 의식하고 있었다.

유고연방 대통령 슬로보단 밀로셰비치Slobodan Milošević는 세르비아 자치주 코소보에서 절대다수를 차지하는 알바니아계 주민들을 무참하게 공격했다. 1999년 초부터 조직적 추방과 무차별적 파괴, 반인륜적 만행이 코소보 지역의 끔찍한 일상이 되어버렸다. 유럽 국가들을 비롯한 전 세계의 국가 공동체가 좌시해서는 안 될 현실이었다. 특히 우리 독일인들은 유럽 내에서 인권이 참혹하게 유린되는 것을 결코 허용해서는 안

되었다.

나는 이 문제가 어떻게 해결되는지에 따라 사민당과 녹색당이 정부 역할을 수행할 능력이 있는지, 혹은 우리가 손님처럼 집권당의 자리에 잠깐 머물렀다 떠나게 될지가 결정되리라 확신했다. 우리는 보수 정권이 1990년대에 외교정책에서 놓친 것을 코소보 개입 결정으로 따라잡아야 했다.

1990년대 당시 사람들은 통일된 독일에 어떠한 새로운 의무가 부여될지 생각하지 못했다. 콜 총리는 '통일 총리'라는 역할에만 매몰되어 시선을 독일 내부에만 두고 있었다. 콜 총리 시절, 새로운 의미를 부여받은 이 나라가 직면하게 될 것들에 관해서는 아무런 토론도 하지 않았다. 야당인 사민당과 녹색당 역시 헬무트 콜 총리의 정치적 안락함에 젖어 있었다. 우리는 그가 원하던 대로 눈이 멀어 있었다.

독일의 모든 정치인이 범한 대표적인 실수는 전후 시대의 종결과 함께 분단국가이던 독일이 누려온 대공산권 전초기지로서의 특별한 역할이 완전히 끝났다는 사실을 명확히 밝히고, 국민들에게 설명할 기회를 놓친 점이다. 현실이 가져다준 충격은 1999년이 되어서야 분명히 감지되었다. 독일에 부여된 새로운 의무는 코소보 전쟁과 함께 너무도 선명하고 잔인하게 드러났다. 우리는 미국과 유럽의 동맹에 따른 의무를 이행해야 했다. 우리가 외면할 수 있는 상황이 결코 아니었다.

대다수 정치인은 물론이고 독일 국민들은 코소보 전쟁에 대한 독일의 개입을 전혀 예상치 못한 상황에서 접했다. 그러므로 정치적 격동이 뒤따른 것은 놀라운 일이 아니었다. 당시 상황이 급박했기에 다른 방도가 없었다. 이는 관련자들 모두에게 힘겨운 경험이었다. 새로 들어선 연방 정부는 공식석상에서 전쟁 유발자라는 비난을 받으며 모욕을 당했고, 나는 세르비아로부터 덴하그(헤이그) 국제사법재판소에 고소하겠다는 위협을 받기도 했다. 이러한 상황은 연립정부의 각 당파에 충격을 주었고, 사민당과 녹색당의 응집을 위협하는 내부적 시험대가 되었다.

1999년 4월 사민당 전당대회에서 독일 사민당원들이 이처럼 힘겨운 책임을 짊어지게 된 것은 무엇보다도 에르하르트 에플러 때문이다. 나는 이 시험대를 견디기 힘들어하는 모든 이를 이해했다. 하지만 이들에게 양보할 수는 없었다. 여러 해가 지난 지금 돌이켜보면 이 결정을 관철한 것은 분명 바람직한 일이었다. 코소보 전쟁 개입 결정 그리고 몇 년 후인 2001년 11월 '항구적 자유 작전Operation Enduring Freedom, OEF'(9·11 테러 이후 미국이 주도하고 있는 테러와의 전쟁 작전 중 일부—옮긴이)이라는 이름의 아프가니스탄 군사 작전에 대한 동의는 독일이 추후 이라크 전쟁에 불참할 명분을 주었다.

그렇다면 독일 내부의 상황은 어떠했는가? 한마디로 개혁이 정체되어 있었다. 역동적으로 변화하는 세계에 직면하여 변화를 최대한 피해보려는 독일 민족의 반사작용은 헬무트 콜에게 총리직을 16년 동안 유지해주는 결과를 낳았다. 그는 모든 것이 현재 상태대로 유지될 수 있으리라는 철저한 자기 확신을 가지고 있었다. 이러한 환상은 콜이 총리직을 사임하고 현실이 덮쳐올 때까지 마치 마약같이 작용했다.

자신의 위치를 새롭게 정립하기 싫어하는 마음은 '통일 독일의 수도를 베를린으로 이전하겠다'는 약속 이행을 둘러싼 유창한 말다툼으로 표출되었다. 연방의회와 정부는 1949년 제1대 독일 연방하원부터 통일만 되면 수도를 베를린으로 이전하는 방안을 지속적으로 찬성해왔다. 정치인들은 번지르르한 연설을 할 때마다 지킬 기회가 전혀 없어 보이는 이 약속을 얼마나 자주 엄숙하게 반복했던가. 1991년 연방하원이 과반수의 찬성표와 민주사회당PDS의 표를 동원해 수도 이전을 결정했을 때도 모든 정당 내에서 이 결정을 저지하거나 최소한 수정하려 시도하는 세력이 있었다. '기존의 익숙한 상황만은 흔들지 말라'는 모토가 독일 전역에 요란하게 퍼져나갔다. 긍정적으로 입증된 것은 보존되어야 한다는 주장이었다.

사람들 사이에 이러한 소망이 만연해 있고, 전후 재건 시대의 경제적·사회적 축복을 끈질기게 붙들고 있으면 좋은 결과가 있을 거라는 희망이 있었기에, 1998년 선거전에서는 아무도 불편한 주제를 언급조차 하지 않았다. 당연히 이런 불편한 주제들은 사람들의 의식 안으로 아주 더디게 인식될 수밖에 없었다. 예컨대 예외적인 몇몇 소수를 제외한 나머지 사람들의 머릿속에는 인구통계학적 변화라는 주제 자체가 존재하지 않았다.

그렇지 않고는 기민당의 적수였던 사민당이 노르베르트 블룀Norbert Blüm 사회복지부장관의 '연금은 안전하다'는 슬로건보다 더 강한 패를 내놓으려 했던 사실을 달리 설명할 수가 없다. 우리는 콜 정부가 시행한 연금법 개정, 이른바 인구통계학적 요인을 감안한 개정을 다시 무효화했다. 이는 연금 수급 기간이 늘어나는 데 반해 젊은 가입자 수는 감소하는 상황을 토대로 한 개정이었다. 그 밖에 실업자 수를 대폭 줄이겠다는 나의 공약만 돌이켜봐도 우리 사민당이 글로벌화에 따른 경제의 탈국경화 현상을 얼마나 가볍게 여겼는지 잘 알 수 있다. 이러한 내 공약은, 실업자 수를 100만 명 이상 줄일 수 있다고 숫자까지 들먹여가며 현실과 동떨어진 자신감을 과시했던 오스카 라퐁텐Oskar Lafontaine(사민당원. 슈뢰더 내각의 첫 재무장관으로, 환경세 신설과 조세개혁 등 좌파적 경제정책을 내세우다가 조기 하차했다—옮긴이)에 대한 나의 경솔한 반응이었다. 즉 우리는 그가 던진 척도를 기준으로 우열을 다투려 한 것이다.

2005년 연방하원 조기 총선을 치르면서 나는 사민당이 첫 입법회기 동안 대담한 정책을 펼치지 못했고 개혁에 대한 의지가 부족했다는 말과

글을 여러 번 접했다. 하지만 내가 생각했을 때 당시 독일 사회에는 개혁을 할 기회 자체가 존재하지 않았다. 이는 정치 행위자가 개혁을 실행할 능력을 지닌 것과는 별개 문제다.

여러 면에서 우리는 콜 총리 정부가 무릅쓴 부담을 짊어져야만 했다. 회원국의 부채 한도를 제한하는 유럽안정화협약<sup>europäischer Stabilitätspakt</sup>을 예로 들어보면, 해당 협약은 연간 공공예산적자, 즉 신규 부채가 국내총생산의 3%를 초과할 수 없다고 규정했다. 1992년에 체결된 유럽안정화협약은 마스트리히트 조약<sup>Maastricht-Vertrag</sup>의 일부였다. 해당 협약은 지속적인 경제성장을 전제로 하는데, 이는 당시만 해도 일종의 경제적 법칙으로 여겨졌다. 이것 하나만 보더라도 독일 정치인들이 통일의 규모를 산정하는 데 얼마나 현실과 동떨어져 있었는지 다시 한 번 여실히 드러난다.

유럽안정화협약에 관한 합의는 전환기로 인한 단기적인 호황 때 이루어졌다. 다시 말해서 통일의 물질적 결과를 국가경제가 모두 떠안게 될 경우 통일 비용이 경제성장에 어떤 영향을 미칠지에 관해 기민당과 자민당은 아무런 고려를 하지 않았다는 걸 보여준다. 이들의 뒤를 이은 정부는 국내총생산의 약 4%를 구서독에서 구동독 지역으로 이전 지출해야 했다. 이로써 약 800억 유로만큼 서독 내 투자 자본이 적어졌는데, 이것이 얼마나 큰 파장을 일으킬지 당시 정치인들은 과소평가했다. 즉 체결 당시부터 현실적인 조건에서는 작동할 수 없는 협약을 작성하고 관철한 것이다.

당시 EU 회원국 가운데 독일만큼 무거운 짐을 지고 있는 나라는 없었다. 따라서 다른 EU 회원국들은 여러 가지 변화를 좀 더 쉽게 이행할 수 있었고, 1990년대 세계경제가 부여한 과제들을 지금까지도 독일보다 더

"둘은 서로에게 다가갈 의향이 전혀 없었다."
2002년 1월 25일 베를린에서 디터 훈트(왼쪽) 독일경영자총협회 연방위원장과 디터 슐테(오른쪽) 독일노총 연방위원장의 공동 기자회견.

수월하게 혹은 더 우수하게 이루어냈다. 독일은 부득이하게 유럽안정화
협약을 위반했고, 그 결과 브뤼셀로부터 경고장을 받았다. 우리는 안정화
협약이 일방적으로 강조하는 측면에 대해 열띤 논쟁을 벌여야 했다. 그
결과 장-클로드 융커Jean-Claude Juncker 룩셈부르크 총리 주도로 해당 협약
가운데 성장에 관한 측면이 부각되었다. 다시 말해 경기가 불황일 때는
국가의 성장을 증대시키는 투자를 중점적으로 강화할 수 있어야 한다는
것이다. 이로써 단순히 안정화만을 지침으로 삼는 현상이 사라졌다.

이 또한 당시 독일 사회가 현실과 매우 동떨어져 있었다는 내 이론을

입증해준다. 돌이켜보면 1989년 전환기 이후 엄청난 정치 환경의 변화를 감안했을 때 정치인들이 연방정부의 인식을 얼마나 단순하게 아무런 이의제기 없이 수용했는지 놀라울 따름이다. 언론 분야도 마찬가지다. 일부 예외를 제외하면, 급변하는 현실을 이해하기 쉽게 분석하거나 이러한 현실을 해석하는 데 필요한 단서를 제공해주는 기사는 극히 드물었다. 당시 정치가 현실과 동떨어져 있었던 것처럼 제4의 권력인 언론의 핵심도 현실에서 멀리 벗어나 있었다.

내가 '노동을 위한 동맹Bündnis für Arbeit'(노사정협의체―옮긴이)을 결성하려 시도한 이유도 양극에 위치한 경제주체들이 저마다 주장을 나눔으로써 새로운 세계경제의 조건에 적응할 수 있도록 하기 위해서였다. 결국 실패로 돌아간 이 동맹을 돌아보면, 사람들이 변화 과정에 얼마나 발을 들여놓기 싫어했는지 알 수 있다. '노동을 위한 동맹'의 목표는 일자리를 창출하고 독일 기업의 경쟁력을 개선하려고 연방정부와 노동조합, 고용자 대표들 사이에 일련의 방책을 도출하는 것이었다. 이의 토대가 되는 합의적 정책은 아쉽게도 일간지 경제면에서 커다란 불신에 직면했는데, 특이하게도 이런 불신을 표명한 이들은 다름 아닌 합의를 이끌어내기 위해 의견을 교환해야 할 당사자들이었다. 연방하원의 야당 의원들은 이처럼 원외에서 합의를 이끌어내려는 시도가 의회 시스템을 좀먹는 행위라며 독설을 날렸다.

민주주의의 산실인 네덜란드의 이른바 '간척지 모델'은 사용자와 노동조합, 경제위원회의 독립적 회원들이 서로 조직적으로 협력할 것을 규정한 것인데, 이를 본보기로 삼은 '노동을 위한 동맹'은 단 한 번도 진정한 동맹을 이루지 못했다. 노동을 위한 진정한 동맹을 하려면 관련자 모두가 세계경제의 흐름을 이해하고 적절한 성찰을 해야 하는데 이러한 능력이

미흡했다. '노동을 위한 동맹' 당사자들은 네덜란드의 성공에는 경탄했으나, 조국을 위해 네덜란드식 성공에 필요한 길을 걷는 일은 거부했다.

2003년 3월 '노동을 위한 동맹' 마지막 회의에서 노조 측과 관련 경제 단체들이 서로에게 다가갈 의향이 전혀 없다는 사실이 최종적으로 분명히 드러났다. 이 동맹의 두 집단은 시종일관 아무런 기여도 하지 않으면서 자신들의 목표를 이루기 위한 도구로 정부를 이용하려고만 했다. 따라서 나는 해당 동맹을 실패라 선언하고, 앞으로 연방정부는 필요한 개혁을 추진하기 위해 단독으로 협상에 나설 것이라고 단언했다. 14일 후 나는 독일 연방하원에서 나의 국가개혁안 '어젠다 2010'을 소개했다.

지금까지 살펴본바 1998년 우리가 직면한 독일 사회에는 현실을 외면하고 자족하는 분위기가 팽배해 있었다. 기민당 집권 16년 동안 독일 사회가 놓친 것을 최대한 빠른 시일 내에 회복해야 할 상황이었다. 통일에 따른 단기적 경제 호황은 이미 소진되었으나, 통일을 이룬 국가답게 성숙한 제도를 갖춘 복지국가로서 연금과 실업수당, 건강보험의 잠재적 신규 수급자 1,400만 명을 떠안아야 했다. 여기에 구동독의 몰락한 경제지표는 이들이 분담금이나 지원금을 지불할 능력이 없다는 사실까지 입증했다. 그리하여 이전 지출 중 막대한 액수가 통일 후 구동독 주민의 사회보장 급여 조달에 사용되었고, 나머지는 황폐한 도심과 공공 인프라를 재건하는 데 사용되었다. 많은 이에게 통일이 안겨준 행복감은 시간이 지나면서 차츰 사라지고, 통일이 지워준 부담감만 무거운 짐으로 남았다.

제한적 파병이긴 했지만 이에 관한 책임자인 나와 피셔는 모든 이의 감정을 뒤흔들어놓은 코소보 전쟁으로 좀처럼 밤잠을 이루지 못했다. 또한 옳은 일을 하고 있다는 확신과 모든 이성적 타당성에도 불구하고 우리는 회의를 느끼며 괴로워했다.

# 결국
# 모든 것을
# 완전히
# 다른
# 방식으로

3

und doch alles
anders

1998년 10월 20일 동맹
90/녹색당과 사민당 간에
연립정부 계약이 본에서 체
결되었다(왼쪽부터 슈뢰더,
요슈카 피셔, 오스카 라퐁텐).

━━━━━━━

1998년 9월 27일 제14대 독일 연방하원 선거일. 이른 아침부터 내게 어떤 일이 닥쳐올지 여러 가지 생각이 맴돌았다. 상황이 나쁘지는 않았지만, 어떤 결과가 나올지 불안했고 결코 안심할 수가 없었다.

오후에 하노버에 마련된 투표소에서 수많은 카메라 세례를 받으며 투표를 하고 난 뒤, 선거기간 내내 사용한 작은 헬기를 타고 본으로 향했다. 쾰른 본 공항에서 아우토반을 타고 니더작센주 정부청사 구역까지 가는 동안 전화가 여러 통 걸려왔다. 바로 앞차에 타고 있던 니더작센주 정부 대변인 우베-카르스텐 하이예Uwe-Karsten Heye가 여러 기관에서 수집한 최종 여론조사 결과를 전해주었다. 사민당과 녹색당 득표율을 합치면 근소한 표차로 집권당이 될 수 있을 것이라는 예측이었다. 지금 시점에서는 아무것도 배제할 수가 없었다. 사민당과 녹색당의 적녹연정을 실현할 수 없다면 거대 연립정부까지 고려해야 할 상황이었다.

선거날 저녁 본의 사민당 중앙당사에서 시간을 보냈다. 오후 6시 정각에 양대 텔레비전 프로그램의 예측 결과가 발표되자마자, 사민당과 녹색당의 적녹연립이 선거의 승자가 되리라는 것이 확실시되었다. 선거 결과가 집계되자 팽팽했던 긴장감이 이내 해소되었다. 지지자 수백 명이 사민당 중앙당사 앞에 모였다. 그들이 원하는 것은 오직 한 가지, 사민당과 녹색당의 적녹연정 구성뿐이었다. 이는 여론조사로 밝혀진 대다수 유권자의 확신과도 일치했다. 중앙당사 앞의 상황은 1969년과 1972년, 바로 그 자리에서 횃불을 들고 빌리 브란트가 거둔 선거전 승리를 축하하던 때와 똑같았다.

저녁이 되자 가장 먼저 자크 시라크Jacques Chirac 프랑스 대통령과 빌 클린턴Bill Clinton 미국 대통령에게서 당선 축하 전화가 왔다. 이후 걸려온 수많은 전화와 전문이 잘 기억나지 않을 정도로 나는 벅찬 기쁨에 휩싸여 있었다. 하지만 밤이 되자 나의 심정은 바뀌었다. 여러 가지 질문이 머릿속을 가득 채웠다. 이제 어떤 결정을 내려야 할까? 연정 논의는 어떻게 진행될까?

나는 거대 연립정부에 반대하지 않았다. 오히려 콜 정부가 남긴 문제가 산적해 있고 개혁해야 할 필요성이 요구되었기에 대연정을 고려해볼 수 있는 상황이었다. 9월 27일 사민당과 녹색당의 놀라운 선거 결과는 다양한 상상을 가능하게 해주었다.

구동독 사회주의통일당SED(구동독의 집권당)의 후신인 민주사회당PDS과 손을 잡고 좌파가 다수를 이루는 정부를 구성한다는 것은 정치적으로 전혀 고려의 대상이 아니었다. 이것을 고려해볼 만한 선택지로 여기는 것 자체만으로도 사민당의 분열이 이미 초래되었을 것이다. 그럼에도 기민-기사당은 선거전에서 이 주제를 물고 늘어졌다. 심지어 기민-기사당은 공개 토론석상에서 동서독의 대립 문제를 난처한 '그레트헨의 질문(난처한 질문)' 정도로 단순 치부해버리면서 이것이 마치 사민당에게 민사당과 손잡을 것인지 아닌지를 묻는 것과 같다는 식으로 축소·왜곡하는 모습은 가히 놀라울 지경이었다. 그런데 정작 구서독-기민당 측에서는 자신들이 구동독-기민당 당원들을 흡수한 행위가 미칠 부작용에 대해서는 아무런 생각조차 하지 않고, 자신들의 행위 자체를 망각하고 있었다. 이러한 행태는 오늘날까지 지속되고 있다. 기민-기사당에 흡수된 구동독-기민당원들은 과거 구동독 집권당이던 사회주의통일당의 반인륜적 행위를 단 한순간도 비판하지 않은 채 여러 해 동안 사회주의통일당의 하수인 노릇을 했던 사람들이다(구동독 시절 구색정당具色政黨 또는 위성정당衛星政黨의 당원 등으로 활동한 사람들이 주로 구동독 기민당에 입당했다—옮긴이). 상황이 이러한데도 또다시 수세에 몰린 쪽은 우리 사민당이었고, 보수당이 오히려 구동독의 유산을 물려받을 자와 이를 거부해야 하는 자가 누구인지를 결정하는 역할을 자처하고 나선 것이다.

1990년 이후 사민당이 사회주의통일당 당적 여부에 관계없이 과거에 아무런 죄를 범하지 않은 모든 이에게 문을 개방할 수 있도록 관철하지 못한 데 대해 나는 지금까지도 매우 유감스럽게 생각한다. 사민당이 이렇게 유연한 자세를 보이지 못했기 때문에 오늘날 전향한 사회주의통일당원들은 여전히 독일 전역에 존재하고 있고, 이에 반해 구동독 지역에서 사민당은 극히 부차적인 의미만 얻는 데 그쳤다. 만일 사민당이 사회주의통일당 당원이던 이들에게도 문호를 개방했다면 동서독의 내적 통일이 좀 더 작은 상처를 내면서 수월하게 진행되었을 것이다.

이 주제에 관해 내가 직접 언급한 적은 없지만, 사민당의 고위 정치인들이 비공식적으로 언급했을 수는 있다. 여기에 나는 군이 반대하지 않았을 것이다. 오히려 각 연방주 단체들에 연정구성 파트너에 관한 독자적 결정권을 부여하고, 이로써 사민당과 민주사회당의 연합 가능성까지 열어놓는 정책을 항상 지지해왔다.

하지만 나는 구동독 지역 출신 사람들의 과거 이력을 지우는 일에 대해서는 과거에도 현재에도 단호하게 반대한다. 죄를 범한 사람은 이에 상응하는 처벌을 받아야 하며, 최소한 외부로 드러나는 정치 활동만큼은 금지해야 한다. 반면 단지 사회주의통일당 당원이었다는 이유만으로 구동독 출신의 학자들과 교육자, 예술가들을 모욕하는 행위는 이제 그만 중단되어야 한다고 생각한다. 이러한 행위는 내가 알고 있는 민주주의 이념에 위배된다.

민주사회당을 정부 구성에 참여시킬 선택권과 관련하여 사민당은 1998년 선거가 시작되기도 전에 이미 결론이 난 문제라고 여겼다. 모든 분란의 여지를 없애기 위해서는 민주사회당과 거리를 두어야 사민당 유권자들을 거리낌 없이 대할 수 있었다. 이것 말고는 다른 대안이 없었다. 이후 7년 뒤, 다른 사람도 아닌 오스카 라퐁텐이 민주사회당이 당명을 바꿔 탄생시킨 '좌파당Linkspartei'에서 사민당과 합동 정당대회를 꿈꾼 것은 말 그대로 타이밍을 놓쳐버린 역사의 아이러니였다.

선거 당일 저녁 나는 온갖 가능성을 떠올려보았지만, 라퐁텐이 곧 걷게 될 정치적 노선은 전혀 예상하지 못했다. 슈뢰더와 라퐁텐이라는 콤비는 중도에서부터 좌익까지 많은 유권자 층을 아우르며 이른바 라퐁텐은 유권자들의 영혼을, 슈뢰더는 이성을 공략하는 식으로 선거전을 치러냈다. 우리는 이 황금 콤비가 정부 구성이라는 어려운 시기 그리고 이보다 더 어려운 정부 활동 시기에도 지속될 것이라 확신했다.

사민당과 녹색당은 연방 차원의 정부 활동 경험이 부족했다. 사민당이 정부 여당으로 집권한 것은 이미 한참 전인 1982년까지의 일이었다. 이 부분이 내가 니더작센주 정부 선거와 1998년 연방정부 선거에서 승리의

"나는 가까운 동료들과 본으로 그리고 베를린으로 동행할 수 있다는 것이 매우 다행스러웠다." 우베-카르스텐 하이예와 담소를 나누고 있다.

축하세례를 받으면서도 평정심을 유지하려 했던 이유이기도 하다. 라퐁텐 대표와 나는 사민당 중앙당사 앞에 즉석으로 마련된 무대 위에 서서 환호하는 지지자들을 맞았다. 이는 동반자로서 화려한 등장이었지만, 돌이켜보면 동반자적 정치 활동의 종말이 시작된 순간이기도 했다.

　그날 저녁 나는 수많은 사람과 악수를 나누었고, 요슈카 피셔Joschka Fischer(헤센주 출신으로 녹색당의 지도자. 적녹연정에 따라 슈뢰더 내각에서 줄곧 외무장관을 맡았다―옮긴이)와 전화 통화를 했다. 그리고 자정이 한참 지난 시간에 찾아온 피셔와 첫 공식 일정들을 조율하여 확정지었다. 이렇게 하루가 끝나가자 마치 번데기처럼 온전히 홀로 내동댕이쳐진 것 같은 기분이 들었다. 이제 내게 어떤 일이 닥쳐올까? 어떤 힘든 과제가 내게 주어질까? 함께 일할 사람은 누구이고, 함께 일하지 말아야 할 사람은 누구일까? 이제 나의 모든 행동거지가 대중의 엄격한 감시를 받을 텐데, 이에 어떻게 대처해야 하나? 이런 질문들이 내 머릿속을 가득 채웠다.

나는 하노버 시절부터 전문성을 널리 발휘해온 동료들과 본으로 그리고 베를린으로 동행할 수 있다는 것이 매우 다행스러웠다. 충직하게 내 곁을 지켜준 동반자들이었다. 나는 연방총리청을 지켜줄 사람으로 지그리트 크람피츠Sigrid Krampitz와 프랑크-발터 슈타인마이어, 보도 홈바흐 Bodo Hombach를 염두에 두고 있었다. 연방공보청장 겸 대변인은 우베-카르스텐 하이예로 내정되어 있었고, 내무부차관과 경제부차관으로는 브리기테 취프리스Brigitte Zypries(현 독일 연방경제에너지부장관—옮긴이) 알프레드 타케Alfred Tacke를 인선하려 했다.

그러고 나서 우리는 연립정부 구성을 서둘렀다. 연정을 둘러싼 협상은 매우 힘겹게 진행되었다. 사민당과 녹색당 모두 공동 정부 프로그램에 대해 일관된 생각이 없었기 때문이다. 협상 테이블 양쪽에는 비례대표제를 비롯해 당 내부의 여러 사안으로 대규모 대표단이 마주 앉았다. 두 정당에는 각기 이상주의자와 실용주의자들이 있었다.

각 정당 대표와 총리 후보들이 협상 대표직을 맡아, 사민당 측에서는 라퐁텐과 내가, 녹색당 측에서는 요슈카 피셔와 위르겐 트리틴, 군다 뢰스텔Gunda Röstel, 케르스틴 뮐러Kerstin Müller가 협상을 주도했다. 내용 면에서 양당의 정부 활동 경험 부족이 결국 협상을 어렵게 만들었다. 라퐁텐과 나는 주총리로 일한 경험이 있긴 했지만, 세계 3위 경제 대국의 정부 수반에게 주어지는 과제와 활동은 차원이 달랐다.

한 가지 예로, 연정 파트너인 두 정당이 모두 핵에너지 사용을 중단하려 한다는 것은 명백했다. 그런데 사민당의 주류와 녹색당은 정부 권력과 의회의 다수표를 동원해 법규를 제정하여 핵에너지 사용 중단이라는 목표를 이루고자 했다. 다행히 나는 이 부분과 관련하여 이미 주총리 시절 경험해서, 나중에 터무니없는 보상 요구에 직면하지 않으려면 이 문제를 에너지 공급업체들과 합의해서 실현해야 한다는 사실을 인식하고 있었다. 결과적으로 나는 협상 단계에서 이러한 인식을 관철할 수 있었지만, 이 때문에 당 내부와 연정 내부에서 엄청난 에너지가 소모되었다. 이는 적녹연정이 정부 활동을 수행할 때 항상 주목해야 할 부분이다.

　녹색당과 사민당에서 자신의 계획을 정당화하기 위해 이른바 '기본'에 합당해야 한다고 들먹이는 사람들이 있는데, 이들은 정치 계획안이 정부나 의회의 다수로 관철되면 그것으로 충분하다는 식의 현실과 매우 동떨어진 생각을 한다. 정치 계획안을 관철하려면 정부와 의회의 다수 지원이 필요한 것은 사실이다. 하지만 그에 못지않게 사회적 분위기도 중요하다. 이러한 나의 생각은 이후 연방정부를 운영하는 일에도 많은 영향을 미쳤다. 그 때문에 노조나 관련 단체들과 직접 합의를 도출하는 시도를 서슴지 않았는데, 그러다보니 때때로 의회를 무시하고 정치적 결정사안을 원외로 가져간다는 비난을 받기도 했다. 하지만 사실상 이러한 비난을 받을 만한 사례는 단 한 번도 없었다.

## 내각에 드리운 '전운'

지금까지 살펴봤듯이 우리에게는 1998년 선거 이후 승리에 도취되어 있을 틈이 없었다. 얼마 지나지 않아 코소보에서 감지된 전운이 점점 더 짙어졌고, 이러한 상황에서 유럽의 무력감이 분명하게 드러남에 따라 더욱더 선거의 승리를 즐길 여유가 없었다. 여기에 EU 의장국과 G7·G8 정상회담 의장국을 동시에 맡게 됨으로써 유럽 내 미해결 문제들을 독일이 짊어지게 된 것 또한 우리 사회가 열광할 만한 일은 아니었다. 게다가 내가 생각했던 것보다 훨씬 일찍 당 내부의 갈등이 불거져나왔고, 첫 희생자가 생겨났다.

우리 진영에서 가장 먼저 하차한 인사는 요스트 슈톨만Jost Stollmann이다. 사민당에 뿌리를 둔 정치인이 아니라 내가 경제부장관 후보로 외부에서 영입한 인사다. 그가 나의 영입 제안을 수락한 것은 선거전에서 애를 먹고 있던 내게 커다란 힘이 되어주었다. 그가 경제부장관 후보직을 수락한 것이 선거에 결정적인 영향을 미친 건 아니지만 분명 중요한 역할을 했다. 뛰어난 성공을 거둔 기업가 슈톨만은 존재 자체만으로도 재계 지도층과 연결될 수 있음을 보여줬다. 이로써 잠재적인 새 정부가 재계와도 가깝다는 상징적인 역할을 했다. 그는 자신의 회사를 독일 내 유수 소프트웨어 기업으로 성장시킨 이력이 있다. 또한 시장경제에 대한 확신과 함께 사회적 민감성도 어느 정도 지니고 있었다. 무엇보다 향후 국가 경제를 성장시키려면 합리적인 교육정책이 필요하다는 것을 인식하고 있었다. 다시 말해 그는 우리가 아우르고자 하는 새로운 중도를 대변하는 전형적인 인물이었다.

아마도 슈톨만은 무자비한 대중 속에 노출되는 정치인이라는 직업이 얼마나 살벌한지 알고 있었을 테고, 대중의 비판을 이미 감지했을 것이다. 언론은 그가 언변이 없음을 아쉬워했고, 언론을 접한 경험이 부족함을 지적했다. 또한 슈톨만 자신도 정부의 일원이자 경제부장관 후보로서 적녹연정의 역사적 의미를 자신이 얼마나 잘 통감하고 있는지를 대외적으로 충분히 공감 가도록 설파하지 못하기도 했다.

언론에서 보도된 바와 같이 그가 사회보장제도를 '경제 주체를 옭죄는 감옥'이라 여기고, 자신의 정책만 반영된다면 콜 정부 내각에서 일하는 것도 마찬가지로 고려해볼 만하다고 생각하는 사람이라면, 어쩌면 적녹연립정부에서 일하겠다고 승낙했던 것 또한 큰 체면 손상 없이 취소할 수도 있는 것이라고 생각했을지 모른다. 그것이 아니라면 그는 지극히 순진한 사람이다.

하지만 이것이 슈톨만이 정치 무대에서 퇴장한 공식적인 이유와 직결되는 것은 아니다. 슈톨만의 퇴장은 새로운 내각에서 '재무부'를 자신의 입맛에 맞게 꾸리고 싶어 한 라퐁텐과 연관이 있다. 결과적으로 라퐁텐의 입김으로 경제부의 주요 업무가 재무부로 이관되었다. 경제연례보고서, 구조 정책, EU 차원의 문제는 이때부터 재무부 업무가 되었다. 이는 라퐁텐과 향후 함께 일하게 될 차관들이 가차 없이 협상을 벌인 결과였다. 나는 라퐁텐과 어떤 식으로든 공개적인 갈등을 빚지 않으려 이러한 업무 이관에 동의했다. 객관적인 결정이 아니라 정치적인 결정이었다. 하지만 이러한 결정 이면에는 두 부처 간에 필요한 관할 업무의 재편 그 이상의 것이 숨겨져 있었다.

라퐁텐 대표는 이른바 "내 발 아래서 누가 연방총리 노릇을 하든 나와는 상관없어"라는 모토에 따라 내각에서 일종의 영국식 '재무총리' 노릇을 하며 확고한 자리를 차지하고자 했다. 나는 그와 경쟁 구도를 피하기 위해 그의 이러한 태도를 참아냈다. 이로써 처음 얼마간은 미래의 내각 조직이 평온했다. 또한 나는 슈톨만 대신 경제부장관을 맡아줄 사람으로 노련한 정치가 베르너 뮐러Werner Müller를 곁에 두었다.

뮐러는 내가 니더작센주 총리로 재직할 때부터 오랫동안 에너지 정책에 관해 훌륭한 조언자 역할을 한 바 있다. 그는 과거 VEBA(독일에너지국영기업) 간부를 지내며 정치와 경제의 경계에서 활동했기에, 의회나 노조 등을 상대할 때 슈톨만보다 훨씬 적임자였다. 에너지 공급과 관리는 국민경제의 기초로서 항상 정치적 요인에 영향을 받는다. 이런 점에서 볼 때 그가 경제부장관을 맡아준다는 것은 내게 퍽 다행스러운 일이었다. 나는 그와 함께 개인적으로도 편안하고 원만한 협력 관계를 이루었고, 이것이 경제정책 면에서 탄탄한 기반을 구축하는 데 많은 도움이 되었다.

그럼에도 사민당 내부에는 팽팽한 긴장이 감돌았다. 라퐁텐 대표가 내각 서열 2인자 위치에 만족하지 못하면 어떤 일이 일어날 것인가? 당시 상황에 불만스러워하는 라퐁텐 대표의 모습을 감지할 때마다 이런 생각이 나를 엄습해왔다. 그가 일종의 '초강력 부처'를 조직하고, 그로써 '초강력 장관'이 되기 위해 추진한 모든 일은 사실상 연방총리인 나와 동등한 위치에 서기 위한 것이었다. 항간에는 이미 '재무총리'라는 표현까지 회자되었다. 선거전에서 성공적으로 약진한 라퐁텐과 슈뢰더의 콤비 플레이가 정부 활동에서도 지속되려면 두 사람 모두 주어진 상황에 만족해야 했다. 나는 이를 위해 노력하기로 결심했다.

다시 말해서 우리가 어려운 조건하에서 정부 활동을 시작한 것은 막중한 정치 어젠다 때문만은 아니었다. 다만 내가 간과한 것은 자신이 관장하는 정치 영역마다 자기 서명을 남기려는 라퐁텐 대표의 명예욕이었다. 이 때문에 그의 입지는 내각 안팎에서 점점 더 고립되어갔다.

얼마 지나지 않아 그는 국제 금융시장을 통제하기 위해 성과 없는 전장에서 외롭게 분투하는 전통주의자로 간주되었다. 그 과정에서 그는 항상 프랑스의 동료 장관 도미니크 스트로스-칸Dominique Strauss-Kahn의 지원을 기대했다. 하지만 이 프랑스 재무부장관은 라퐁텐이 기준금리를 인하하려고 유럽중앙은행에 발언을 하고 언론으로부터 형편없는 평을 들을 때마다 꿋꿋하게 침묵을 지켰다.

물론 국제 금융시장을 효과적으로 통제하려는 그의 근본적인 취지는 분명 의미 있는 일이었다. 하지만 라퐁텐 대표는 목표를 전략적으로 설정하고 뜻을 같이하는 이들을 자기편으로 확보하지 못한 채 순식간에 관련 업계 사이에서 조롱의 대상이 되었다. 그는 총체적으로 실패했고, 글로벌 경제 전문가로서 아무런 성과를 거두지 못했다.

오랜 시간이 지난 뒤 그는 자신이 내각에서 갑작스레 사퇴한 이유를 거론했다. 참고로 1998년 11월부터 1999년 3월 사퇴까지, 그가 이 문제를 언급한 적은 한 번도 없었다. 그의 말에 따르면, 앞서 자신이 코소보 전쟁과 관련하여 독일 정부와 의견 충돌이 있었는데, 그 때문에 최종적으로 책임 있는 자리에서 물러난 것이라고 밝혔다. 그런데 당시 내각 의제로 코소보 전쟁을 여러 차례 다루었음에도 그는 이 문제에 대해 나와 대화를 나눈 적이 없다. 또한 내각 구성원 중 어느 누구도 그가 코소보 문제에 대해 비판적으로 발언한 것을 기억하지 못했다. 물론 파병 결정에 대한 회의감이 그의 마음속에서 서서히 커졌을 수도 있다. 하지만 적어도 그 당시에는 이러한 회의감을 누구에게도 입 밖에 낸 적이 없다.

한편 그는 코소보 문제에 대해 의견을 제시하고, 우리와 뜻을 공유하지 못하겠다고 판단되는 경우 장관직을 내려놓을 기회가 분명 여러 차례 있었다. 예컨대 선거 승리 직후 본의 연방총리청에서 헬무트 콜 총리와 만났다. 그 자리에 라퐁텐과 피셔가 나와 함께했다. 그때 우리는 코소보 문제와 관련하여 제한적인 군사 개입이라는 콜 정부의 견해를 인수하겠다는 뜻을 분명히 했다. 이후 1998년 10월 8일과 9일 독일 연방총리로서 워싱턴에서 미국 대통령과 첫 회담을 할 때도 나는 동일한 내용을 확약했다. 독일로 돌아온 뒤 피셔와 나는 연정 파트너와 협의하는 자리에서 이 내용을 라퐁텐에게 전하기도 했다.

클린턴 대통령과는 선거 전 총리 후보 시절에 워싱턴에서 만난 적이 있다. 우리는 예정보다 오랫동안 이야기를 나누었다. 클린턴 대통령은 독일의 상황을 상당히 잘 알고 있었기 때문에 내가 연방총리가 될 수도 있다는 사실을 배제하지는 않았다. 다만 콜 총리와 상당히 우호적인 관계를 유지하며 협력해왔기에 독일 정부 교체에 별다른 관심이 없다는 인상을 그에게서 받았다. 반면 클린턴 정부의 국무장관인 매들린 올브라이트Madeleine Albright는 나와 회담을 마친 후 민주당원인 내게 선거 승리를 빌어주었다.

세르비아인들이 코소보 거주 알바니아계 주민들에게 자행한 '인종 청소' 전쟁의 끔찍한 장면들은 독일과 미국 그리고 지구촌 모든 사람의 뇌리에 박혔다. 슬로보단 밀로셰비치는 자신이 촉발한 전쟁을 최대 수위로 끌어올리고, 거대한 세르비아 공화국의 초석을 다지기 위해 모든 권력을 무자비하게 휘둘렀다. 하지만 이러한 시도는 크로아티아와 보스니아가 이탈을 시도함으로써 실패로 돌아갔다. 밀로셰비치는 사방에서 경고했는데도 코소보 지역으로 진군해 들어갔는데, 이것이 미국과 유럽 동맹국들에게 참전의 원인을 제공하였다. 세르비아와 몬테네그로 공화국을 겨냥한 공습은 더 피할 수가 없었다.

1998년 말에서 1999년으로 넘어가는 시기, 난민들의 참상이 생중계로 전 세계인의 거실에 생생하게 전해졌다. 세르비아인들의 무자비함과 야비한 파괴욕이 그대로 드러난 순간이었다. 난민들의 모습은 제2차 세계대전 당시 독일군 특수부대 사령부의 만행을 연상시켰다. 코소보 사태와 관련하여 피셔가 "아우슈비츠와 같은 일은 두 번 다시 일어나서는 안 된다"라는 발언을 한 것도 이러한 연상 작용에 기인했을 것이다. 다시 말해 내가 이끄는 정부 내각에 입각한 사람은 누구든 적녹연정이 제대로 출범하기도 전에 백기를 내걸 생각이 없다면 코소보 전쟁에 참가하는 것 외에 다른 대안이 없다는 사실을 알고 있었다.

## 오스카 라퐁텐의 사임

오스카 라퐁텐에 대해 좀 더 기억을 더듬어본다. 시간이 갈수록 그에게서 불만이나 불쾌함의 징후가 점점 더 많이 감지되었다. 라퐁텐은 사민당 대표로서 연정 파트너들과 협상 테이블에 앉았는데, 여기서부터 서로 격앙시키는 일이 발생했다. 앞서 선거전에서 우리는 환경세 수익이 있을 경우 이를 연금 재원으로 보내 임금 부대비용을 감소시키겠다고 예고한 바 있다. 그런데 놀랍게도 선거가 끝나자 라퐁텐이 이를 철회하고자 했다. 결국 발터 리스터Walter Riester가 나서고 나서야 비로소 잔뜩 곤두서 있던 라퐁텐을 상대로 이 문제를 관철할 수 있었다.

이 일이 있고 나서도 나는 몇 차례나 당혹스러운 상황에 처했다. 일례로 우리는 빠른 시일 안에 조세 개혁을 감행해야 했다. 당연히 나는 재무부에서 이 문제를 처리하리라 생각했기 때문에, 여당 원내교섭단체들이 이 법안을 제출한다는 말을 들었을 때 몹시 의아했다.

라퐁텐은 원내교섭단체들이 법안을 제출하는 경우 정부와 달리 따로 정해진 기간이 없어 처리 속도가 훨씬 빠르다고 설명했다. 그 결과는 어땠을까. 원내교섭단체들은 특히 에너지 기업들의 예비비를 엄청난 액수의 과세 대상으로 삼았다. 나는 라퐁텐이 이러한 방식으로 일을 처리한 진짜 이유가 속도 때문만은 아니었다고 생각한다. 그가 이런 과도한 과세의 결과를 간과했거나, 이 정책과 자신이 직접 결부되기를 원하지 않았던 것이라 볼 수 있는데, 이 두 가지 중 후자일 개연성이 좀 더 크다. 나는 이 문제를 그에게 직접 물어보았던 것을 정확하게 기억한다. 당시 예비비에 대한 이 같은 막대한 과세는 무책임한 일이라는 내 비난에 라퐁텐은 해당 법안을 제출한 것은 자신이 아니라 원내교섭단체들이라고 대답했다.

어쨌든 여러 사안은 라퐁텐이 의도한 대로 전개되지 않았다. 앞에서 언급한 바와 같이 국제 무대에서 그의 역할은 얼마 가지 않아 심각한 비판에 봉착했고, 그는 독일연방은행 측과 격론을 벌였다. 연방은행의 과도한 금리정책(연방은행은 법적 독립성을 갖고 연방정부의 정책과 관계없이 독자적으로 금리정책을 수립한다—옮긴이)에 대한 라퐁텐의 비판은 내게도 정당하게 여겨졌지만, 그가 자신의 견해를 공식적으로 전달하는 방식과 태도는 정부와 연방은행 간의 관계를 날로 악화시켰다. 이러한 상황에서 정부가 연방은행의 견해에 반하는 정책을 관철할 수는 없었다. 왜냐하면 연방은행의 독립성은 법적으로 보장되어 있었으며, 연방은행은 이를 결코 포기하지 않을 것이 분명했기 때문이다.

이 무렵 독일연방은행장이던 한스 티트마이어Hans Tietmeyer의 후임이 이미 거론되고 있었다. 우리는 내부적으로 헤센주 재무장관인 에른스트 벨트에케Ernst Welteke를 티트마이어 연방은행장의 후임으로 합의한 상태였다. 하지만 라퐁텐이 이 약속을 지키지 않고 자신의 최측근이자 친구인 하이너 플라스벡Heiner Flassbeck에게 힘을 실어주려 한다는 인상을 받았다. 만약 그를 이 자리에 앉혔더라면 갓 출발한 우리 정부는 해당 분야의 전문가들과 어쩔 수 없이 논쟁을 벌였을 테고, 우리는 이러한 논쟁을 객관적으로 관철하기 힘들었을 것이다.

언론을 대할 때 고집스러우면서도 불안한 태도가 드러나자 라퐁텐의 이미지는 당당한 승자에서 순식간에 루저로 바뀌어버렸다. 이를 보면 언론이 한 사람을 얼마나 짧은 시간에 치켜세웠다가 다시 추락시킬 수 있는지 생생하게 알 수 있다. 이로써 그는 일부 언론에 적녹연정 전체를 비효율적이고 반경제적인 집단으로 묘사할 빌미를 주었다.

짐작건대 라퐁텐은 자신이 장관으로 이끄는 부처의 관할 범위가 매우 거대하다는 것은 그리 중요하게 여기지 않았던 것 같다. 유럽과 전 세계 파트너들이 그에게는 아무런 관심을 두지 않고 단지 독일 정부의 1인자인 연방총리에게만 관심을 기울이는 것이 그에게는 견디기 힘든 일이었으리라. 연방총리직에는 어떠한 거대 부처나 그 무엇도 상대가 되지 않았던 것이다. 앞서 슈톨만이 물러날 때에도 《프랑크푸르터 알게마이네 차이퉁》은 "슈톨만은 사양하고, 슈뢰더와 라퐁텐은 우호적인 관계를 다짐한다"라는 제목의 기사에서 내가 당 협의회에서 했던 발언을 인용하며 다음과 같은 기사를 냈다. "슈뢰더의 말에 따르면, 이제 '누가 누구 아래 위치한' 연방총리인지에 관해 다시 논쟁이 벌어질 것이다. 라퐁텐과 슈뢰더는 이 사안에 대해 '공개적으로 대처'하고, 둘로 갈라서지 않기로 다짐했다고 한다. 라퐁텐의 말에 따르면, 당의 대표가 정부의 단순한 구성원으로서 내각에 자리하는 것은 유럽에서 전례가 없는 '실험'이다. 또한 그의 말에 따르면, 이 같은 시도가 제대로 작동하려면 슈뢰더와 라퐁텐이 선거전에서처럼 서로를 우호적으로 대해야 한다고 말했다." 동일한 기사에는 "라퐁텐은 자신과 슈뢰더의 관계를 적대적인 관계로 표현하지 말아달라고 정당 측에 호소했다"라는 문장도 있다.

다시 말해서 우리의 '대결'은 이미 처음부터 언론의 관심거리였다. 당시 라퐁텐 대표와 나 사이의 거리에 대한 기사보다 더 중요하고 세세하게 다루어지는 보도는 없었다. 이는 정부가 구성되기 전부터 그러했고, 이후에도 계속되었다. 만약 이 시점이 정치적으로 조용한 시기였다면 이러한 상황이 진정되었을 수도 있었겠지만, 실제 상황은 그렇지 않았다.

제한적 파병이긴 했지만 이에 관한 책임자인 나와 피셔는 모든 이의 감정을 뒤흔들어놓은 코소보 전쟁으로 좀처럼 밤잠을 이루지 못했다. 또한 옳은 일을 하고 있다는 확신과 모든 이성적 타당성에도 우리는 각자 회의를 느끼며 괴로워했다. 나는 동맹국들에 입증해야 할 신의가 적녹연정의 능력에 대한 시험대가 되리라는 것을 분명히 알고 있었다. 그럼에도 우리는 내부적으로 지속적으로 대화하며 파병에 관해 논의했다. 이 논의에 루돌프 샤핑도 참여했는데, 그는 독일 외교정책의 시대적 변화에 대한 공개 토론석상에서 매우 중요한 역할을 해냈다. 당시 나는 라퐁텐 대표와 날마다 전화 통화를 하거나 얼굴을 맞대고 대화를 했음에도, 사실상 그와 이 문제에 대해 이야기를 나눈 기억은 없다.

또한 우리에게는 국내에서 야심찬 개혁 프로그램을 추진한다는 과제뿐 아니라, 연초부터 독일이 주요 선진국 7개국과 러시아와의 G7·G8 정상회담 및 EU 의장직을 맡는다는 주요 어젠다가 있었다. 상황이 이러했기에 불가피하게 외교 분야에 많은 힘을 쏟아부어야 했다.

어쩌면 당시 상황은 라퐁텐 대표와 나의 분업에서 기준을 분명하게 마련하지 못한 데에서 기인했을 수도 있다. 돌이켜보건대 그가 국제금융계에 집중하고 금융시장의 규제에 몰두했던 근본적인 이유는 내가 날이 갈수록 외교 문제에 집중했기 때문이 아닐까 한다. 그는 나를 따라잡고 싶었던 것일까? 아니면 자신이 맡은 장관직을 제대로 수행할 마음이 없었던 것일까? 하지만 재무부장관의 업무는 매우 시급한 일이었는데, 기민당 집권이 16년간 지속된 상황이었기 때문에 다른 모든 부처와 마찬가지로 재무부와 재무부 소속 공직자들도 하루아침에 태도를 바꿔 새로 들어선 정부의 야심찬 계획을 주도적으로 집행할 능력이 없었기 때문이다. 야당에서는 정부를 향해 조소를 흘려보냈고, 거대한 재무부를 이끄는 '초강력 장관'에게 숙제를 제대로 수행하라고 목소리를 높였다.

견디기 힘든 상황이 지속되었고, 여론조사 결과 적녹연정의 지지도가 곤두박질쳤다. 내가 1999년 3월 10일 내각회의에서 매우 격분한 상태로 '반경제적'이라는 낙인이 찍히지 않을 정책을 채근했던 것도 이 때문이다. 당시 나는 내각회의에서 비난거리가 되지 않을 합리적인 정책 이외에 다른 어떤 것도 '내게 아무런 소용이 없다'라고 말했다. 우리의 내각회의는 또다시 누구나 들여다볼 수 있는 광장에서 열리는 듯한 상황이 되어버렸다. 내가 내각회의에서 격분했다는 사실은 당연히 외부로 흘러나갔고, 하필이면 독일의 유력 일간지 《빌트》에 "슈뢰더 총리가 사임하겠다고 엄포를 놓았다"라고 보도되어 상황이 첨예하게 흘러갔다.

1998년 11월 10일 나의 첫 시정 연설에서 천명한 바와 같이, 대기업 및 중소기업들과의 꾸준한 협력 관계는 내게 무엇보다 중요한 사안이었다. 나는 오래전부터 경제 주체들과 대립이 아닌 협조를 해야 협력 풍토를 창출할 수 있다고 확신해왔다. 앞서 이 길을 성공적으로 완수한 네덜란드의 이른바 '간척지 모델'은 경제계의 적수인 노조와 기업가들이 '노동을 위한 동맹'이라는 틀 안에서 세계경제의 변화를 감안한 공동의 전략을 발전시켜나갈 수 있다는 것을 구체적으로 보여준 사례다. 그런데 여기서 내가 간과한 사항이 있다. 그것은 바로 정신적으로는 여전히 동과 서로 분단되어 있는데, 외형적으로만 통일된 국가가 자본과 노동이라는 두 요소를 글로벌 세계로 향하는 쌍두마차의 두 축으로 이해하기가 쉽지 않았을 거라는 사실이다.

적녹연정 내부의 소통 문제뿐만 아니라 사회 집단들 간의 소통 문제 또한 이성적인 토론을 힘들게 만든 요인 중 하나였다. 리오넬 조스팽 Lionel Jospin 총리가 이끌던 프랑스 좌파 정부와 함께 독일 정부가 국제통화기금IMF 내에서 미국의 영향력에 대항할 수 있을 거라는 라퐁텐의 확신도 이러한 소통 문제에서 기인했다. 내가 감지한 바에 따르면 라퐁텐은 영국과 이탈리아, 프랑스가 독일의 금융정책을 공공연하게 지지해주리라는 환상을 지니고 있었다. 어쨌든 이와 관련하여 국제적인 언론에 엄청난 반향을 일으켰다. 영국 저널리즘의 산실로 불리는 런던의 '신문가Fleet street'는 라퐁텐을 '유럽에서 가장 위험한 인물'이라고 낙인찍었고, 자의식이 넘치는 독일 정책에 불만을 최대한 노골적으로 표현하기 위해 나치 시대를 빗대어 거론하기까지 했다.

라퐁텐이 이러한 상황을 견뎌내려면 상당한 뻔뻔함이 필요했을 것이다. 그가 손수건을 내던진 데에는 이처럼 여러 가지 이유가 복합적으로 작용했다. 1999년 3월 11일 우편 담당 직원이 그의 사직서를 내 책상으로 가져왔다. 내 집무실 옆방에서 접수된 밀봉된 봉투를 받아든 순간, 나는 라퐁텐의 사직서라는 것을 직감했다. 다만 그때는 그의 사직 규모를 알 수가 없었다. 재무장관직만 사임하는 것일까? 아니면 사민당 대표직과 연방하원 의원직도 사임 범위에 포함되는 것일까? 나는 곧바로 라퐁텐 대표와 연락을 시도했다. 그의 사직서를 받고 나서 비서인 마리아네 두덴Marianne Duden에게 라퐁텐 대표와 전화를 연결해달라고 요청했다. 여러 차례 연결이 안 되다가 마침내 그의 휴대전화로 통화가 되었다. 내 비서는 라퐁텐에게 내가 이야기를 나누고 싶어 한다고 전했다. 그러자 그는 "마리아네 비서와는 기꺼이 이야기를 나누겠지만, 슈뢰더 총리와는 더 이야기하고 싶지 않습니다"라고 대답했다. 결국 통화 연결은 무산되었고, 그 밖의 다른 채널로도 아무런 대화를 나눌 수 없었다.

라퐁텐은 시간이 한참 지난 뒤 자신이 사임한 사유를 설명했다. 텔레비전 인터뷰에서 그는 팀워크의 부재, 정확히 말하면 '부진한 팀플레이' 때문에 사임했다고 말했다. 시간이 좀 더 지난 후 그는 앞서 언급했듯이 코소보 전쟁에 대한 반대 등 몇 가지 이유를 덧붙였다. 물론 이는 내가 볼 때 근거 없는 이야기에 불과하다.

나는 그의 사직서를 수령하자마자 연방부총리인 피셔에게 연락했다. 라인강변 산책길에서 조깅 중이던 피셔 부총리와는 휴대전화로 통화가 되었다. 그는 즉시 발길을 돌려 동행하던 경호직원 차량에 올라탔다. 잠시 후 그는 땀범벅이 된 상태로 본의 총리 집무실에 도착했다. 언변이 뛰어난 다혈질 정치인 피셔 부총리는 트레이닝 반바지를 입고 야구모자를 쓰고 관절보호용 러닝화를 신은 채 두 줄짜리 사직서를 읽으며 이마에서 흘러내리는 땀을 닦았다. 그는 외형적으로는 열이 오른 상태였지만, 사태를 냉정하게 검토하며 심사숙고했다. 라퐁텐의 사임은 사민당과 연정에서 결과를 예측하기 힘든 충격이었기 때문이다.

피셔에 이어 내 집무실로 황급하게 달려온 사람은 정부 대변인인 우베-카르스텐 하이예였다. 그는 급하게 날려 쓴 메모를 손에 들고 들어와서는 라퐁텐 대표가 장관직뿐만 아니라 당 대표직과 연방하원 의원직도 사임했다고 전했다. 이를 들은 피셔 부총리는 "이제는 총리님이 나설 때입니다!"라고 말했다. 그는 이 몇 단어로 나에게 당 대표직을 맡아줄 것을 조언했다. 우리는 간결한 공식 메시지를 신속하게 완성했다. 나는 공식 메시지에서 라퐁텐의 사임에 유감을 표명하고, 그가 이룬 업적에 감

"라퐁텐과 나는 서로 당의 심장과 두뇌라는 조합을 이루어 폭넓은 층을 아울러왔는데, 이러한 관계가 하루아침에 끝나버린 것이다."
1997년 4월 본에 위치한 '에리히 올렌하우어 하우스'에서 주총리 시절의 슈뢰더와 사민당 대표 라퐁텐의 모습.

사했다. 상당히 간결한 성명이었다.

피셔가 집무실 밖으로 나가고 하이예도 자리를 뜨고 난 후, 나는 바닥까지 탁 트여 있는 널따란 창가 쪽으로 갔다. 이처럼 불투명한 상황에 대해 심사숙고할 때마다 나는 집무실 창밖을 내다보았다. 유리창을 통해 저물어가는 햇빛이 들어왔다. 이른 봄날 총리청 앞 공원은 때 이른 연한 녹색으로 물들어 있었다. 생각을 정리하려니 라이벌 관계였지만 라퐁텐 대표와 내가 우호적으로 함께 보낸 오랜 시간이 파노라마처럼 머릿속을 스쳐갔다.

정부와 당이 라퐁텐 대표의 전면적인 사퇴로 격동을 겪으리라는 것은 분명했다. 라퐁텐은 이론의 여지 없이 사민당의 스타였다. 반면 나는 지나치게 실용적이고 권력을 의식하는 사람으로 간주되었으며, 사민당의 마음을 진정으로 따뜻하게 녹이지는 못한다고 여겨졌다. 당원들의 마음을 따뜻하게 녹이는 것은 라퐁텐 몫이었고, 그는 이러한 역할을 멋지게 해냈다. 라퐁텐과 나는 각기 당의 심장과 두뇌라는 조합을 이루어 폭넓은 범위를 아울러왔는데, 이런 관계가 하루아침에 끝나버린 것이다.

콤비를 이루던 두 사람 중 당원들의 호감을 얻고 그들의 명백한 총애를 받았을 뿐만 아니라 종래의 선거전에서도 없어서는 안 될 역할을 해온 한 사람은 이제 더는 협력하지 않겠다고 선언했다. 반면 업무 능력을 인정받고 선거전에서도 유능한 전사로 활약했지만 모든 이의 존경의 대상인 당 대표 라퐁텐만큼은 호감을 얻지 못한 사람이 홀로 남게 되었다. 한마디로 미묘하게 얽힌 상황이 된 것이다.

이런 상황에 처하면 자신도 모르게 여러 가지 기억이 밀려오게 마련이다. 라퐁텐 대표와 내가 처음으로 만난 때는 1970년대 말이었다. 아마도 내가 청년사민당 연방의장이고, 라퐁텐이 자르브뤼켄 시장이던 1979년

12월이었을 것이다. 베를린에서 개최된 연방 전당대회를 앞두고 당 좌파 계열의 회합이 있었다. 이 회합에서 당시 사민당 자르브뤼켄 지구장이던 라인하르트 클림트Rheinhard Klimmt가 우리에게 라퐁텐의 당 대표 출마를 지원하자고 제안했다. 당시 나는 라퐁텐에 대해 아는 바가 전혀 없었다. 하지만 그는 이미 자를란트주에서는 떠오르는 스타였다. 그의 당 대표 출마를 지지하는 것은 얼마 지나지 않아 이른바 기정사실이 되었다. 사민당 내에서 라퐁텐의 거침없는 상승은 좌파 계열의 회동 장소였던 하노버시 린덴에 위치한 레크리에이션센터에서 시작되었다. 그 후 얼마 지나지 않아 나는 사민당 청년조직 연방의장직을 완수하고, 1980년 직접선거로 초선 연방하원 의원이 되었다. 라퐁텐과 나는 1980년부터 1985년까지 서로에 대해 깊이 알 사이도 없이 본에서 이따금 만났고, 1985년 라퐁텐은 자를란트주 총리로 당선되었다.

우리가 서로를 제대로 주목하기 시작한 것은 1985년 무렵이었다. 그간 라퐁텐은 사민당 차세대 지도자 중 독보적인 1인자 자리를 굳혔고, 나는 1986년 니더작센주 선거에서 석패한 후 하노버의 야당 대표가 되었다. 라퐁텐은 지난 선거전에 매우 적극적으로 참여했고, 나는 그를 만나기 위해 이따금 자를란트주를 방문했다.

우리 두 사람은 빌리 브란트의 '손자들'로 부상했고, 이러한 수식어로 우리는 독일 전역에서 관심의 대상이 되었다. 빌리 브란트의 손자 세대라는 것은 매우 강력한 효과를 지녔다. 나는 이제 니더작센주에만 국한된 지역 정치인이 아니라, 적어도 사민당 정계에서는 전국적으로 영향력이 있는 정치인이었다. 이 리그의 스타는 단연코 라퐁텐이었다. 얼마 후 비욘 엥홀름Björn Engholm이 손자 세대의 새로운 주자로 영입되었고, 좀 더 시간이 지난 후 루돌프 샤핑이 합류했다.

"우리는 빌리 브란트 총리의 '손자들'로 부상했다."

1987년 3월 22일 함부르크 인근 노르더슈테트에서 개최된 사민당 춘계 회동에서 사민당 차세대 지도부와 함께. 왼쪽부터 슈뢰더(니더작센주 사민당 원내 대표), 하이데마리 비초레크-초일(사민당 최고위원회 소속), 오스카 라퐁텐(자를란트주 총리), 루돌프 샤핑(사민당 라인란트-팔츠주 지부장), 비욘 엥홀름(사민당 슐레스비히-홀슈타인주 지부장), 헤르타 도이블러-그멜린(연방하원 사민당 원내 부대표), 빌리 브란트(사민당 대표).

라퐁텐과 나 사이에 신뢰 관계가 생겨났다. 내가 만나본 사람 중 라퐁텐이 가장 유능한 정치인이라는 생각은 지금도 변함이 없다. 그는 광범위한 경험을 지녔고, 생소한 정황을 재빠르게 파악하는 천부적인 능력을 지녔다. 또한 복잡한 상관관계를 대중 앞에서 단순 명료하게 전달하는 것은 물론이고 무엇보다 수사학적 능력이 탁월했다.

그런데 되돌아보면 그의 여러 능력은 그가 야당에 있을 때에 더욱더 빛이 나고 유용하게 작용했다. 그는 책임을 맡아 새롭고 창의적인 프로세스를 개발하는 것을 무의식적으로 꺼렸다. 이는 그가 사민당의 지도자 빌리 브란트와 멀어지게 된 원인이기도 했다. 빌리 브란트는 라퐁텐을 자신의 계승자로 여겼고, 1987년 그에게 대표직을 이양하려 했다. 《쥐트도이체 차이퉁》은 "라퐁텐 사민당 대표직 인계"라는 머리기사를 실었다. 이 기사는 자정 전까지는 사실이었으나 자정이 지나면서 회수되었다. 라퐁텐은 자신의 인선에 대해 이미 동의한 상태였지만 최종적으로 철회했고, 빌리 브란트는 라퐁텐의 이러한 행위를 결코 용서하지 않았다.

어쩌면 그에게는 빌리 브란트 당 대표가 드리운 그늘이 너무나도 강력하게 느껴졌을지도 모른다. 그리하여 1987년 6월 14일 한스-요헨 포겔이 사민당 대표직을 넘겨받았다. 혹자는 당시 라퐁텐이 자를란트주 총리였다는 사실을 들며 내가 제기한 가설, 즉 그가 책임지는 자리를 꺼린다는 가설에 반박할 수도 있다. 하지만 자를란트주 총리직 또한 본의 연방정부와 맞서는 야당의 성격을 지닌 자리로, 당시 자를란트주에서 가장 중요한 현안은 광산이 문을 닫으면서 발생한 과대한 채무에 대한 재정지원을 연방정부에서 억지로 얻어내는 일이었다. 라퐁텐은 연방정부와 각 주에 이에 대한 재정지원을 의무화하는 데 성공했는데, 연방정부와 각 주가 자를란트의 긴박한 재정 상황을 인정하고 추가 지원을 함으로써 상황을 진정시킬 수 있었다.

라퐁텐이 총리 후보로 나온 1990년 연방하원 선거에서 패한 지 10년 가까운 세월이 지난 후, 헬무트 콜에 대항할 총리 후보로 스스로 나서지 않고 나에게 후보직을 넘기려 한 것 또한 이러한 나의 가설을 뒷받침해주는 증거가 아닐까 생각한다. 1998년 그가 연방총리 후보로 나서는 것에 왈가왈부할 사람은 아무도 없었다. 나 또한 마찬가지였다. 어떤 전당대회에서든 그는 너끈히 3분의 2 이상의 지지를 받아 총리 후보로 선출되었을 것이다.

이 나라에서 가장 비중 있는 정치 관직에 도전하기에 앞서, 나도 내가 걸어가야 할 길을 생각해보았다. 1998년은 내가 니더작센주 선거전으로 한창 바쁜 시기였다. 라퐁텐과 나는 이 선거 결과에 따라 우리 중 누가 같은 해에 있을 연방의회 선거에 총리 후보로 나설지 결정하기로 합의했다.

1998년 선거는 내가 네 번째로 치르는 니더작센주 선거였다. 그중 두 번의 선거에서 나는 승리를 거두었고, 1994년 선거에서는 절대다수로 당선되었다. 내가 연방총리가 될 기회를 얻으려면 1998년 선거에서도 다시 한 번 승리해야만 했다. 지금 돌이켜보면 우리 두 사람 사이의 이러한 약속은, 라퐁텐 대표가 후보직을 너그럽게 양보하고 자신은 단지 당을 위해 최선을 다하는 사람이라는 인상을 만인에게 심어줄 우회로였다는 느낌이 든다. 그렇다면 그가 총리 후보직을 양보한 좀 더 근본적인 이유는 무엇이었을까? 나는 이 문제를 스스로에게 끊임없이 제기해왔다.

아주 조심스럽게 말하건대 이 문제에 대해 내가 유일하게 합당하다고 생각하는 대답은 1990년 4월 25일 라퐁텐 대표를 향한 테러와 연관되어 있다. 당시 나는 유혈 테러 소식을 듣고 매우 당혹스러웠다. 라퐁텐이 킬른-뮐하임 지역에서 선거 유세를 하던 중 한 여성의 칼에 목을 찔려 생명이 위독할 만큼 부상을 입은 것이다. 의사들은 그의 목숨을 구하려 여러 시간 사투를 벌였고, 수술이 끝난 후에도 위독한 상태가 계속되었다. 그는 매우 많은 피를 흘렸고, 내가 기억하기로는 거의 한 시간가량 연단 옆에 그대로 누워 있었다. 그의 상태를 파악한 의사들이 병원 이송을 자제시켰기 때문이다. 다음 날이 되어서야 의사들은 그가 응급 상황을 넘겼다고 발표했다.

선거전이 한창인 때에 이런 사건이 터졌기에, 그에게는 테러의 심리적 타격을 추스를 시간이 없었다. 그는 자신의 심리 상태를 외면할 수밖에 없었다. 그의 병상 앞에 길게 늘어선 사민당 정치인들의 문병 행렬이 아직도 눈에 선하다. 가장 먼저 입원실을 찾은 당시 사민당 대표 포겔은 그에게 후보직을 내려놓지 말도록 설득했다. 나는 특히 노르트라인-베스트팔렌주 총리로, 행사장 첫줄에 앉아 있던 요하네스 라우가 얼마나 충격을 받았는지 아직도 생생하게 기억한다. 그의 바로 뒷줄에 앉아 있던 흰옷 입은 여성이 여러 차례 그에게 접근을 시도했다. 본래 테러의 목표물은 라우 주총리였다. 이 여성의 말에 따르면, 라퐁텐이 피해자가 된 이유는 '공격하기 수월한 위치에 서 있었기' 때문이다. 여성은 결국 꽃다발 두 개를 안고 무대 위로 올라갔다. 사람들은 그녀가 사인을 받으러 올라왔다고 여겼다. 그런데 실상은 꽃다발 속에 칼이 숨겨져 있었다.

하루 전에 테러를 당해 사경을 헤맨 사람이 테러를 극복하자마자 다시 선거전에 나가는 식으로 사건이 너무나 빨리 진행되었다. 나는 라퐁텐이 이 때문에 자신의 심리 상태를 더욱 외면할 수밖에 없었고, 해당 사건이 잊혔다는 생각이 자꾸만 들었다. 이 사건을 잊지 못하는 사람이 한 명 있다면, 그것은 바로 라퐁텐이었다. 그가 얼마나 이 악몽에 시달렸겠는가?

그가 외면할 수밖에 없었던 충격은 얼마나 컸겠는가? 이 사건으로 그가 불가피하게 겪었을 인간에 대한 총체적 상실감은 언급할 필요조차 없을 것이다.

다시 군중들에게 다가가기 위해 얼마나 많은 것을 극복해야 했을까? 평정심을 유지하기 위해 얼마나 많은 힘이 필요했을까? 1990년대 말 나는 그가 총리 후보직을 내려놓은 것을 이해해보려 애썼다. 이제 나는 그 이유를 알아냈다는 생각이 든다. 이유를 짐작하게 해주는 몇 가지 단서가 있다. 예컨대 그는 이미 앞에서 언급한 바와 같이 빌리 브란트의 당 대표직 계승 요청을 고사했으며, 이 일로 존경하던 브란트 총리와 관계가 소원해지는 일도 감수해야 했다. 또한 내가 전해들은 바에 따르면, 1995년 만하임에서 열린 전당대회에서 그가 열정적인 연설을 한 날 밤, 다음 날로 예정되어 있던 후보 인선에서 루돌프 샤핑의 적수로 그를 추대하기 위해 엄청나게 오랜 시간 설득했다고 한다. 그는 놀라운 언변으로 전당대회에 참석한 대의원들을 사로잡았고, 이들은 그가 당 대표 후보로 나서면 1994년 선거에서 참패한 후 당이 처해 있는 어려운 상황에서 탈출할 수 있으리라 기대했다. 언론에서는 그가 철저하게 계산된 등장을 했다고 보도했고, 심지어 그가 당에 대해 쿠데타를 일으킨 것이라고까지 떠들었다. 이는 아무런 근거 없는 소리다. 전당대회에서 라퐁텐은 감동적인 호소력으로 사람들을 열광시키는 야당 정치인의 모습이었다. 그는 단지 자신이 가장 잘할 수 있는 것을 했을 뿐이다. 쿠데타라니, 말도 안 되는 소리다.

라퐁텐은 나날이 야당적 성향을 강하게 드러냈는데, 테러 이후 이러한 그의 특징이 더욱 확고화된 것으로 짐작된다. 그렇다면 1999년 전면적인 사임의 배경은 무엇일까? 그에 대한 여론의 냉담, 또다시 테러를 당할 수 있다는 두려움이 그가 사임한 원인으로 작용했을지 모른다.

이런 점에서 볼 때 그가 사민당에서 탈퇴하고 난 후 두 차례 변신을 거듭한 민주사회당PDS (구동독 집권당의 후신)에서 정치적 컴백을 한 것은 내 추측을 뒷받침해주는 마지막 단서다. '노동과 사회정의를 위한 선거대안 WASG'당 혹은 민주사회당에서라면 그는 '타고난 야당 정치인'으로 계속 존재할 수 있다. 그곳에서는 그가 지금 제기하는 어떠한 요구 사항도 실현해야 할 필요가 없으며, 자신이 항상 옳다는 뿌듯한 기분을 실컷 느낄 수 있다. 특별한 책임을 감당하지 않아도 세간의 주목을 받을 수 있다. 매우 안타까운 일이다.

1999년 3월 11일에도 이와 같은 생각이 끊임없이 내 머리를 스치고 지나갔다. 이후 몇 년에 걸쳐 나는 라퐁텐에 대한 의문을 풀려고 많은 생각을 했다. 나는 그의 사임으로 우정에 대한 실망감이나 참담함을 겉으로 표현할 수는 없었지만, 사임에 따라 벌어진 상황에 대처하는 법을 깨우쳐나가야 했다.

내가 개인적으로나 감정적으로 처음 타격을 입은 것은 그가 자신의 행동을 합리화할 이유를 찾으면서 《빌트》 칼럼에서 "긴축정책을 고집하여 대량 실업을 유발하고 히틀러가 출현할 길을 닦아놓은" 하인리히 브뤼닝Heinrich Brüning 독일제국 총리와 나를 비교했을 때였다. 피셔는 그의 어리석은 비교를 '역사적으로 정도를 벗어난' 것이라 표현했다. 이후 내가 제대로 타격을 입은 것은 그가 《심장은 왼쪽에서 뛴다Das Herz schlägt links》라는 저서를 출간하고 정치 무대로 복귀를 준비하면서 나를 공개적으로 비난했을 때다. 그때 나는 이런 생각이 들었다. 함께하던 사람 중 어느 하나가 더는 함께할 상황이 되지 않거나, 함께할 마음이 없어지거나 혹은 둘 다 없어지면 각자 자기 길을 갈 수 있어야 한다고 말이다. 함께하지 못

"우리 두 사람은 지도자로서 콤비를 이루어 라퐁텐의 사임으로 사민당에 초래된 손실을 상쇄하려고 노력했다."
프란츠 뮌테페링과 대화를 나누는 슈뢰더 총리.

---

한다고 해서 굳이 주변에 돌을 던져야 할까? 나는 그의 비방에 대해 단한 번도 공식적으로 대답하지 않았고 지금도 그러하다. 길을 함께 걸어온 동료 한 명을 잃은 것만으로도 이미 충분하다.

# 여러분, 전쟁이 끝났습니다!

당시 집무실에서 라퐁텐 대표의 사임에 대해 여러 생각이 연이어 꼬리를 물고 이어졌을 때, 내가 할 가장 중요한 일은 이로써 정부와 당이 겪게 될 침체 상태에서 최대한 빨리 회복할 수 있도록 이끄는 것이었다. 사민당 대표 권한대행들이 차례로 집무실에 나타났다. 하이데마리 비초레크-초일Heidemarie Wieczorek-Zeul이 들어오고 나서 얼마 후 프란츠 뮌테페링Franz Müntefering(슈뢰더의 뒤를 이어 2004년부터 사민당 대표를 맡았다―옮긴이)이 내 곁에 서 있었다.

나는 내가 라퐁텐의 뒤를 이어 당 대표로 나서야 하며 이외에는 다른 어떤 대안이 없다고 확신했다. 뮌테페링도 나와 같은 생각이었다. 하이데마리는 뮌테페링에게 출마 제의를 했으나, 그가 거절하자 잠시 주저하다가 나와 뮌테페링의 생각에 합류했다.

몇 달 후 나는 교통부장관으로 연방내각에 입각한 지 얼마 되지 않은 뮌테페링에게 당의 사무총장직을 맡아달라고 요청했다. 우리 두 사람은 지도자로서 콤비를 이루어 라퐁텐의 사임으로 사민당에 초래된 손실을 상쇄하려고 노력했다. 1999년 4월 12일 본에서 특별 전당대회를 열어 지도자 문제를 해결해야 했다. 내가 라퐁텐의 당 대표직을 이어받으려면 확실하게 과반수를 획득하는 것이 중요했다. 물론 아우구스트 베벨August Bebel부터 브란트 총리까지 이어져 내려오는 사민당의 역사적인 중책을 맡을 기회가 내게 주어진 것에 나는 무척 감격스러우면서도 영광스러웠다. 이러한 선배 정치인들이 없었다면 노동자 운동, 시민계급의 계몽과 해방의 역사도 존재하지 못했을 것이다.

코소보 파병 또한 특별 전당대회의 주요 의제였다. 본에서 열린 이 중요한 전당대회가 성공적으로 진행될 수 있었던 것은 무엇보다도 에르하르트 에플러의 찬조 연설이 회합의 분위기에 결정적인 영향을 준 덕분이다. 전쟁과 평화, 라퐁텐의 사임으로 내가 당 대표직을 넘겨받아야 할 필요성 등에 대해 논쟁하는 과정에서 그의 찬조 연설은 매우 중요한 영향을 미쳤다.

물론 나는 이러한 논의 과정이 독선적으로 진행된다는 인상을 추호라도 주지 않으려고 최선을 다했다. 나는 사민당뿐만 아니라 독일 사회의 대다수가 제2차 세계대전 당시 독일의 지배로 엄청난 일을 겪은 지역에 독일군(코소보의 경우 독일의 전투기 조종사)이 다시 개입한다는 것을 상상하기조차 힘들어한다는 사실을 잘 알고 있었다. 그렇기 때문에 나는 연설 초반에 누구든 나와 다른 결론을 내릴 수 있으며 나와 다른 의견을 공개적으로 피력할 권리가 당연히 있다고 강조했다. 다른 한편으로 내가 독일이 적극적으로 개입할 필요성을 확신한다는 것 또한 정확하게 전달해야 했다. 하지만 과반수 대의원에게 확신을 주기에는 내 논리적 논거만으로는 충분치 않다는 것을 감지했다.

이런 점에서 에플러의 언어는 적절했다. 우리는 그의 지적 능력과 주제에 접근하는 방식에 다시 한 번 감탄했다. 그런 이유로 나는 그가 한 연설의 마지막 부분만이라도 인용하고자 한다.

끝으로 매우 일반적인 말씀을 드리고자 합니다. 68년 운동은 우리에게 새롭고 유용한 것을 많이 가져다주었습니다. 하지만 이 과정에서 망가져버린 것도 있습니다. 그중 하나가 비극을 감지하는 능력입니다. 우리는 슬픈 것을 모두 비극이라 칭하는 경향이 있습니다. 그런데 슬픈 것과 비극은 엄연히 다릅니다. 비극이란 행위의 종류와 관계없이 우리가 죄를 범하는 상황입니다. 어떤 지역

"제 생각에 정부가 이렇게 움직이는 이유는 우리 독일이 아무것도 하지 않은 채 손 놓고 있는 것
보다는 죄를 덜 범할 수 있는 방법이 그것이기 때문입니다."
1999년 4월 12일 본에서 열린 전당대회에서 찬조 연설을 한 에르하르트 에플러.

에 폭탄을 던지는 것은 당연히 죄를 범하는 일입니다. 하지만 문제는 어떻게 하면 더 큰 죄를 범하게 되느냐는 것입니다. 이제 우리 사민당은 우리가 전혀 대비하지 못한 비극적 갈등 상황을 감당해야 합니다. 사민당은 이제 비극적인 결정이 무엇인지 배워야 합니다. 그리고 나서 우리는 각자 다른 사람에게 자신이 내린 결정에는 합당한 이유가 있다고 이야기할 수 있어야 합니다. 제 생각에 정부가 이렇게 움직이는 이유는 우리 독일이 아무것도 하지 않고 손을 놓고 있는 것보다는 죄를 조금 덜 범할 수 있는 방법이 그것이기 때문입니다.

에플러의 찬조 연설이 감동적이었던 이유는 그가 갈등의 핵심을 파악하고 이를 밖으로 드러냈기 때문이다. 나는 분쟁 지역에서 일어나는 일이 두 차례 세계대전으로 잠시 중단되었던 발칸반도의 역사와 직접 연관이 있다는 생각이 들었다. 우리는 이러한 사실 또한 정확히 인식해야 했다. 이 지역의 갈등과 관련된 역사는 19세기 초까지 거슬러 올라간다.

과거 오스트리아 합스부르크 제국의 어떠한 다민족국가도 표면 아래에 분리되어 있는 민족적·종교적·정치권력적 계층을 소멸시킬 수는 없었다. 이는 채찍을 휘두르며 세르비아-크로아티아까지도 아슬아슬하게 묶어놓고 유고슬라비아를 탄생시킨 티토 정권하에서도 마찬가지였다. 과거 1814년과 1815년 비엔나 회의는 나폴레옹이 패배한 이후 유럽의 정치 지도를 새롭게 그리려 시도하다가 성공과 실패를 거두었는데, 이러한 시도는 200년 가까운 시간이 지난 후 예기치 못한 결과를 초래했다. 19세기 초 나폴레옹을 물리친 강대국의 권위 있는 대표들이 한자리에 모였다. 비엔나 회의 참석자 명단에는 실로 엄청난 이름들이 올라와 있었다. 오스트리아 대표로 메테르니히 공작, 러시아 대표로 알렉산더 1세, 영국 대표로 캐슬레이 수상, 프랑스 대표로 탈레랑 외무장관, 프로이센 대표로 하르덴베르크 경과 프리드리히 빌헬름 국왕이 참석했다. 실로 대단한 이름들이었다.

이들은 유럽에 새로운 국경을 그렸다. 하지만 온갖 능란한 전략을 동원했음에도 이들은 다른 한편으로 불화의 씨를 뿌렸고, 비엔나 회의에서 이루어낸 합의는 이러한 불화의 씨를 표면적으로 덮는 데 불과했다. 당시 자유주의의 등장과 민족국가의 형성에 고무되어 있던 각국 국민들은 자국 내 문제들을 공동으로 결정하길 열망했다. 비엔나 회의 주역들의 가장 큰 실책은 국민들의 이러한 열망을 간과한 것이었다.

비엔나 회의를 세르비아의 때늦은 사명의식과 연관지어 살펴보면서, 나는 증오와 종교적 근본주의가 뒤늦게 과격하게 발발한 배경을 부분적으로나마 이해할 수 있었다. 세르비아의 해묵은 사명의식은 제1차 세계대전을 촉발했으며, 자신의 힘을 과시하고 싶어 하던 프로이센의 빌헬름 2세와 오스트리아 측에도 반가운 핑계거리를 제공해주었다. 세르비아의 해묵은 사명의식은 1914년 6월 오스트리아의 프란츠 페르디난트Franz Ferdinand 황태자 암살로 표면에 떠올랐고, 이로써 마치 역사를 뒤집을 수 있을 거라 여겼을 것이다. 하지만 실상은 사라예보에서 유럽 전체로 끝없는 고통이 확산되는 결과만 초래했다.

나는 21세기로 넘어가는 문턱에서 새로운 화약고가 된 발칸 지역의 화재를 연소하는 데만 그치지 않고, 이 지역이 평화롭게 공존할 수 있도록 만드는 것이 우리의 진정한 과제라고 생각했다. 또한 이는 선례가 없는 분쟁이었다. 눈에 보이는 제국주의적 이해관계는 분쟁의 요인과는 거리가 멀었다. 다시 말해서 천연자원 때문에 일어난 분쟁이 아니었으며, 국경에 대한 다툼도, 정권 교체도 분쟁의 요인이 아니었다. 이는 근래에 들어와 새롭게 의미가 생긴 개념이다. 이 지역의 분쟁은 오직 인도주의적 목표를 둘러싸고 벌어졌다. 이와 함께 통합된 유럽이 20세기의 유혈 역사에서 얻은 교훈을 함께 실천할 준비가 되어 있는지에 관한 문제이기도 했다.

두 차례의 잔악한 세계대전 이후 통합된 유럽의 발칸반도에서 또다시 살상을 자행하는 역사수정주의가 날뛰는 것을 막을 과제가 주어진 것이다. 되돌아보면 코소보 전쟁의 시작과 끝이 독일이 유럽이사회 의장직을 수행한 시기와 정확히 맞물린다는 사실은 적잖은 것을 상징한다는 생각이 든다. 피셔 부총리와 나는 당시 전쟁의 유일한 목표, 즉 코소보에서 세르비아군을 최대한 신속하게 철수시켜 전쟁을 하루빨리 끝내기 위해 모든 노력을 기울여야 한다는 데 뜻을 함께했다. 또한 우리는 세르비아가 코소보 철수의 최종성을 보장해야 한다는 점에서도 같은 의견이었다. 그 결과 전투 행위가 끝난 후 수복된 평화를 보장하기 위해 독일군을 비롯한 평화유지군이 주둔할 필요가 있다는 점이 추가되었다.

발칸반도 상황을 비롯해 보스니아와 코소보 지역이 중세시대에 가까운 체제에 머물러 있다는 사실을 내게 알려준 사람은 미하엘 슈타이너 Michael Steiner였다. 그는 총리청 소속 외교 고문으로 내 업무를 지원했다. 슈타이너는 스웨덴 사람인 칼 빌트Carl Bildt 유엔 발칸 지역특사의 최고 권한대행직을 1996년부터 1997년까지 수행하고 1년 전에 사라예보에서 귀국했다. 이처럼 전문가를 곁에 둔 것은 내게 큰 행운이었다. 슈타이너는 절정에 이른 전쟁을 끝내려면 러시아를 개입시켜야 한다는 우리 생각을 뒷받침해주었다. 러시아는 같은 슬라브족이라는 정서적인 측면에서 베오그라드 편을 든다는 인상을 우리에게 주었다. 즉 세르비아의 정부 수반 밀로셰비치가 비장의 카드로 내놓을 수 있는 동맹국 역할을 러시아가 해온 것이다.

머뭇거리는 러시아로 하여금 유고에 지원을 중단하는 것이 러시아에 이익이라는 것을 최종적으로 확인시켜준 것은 단연코 독일 외무장관의 뛰어난 성과였다. 미국과 영국이 나머지 유고 지역(세르비아와 몬테네그로 공화국 및 코소보 지역) 내 주요 군사 목표물 공습이 충분한 성과를 내지 못할 경우 지상군을 코소보에 파병하는 조건을 공식적으로 논의한 것 또한 러시아가 생각을 바꾸도록 작용했다. 지상군을 파병해 발칸 지역에 나토군이 기약 없이 주둔하게 되면 러시아의 지정학적 전략상 이로울 것이 없었기 때문이다.

결국 1999년 5월 초 러시아의 유고 특사 빅토르 체르노미르딘Wiktor Tschernomyrdin(1938~2010, 러시아의 정치인. 옐친 대통령 밑에서 총리로 있다가 1998년에 물러나고 다음 해 유고 특사에 임명되었다—옮긴이)은 미국 측 협상 대표 스트로브 탤벗Strobe Talbott과 핀란드 대통령 마르티 아티사리Martti Ahtisaari와 함께 본 인근의 페터스베르크에서 3자 회담을 했다. 아티사리 대통령은 내가 헬싱키를 긴급 방문하여 EU의 중재인으로 섭외한 인물이다. 피셔는 이 3자 회담을 성사시키기 위해 가능한 모든 외교 채널을 가동했다. 이 회담에서 전투 행위를 중단하기 위한 명확한 조건이 합의되었다. 아티사리 대표가 이행시켜야 할 3개 항목은 다음과 같았다.

- 유고는 모든 준군사력과 세르비아 정규군을 코소보에서 최종적으로 철수시킨다.
- 유고는 코소보 지역을 유엔 관할 아래 두는 것에 동의한다.
- 유고는 나토가 이끄는 다국적군의 주둔을 수용한다.

그런데 이때 나토 소속 미군 폭격기가 베오그라드 주재 중국대사관을

"여러분, 전쟁이 끝났습니다!"
1999년 6월 3일 세르비아 베오그라드에서 중재 임무를 성공적으로 완수한 마르티 아티사리 핀
란드 대통령과 악수하는 슈뢰더.

---

초토화했다는 속보가 특파원 자막뉴스로 속속 전해졌다. 이 지역의 평화
를 위한 모든 노력이 깨어질 상황에 처한 것이다. 나는 이것이 단순히 '의
도치 않은 안타까운 피해'라는 표제로 실리고 말 사건이 아니라는 것을
즉각적으로 파악했다. 이 용납할 수 없는 실수로 중국 국민과 정부는 극

심한 혼란에 빠져들었다.

1999년 5월, 하필이면 이 시점에 독일 연방총리로서 나의 첫 공식 중국 방문이 예정되어 있었다. 방문지와 동행하는 사절단 또한 이미 오래전에 확정된 상태였다. 나는 이 사건으로 중국 방문을 취소할 의사는 없었지만, 면밀하게 준비해온 회담과 방문 프로그램을 모두 이행할 수는 없었다.

그리하여 사절단 방문은 연기되었고, 나는 슈타이너와 하이예 두 사람만 동행한 채 당일 일정으로 실무 방문차 베이징으로 향했다. 열 시간 동안 비행기를 타고 베이징에 도착하여 몇 시간 체류한 뒤, 다시 열 시간 동안 비행기를 타고 독일로 돌아왔다. 하지만 베이징 방문은 내게 중요한 일이었다. 베이징 방문의 주요 목적은 동맹국을 대표하여 중국 정부에 해당 사건에 대해 공식적으로 솔직하게 사과하는 것이었다. 이러한 사과가 있어야만 중국 정부가 위신을 유지할 수 있을 것이었다. 나는 중국 지도부와 만나 내 사과가 효과가 없지 않았다는 인상을 받았다. 중국 언론에서는 독일 총리의 사과를 대서특필했다. 다행히 중국은 발칸반도 분쟁에서 중립적 태도를 견지했고, 아티사리가 맡은 임무를 수행하기 위한 길에는 아무런 걸림돌이 없었다.

나는 국제 경험이 풍부하고 노련한 외교관인 아티사리가 EU 중재인으로 적임자이며, 유고슬라비아 정부와도 탁월한 협상력을 발휘할 것이라 확신했다. 게다가 그의 조국인 핀란드가 지니는 중립성이 그에게 유리하게 작용했으며, 중재인으로서 중립성을 보장해주었다. 그는 성공을 거두었고, 이 성공은 쾰른에서 개최된 EU 정상회담을 빛내주었다. 아티사리는 1999년 6월 쾰른 EU 정상회담에 참석하여 "여러분, 전쟁이 끝났습니다!"라고 외쳤다.

# 중국과의 파트너십이 중요한 이유

앞서 베이징 방문에서 취소할 수밖에 없었던 우리 사절단의 중국 방문은 사실상 우리가 중국에 대한 새로운 정책의 접근 방법으로 고안해둔 것이었다. 이 대목에서 잠깐 이 주제를 살펴보고 넘어가자. 나는 총리로 취임한 초기부터 중국과의 관계 개선을 중요하게 여겼다. 따라서 나는 매년 적어도 한 차례 이상 중국을 방문하려 했다. 세계 제1의 수출 강국인 독일에 중국과 경제 관계를 구축하는 일은 매우 중요했다.

독일과 중국 간 경제 관계의 성과는 괄목할 만하다. 1999년부터 2005년 사이에 양국 간 교역량이 세 배로 증가하여 한 해 600억 유로에 이르렀다. 나는 모순이 상존하는 이 나라의 사회적 변화가 경제 교류로도 이행될 것이라고 확신했다. 놀라운 경제성장에 따른 현대화 물결은 중국 사회, 특히 대도시의 개방을 가져왔다.

하지만 경제 협력은 독일과 중국 파트너십의 시작에 불과하다. 지난 수년 사이에 중국은 국제적으로 비중이 매우 커졌으며, 자국에 주어진 역할을 책임 있게 감당하고 있다. 북한 문제뿐만 아니라 1997년과 1998년 아시아 외환위기도 그 예로 들 수 있다. 앞으로는 중국의 참여 없이는 기후변화, 에너지 정책, 평화유지 등 어떠한 주요 글로벌 현안도 해결하기 힘들 것이다. 그렇기 때문에 나는 중국이 다자간 정책 협의 과정에 참여하는 것을 항상 지지해왔다.

EU도 중국과 전략적 파트너 관계를 맺고 모든 분야에서 관계를 구축하기로 결정했다. 독일의 대중국 정책은 EU의 전략과 단 한 번도 상충한 적이 없다. 중국에 대한 EU의 무기 수출입 금지 조치 해제를 둘러싼 시끄러운 문제에 대해서도 마찬가지다. 1989년 6월 베이징의 톈안먼광장

1999년 11월 초 처음으로 중국을 공식 방문한 슈뢰더 총리의 모습. 뒤로 베이징에 있는 자금성이 보인다.

에서 대학생 시위대를 군대가 진압하는 과정에서 사망자가 발생한 이래 EU는 광범위한 대중국 제재를 결의했지만, 몇 개월도 지나지 않아 제재가 중단되었다. 그 뒤로 단지 상징적인 무기 수출입 금지 조치만 남아 있을 뿐이다.

이후 20년에 가까운 세월 동안 중국은 많은 변화를 이루어왔다. 중국 지도부가 무기 수출입 금지 조치를 모욕적이라 여기자, EU는 수출입 금지 해제에 관해 검토하기로 결의했다. EU가 이를 검토하려는 것은 해당 조치가 사실상 빈껍데기에 불과하기 때문이기도 하다. 즉 무기 조달은 제한적인 수출 규정에 따라 전혀 가능하지 않으며 정치적으로도 달갑지 않은 일이다. 나는 이와 관련하여 내 주장이 여전히 옳다고 여기는데, 그 이유는 국제 정치에서 제재 조치는 항상 신중하게 숙고되어야 하기 때문이다. 물론 제재 조치가 필요한 경우도 있다. 하지만 외교 관계에서 상대방에게 변화의 여지와 대화를 기대한다면, 필요한 경우 제재 조치를 철회할 준비도 되어 있어야 한다. 로마노 프로디Romano Prodi 총리가 이끄는 이탈리아의 새로운 정부가 이와 같은 시각을 지니고 있는 것은 내게 매우 반가운 일이다.

중국 내 인권 상황에 대한 비판은 정당하다. 하지만 독일인을 비롯한 유럽인들은 스스로를 정당화하지 않도록 주의해야 한다. 중국이 하루아침에 법치국가의 기준에 상응하는 인권 수준에 도달하길 기대할 수는 없다. 마찬가지로 우리도 우리의 민주주의를 위해 인권을 오랫동안 힘겹게 쟁취해왔다. 나는 이와 관련하여 중국의 실제 상황을 그릇되게 인식하지 말고 좀 더 인내심을 갖자고 제안하고 싶다. 중국 내의 인권 침해를 종식하는 데 유용한 수단은 처벌이나 요란한 경고나 공격이 아니라 끈질긴 대화다. 따라서 나는 1999년 독일과 중국 간의 법치국가회담을 주창했다. 이 회담은 중국 사회의 근대화 프로세스에 기여하며, 나아가 우리는 중국 사회의 근대화 프로세스를 계속 지원해야 한다. 왜냐하면 중국이 내적으로 견고하고, 사회적으로 공평한 법치국가여야 세계 공동체가 신뢰할 수 있고 책임의식을 지닌 파트너가 될 수 있기 때문이다.

## 미국과 EU의 이해관계

다시 코소보 전쟁 이야기로 돌아가보자. 유럽은 코소보 전쟁을 치른 후 미국의 지원 없이는 유럽 대륙에서 이러한 분쟁을 해결할 수 없다는 교훈을 얻었다. 어떻게 하면 유럽이 향후 군사적으로 독립할 수 있는지 논의하기 위해 토니 블레어Tony Blair 영국 총리는 1998년 10월 오스트리아의 의장국 임기 종료를 맞아 푀르차흐에서 열린 비공식 회동에서 유럽의 안보 정체성 문제를 의제로 올렸다. 블레어 총리의 제안은 유럽인들이 향후 미국이 참전할 수 없는 위기 상황에서 독자적인 행동 능력을 지니려면 '작전 수행 능력'을 육성해야 한다는 것이었다.

미군으로부터 공습을 당한 세르비아는 미국 오하이오주 데이턴에서 보스니아-헤르체고비나 지역에서 휴전과 사라예보 보호구역을 수용했다. 1995년 12월 파리에서 조인된 데이턴 평화협정은 미국이 없었다면 휴전협정의 준수를 감독해야 할 유엔 관할 나토-평화유지군이 결성되지 못했을 거라는 사실을 분명하게 보여주었다. 유엔 관할 나토-평화유지군에는 한시적으로 미군 2만여 명이 편성되었다.

나는 미국이 EU를 대하는 태도를 아직까지도 확실하게 결정짓지 못했다고 생각한다. EU의 독자성 확대, 가치를 공유하는 미-EU의 파트너 관계를 약속하는 말들이 여전히 대서양 너머에서 공허하게 울려 퍼지고 있다. 그런데 정작 EU의 독자성 확대 실현이라는 문제가 실제로 거론된다면, 미국인들은 이를 최대한 저지하려 할 것이다. 2000년 11월 20일 EU의 외교 및 국방장관들이 코소보 전쟁을 치르고 나서 전면적인 작전 능력을 지닌 10만 명 이상 병력의 '신속대응군'을 3년 내에 양성하겠다고 공언했을 때도 마찬가지였다. 미국은 EU의 이 같은 결의는 미국이 주도하는 나토의 권위를 흔들려는 시도라고 평가하면서 즉각적으로 강경하게 경고했다.

미국 내 일부 정치인들은 이해관계에 중점을 두기 위해서는 통합된 유럽보다는 분열된 유럽이 좀 더 유리하다고 여긴다. 미국의 관점에서 '분할하라, 그리고 통치하라Divide et impera'는 표어는 EU를 대할 때에도 그대로 적용된다. 클린턴 대통령 재임 기간에도 그러했고, 조지 W. 부시George W. Bush 대통령 재임 기간에도 마찬가지였으며, 이는 군사 분야에만 국한되지 않는다. 무역정책과 경제정책에도 동일한 모토가 적용되었다.

동서 갈등이 종식된 이후 미국과 유럽의 관계에서 미국의 국내 정치적 이해관계가 점점 더 전면으로 부상했고, 이로써 미국과 유럽의 세계관이 상이하다는 인상이 점점 더 짙어졌다. 이는 테러리즘에도 해당되었고, 국제법적 문제, 헤이그에 위치한 국제헌법재판소, 환경 문제에도 똑같이 해당되었다. 미국 내에서 EU가 차지하는 지위가 그다지 높지 못한데에는 유럽인들 스스로에게 어느 정도 책임이 있다. 왜냐하면 미국은 유럽 각국의 자만심을 그때그때 자극하여 필요에 따라 활용할 수 있다고 자신하기 때문이다. 게다가 미국은 영국에 특별한 관계를 언제라도 기대할 수 있다. 블레어 총리가 푀르차흐에서 제안했던 유럽의 안보 정체성 문제를 꾸준히 추진하지 않는 것도 미국과 이러한 특별한 관계에 기인한다. 미국 측 친구들이 '유럽의 안보 정체성' 추진 계획을 '달가워하지 않자' 이를 추진하려던 영국 정부의 야심이 곧 수그러든 것이리라.

참고로 모든 EU 국가의 외교 노선이 시행착오를 동반하면서라도 본격적으로 실현되기 시작한 것은 통일된 독일이 이에 대한 의지를 갖고 참여하기 시작했을 때부터다. 여기에 이르기까지 10년에 가까운 시간이 소요되었다. 당시 부트로스 부트로스-갈리Boutros Boutros-Ghali 유엔 사무총장은 1993년 평화를 유지하고 창출하는 모든 작전에 '독일이 전면적으로 참여할' 것을 독려했다. 또한 부트로스-갈리 사무총장은 독일군의 투입과 관련하여 두 가지를 언급했다. 그의 말에 따르면, 하나는 국제사회는 무장한 독일군의 투입을 두려워하지 않는다는 것이고, 다른 하나는 독일인들이 과거 역사적 이유로 개입을 꺼리는 국가의 경우에도 국제사회는 독일군의 투입을 꺼리지 않는다는 것이다. 하지만 유엔 사무총장의 이러한 발언은 독일의 국내 정치인들 간의 논쟁에 아무런 영향을 미치지 못했다.

부트로스-갈리 사무총장의 발언은 통일되고 규모가 커짐으로써 독일의 외교적 책임 또한 방대해지리라는 것을 미처 생각지 못한 독일인들의 정서와 충돌을 일으켰다. 이러한 상황은 오늘날 시각에서 볼 때 몹시 현실성이 없다고 느껴지겠지만, 이는 우리 상황이 얼마나 급속도로 변하고 있는지를 잘 나타내준다. 1990년대 초만 하더라도 두 차례 세계대전을 거친 독일인들이 스스로를 어떻게 생각하는지 제대로 가늠하는 사려 깊은 외국인들은 극소수에 불과했다. 이처럼 독일군의 해외 파병에 관한 국내외의 시각은 서로 일치하지 않았다.

하지만 독일 남단의 국경에서 비행기로 한 시간 떨어진 보스니아-헤르체고비나 지역에서 벌어지고 있는 일들을 생각해보면, 독일인들의 논쟁이 매우 해괴하고 세상과 동떨어져 있다는 사실을 알 수 있다. 나는 1993년에 벌인 격렬한 토론을 기억한다. 이른바 유엔의 결의를 실행하기 위해 나토의 공중조기경보기AWACS가 출동해야 할 경우, 독일군이 함께 비행해도 되는지에 관한 토론이었다. 이에 반해 보스니아 지역 주민에게 식량을 공급하는 독일 연방군 수송기 투입과 같은 인도주의적 차원의 투입은 논란의 대상이 아니었다. 시간이 지나면서 나토 내에서는 동맹국을 향한 통일 독일의 신의에 대한 의구심이 점점 커져갔다.

이러한 모호한 법적 상황을 독일 연방헌법재판소가 최종적으로 정리했다. 1993년 재판소는 공중조기경보기를 이용한 독일군의 보스니아 상공 비행을 금지하라는 가처분 신청을 기각하였다. 1년 후 연방헌법재판소 재판관들은 독일 연방의 기본법은 독일 연방에 '집단적 안보체제에 가입하고 이와 관련하여 독일 연방 주권의 제한에 승인할 권리를 부여할 뿐만 아니라', '집단적 안보체제에 소속됨으로써 부여되는 전형적인 과제를 이행하기 위한' 헌법적 토대 또한 제공한다는 인식에 도달하였다. 이로써 독일은 유엔-평화유지 임무에 전면적으로 참여할 수 있게 되었다.

우리가 집권하기 전에도 1996년에 독일군 3,000여 명이 보스니아 평화유지군에 참여한다는 연방하원의 결의가 사민당 의원들의 동의로 이루어졌다. 이후 1998년 6월 연방하원은 보스니아 파병군의 주둔 기간을 동맹 90/녹색당 의원들의 동의로 연장하였다. 독일군 파병에 관한 법적 상황이 이처럼 명백하게 규명되었음에도 파병으로 발생할 수 있는 결과에 대한 독일인들의 의식은 국제 현실과 괴리가 컸다. 독일이 책임을 온전히 감당해야 했던 시기에 하필이면 사민당과 녹색당이 정치 지휘권을 인수하게 된 것은 역사의 장난이라고도 할 수 있겠다.

새로운 세기가 시작되는 첫해인 2001년, 드디어 피비린내 나는 20세기와 결별할 수 있을 거라며 큰 희망을 내건 이 새로운 세기는 햇살이 눈부신 9월 11일 오전에 우리를 다시 충격에 빠뜨렸고, 세계 평화에 대한 위협은 이제 새로운 차원이 되었다.

# 2001년 9월 11일과 그날의 결과

4

Der 11.
September 2001
und die Folgen

"살아 있는 사람 있나요?"
2001년 9월 11일 뉴욕 세
계무역센터가 있는 쌍둥이
빌딩이 무너진 후 한 남자
가 소리치고 있다.

————————————

2004년 5월 26일자《뉴욕타임스》에는 "타임스와 이라크"라는 제목으로 자기 스스로를 질타하는 흥미로운 사설이 소개되었다. 좀 길지만 전문을 한번 살펴보자.

글쓴이: 발행인

제목: 타임스와 이라크

작년 한 해 동안 우리 신문은 미국이 이라크를 침공하기로 결정한 것에 대해 현시점에서 조명했다. 우리는 미국 정보국을 비롯해 이들과 협력하는 정보기관들이, 특히 이라크의 무기 및 국제 테러 조직과의 연관성에 대한 정보와 관련하여 실수한 내용을 조사했다. 그 밖에도 미국 정부가 너무 귀가 얇았다는 주장이나 미국의 목적을 이루기 위해 분위기를 과열시키고 악용했다는 주장도 조사했다. 이제는 우리 스스로 이런 조사를 받아야 할 시간인 것 같다.

전쟁 발발 직전과 이라크 주둔 초기에 작성된 기사를 수백 건 훑어보니 자부심을 가져도 될 만한 훌륭한 기사들도 상당수 발견할 수 있었다. 우리가 보도한 기사들은 대부분 당시 시점에서 우리가 알고 있던 내용을 정확히 반영하고 있었다. 이들 내용은 대부분 정보기관들로부터 어렵게 얻은 것이었지만 사실 이 정보기관들도 상당 부분 허점이 많은 정보를 보유하고 있었다. 기사 내용이 불완전하거나 잘못된 방향으로 보도된 경우에는 추후에 확인된 더 포괄적인 정보를 보완하였다. 이 정도는 일반 보도의 통상적인 과정이다.

반면 기본적인 정확성조차 갖추지 못한 기사들도 종종 있었다. 당시 큰 논란이 되었고 오늘까지도 문제가 있다고 생각되는 정보들이 충분한 검토도 되지 않은 채 그대로 보도된 기사가 몇 건이나 되었다. 새로운 증거가 나타났을 때 (나타나지 않는 경우에도 마찬가지지만), 여러 주장에 대해 좀 더 적극적으로 그 근거를 파헤쳤더라면 지금보다는 마음이 덜 불편했을 것이다.

문제가 되는 기사를 작성한 사람도 여러 명이고 주제도 다양하지만, 이들 모두에게 공통점이 한 가지 있었다. 정도 차이는 있지만 기사 내용이 유배당한 이라크인이나 망명자들이 전한 소식에 기초하고 있다는 것이다. 그런데 이들은 이라크의 정권 교체를 바라는 사람들이었고, 앞서 여러 주에 걸쳐 공공연하게 이들 주장의 신빙성에 대한 의혹이 커지고 있는 상황이었다. 기사에서는 적어도 1991년부터 반反 사담 후세인Saddam Hussein 선동가로 유명한 아흐메드 찰라비Ahmad Chalabi가 자주 정보의 출처로 언급되었다. 그는 기자들에게 다른 이라크 유배자들과의 만남도 주선해주었다. 찰라비는 미국 부시 행정부 강경론자들의 총아가 되었다. 그러다가 그가 유배자들에게서 문건의 대가로 받는 지불금을 중단한 것은 지난주부터였다. 이라크 침공이 시급하다고 생각한 정부기관들은 자신의 임무에 너무나 열중한 나머지 이들 유배자의 진술을 직접 확인해주었고, 이로써 언론인들은 일하기가 더욱 어려워졌다. 지금은 정부 관계자들도 유배자들이 제공한 정보가 틀린 경우가 적지 않았다는 점을 인정하고 있다. 우리가 그랬던 것처럼 많은 언론기관의 상황도 이와 다르지 않았다.

이 시기에 우리 신문의 보도를 비판하는 사람들 중에는 특정 편집자들에게 책임을 지우려고 하는 경우가 종종 있었다. 그러나 우리가 자체적으로 조사한 바에 따르면, 문제는 여러 단계에 걸쳐 있다. 여러 단계의 편집자들은 취재기자들에게 좀 더 의심하라고 주문했어야 했고, 이들이 한 일을 비판적으로 바라보았어야 했다. 하지만 이들은 특종 기사를 조금이라도 빨리 지면에 싣는 일에 급급했다. 이라크 망명자들의 진술은 사담 후세인의 실각을 열망하는 이들의 결연한 의지를 고려해서 다른 무엇보다 신중히 검토했어야 했다. 이라크에 대한 놀라운 소식은 독자들의 눈에 바로 띌 수 있는 위치에 실렸고, 반면 이런 주장에 대한 의심을 제기하는 다른 기사들은 '그 밖의 소식'란에 실려 거의 눈에 띄지도 않았다. 정정 기사가 아예 없는 경우도 적지 않았다.

한 예로 2001년 10월 26일과 11월 8일에 1면 기사로 이라크 망명자의 진술이 인용되었는데, 이슬람 테러리스트들을 교육하고 생화학무기를 제조하는 비밀 캠프가 있다는 내용이었다. 이 내용의 진위에 대해서는 한 번도 검토되지 않았다.

2001년 12월 20일자 사설 한 편은 이렇게 시작했다. "토목 기사라고 자신을 소개한 한 이라크 망명자는 자신이 1년 전까지 지하 요새, 개인 빌라 그리고 바그다드에 있는 사담 후세인 병원 지하에 있는 생화학무기와 핵무기를 생산하는 비밀 시설을 리모델링하는 작업에 참여했다고 전했다." 국내 미디어 그룹인 나이트리더 소속 신문이 지난주에 보도한 바에 따르면, 미국 조사 담당 공무원들은 이 남자를 올 초 이라크로 데리고 가서 자신이 일했다고 주장한 장소로 안내하라고 했다. 하지만 공무원들은 무기 프로그램이 사용된 흔적을 아무것도 찾지 못했다고 한다. 그럼에도 생화학무기가 이라크에서 생산될 가능성을 완전히 배제할 수는 없지만, 적어도 이 문제에서는 우리가 미국 정부와 함께 엮여서 속은 것 같다. 이 사실을 우리는 오늘까지도 독자들에게 알리지 않았다.

한편 2002년 9월 8일자 신문 1면 제목은 이러했다. "미국 정부, 사담 후세인이 핵폭탄 제조 부품을 구하기 위한 노력을 강화하고 있다." 이 기사는 알루미늄관에 대한 것으로, 당시 부시 행정부는 사담 후세인이 이 관을 구매하는 이유가 우라늄 농축시설 건설에 필요한 부품이기 때문이라고 고집스럽게 주장했다. 이 정보는 망명자 입에서 나온 것이 아니라 당시 가장 확실한 정보기관에서 나온 것이었다. 그렇더라도 이 정보를 좀 더 신중하게 다뤘어야 했다. 이 관이 핵기술 용도로 사용되기에 적절한지에 관한 의문이 들게 하는 부분이 있었지만, 이런 의혹은 3,600단어나 되는 긴 기사에서 1,700단어 이후에야 겨우 후반부에 등장하고 있으며, 따라서 의혹을 숨긴 것이나 마찬가지다. 하지만 정부 관계자는 이라크의 핵기술에 대한 야망을 알려주는 이 증거 자료에서 '왜 사담 후세인을 무력화하지 않으면 안 되는지' 자세하게 설명하고 있다. '확실한 증거'가 될 수 있는 최초 징후가 '버섯구름'이 될 수 있다는 게 그들의 주장이었다. 즉 확실한 증거를 찾다가는 핵무기가 사용되고 난 후에야 비로소 증거를 제시할 수 있을 만큼 너무 늦어버릴지도 모른다는 얘기였다.

닷새 뒤 우리 취재기자들은 정보기관도 이 관에 대한 의견에 합의를 보지 못하고 있다는 사실을 전해들었다. 이런 의혹은 13면에 실렸는데, 그 기사의 제목("백악관은 이라크의 행보가 금지 무기를 제작하기 위한 것이라고 말한다")만을 보고는 그 기사가 예전의 내용을 정정하는 것이라고 눈치채기 쉽지 않았다. 국제원자력기구가 이 중요한 증거에 대해 의문을 제기하고 나서야 《타임스》는 2003년 1월 9일에 알루미늄관의 의미를 의심하는 내용을 인용 보도했다. 1면에 실어 마땅한 이 기사는 10면에 실렸다.

미국 무기탐사대가 이라크에서 미군을 따라 무기를 찾고 있던 시기인 2003년 4월 21일에는 1면에 "이라크 학자들의 증언, 전쟁 발발 직전까지 금지 무기가 저장되어 있었다"라는 제목의 기사가 실렸다. 기사는 이렇게 시작한다. "미국 군사팀의 말에 따르면, 10년 동안 이라크의 화학무기 사업에 종사했다고 자신을 소개한 한 학자가 미국 군사팀원 한 명에게 '이라크가 전쟁이 시작되기 며칠 전에 화학무기와 생물학 무기장비를 파괴했다'고 말했다고 한다."

정보 제공자에 따르면 이라크가 핵무기를 시리아로 운반했으며 알카에다^Al-Qaeda와 공동으로 작업했다고 하는데, 이는 당시에나 지금이나 크게 논란이 되는 주장이다. 여기서 이 기사의 전체 어조를 보면 이 '학자'(이후 보도된 기사에서는 자신을 군정보부 직원이라고 했다)가 미국인들이 그토록 바라던 전쟁의 정당성을 제공해주었다는 인상을 준다. 《타임스》는 이 정보 제공자의 신원을 확인하거나 그가 제시한 주장의 진위를 검증하기 위한 아무런 추가 조치를 취하지 않았다.

우리는 이 주제와 관련된 기사를 선별하여 위에 언급한 기사와 함께 홈페이지 비평 게시판에 공개하였다. 여기에는 《타임스》군사 전문 기자인 마이클 고든^Michael Gordon이 지난달 북 리뷰 섹션에 알루미늄관에 대해 자세히 보도한 기사도 수록해놓았다. 그의 관찰은 이라크 관련 보도에 대한 비판과 함께 기밀 정보에 대부분 의존하여 신문기사를 쓰는 일이 얼마나 어려운지를 엿보게 한다.

'이라크의 무기'와 '거짓 정보를 이용한 정치'라는 주제를 충분히 다루려면 아직 갈 길이 멀다는 사실을 우리는 잘 알고 있고, 따라서 모든 오해를 해소하기 위해 공격적인 보도를 계속할 계획이다.

《뉴욕타임스》 발행인은 이렇게 자사 신문이 이라크 전쟁에 대해 보도한 내용을 사과했다. 얼마 뒤 《워싱턴포스트》도 여기에 동참했다. 미국 일간지 시장에서 선두 자리를 차지하고 있는 두 신문사가 여러 차례에 걸쳐 너무도 경솔하게 미국 정부의 홍보에 일방적으로 따랐음을 시인했다. 부시 행정부가 전쟁을 시작한 실제 이유에 대해 제대로 평가하지 못했음을 고백하는 사과를 계속 미뤘더라면 이들의 명성은 분명 위태로워졌을 것이다.

이 기사는 내가 이라크 전쟁에 대한 최종 결정을 내리기 몇 달 전부터 서서히 분명해지기 시작한 직감이 틀리지 않았음을 확인해주었다. 나는 오랜 시간 전쟁의 목적이 특정 국가의 비호를 받는 조직화된 테러를 퇴치하는 일, 이른바 9·11 테러에 대한 답변이라고 믿어왔지만 실제는 그게 아니었다.

테러 공격이 발생하고 4개월 뒤에 나는 워싱턴을 방문해서 부시 대통령과 국제 테러와의 전쟁에 관해 면담했다. 그때 알카에다와 사담 후세인의 협력이 증명된다면 이는 정치적으로 탈레반이 알카에다를 지원하는 것으로 해석해야 한다고 했다. 이 경우에 해당한다면 독일은 다시 미국 편에서 전적으로 동맹 의무를 다할 것이라고 말했다. 2002년 언제부터 전쟁의 명분이 사담 후세인의 이라크로 바뀌었는지는 정확히 기억나지 않는다. 다시 말해 국제적인 테러와의 전쟁은 뒤로 밀려나고 이라크에 있을 것으로 보이는 대량살상무기가 전면에 대두되었는지는 잘 모르겠지만, 어쨌든 이런 방향 전환으로 미국에 대한 불신은 점점 커져갔다.

부시 행정부의 전 합참의장이자 당시 국무장관이었던 콜린 파월Colin Powell이 2003년 2월 5일 유엔 안전보장이사회에 등장한 것도 이와 같은 맥락이었다. 딕 체니Dick Cheney 부통령이나 폴 월포위츠Paul Wolfowitz 국방부차관과는 반대 견해였던 것이 분명해 보이는 파월 장관은 장관직에서 물러난 뒤 이 연설이 '내 이력의 오점'이었다고 밝혔다. 미국은 이날 경솔하게 자국의 국제적 명성을 도박에 내걸어 큰돈을 잃었다. 파월 장관이 이 역사적인 순간에 전 세계가 지켜보는 앞에서 이라크에 대해 발표한 거의 모든 것, 즉 알카에다와 이라크의 관련성, 이동식 독가스 실험실, 대량살상무기 등 거의 모든 정보가 전쟁을 부추기려는 망명자들과 정보원들이 제공한 신빙성이 없거나 심지어 틀린 정보를 근거로 한 것이라고 나중에 고백했다. 파월 장관에게 이런 발표를 하게 한 이들 가운데 일부는 분명히 자신의 전쟁 동기가 얼마나 설득력이 없는지를 이미 알고 있었을 것이다. 자국의 국무장관을 확실하지도 않고, 심지어 조작한 증거를 가지고 국제기구의 증인석에 주요 증인으로 내보낸 음모자들을 부시 대통령과 파월 장관도 미처 알지 못했다고 한다면 이 부분에 대해서는 정상 참작이 가능하다. 하지만 자국의 안보기관이 정보를 처리하는 과정에서 저지른 중대한 실수라는 점에서는 책임을 면하기 어렵다.

이 발표로 9·11 테러 이후 전 세계적으로 체감되던 미국과의 절대적 유대감은 급반전되었다. 나를 포함한 미국의 많은 우호자는 '왜 전쟁이어야 했는지'에 대한 최종적인 답변을 아직도 찾지 못하고 있다. 내가 볼때 미국이 이라크와 전쟁에 나서면서 내세운 명분은 한 꾸러미는 될 것같다. 그날 이후 여러 나라 정부 수반과 면담에서 주요 주제는 단연 이 문제였다. 그러나 미국의 전쟁 명분과 점점 독단적인 결정에 타인과 같은 반응을 보였다는 것만으로 그것이 반미주의라는 질책을 받을 이유는 없었다.

그 이유 중 하나는 유럽 국가 모두가 종교적이고 도덕적으로 접근하는 미국의 신보수주의를 과소평가했기 때문인데, 이 신보수주의는 부시 행정부가 들어선 이래 세계 권력을 숙명적인 노선 위에 올려놓았다. 사실 우리는 오히려 최후의 초강대국인 미국이 1980년대와 1990년대의 변혁기에 전 세계의 양극 분단이 종료되면서 자국에 주어진 숙명적인 역할을 수행하지 않으려 한다는 인상을 받고 있었다. 미국에 주어진 기회, 즉 냉전의 이론을 떠나 전 세계를 위한 평화 질서를 모색할 수 있는 기회를 찾고 이용하는 대신, 클린턴 대통령 이후 미국의 외교정책은 국내의 정치적 이익을 우선으로 추구한다고 비춰졌다.

## 문명사회에 대한 선전포고

이 일들은 테러 공격 이전에 벌어졌지만 대서양 국가들 간의 관계는 이미 서먹해지기 시작했다. 하지만 2001년 9월 11일의 기억이 모든 민족의 머릿속에서 삭제가 불가능할 정도로 전 세계의 하드디스크를 부식시키자, 이 모든 의심은 마치 다 날아가버린 것처럼 보였다. 아무리 상상력을 동원해도 비행기 두 대를 고의로, 승객들의 목숨은 생각도 하지 않고 뉴욕의 상징인 쌍둥이 빌딩으로 몰고 가서 수천 명을 죽음으로 내모는 발상은 불가능해 보였다. 파란 하늘이 눈부신 어느 가을 날 오전 8시 45분, 뉴욕에서는 시대가 바뀌는 사건이 일어났다. 그 순간 전 세계를 지배하는 감정은 불안과 모든 것에 대한 불신이었다.

나에게 2001년 9월 11일 화요일은 평범하게 시작된 하루였다. 독일 연방하원에서 예산심의가 있는 한 주였다. 한스 아이헬Hans Eichel 연방 재무장관이 예산안을 제출하기로 되어 있었다. 당연히 연방총리인 나도 오전 11시 회의에 참석해야 할 의무가 있었다. 오후 1시 30분에는 헝가리 새 대사관 개관 기념식 때문에 베를린을 방문한 빅토르 오르반Viktor Orbán

헝가리 총리를 영접했다. 우리는 헝가리의 EU 가입 문제를 논의했다. EU 에 가입하려는 헝가리의 강한 의사가 이미 수차례 표명되었기 때문에 실제로 논의할 문제는 별로 없었다. 이렇게 평소와 다름없는 날이었다. 나는 오후 3시에 집무실로 돌아왔고 그다음 날 연방하원에서 발표할 예산 관련 연설문을 손보고 있었다. 내가 할 일은 통상적인 의식에 지나지 않았다. 즉 내가 연설을 하면 당시 야당 대표인 프리드리히 메르츠Friedrich Merz가 예상된 능숙한 답변을 하고, 자민당 대표의 진부하지만 쩌렁쩌렁한 발언에 이어 마지막으로 바이에른 출신 미하엘 글로스Michael Glos 기사당 원내 부대표가 코미디언처럼 등장할 것이다.

이 순간에 비서실장인 지그리트 크람피츠가 사무실로 뛰어 들어왔다. 나는 그날 그녀가 무슨 말을 했는지 정확히 기억한다. "뉴욕 세계무역센터가 공격을 받았습니다." 많은 사람에게 뉴욕은 자유와 관용의 도시다. 지난 여러 세기 동안 이 도시는 전 세계의 억압받는 자, 박해받는 자 그리고 난민들의 도피처였다. 희망의 상징이었고, 부와 더 나은 삶을 약속하는 곳이었다.

텔레비전을 켰다. 눈앞에 나타난 영상은 너무나 충격적이었다. 그 순간을 정확히 묘사하지는 못하겠지만 절망적인 사람들이 쌍둥이 빌딩 창문에서 뛰어내리는 장면을 본 것으로 기억한다. 죽음을 직감했으나 불에 타 죽거나 질식하는 고통스러운 죽음은 피하고 싶었을 것이다. 살기 위해 있는 힘을 다해 달려가던 사람들이 기억나고, 그런 지옥에 내던져진 저 무고한 사람들을 애도하며 흘린 내 눈물이 기억난다. 무력감이 밀려왔고, 그다음으로 이런 짓을 벌인 놈들에 대한 분노가 치밀었다.

당시는 공포가 너무 커서 그 사건이 정치적으로 어떤 의미를 함축하는지 생각하지 못했다. 하지만 미국이 이 공격을 받음으로써 예전과 같지 않을 거라는 사실은 분명했다. 우리 정부가 서둘러 이 공격의 결과를 확인해야 한다는 사실도 분명했다. 나는 즉시 요슈카 피셔 외무장관, 오토 쉴리Otto Schily 내무장관 그리고 루돌프 샤핑 국방장관과 통화한 뒤 이들을 바로 총리청으로 불러들였다. 근심이 가득한 피셔 장관을 필두로 두 사람이 도착하자마자 우리는 곧바로 이 사건에 대해 논의를 시작했다. 우리는 미국 정부가 행동해야 하고 행동할 것임을 알고 있었다. 나 역시 독일이 단결해야 한다는 사실, 즉 야당과 함께 동맹국으로서 의무를 이행하는 부분을 고민했다. 여기에 독일 연방군이 미국의 군사행동에 참여할 수도 있다는 사실이 분명해 보였다. 우선 내각, 연립정부, 야당에 미국과 무한 연대할 필요성을 설득해야 했다.

장관들과 면담한 후 바로 볼프강 티어제Wolfgang Thierse 연방하원 의장과 페터 슈트룩Peter Struck 사민당 원내 대표 그리고 연방하원에 진출한 기타 원내 대표들과 통화하고 오후 8시에 총리청에서 면담을 제안했다. 오후 5시에는 독일 연방 안전보장회의가 소집되었다. 회의 직전에 나는 요하네스 라우 연방대통령과 통화했다. 이 통화에서도 대화는 전부 미국과의 연대에 관한 것이었고, 우리는 원칙적으로 같은 의견이었다.

회의를 마치고 나는 짧은 성명을 발표했다. 이 성명에서 특히 "이는 전체 문명사회에 대한 선전포고입니다. 이들 테러리스트들을 돕거나 지원하는 사람은 민족 간 공존의 기초가 되는 모든 기본적 가치를 위반하는 것입니다"라고 강조했다. 독일 연방 안전보장회의를 개회하기 이전에 나는 부시 대통령에게 다음과 같은 내용의 전보를 타전했다. "친애하는 대통령님, 저는 수많은 사상자를 낸 뉴욕의 세계무역센터와 워싱턴의 펜타곤에 대한 끔찍한 테러 공격 소식을 듣고 경악을 금할 수 없었습니다. 우리 정부는 이 테러 행위를 강력하게 규탄하는 바입니다. 독일 국민은 이 어려운 순간에 미국 국민들 곁에 있습니다. 저는 대통령님과 미국 국민들에게 심심한 위로의 말씀과 무한한 연대감을 표명하고 싶습니다. 희생자와 희생자 가족에게도 깊은 위로의 말씀을 전합니다."

오후에는 시라크 프랑스 대통령, 블레어 영국 총리 그리고 블라디미르 푸틴Vladmir Putin 러시아 대통령과도 통화했다. 유럽과 유럽 이외 국가 정상들과의 통화도 비슷하게 진행되었다. 모두 이 끔찍한 공격에 혐오감을 표출했고 미국 편에 서겠다는 의지를 표명했다.

당 대표, 원내 대표들과 면담을 마친 후 저녁에 언론과 접촉하여 다음과 같은 성명을 발표했다. "지금은 독일 내에서의 연대뿐만 아니라 유럽과 그 이상의 연대가 달린 중요한 상황입니다. 저는 시라크 대통령, 블레어 총리 그리고 푸틴 대통령과 통화했습니다. 우리 모두 같은 의견이었고, 지금은 문명사회에 대한 이번 공격에 대해 미국과 연대책임을 행사해야 한다는 데 뜻을 같이했습니다. 지금은 국내에 없지만 현재 유럽이사회 의장인 벨기에 총리와 접촉하여 내일 개최될 EU 외무장관 회담뿐만 아니라 그 밖에 유럽의 연대 조직 가능성을 타진해보겠습니다. 이는 반드시 필요한 일이고 저와 면담한 모두가 당연한 일로 생각할 것이라고 믿습니다."

9월 11일 밤에는 잠을 이룰 수가 없었다. 독일 연방하원에서 연설할 연설문 원고를 썼다. 예산안 심의는 당연히 연기되었다. 코소보 전쟁을 결정할 때와 마찬가지로 우리는 아무것도 준비되어 있지 않았고, 우리 세대가 두 번 다시 경험하지 않았으면 하는 사건에 또다시 직면해 있었다. 전 세계에 어두운 그림자를 던졌던 상황을 다시 한 번 더듬어보아야 했다. 연설문 초안을 수정하면서 수많은 질문이 머릿속을 스쳐갔다. 미국의 동맹국으로서 우리는 어떤 일에 대비했어야 했나? 우리 독일도 테러 조직의 목표물은 아니었을까? 하지만 보이지도 않는 적을 어떻게 방어할 것인가? 그리고 이 사건 뒤에 국내법과 국제법에는 어떤 변화가 있을 것인가?

다음 날 아침 연방하원에서 나는 다음과 같은 성명을 발표했다.

2001년 9월 11일은 우리 모두에게 암흑의 날로 역사에 남을 것입니다. 우리 지구를 근본적으로 연결하고 있는 것에 대한 사상 초유의 테러 공격을 받은 지금, 우리는 혼란스럽기 그지없습니다.

우리는 문명사회에 대한 이러한 선전포고의 배후가 누구인지 아직 모릅니다. 얼마나 많은 무고한 사람이 이 범죄의 희생자가 되었는지조차 아직 모릅니다. 하지만 지금은 우리가 함께 슬퍼하고 있다는 것, 연대감을 느끼고 있음을 보여주어야 할 때라는 사실은 알고 있습니다. 미국 국민과의 연대뿐만 아니라 독일, 유럽 그리고 전 세계에서 평화와 자유를 위해 노력하는 모든 사람에게 연대감을 느끼고 있습니다.

어제저녁에는 2,000여 명이 베를린대성당에서 자발적으로 애도를 표했습니다. 이 연방하원 본회의가 끝나면 성 헤드비히대성당에서 종교를 초월한 추도 예배가 거행될 것입니다.

독일 노동조합총연맹과 독일 경영자총협회는 목요일 10시에 5분 동안 하던 일을 멈출 것을 요청했습니다. 연방정부도 독일 연방기관으로서 이 요청에 따를 것입니다.

여러분, 저는 미국 대통령에게 독일 전 국민을 대표해 깊은 위로를 전달했습니다. 그리고 독일의 무제한적인, 다시 강조하건대 무제한적으로 연대를 약속했습니다. 우리 모두의 마음은 희생자와 그 가족을 향하고 있다고 저는 확신합니다. 우리는 이들과 함께 느끼고, 함께 슬퍼하고 있습니다.

새로 부임한 댄 코츠Dan Coats 미국 대사도 참석한 이 자리에서 저는 다시 한 번 분명하게 말씀드립니다. 이 어려운 시기에 우리 독일 국민들이 미국 국민들 곁을 지키고 있습니다(기록에 따르면 이 부분에서 본회의장 전체에서 박수가 나왔다고 되어 있다).

당연히 우리는 미국 국민과 기관이 요청하는 지원을 제공할 것이고, 이 비열한 범죄의 주동자와 배후를 수사하고 검거하는 데에도 협조할 것입니다.

어제저녁 당 대표와 원내 대표들과 면담에서도 이러한 특수 상황에서 모든 민주주의자가 단합해야 한다는 데 의견을 모았습니다. 어제 뉴욕과 워싱턴에서 있었던 테러 공격은 미국에 대한 공격일 뿐만 아니라 전체 문명사회에 대한 선전포고입니다. 무고한 생명을 무차별적으로 앗아가는 방식의 테러 공격은 우리 문명의 기본 원칙을 흔드는 일입니다. 이는 자유롭고 안전한 세상에서의 공존이라는 원칙, 즉 우리가 여러 세대를 거쳐 건설해온 모든 것에 대한 직접적인 위협입니다. 우리는 미국, 유럽 그리고 세계 어디에서든 모두 힘을 합하여 이 가치가 파괴되지 않도록 해야 합니다.

우리가 하나의 세계에서 살고 있다는 사실은 점점 분명해지고 있습니다. 그래서 유엔이 있는 뉴욕과 워싱턴에 대한 공격은 우리 모두를 겨냥한 것이나 다름없습니다. 어제 발생한 테러 공격이 우리 모두에게 보여준 것은 이 세상에서 안전이라는 것은 나눌 수 없다는 사실입니다. 우리의 가치를 수호하기 위해 서로 더 가까이 다가가고 함께 협력해야만 우리는 안전을 보장받을 수 있습니다.

전 세계에서 테러의 자양분을 없애기 위해 우리는 더 빨리, 좀 더 효과적인 대책을 시행해야 합니다. 어제 오후에 저는 시라크 프랑스 대통령과 조스팽 총리, 블레어 영국 총리 그리고 푸틴 러시아 대통령과 통화했습니다. 테러 행위가 자유세계에 대한 선전포고를 의미한다는 데에 우리는 모두 같은 의견이었습니다.

오늘은 EU의 외무장관들이 모두 모여 특별회담을 할 것입니다. 그러고 나서 EU는 최고 단계의 연대를 표명할 것입니다. 저는 현재 유럽이사회 의장을 맡고 있는 기 베르호프스타트<sup>Guy Verhofstadt</sup> 벨기에 총리에게 해당 지휘권을 맡아줄 것을 요청했습니다.

이 사건이 독일에 어떤 의미가 있는지 자문하는 사람이 많을 것입니다. 저는 어제저녁에 즉각 독일 연방 안전보장회의를 소집하고, 우리가 가진 정보를 토대로 상황을 자세히 분석해보았습니다. 현재로서는 우리 독일의 안보가 특별히 위협받고 있다는 증거는 없습니다. 그래도 우리는 국민을 보호하는 데 필요한 추가 대책을 마련했습니다. 특히 독일의 영공과 항공기 그리고 미국 시설과 기타 고층건물이 여기에 해당합니다.

더 나아가 우리는 이 끔찍한 공격에서 어떤 장기적인 결론을 이끌어내야 하는지 함께 고민해야 합니다. 오늘 오전에 독일 연방 안전보장회의를 다시 개최합니다. 우리는 당연히 연방하원 원내교섭단체, 정당 대표뿐만 아니라 일반 대중에게 앞으로의 상황에 대한 정보를 제공할 것입니다. 이미 약속된 대로 당 대표 및 원내 대표에 대한 다음 보고는 오늘 정오에 연방총리청에서 있을 예정입니다.

저는 이 극악무도한 도발을 충분히 이겨낼 수 있음을 우리가 함께 보여줄 수 있다고 확신합니다. 인간과 민족의 평화로운 공존을 위한 가치인 자유와 민주주의는 이 시련을 이겨낼 것입니다.


이 연설문을 다시 읽어보니 2001년 9월 11일 이후 다른 민주주의 국가의 의회에서도 유사한 연설이 행해졌을 거라는 생각이 든다.

정부 성명을 발표하자 모두 긍정적인 반응을 보였고, 독일 연방 안전

"지금은 우리가 같이 슬퍼하고 연대감을 느끼고 있다는 것을 보여주어야 할 때입니다."
2001년 9월 12일 독일 연방하원에서 9·11 테러에 대한 정부 성명.

보장회의가 다시 열렸다. 회의 내용은 기밀 사항이기 때문에 토론의 세부 내용은 다룰 수 없지만 어떤 내용이었는지는 자명하다. 우리는 국제 반테러동맹 결성을 지지하고, 이것이 당분간 연방정부 외교정책과 보안 정책의 공식 노선이 될 것이라는 데 합의했다. 당장 독일에 위협이 있을 거라는 징후는 전혀 감지되지 않았지만, 오토 쉴리 내무장관은 즉시 국경 검사를 강화하고, 공항과 특정 항공사 그리고 미국, 이스라엘, 유대인 시설 및 연방부처의 보안 등급을 격상할 것을 지시했다. 샤핑 국방장관은 연방군 몇 개 사단의 경계 등급을 격상하고 영공 감시를 강화했으며, 미군의 독일 내 부동산을 독일 연방군의 보호하에 두었다고 선언했다. 쉴리 장관은 이 밖에도 구호사업과 민간인 보호를 위한 추가 재원을 확보하기 위해 연방하원의 예산 전문가와 면담했다.

9월 12일 오전 11시, 베를린에 있는 성 헤드비히대성당에서 미국 국민과 연대를 약속하는 범종교적인 예배가 한 차례 더 거행되었다. 예배 후 나는 연방대통령을 방문해 연방 안전보장회의에서 정치적으로 조율된 전 세계적 반테러동맹의 구성 방식 내용을 전달했다. 이 면담에서 나는 미국의 군사행동이 예상되며, 미국이 원한다면 이 경우에도 무한 연대 차원에서 독일군 참전이 불가피하다고 전했다. 이날 여러 가지 논의가 잇달아 예정되어 있었다. 나는 원내 대표들에게도 계속 상황을 전달했다.

노이슈타트의 키르히거리에 있는 미국대사관을 방문해 댄 코츠 미국 대사에게도 개인적으로 조의와 위로를 표시했다. 가슴 아픈 순간이었다. 미국 대사도 달리 할 말을 찾을 수 없을 정도로 충격을 받은 상태였다. 그와 짧은 대화를 나눈 후 대사관을 나왔다.

총리청에서 열린 내각 안보회의와 함께 EU와 나토에서도 논의가 계속되었다. 수요일 저녁에 나토 이사회는 뉴욕과 워싱턴에 대한 테러 공격이 나토조약 제5조 상호방위 조항에 해당한다고 밝혔다. 테러 공격을 다른 나라에서 지시했거나 그 나라에서 지원한 것이 증명되는 경우에도 이 조항이 적용된다는 것이다. 우리는 나토 위원회 회의에서 독일 노선은 우리의 확신에 따른 것일 뿐만 아니라 미국에 대한 무한 연대 차원에 따른 것이라는 점을 확인해주었다. 독일은 동맹 의무를 온전히 수행할 의무가 있고 의지도 있었다. 이것은 의무를 형식적으로 수행하는 차원이 아니었다.

## 항구적 자유 작전

9월 12일 저녁에 나는 부시 대통령과 통화했다. 통화는 저녁 7시 40분경에 이루어졌다. 나는 개인적으로 위로를 전달하고 미국의 대응에 아무런 조건 없이 함께할 것임을 밝혔다. 그는 이런 태도에 큰 감사를 표했다. 테러 배후를 밝히고 책임자를 체포하려면 전 세계가 연대해야 가능하다. 지금 필요한 모든 대책은 이를 위한 것임을 천명해야 했다.

부시 미국 대통령이 '전 세계적인 테러와의 전쟁'을 호소한 것을 두고 우리 독일도 뜻을 함께했다. 이 호소 직후 미국과 영국이 국제 반테러동맹을 결성하기 위해 집중적으로 외교적인 노력을 기울였기 때문에 더더욱 그랬다. 러시아 푸틴 대통령과 중국 장쩌민 국가주석도 처음으로 견해를 밝히는 자리에서 이 동맹에 참여하겠다는 의사를 분명히 했다.

2001년 9월 12일 유엔 안전보장이사회는 결의문 제1368호에서 이 테러를 '세계 평화와 국제안보의 위협'이라고 규정했다. 위원회는 동시에 '범인이나 배후 인물, 후원자들을 돕거나 지원하거나 은신처를 제공하는 사람들도 똑같이 책임을 물어야 할 것'이라고 강조했다. 이로써 안전보장이사회는 개인이 실행한 테러 공격 또한 한 국가가 다른 국가를 침략한 것과 동일하게 보고, 공격을 받은 미국에 자위권을 인정해주었다. 결과적으로 테러리스트들을 보호해준 아프가니스탄 세력에 대한 공격이 합법화되었다.

이는 테러 공격을 전쟁 행위로 평가한 것으로 국제법을 새로 규정하는 일이라고도 볼 수 있는데, 이런 논리에 따라 미국은 나토에서 상호방위 규정을 발효해줄 것을 요청했다. 서방 동맹국들은 나토 역사상 처음으로 이런 요청을 받게 되었다. 따라서 나토 이사회에서 상호방위가 결의된 2001년 10월 4일은 새로운 역사가 쓰인 날이기도 했다. 민사당을 제외한 연방하원의 모든 정당은 동맹연대책임을 요구한 나토의 결의를 지지했다. 더 나아가 여야 원내교섭단체들은 결의문에서 말로만 미국을 지지하지 않고 구체적으로도 지원을 준비하고 있음을 강조했다. 해당 결의문에는 "국제 테러를 척결하기 위한 정치적·경제적 지원은 물론이고 적절한 군사적 제공까지 포함한다"라고 명시했다.

테러 공격 이후 상황이 어떻게 전개되고 있는지 파악하기 위해 계속 메모와 일정표를 참고했다. 파급 효과가 큰 중대한 결정을 내려야 하는 날들이 몇 주 동안 계속되었다. 우리는 범인들이 플로리다에 있는 비행 학교에 흔적을 남긴 사실까지 파악했다. 한 학생의 행동이 눈에 띄게 의심스러워 FBI 요원 하나가 이런 사실을 상관에게 알렸다고 하는데, 안타깝게도 당시에는 아무런 대책을 세우지 않았다고 했다. 물론 지금 와서 이걸 알아낸들 무슨 소용이 있겠는가. 이제 우리는 이들 뒤에 알카에다와 오사마 빈 라덴Osama bin Laden이 있다는 것은 물론이고, 근본주의적 종교관에 기인한 테러리스트의 무자비함이 어떤 것인지도 알게 되었다. 하지만 그 당시 누가 전 세계에 느린 화면으로 무한 반복되는 이 무시무시한 장면을 상상이나 할 수 있었겠는가?

하지만 바로 이것이 테러리스트들의 계산이었다. 그들이 이렇게 위장할 수 있었던 것은 정치가는 물론이고 일반인조차 뉴욕과 워싱턴에서 발생한 이 끔찍한 테러를 전혀 상상하지 못했기 때문이다.

그래서 우리는 행동에 나섰다. 테러의 충격은 전 세계적으로 반테러동맹을 결성하는 준비 작업을 속도감 있게 진행하는 발판을 마련해주었다. 내가 재임한 이래로 이때처럼 미국과 연대하는 문제에 완벽하게 합의한 적은 없었다. 나도 피셔 장관도 독일이 군사행동에 참여하는 것은 너무나 당연하다고 생각했다. 문제는 어떤 방식으로 지원에 참여할 것이냐였다. 이 부분에 대해 나는 신중하게 외무장관과 합의했다. 첫 번째 성명에서뿐만 아니라 2001년 9월 12일 연방하원에서 행한 연설에서도 오해가 없도록 분명하게 지적했다. 피셔와 나는 어떤 상황에서도 이 노선을 유지할 생각이었다. 따라서 몇 주에 걸쳐 국민과 연립정부를 지지하는 정당에 우리 뜻을 분명하게 공개하여 동의를 얻기 위해 최선을 다했다.

한편 2001년 9월 14일 금요일에는 베를린에서 감동적인 행사가 있었다. 라우 연방대통령이 브란덴부르크문에서 미국 대사와 여야 지도부가 참가한 가운데 20만 명이 넘는 시민 앞에서 연설을 한 것이다. 이제껏 나는 그렇게 많은 사람이 미국 편에서 뜻을 함께하겠다는 모습을 본 적이 없다. 물론 여기에는 제2차 세계대전 이후 독일의 재건을 위해 힘쓴 미국의 공로, 그리고 미국이 과거에 독일(특히 베를린)의 안보를 약속해준 것이 큰 역할을 했을 것이다. 아울러 뉴욕과 워싱턴의 테러 공격 영상에 마음이 동요돼서 나온 이들도 적지 않았을 것이다.

한 가지 고백하면, 이 행사가 끝나고 나서 라우 대통령과 나 사이에 약간 언쟁이 있었다. 라우 대통령은 그동안 연설에서 밝혀온 소신과 견해에 따라 미국과 유대는 강조했지만, 군사행동에는 회의적이었다. 나는 일요일 텔레비전 인터뷰에서 독일의 노선은 연방대통령이 아닌 연방총리가 결정하며, 이는 이 문제에서도 그대로 적용된다고 분명히 밝혔다.

다행히 라우 대통령과 나는 대화로 의견 차이를 기분 좋게 해결했다. 당시 나는 우리가 각자 자기 위치에서 단호함의 강도를 낮출 경우 외교적으로 행위능력마저 축소될까 봐 우려했다. 하지만 그보다 더 두려웠던 것은 '최후의 수단으로 군사 조치가 필요할 수도 있다'는 사실을 국민과 연립정부에 알리는 일이 더 어려워질지도 모른다는 점이었다. 우리의 단호함에 아무런 의구심이 생기지 않도록 하려면 내가 처음부터 지지해왔고 피셔 장관도 합의한 이 노선을 어떤 상황에서도 고수해야 했다.

탈레반에 알카에다의 우두머리 빈 라덴을 넘겨달라고 여러 차례 최후통첩을 한 끝에 미국은 2001년 10월 7일 '항구적 자유 작전'이란 이름의 군사행동을 감행했다. 미국은 아프가니스탄의 야당을 대표하는 '북부 동맹'과 함께 아프가니스탄 탈레반 정권의 지배력을 약화시켜 끝내 카불 주변 지역을 해방시키고, 동시에 알카에다 전사들의 훈련 캠프를 파괴했다.

이 충돌은 테러리스트들을 비호하거나 이들에게 은신처를 제공하는 그 어떤 국가도 국제사회의 군사행동을 각오해야 한다는 유엔 안전보장이사회 결의서의 핵심 노선을 따른 것이다. 군사적 성공을 보장하려면 할당되는 파병군 수를 늘려야 했는데, 이는 주로 나토 동맹국이 제공해야 했다. 이윽고 우리 연방정부에도 파병 요청이 왔고, 2001년 11월 8일 다시 포괄적인 결정이 내려졌다. 독일 역사상 처음으로 내각에서 독일군을 유럽 외부에 파병하는 데 대한 승인을 구해야 했다. 우리는 군인을 3,900명 이상 파병하기로 결의했는데, 이는 독일이 '항구적 자유 작전'과 전 세계적인 반테러동맹에 적극 참여하는 국가 중 하나임을 의미하는 행보였다.

몇 주에 걸쳐 피셔 외무장관과 나는 우리 계획을 우리 당에 충분히 납득시킬 수 있을지와 자체적으로 과반수를 얻을 수 있도록 파병 투표에 참여하는 연방하원 의원들을 설득하는 문제에만 골몰해 있었다. 이 과정에서 나는 야당에는 크게 신경쓰지 않았지만, 어떤 상황에서도 테러 공격을 받은 미국과 연대해야 한다는 사실만큼은 분명히 했다. 그런데 사민당뿐만 아니라 녹색당에서도 독일이 군사행동에 참여하는 데 반대하는 그룹들이 형성되기 시작했다. 이들은 우리의 동맹 의무가 무엇인지는 물론 이를 거부할 경우 초래할 결과는 생각조차 하지 않는 듯했다. 나는 이를 조직적인 무책임이라고 불렀다.

이 시기 적극적인 외교정책을 펼쳐온 피셔 외무장관은 자신의 녹색당 내에서 이루어진 논의 과정에서 외교정책 노선에 대한 저항으로 자체적으로 과반수를 잃는 결과까지도 각오했다. 그와 오래 논의한 끝에 나는 이 일이 우리의 집권 능력은 물론이고 외교정책적 영향력을 크게 손상할 수도 있음을 그에게 납득시켰다. 그래서 연립정부 내의 이탈자들이 내 노선을 따르도록 강제하기 위해 연방군을 아프가니스탄에 파병하는 문제를 신임투표와 결부해 표결하기로 결정했다.

이 결정에 앞서 나는 이 문제를 프랑크-발터 슈타인마이어와 지그리트 크람피츠와 함께 논의했다. 여러 가지 측면에서 불확실한 설득 작업을 중단하고 차라리 신임투표를 실시해 신임을 잃는 걸 감수하는 게 낫겠다고 생각했다. 그렇게 되면 선거를 다시 실시해야 할 테고, 녹색당의 지지가 약해서 결국 대연립정부가 구성될 확률이 높았다. 정치외교 사안들이 부상함에 따라 세계경제에 지각 변동이 일어나고 있는 이때, 이런 구도가 오히려 더 해볼 만하다고 생각되었다. 하지만 결국 이 방법은 쓰지 않기로 결정했다. 그 이유는 정치적이라기보다는 개인적인 것이었다. 책임감 있는 피셔에게 그 길을 가도록 할 수는 없었다.

코소보 전쟁 초기에도 이와 비슷한 상황을 감내해야 했다. 즉 1998년과 1999년 당시에도 지금과 비슷하게 사민당-녹색당 연립정부가 어려운 시기였으나 자체 과반수의 지지에 기대어 원칙에 따라 독일을 통치할 수 있는지, 그 능력을 시험받는 상황이었다. 이에 대해서는 2001년 11월 16일자 연설에서 신임투표의 이유를 설명하면서 짧고도 자세하게 정책 발언으로 핵심을 요약했다. "독일 병력의 파병과 관련하여 결정을 내릴 때 아무도 쉽게 결정할 수 없습니다. 저도 그렇습니다. 하지만 피할 수 없는 일이기 때문에 이 결정을 내려야만 합니다. 파병 결정은 동맹국이 우리에게 거는 기대를 이행하는 것이며, 우리가 객관적·정치적으로 책임 질 수 있는 일을 하는 것입니다. 한 걸음 더 나아가 통일된 자주국인 독일은 이 일로 세계에서 격에 맞는 책임을 다하는 것입니다. 1989년 가을의 획기적인 변화 이후 독일이 완전한 주권을 다시 확립했다는 사실을 인식해야 합니다. 하지만 이와 함께 새로운 의무도 넘겨받았고, 동맹국들이 우리에게 이 의무를 상기시키고 있습니다. 이에 대해 불평할 권리가 우리에게는 없습니다. 오히려 1989년의 변혁 이후에 국제사회에서 동등한 파트너가 되었다는 것에 우리는 감사해야 합니다." 바로 이것이 주권과 외교적 책임에 대한 피셔 장관과 내 생각이었고, 우리는 이를 관철해야 했다.

우리가 지향점을 모색하는 과정에서 엄격하고 합리적인 계산을 바탕으로 정치적 선택지를 결정한다는 인상을 주었는지는 모르겠지만, 실제는 전혀 그렇지 않았다. 이 기간에 나를 가장 괴롭힌 것은 관련 군인들과 그 가족에 대한 책임감이었다. 내 결정으로 그들이 위험에 처할 수도 있다는 사실은 군사적 의무에 대한 그 어떤 합리적 논쟁보다 더 내 마음을 동요시켰다.

우리는 내전으로 파괴된 아프가니스탄이 정치적으로 새 출발을 할 수 있도록 동맹국들과 함께 군사적으로뿐만 아니라 정치적으로도 확보해 주어야 했다. 특히 정치적으로 새 출발하도록 아프가니스탄의 미래에 관한 유엔 회의의 요청에 따라 우리는 본 근교의 페터스베르크에서 중요한 초석을 마련해주었다. 아프가니스탄 사람들이 독일에 특별히 신뢰를 보여준 덕분에 이는 우리에게도 운명적인 일이나 마찬가지였다. 우리는 이 국제회의를 주최하는 특권을 얻었고, 이 회의를 성공리에 치르는 데 외교적 역할을 해낼 수 있었다. 이 회의에는 탈레반을 제외한 아프가니스탄의 모든 민족과 주요 부족이 초대되었다.

페터스베르크 회의가 폐회됨과 동시에 '본 합의'라는 이름의 평화 및 잠정 합의가 엄숙히 서명된 2001년 12월 5일을 나는 잊지 못한다. 그날의 일은 내가 경험한 어떤 행사보다 감동적이었다. 부족 의상을 입은 대표자들은 막 전투에서 빠져나온 듯한 인상을 주었다. 그중에는 여성 대표들도 있었다. 합의된 내용이 지켜질지는 아무도 알 수 없었다.

나는 이런 결과를 이끌어내기 위해 무대 뒤에서 많은 일을 해낸 피셔의 역할을 다시 한 번 강조하고 싶다. 이 합의로 22년간 지속된 내전이 끝나고 아프가니스탄에 안정된 미래가 열리며 하미드 카르사이<sup>Hamid Karsai</sup>가 이끄는 과도정부가 구성되었다. 목표는 2년 이내에 정치권이 정상화되고 새 선거를 치르는 것이었다.

곧 유엔 안전보장이사회가 다국적 방위군을 아프가니스탄에 파병하라는 지시를 내렸다. 이 결정은 만장일치로 내려졌고 우선 6개월로 제한되었다. 이사회는 방위군의 업무도 지정해주었는데, 페터스베르크 결의문에 따라 아프가니스탄 과도정부가 수도인 카불과 그 주변 지역의 보안을 유지할 수 있도록 지원을 아끼지 않았다. 이는 '강력한 권한'으로, 다시 말해 군인들은 필요하면 무기를 사용해서 자신과 파병대를 방어할 수

"목표는 2년 이내에 아프가니스탄 정치계가 정상화되고 새 선거를 치르는 것이다."
본 인근의 페터스베르크에서 최종 조서 서명 기념으로 찍은 단체 사진.

있는 자격까지 부여받았다.

독일의 '항구적 자유 작전' 참가 여부를 결정하는 11월 16일 연방하원 표결은 성공적이었다. 336명이 찬성표를 던져 필요한 표보다 두 표가 많았다. 명백한 과반수였다. 야당은 우리와 사실상 견해가 같았지만 우리의 과반수 획득을 방해하려는 정략적 이유에서 아프가니스탄 파병에 반대 몰표를 던졌다. 다행히 야당의 정치적 셈법은 들어맞지 않았다. 하지만 이 과반수 획득이 실제로 얼마나 위태로운 일이었는지는 사민당과 녹색당 의원 77명이 추후에 개별로 제출한 성명서를 보면 알 수 있다.

결과적으로 우리는 외교적으로 성숙한 국가 이미지를 보여준 동시에, 독일이 세계 역사에 책임 의식을 갖고 있고 신뢰할 수 있는 국가라는 사실을 널리 알릴 수 있었다.

이 모든 일은 2001년 9월 11일에 발생한 사건으로 촉발되었다. 그해가 끝나갈 즈음에는 미국도 비디오와 녹음 자료를 분석해 쌍둥이 빌딩과 국방부를 공격한 배후 인물을 찾는 일에 집중했다. 한편 아프가니스탄에서 비디오 영상 하나가 등장했는데, 빈 라덴이 다른 종교 지도자들과 대화하고 있는 이 영상에 따르면, 그가 이 흉악한 범죄를 지시했다는 사실이 좀 더 분명해진다.

범인이 확인되자 독일이 관심 가져야 할 이유가 또 하나 생겼다. 이 테러 조직의 주요 배후 인물들이 함부르크에 있다는 것이 판명되었는데, 이들은 학생 신분으로 평범한 생활을 하고 있었다. 아프가니스탄에서 훈련된 테러리스트 일부가 독일을 거점으로 은신해왔다는 사실은 충격적이었다. 앞서 9월 말쯤 FBI는 자살 공격에 가담한 남성 19명의 사진을 공개한 바 있다. 나중에 밝혀진 사실이지만, 자국의 치명적 실수라는 인상을 피하기 위해 미국의 정보기관들은 독일 안보기관이 함부르크에 거주하는 극단주의자의 활동과 테러 계획을 사전에 발견하지 못한 점을 일부러 들추어냈다.

이런 비난 가운데 어떤 것도 실체가 없었다. 함부르크에서 학생 신분으로 체류한 이들은 매우 신중하게 활동했고, 경찰의 이목을 집중할 아무런 계기도 제공하지 않았다. 이들을 의심할 만한 일은 아무것도 없었다. 그래도 우리는 압력을 느끼지 않을 수 없었다. 위협에 적절히 대응할 안보 대책을 확대해야 했다. 우리는 안보 대책에 30억 유로를 책정하고, 담배세와 보험세를 증세하여 이를 충당하기로 했다. 한편 테러를 척결하기 위한 이 대책에는 앞으로 외국에서 테러 단체에 가입하거나 단체를 지원하는 경우도 처벌할 수 있는 제129b조를 형법에 삽입한다는 내용도 포함되었다.

이제부터 외국에서 자행된 테러 행위도 독일에서 형사 소추할 수 있게 되었다. 즉 독일 수사기관은 독일 영토에서 아무런 범행을 저지르지 않았더라도 다른 나라에서 테러로 간주되는 단체를 수사할 권한이 생긴 것이다. 또 결사의 자유에서 종교적 특권이 삭제됨으로써 극단주의 단체들이 금지 조항을 회피할 가능성이 사라졌다. 2001년 11월 30일 '테러 척결 자금에 관한 법률'이 통과되자 누구보다도 쉴리 내무장관이 혹독한 비판에 시달려야 했다. 많은 이가 이 돈으로 대사관의 비자 담당 부서, 특히 아랍국 담당 부서의 배만 불리는 꼴이 될 거라고 비난했다. 그 밖에 우리는 의심스러운 단체의 은행 계좌에 대한 신고 의무를 도입하고, 연방범죄청BKA과 헌법수호청을 강화했으며, 수사기관들에 정보를 교환할 수 있는 권한을 주었다. 하지만 시민권을 제한한다는 이유로 격렬한 비난을 받았다. 사민당-녹색당 연립정부에 닥친 또 한 번의 시련이었다.

새로운 세기가 시작되는 첫해인 2001년, 드디어 피비린내 나는 20세기와 결별할 수 있을 거라며 큰 희망을 내건 이 새로운 세기는 햇살이 눈부신 9월 11일 오전 우리를 다시 충격에 빠뜨렸다. 세계 평화에 대한 위협은 이제 새로운 차원이 되었다. 동서 갈등을 어렵게 극복해낸 그 자리를 다시금 형체도 파악하기 힘든 세계적 위험이 차지해버렸다. 우리는 미국이 전 세계적으로 반테러동맹을 체결해 '그라운드제로Ground Zero'로 입은 정신적 충격에 대한 가장 합리적인 답변을 제시해주리라 기대했다.

## 아프가니스탄 방문

2002년부터 아프가니스탄에서 군사적 성공을 거둔 이후 수행되어야 할 적절한 전략을 모색하기 시작했다. 아프가니스탄이라는 무대에 오랜 기간 노력을 결집해야 한다는 사실을 우리 정부만 파악하고 있는 것은 아니었다. 우리가 이 작업을 완수하지 못하면 탈레반이 언제 다시 아프가니스탄을 근본주의적인 정권하에 둘지 알 수 없었다.

2002년 5월 9일 나는 직접 아프가니스탄을 방문해 수십 년에 걸친 내전이 이 나라에 남긴 흔적을 직접 확인하기로 했다. 아프가니스탄 재건에 적극 참여하기로 한 몇몇 독일 기업인도 우리 팀에 합류했다. 그 밖에 도이체벨레 방송사 사장 에릭 베터만Erik Bettermann과 2006년 월드컵 조직위원회 위원장 프란츠 베켄바우어Franz Beckenbauer가 함께했다. 여느 해외 방문처럼 20명에 이르는 기자도 나와 함께 비행기에 올랐다.

먼저 우즈베키스탄으로 향했다. 나는 우즈베키스탄의 이슬람 카리모프Islam Karimow 대통령과 끈질긴 협상 끝에 독일 연방군이 테르메스 지역에 항공 운송 거점을 건설할 수 있도록 허락을 받아낸 적이 있었다. 오전

7시에 도착한 우리 일행은 오트키르 술타노프<sup>Utkir Sultanow</sup> 총리의 매우 따뜻한 영접을 받았다. 체류 시간이 1시간 정도밖에 안 됐지만 손님 접대가 문화의 중요한 부분인 이 나라에서 우리는 바쁜 와중에도 푸짐한 아침 식사를 마쳐야 했다. 이후 8시경에 트란잘<sup>Transall</sup> 수송기를 타고 카불을 향해 출발했다.

트란잘기는 독일 연방군의 수송기다. 우리 파견단에게 이 비행은 무척 인상적인 경험이었다. 엄청나게 큰 후미 덮개문을 거쳐 비행기의 어두운 내부로 들어가는 구조로, 양쪽 벽에는 긴 의자 역할을 하는 장치가 걸려 있었다. 안전벨트가 몇 중으로 되어 있어 자리는 불편했지만 안전했다. 이렇게 우리는 트란잘기의 양쪽 벽면에 길게 앉은 채 비행했다. 이 거대한 수송기 가운데에는 상자가 있었는데 그 속에는 식료품, 음료수, 약품, 공구 등 카불에 주둔한 독일 야전부대에 전달할 보급품이 실려 있었다. 우리가 앉은 자리에는 창문이 없었기 때문에 바깥 풍경을 내려다볼 수 없었다. 비행고도에 오른 후 나는 조종실의 작은 의자에 앉아 기장의 어깨 너머로 경치를 내려다볼 기회를 얻었다. 눈앞에 환상적인 산악 경관이 펼쳐졌다. 시선이 닿는 데까지 야생의 기괴하고 험준한 형상이 이어졌다. 이 아름다운 곳에서 지난 수십 년간 피비린내 나는 전쟁이 벌어졌다는 사실이 믿기지 않았다. 그렇게 우리는 힌두쿠시산맥 위를 날아갔다.

현지 시각으로 9시쯤 카불공항에 착륙했다. 군용 수송기와 최소의 민간 여객기만 이용할 수 있도록 임시로 만들어진 곳이었다. 아프가니스탄 임시행정부 수반이자 이후 대통령이 된 하미드 카르자이와 외무장관 그리고 행정부의 여러 공직자가 활주로에서 우리를 기다리고 있었다. 일반적인 국빈 방문처럼 이들은 군사적 예의를 갖춰 공식 환영을 준비했다.

"내가 경험한 것 중 가장 가슴 뭉클한 환영식이었다."
카불에 도착한 슈뢰더 총리. 아프가니스탄 임시행정부 수반이던 하미드 카르자이에게서 군사적
예의를 갖춘 공식 환영을 받았다.

---

국기, 레드 카펫, 아프가니스탄 국가와 독일 국가를 모두 연주한 군악대
등 하나도 빠뜨린 것이 없었다. 모든 것이 아직 완벽하지는 않았지만 내
가 경험한 것 중 가장 가슴 뭉클한 환영식이었다. 차츰 형태를 갖추어가
는 국가의 열정이 느껴졌다.

환영식이 끝난 후 우리는 독일 연방군의 무장차량을 타고 국제안보
지원군ISAF 소속 독일-네덜란드-오스트리아-덴마크군 야전부대로 이
동했다. 입구부터 광활하게 펼쳐진 지역의 일부가 독일 야전부대였다.

국제안보지원군 사령관 카를-후베르투스 폰 부틀러Carl-Hubertus von Butler 여단장이 우리를 환영했다. 그는 카불 시내와 인근의 안보 상황을 보고한 후 우리를 야전부대로 안내했다. 전쟁으로 피폐한 이 나라의 상황과 대조적으로 이 막사는 아주 잘 정돈되어 있었고 거의 완벽하다는 인상을 주었다. 독일 연방군은 부족한 자재를 최대한 이용해서 군인들에게 그럴싸한 거처를 제공했다. 깨끗한 숙소와 세탁소뿐만 아니라 저녁 시간을 함께 보낼 수 있는 휴식 막사도 있었다. 야전 병원도 아주 인상적이었다. 전형적인 독일의 지역 종합병원 수준으로, 간단한 치료부터 복잡한 수술에 이르기까지 놀라운 규모의 의료서비스를 제공했다. 독일 연방군이 이곳에 만들어놓은 것은 전체적으로 모범이 될 만한 축소된 세상이었다. 이 야전부대의 조직이나 장비는 외국 군인들뿐만 아니라 아프가니스탄 국민들도 독일 연방군의 수준을 높이 평가하는 계기가 되었다. 한 예로 독일 야전부대에 훌륭한 병원이 있다는 소문이 돌자, 아프가니스탄의 부모들이 아픈 자식의 병을 고쳐줄 거라는 기대를 품고 독일 부대 앞에 아이를 두고 가는 일도 종종 있었다고 한다. 당연히 위생병과 군의관들은 이들 어린이들을 보살피고 치료한 뒤 가족에게 돌려보냈다.

이후 나는 유엔 파견단 단장 라히다르 브라히미Lakhdar Brahimi와 파키스탄 임시행정부 직원들과 이야기를 나눴는데, 이들은 내게 독일의 아낌없는 노력과 젊은 군인들을 칭찬했다. 이곳뿐만 아니라 다른 나라를 방문했을 때도 독일 군인의 이미지가 매우 긍정적으로 바뀌었다는 것을 확인할 수 있었다. 마침내 과거 독일의 군사적 전통과는 완전히 결별한 것이다.

이 아프가니스탄 방문에서 특히 두 가지 사업이 기억에 남았다. 하나는 독일이 자금을 대서 민간 지뢰제거 기업을 지원하는 사업이었다. 우리는 독일인 전문가가 아프가니스탄인에게 지뢰의 위치를 찾고 파괴하는 방법을 가르쳐주는 현장을 참관했다. 이 나라에서는 지뢰 수천수만 개가 주민들의 목숨을 위협하고 있었다. 카불 주민들이 다시 일상으로 돌아가려면 그전에 반드시 지뢰를 찾아 제거하는 일이 수행되어야 했다.

다른 하나는 독일이 지원한 여학교 사업으로, 자말미나여학교Jamal Mina Girls School를 후원하는 일이었다. 교실과 수업 도구는 내가 1950년에 다닌 초등학교 시설보다 더 초라했다. 하지만 학생들은 내가 어린 시절에 함께 공부한 여학생들을 훨씬 뛰어넘는 열정을 보여주었다. 드디어 금지나 폭력 없이 공부할 수 있는 안전한 교실이 생긴 것에 이들이 얼마나 고마워하는지 온전히 느낄 수 있었다. 이와 더불어 탈레반의 지배를 종식시키는 데 기여하기로 한 우리의 결정이 얼마나 의미 있고 옳았는지 확인할 수 있었다.

미래에 대한 희망을 심어준 사업을 두 가지만 더 언급하고 싶다. 하나는 아프가니스탄 문화정보부장관과 독일 도이체벨레 방송사 사장 베터만이 미디어 분야에서 협력하기로 합의한 것이다. 앞으로 도이체벨레의 정치 관련 방송을 아프가니스탄 텔레비전에서도 방영하기로 협의했다. 또 하나는 전통적으로 축구를 좋아하는 아프가니스탄인들에게 큰 사랑을 받고 있는, 독일의 전설적인 축구선수 베켄바우어가 이번 방문에 함께 왔다는 점이다. 그는 작게나마 아프가니스탄인들에게 희망을 줄 수 있을지 모른다고 생각하고, 함께 가자는 내 제안을 즉석에서 수락했다. 그는 교육부장관을 비롯해 아직 설립 중인 축구협회 대표, 올림픽위원회 대표들과 스포츠 관련 문제들에 관해 논의했다. 그의 경험과 제안은 이들에게 유용했고, 그들은 감사히 받아들였다. 행사를 마치고 카불의 아

"이곳 학생들은 내가 어린 시절에 함께 공부한 여학생들을 훨씬 뛰어넘는 열정을 보여주었다."
자말미나여학교를 방문하여.

마니Amani 학교 청소년 축구팀과의 짧은 시합도 빼놓지 않았다.

아프가니스탄 방문은 나에게 큰 감동을 남겼다. 나는 평화를 갈망하고 안전이 보장되는 사회에서 스스로 자기 인생을 만들어나가는 한 민족을 만났다. 하지만 이들에게는 도움이 절실히 필요했다. 그 때문에 우리의 적극적인 지원에 고마워했고, 평화로 가는 길을 안전하게 지켜줄 군인들에게 특히 감사했다. 이번 방문으로 우리의 지원이 앞으로 여러 해 동안 지속되어야 한다는 것이 그 어느 때보다 분명해졌다.

# 새로운 시나리오를 구상하는 미국

미국도 상황을 우리와 비슷하게 바라볼 것이라고 생각한 기대는 2002년 1월 29일 부시 대통령 연설로 여지없이 무너졌다. 그는 이 연설에서 거의 성서에나 나올 법한 언어로 이라크, 이란 그리고 북한을 '악의 축'이라고 부르며 이들에 대한 군사 공격을 예고했다. 연방정부의 안보 내각에서는 즉시 이 선언이 종교적 근본주의에 기반을 둔 테러리즘에 대한 저항과는 다른 차원의 충돌을 공표하는 것이라고 의견을 모았다. 우리는 9·11 테러와 알카에다의 관련성을 찾으려고 했지만 찾을 수 없었다. 그즈음 신보수주의자들이 전략실에서 꾸며낸 '불량국가'가 세계 무대에 등장했는데, 실제인지 소문인지는 확인되지 않았지만 대량살상무기 제조 프로그램을 국가적으로 시행한다는 것이었다.

부시의 연설 이후 나는 '독일은 모험에 참여하지 않을 것'이고 미국도 모험을 하지 않기를 기대한다는 논평을 내며, 국내에서 반대 여론을 형성해보려고 노력했다. 이 논평은 아주 진지한 것이었다. 누구보다 독일 국민을 향한 발언이었지만, 반드시 그런 것만은 아니었다. 2002년 2월 뮌헨에서 개최된 안보회의에서 우리는 미국 대표단으로부터 매우 혼란스러운 신호를 받았다. 이때 처음으로 미국 정부가 구상하는 제2단계 반테러 전쟁의 윤곽이 드러났다.

부시 행정부의 흑기사 중 한 명으로, 영향력 있는 존 매케인<sup>John McCain</sup> 상원의원의 지지를 등에 업은 폴 월포위츠 국방부차관은 미국이 테러와의 전쟁에서 앞으로 동맹국의 찬성 여부와 무관하게 행동할 것임을 회의에 참가한 유럽 국가들에 분명히 전했다. 이어서 아프가니스탄에서의 군사적 성공을 지나치게 과대평가하면서 동맹 자체는 아무런 가치가 없으며, 앞으로는 임무가 필요할 때마다 적절하게 즉석 동맹을 결성할 것이라고 조금도 숨김없이 통보했다. 위급한 상황에서는 독단적으로 행동하겠다는 것이었다. 당시 뮌헨 안보회의에서는 누구도 이것이 미국이 계획하는 이라크 전쟁 시나리오를 명확히 기술한 것이라는 사실을 알아채지 못했다.

2002년 1월 31일 나는 불편한 마음으로 워싱턴을 잠깐 방문해서 부시 대통령과 상황을 논의했다. 당연히 대화 내용은 주로 미국의 새 전략에 관한 것이었다. 나는 미국 대통령에게 이라크에도 아프가니스탄과 동일한 조건에서만 동참한다는 뜻을 명확히 밝혔다. 즉, 테러리스트에게 은신처를 제공하거나, 비호하거나, 기타 여러 방법으로 혜택을 제공하는 그 어떤 나라도 무사하지 못할 것이라고 밝힌 유엔 안전보장이사회의 결의 내용에 따라 행동하는 경우에 한해서다. 반드시 여기에 해당될 때만 미국 편에 설 것이라고 못 박았다. 부시 대통령은 이 문제에 대해 결정된 것은 없으며, 어떤 결정을 내리더라도 동맹국들과 당연히 사전에 상의할 것이라고 약속했다.

하지만 독일로 돌아오면서 미국의 상황이 어떻게 변할지 내심 불안했다. 미국은 9월 11일 이후 국제사회에 직접 보호를 요청했을 때와는 심리적 상황이 분명히 바뀌어 있었다. 우리가 잠정적으로 분석한 바에 따르면, 미국은 첫 아프가니스탄 공격에서 성공을 거두고 파키스탄과 동맹 관계가 확고하다는 사실을 확인한 상태였기 때문에 정치적·군사적 행위능력을 다시금 완전히 획득했다고 믿는 것 같았다.

2002년 5월 말에 부시 대통령이 베를린을 방문했다. 미국에 대한 동정심이 얼마나 달라졌는지는 이때 이미 감지되었다. 2001년 9월 11일 이후 함께 슬픔을 나누며 베를린에서 대규모 연대시위에 참가한 지 1년도 채 지나지 않았지만 미국이 새로운 방향으로 나아가려는 징후를 보이자 격렬한 시위가 일어났다. 수십만 명이 부시 대통령 방문에 반대하는 다양한 시위에 참여했다. 우리는 보안등급을 최고 수준으로 시행하지 않을 수 없었다. 베를린의 절반이 차단되었다. 하지만 국민의 마음을 미국 대통령에게 유리하게 바꾸는 데에는 아무런 도움이 되지 않았다.

부시 대통령은 연방하원에서 너무나도 온건한 연설을 해서 다시 한 번 우리를 놀라게 했다. 나와 면담할 때도 그는 전쟁을 위한 준비 작업을 시작했다는 아무런 낌새도 보이지 않았다. 나는 테러와의 전쟁에서 독일 정부가 '무한 연대'할 것이라는 기존 견지에 여전히 변함이 없다고 강조했다. 과거 아프가니스탄처럼 이라크가 실제로 알카에다 전사들의 보호처와 피난처로 증명될 경우 독일도 미국 편에 설 것이라고 전했다. 물론 현재로서는 아무런 증거도 나오지 않았다. 나는 미국에 정보기관의 긴밀한 협조를 약속했다. 그 때문인지 부시 대통령이 이라크와의 분명한 대립 노선을 다시 철회했다는 인상을 받았다.

테러와의 전쟁에서 굴복하지 않겠다는 우리의 분명한 의지는 튀니지의 제르바섬에서 발생한 끔찍한 테러로 다시 한 번 비참하게 확인되었다. 2002년 4월 12일에 한 자살폭탄 테러범이 알 그리바Al-Ghriba 유대인 교회 앞에서 유조 트럭을 폭파시켰다. 관광객 19명이 사망했고, 그중 14명이 독일인이었다. 폭발 당시 교회 안에 있던 43명 중에서 13명만 부상을 당하지 않았다. 다른 사람들은 사망했거나 심한 화상을 입고 제르바의 병원으로 이송되었다. 이로써 독일도 테러에서 자유롭지 못한 상황이 되었다.

"하지만 그 후 부시 대통령은 연방하원에서 너무나도 온건한 연설을 해서 다시 한 번 우리를 놀라게 했다."

연방하원에서 연설하는 미국 부시 대통령. 맨 앞줄에 최고 헌법기관 대표자들이 자리하고 있다 (왼쪽부터 클라우스 보베라이트, 볼프강 티어제, 요하네스 라우, 게르하르트 슈뢰더, 한스-위르겐 파피어).

# 부시의 절대주의적 믿음

부시 대통령이 베를린을 방문한 마지막 날, 총리청에서 미국 대표들과 함께 매우 편한 분위기에서 점심 식사를 했다. 물론 업무상의 오찬이었지만 정치적 주제는 거론되지 않았다. 늘 그렇듯이 축구 얘기가 나왔고, 부시 대통령은 독일 국가대표팀의 전력을 물었다. 나는 별로 기대할 정도는 아니라고 대답했지만, 이후 독일팀이 브라질과 결승까지 올라감으로써 내 추측은 완전히 빗나갔다.

편안한 분위기였음에도 나를 계속 긴장시키고 의심하게 만드는 무엇이 있었다. 그와 단둘이서 대화하는 내내 그가 얼마나 신을 경외하는지를 느꼈고, 심지어 최고 심판자인 신의 의견이 자신과 일치한다고 믿는 듯한 느낌을 받았다. 그가 방문한 내내 나는 이런 느낌을 떨치지 못했다. 나는 신앙심이 깊고 기도로 신과 대화하며 인생을 꾸려나가는 사람들을 충분히 이해할 수 있다. 그러나 어떤 정치적 결정이 신과 대화한 결과라는 인상을 주게 된다면 그것은 문제가 있다고 생각한다. 정치적 결정을 이런 식으로 정당화하는 사람은 다른 사람과 의견을 조율하는 과정에서 한번 내린 결정을 변경하는 건 물론이고 조정하는 것조차 허용하지 않는다. 이것을 허용하는 일이 곧 기도로 신에게서 부여받은 임무를 거역하는 것이 되기 때문이다.

이 면담에서뿐만 아니라 일반 대중 앞에서 발언할 때도 나는 그의 이런 절대주의적 믿음 때문에 미국과 부시 대통령에게 개인적으로 애정이 있음에도 정치적 의구심이 강하게 들었다. 나는 부시 대통령을 국제회의에서 자주 보아왔다. 그가 보수주의자인 것은 분명하다. 하지만 미국 내 신보수주의 방식의 열성론자라는 느낌을 받은 적은 없었다. 미국에서는 신보수주의 지식인과 기독교 근본주의자의 동맹이 미국과 그 대통령의 정책에 상당한 영향을 미치는데, 이는 전 세계는 물론이고 미국에도 문제가 된다. 이러한 미국의 구조적 문제를 간과하고 서구 언론이 부시 대통령 개인만을 악마화한다면 이는 정치적 동맹에 대한 중요한 비판적 논의를 엉뚱한 방향으로 이끌 우려가 있다.

나는 세속화, 즉 국가와 종교가 분리된 것이 문명의 대단한 진보라고 생각한다. 또 대부분 이슬람 국가에서 종교의 사회적 의미와 법질서의 세속적 성격이 서로 명확하게 구분되지 않는다는 비판도 일리가 있다고 본다. 하지만 우리는 미국에서 기독교 근본주의자들과 이들의 성서 해석에도 그와 유사한 경향이 있다는 사실은 쉽게 받아들이지 못한다. 만약 양쪽 모두 자신의 진실만이 유일한 진실이라고 주장한다면 평화적 해결책을 찾을 길은 어디에도 없을 것이다.

Wir haben gewollt, den Krieg zu verhindern. Bis zur letzten Minute. Ich bin sicher: Es hätte einen anderen Weg zur Entwaffnung des Diktators gegeben, den Weg der Vereinten Nationen.

우리는 전쟁을 막으려고 했습니다. 최후의 순간까지 노력했습니다. 독재자의 무장을 해제할 수 있는 다른 방법이 있었다고 저는 확신합니다. 그것은 유엔입니다.

# 평화를
# 위한
# 용기

5

Mut zum
Frieden

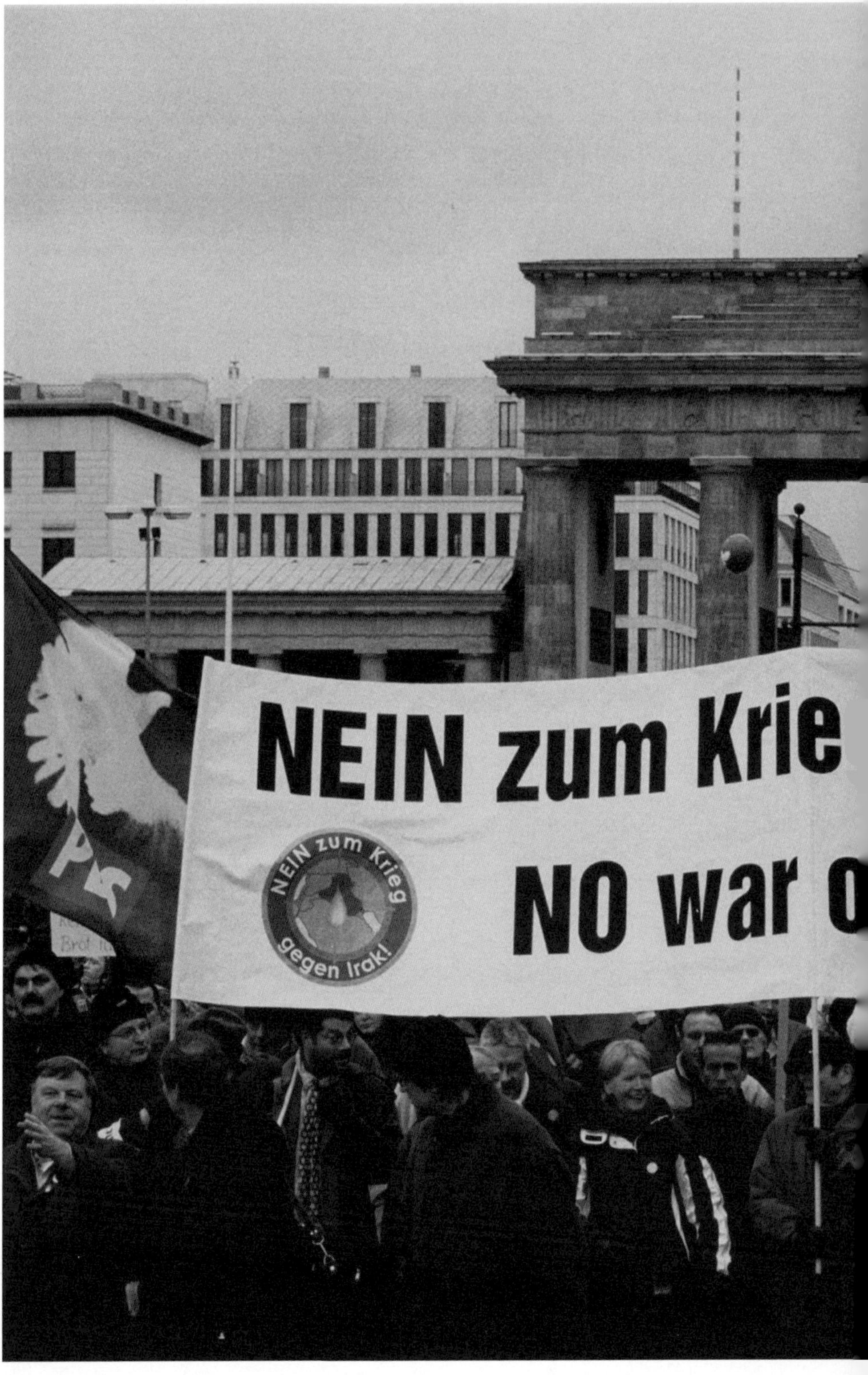
NEIN zum Krie
NO war o
NEIN zum Krieg
gegen Irak!

"2003년 2월 15일 전 세계
에서 수백만 명이 전쟁 발
발 가능성에 위협을 느끼
며 시위를 벌였다. 50만 명
이나 되는 군중이 베를린
6·17 거리에 모여 있던 그
장면은 아직도 내 눈에 선
하다."

———————————————

2002년 5월부터 9월까지 미국이 이라크에 개입할 가능성을 배제하지 않았다는 여러 정황이 드러났다. 언론에서 연일 보도되는 사건들의 진행 상황만 봐도 미국과 동맹국들이 이라크와 전쟁을 시작할 거라고 충분히 짐작할 수 있었다. 하지만 독일이 이 전쟁에 반대하면서 불거진 상황, 이른바 미국의 심리적 상황이나 국내의 정치적 분위기 그리고 외교적 압력은 전혀 체감할 수 없었다. 게다가 나로서는 우리의 전쟁 반대 의사가 미국과 거리를 더 벌려놓거나 아예 단절할 수 있다는 의구심을 해결해야 했다.

전쟁에 반대하는 이유를 나는 2002년 8월 1일 열린 사민당 최고위원회 회의 이후 처음으로 성명서로 발표했다. 동시에 나는 EU 내에서도 반대론자들이 목소리를 높이고 있음을 계속 염두에 두어야 했다. 그들은 독일의 전쟁 반대 태도 때문에 EU가 분열될 수도 있으며, 그 책임은 당연히 전쟁 반대자인 독일이 져야 한다며 여론을 몰아갔다.

영국의 블레어 총리는 애초에 무조건 미국 편에 서겠다는 견해를 밝혔다. 그가 이런 결정을 내린 동기에 대해 서로 이야기한 적은 없다. 분명한 사실은 그가 이라크 정권에 외부적으로 압력을 넣어 전쟁을 치르지 않고도 향후 맺어질 전쟁 동맹의 정치적 목표를 달성하겠다는 의도를 가지고 있다는 점이었다. 블레어 총리에게는 미국과 영국의 특수 관계가 우선이었다. 하지만 나는 그가 영국 국내 정치에서 나름의 정치 셈법을 갖고 움직였을 것으로 풀이한다. 그는 마거릿 대처Margaret Thatcher 총리와 레이건 대통령 시절에 확실하게 토리당이 쥐고 있었던 영국 보수당의 동맹국에 대한 권력을 이 기회에 자신이 속한 노동당으로 가져와야 한다는 목표를 가지고 있었을 것이다. 결국 그는 스스로 정치적 노선의 포로가 되어 괴테의 작품에 나오는 마술 부리는 견습생 역할을 해야 하는 처지에 놓였다.

도덕적으로 확실한 소신을 가지고 있고 전쟁 옹호론자와도 거리가 먼 이 영국 총리는 결국 자신의 적극적인 노력에 대해 개인적으로 값비싼 대가를 치러야 했고, 지금도 치르고 있다. 그는 전후 영국의 비중 있는 총리 가운데 한 사람임에는 틀림없다. 이라크 문제에 대한 견해 차이에도 불구하고 대중이 느끼는 것과 달리 우리와 우호적인 관계는 한순간도 흐트러진 일이 없었다.

한편 미국이 내세운 전쟁에 대한 명분이 계속 바뀌는데도 이탈리아의 실비오 베를루스코니Silvio Berlusconi 총리와 스페인의 호세 마리아 아스나르José María Aznar 총리가 계속 미국의 이라크 정책을 지지하고 나서자 EU 내부에도 불화가 깊어졌다. 흥미로운 점은 독일의 야당, 즉 기민-기사당이 이 문제에 대처하는 방식이었다. 기민당 대표는 내가 미국을 방문하기 전인 2003년 2월 20일에도《워싱턴포스트》에 독일의 외교정책에 대한 공격을 이어갔다. "슈뢰더 총리가 모든 독일인의 의견을 대변하는 것은 아니다"라는 이 기사는 최후의 수단으로 무력이 사용될 수도 있다고 주장했다. 무력을 사용하지 않을 경우 독재자에 대한 압박이 느슨해지고, 그렇게 되면 전쟁 발발 가능성을 낮추는 것이 아니라 오히려 상승시킨다는 것이었다.

더욱 놀라운 사실은 이토록 감정이 격해진 상황에서 아무도 독일이 전 세계적인 테러와의 전쟁과 평화를 위한 노력에서 미국 다음으로 최대 인원의 군인을 파병했다는 사실을 제대로 평가하지 않았다는 점이다. 참고로 8,000명이 넘는 독일군이 해외파병되어 임무를 수행하고 있었다. 그뿐만 아니라 2001년 11월 16일 연방하원에서 우리 당과 녹색당 원내교섭단체 과반수의 동의를 얻기 위해 독일이 '항구적 자유 작전'에 참여하는 문제를 내 신임 문제와 연계해 나 개인의 정치적 생명까지 함께 내걸었다는 사실을 아무도 기억하지 않았다.

표결 당시를 떠올려보면 2001년 가을 무렵 독일이 미국과 어떤 감정적 교감을 가지고 있었는지가 분명해진다. 나는 독일에서 반테러동맹 참여를 이끌어내기 위해 어떤 일이라도 할 각오였고, 미국은 전 세계에서 절대적인 지지를 받고 있었다. 당시 유럽에서 나와 한 번이라도 면담해본 사람이라면 지금이 군사행동으로 발전할 수 있는 상황임을 잘 알고 있었다. 실제로도 이 같은 상황이 아프가니스탄에서 현실화되었다. 즉 당시 상황에서는 미국과 유럽 사이에 돈독한 동의가 있었다.

그 때문에 부시 대통령이 2002년 5월 독일을 방문해서 다음과 같이 말했을 때도 그를 불신할 이유가 전혀 없었다. "결정된 것은 없습니다. 결재된 것도 없고, 결정이 내려지기 전에 당연히 상의를 할 것입니다." 앞서 언급한 것처럼 베를린 총리청에서 미국 대표단과 함께 식사한 이후에 우리는 미국 정부가 새로운 고민에 빠져 있다는 인상을 받았는데, 여기에는 콜린 파월 미국 국무장관이 (최소한 한동안은) 상당한 영향력을 행사

2002년 4월 29일 요슈카 피셔 외무장관이 미국 워싱턴에서 콜린 파월 국무장관을 만나고 있다.

했던 것으로 보인다. 피셔 외무장관은 당시 파월 국무장관과 관계를 지속적으로 유지하고 있었다.

미국 내에서 진행되는 논의 상황을 살펴볼 때 2002년 상반기에는 이라크 전쟁에 대해 우리가 공식 견해를 밝힐 이유가 없었다. 미국인들은 이라크가 대량살상무기를 보유하고 있다는 것이 단순히 추측이 아니라고 보았다. 하지만 우리는 사찰단을 꾸려 이라크에서 무기를 찾고 있는 노련한 스웨덴인 사찰단장 한스 블릭스Hans Blix를 신뢰했으며, 그가 유엔 안전보장이사회에 제출할 보고서를 기다리고 있었다. 보고서 제출 이후에 결정을 내리는 게 옳다고 보았기 때문이다.

그러나 부시 대통령이 독일을 방문한 이후 미국이 어떤 이유로든 무조건 이라크와 전쟁을 치르겠다는 인상을 받았다. 그래서 나는 2002년 8월 1일 개최된 사민당 최고위원회 회의에서 지금까지 얻은 정보만으로는 이라크에 개입하는 것이 합리화될 수 없다고 분명히 밝혔다. 나의 견해 표명을 두고 야당과 특히 호전적인 성향의 몇몇 언론은 내가 이라크 전쟁을 선거전에 이용하려 한다며 황당하다는 반응을 보였다. 나로서는 도저히 이해할 수 없는 일이었다. 인간을 동요시키는 이런 이슈에 대해 견해를 명확히 밝히지 않고 어찌 선거전을 치를 수 있단 말인가? 더군다나 미국 체니 부통령이 2002년 8월 26일 테네시주 내슈빌에서 참전용사들에게 한 선동적인 연설을 듣고 나서는 더더욱 이런 견해를 표명하지 않을 수 없었다.

이 연설문에는 미국의 의도가 모두 담겨 있었다. 이른바 곧 다가올 군사 개입을 설명하기 위해 교묘하게 짜 맞춘 전단이자 제대로 준비된 선동 작업으로, 체니 부통령 말대로 바보나 겁쟁이가 아니라면 '아직 전쟁을 피할 수 있는 상황'이라고 보기 어려웠다. 다행히 더는 알카에다 은신처가 이라크에 있다고 주장하지 않았다. 그 대신 이제는 60개 이상의 나라에 테러 지하세계가 뻗쳐 있으며, 이들을 진압하려면 외교, 자금, 정보국, 수사기관 그리고 군사라는 수단이 최대한 필요하다고 주장했다. 그러고 나서 기필코 미국의 적을 찾아내어 처단하겠다면서 이런 충돌이 발생하게 된 이유, 즉 빈 라덴을 맨 마지막에 언급했다. "그가 아직 살아 있으면 우리가 그를 손에 넣을 것이고, 그가 이미 죽었으면 우리는 벌써 그를 손에 넣은 것입니다." 그는 부시 대통령의 표현을 인용해 말했다.

빈 라덴은 특수부대의 공격을 잘 피해갔다. 미국 중앙정보국CIA 본부는 전투 영역을 바꾸어 이제부터는 후세인을 체니 부통령의 표현대로 '최대의 적'으로 천명할 것을 제안했다. 우리에게 전쟁의 명분을 설명하

"체니 부통령은 어떤 실수에 대해서도 책임지지 않았다. 아니면 의도적인 속임수였던 것일까?"
2002년 8월 26일 미국 테네시주 내슈빌에서 참전용사들에게 선동적인 연설을 하고 있는 미국 체니 부통령.

기 위해 그는 단순한 추측을 확신으로 만들었다. 내슈빌에서 그가 한 연설을 잠깐 살펴보자.

우리는 지금 후세인이 다시 핵무기 제조에 착수했다는 사실을 알고 있습니다. 여러 경로로 입수되었지만 특히 망명자들에게서 직접 이 정보를 얻었습니다. …… 또한 후세인은 생화학무기 제조와 관련된 적극적인 노력을 은폐할 수 있는 교묘한 프로그램을 고안해냈습니다. …… 그의 이런 모든 탐욕적인 목적이 실현된다면 이는 중동 지역, 미국 그리고 세계 평화에 엄청난 영향을 미치게 될 것입니다. 즉 모든 대량살상무기가 독재자의 손아귀에 들어가게 될 것입니다. 그는 이미 이 무기를 사용해 성능을 검증해보았고, 이란과 전쟁에서뿐만 아니라 심지어 자국민을 향해서도 이를 사용하도록 명령했던 독재자입니다. 후세인이 테러에 사용될 수 있는 이런 무기고를 갖추고 전 세계 석유 매장량의 10% 이상을 지배하게 된다면 전체 중동 국가에 대한 지배권을 요구할 것이고, 전 세계 에너지 보유고의 상당 부분을 통제하려 할 것이며, 전 세계의 미국 우방국을 위협하고, 미국과 여러 나라를 핵으로 협박할 것입니다. 다시 한 번 말하지만 지금 후세인이 대량살상무기를 보유하고 있는 것은 분명합니다.

결국 아무것도 행동하지 않을 경우 발생할 위험이 무언가를 해서 발생하는 위험보다 훨씬 더 크다는 것이다. 그러고 나서 체니 부통령은 이라크 전쟁에 반대하는 비판적인 주장에 대해 짧게 논박하고, 전쟁 명분으로 유일하게 남은 '정권 교체'를 처음으로 언급했다. 이라크에서 정권이 교체되어야 하는 이유를 그는 이렇게 설명했다.

사담 후세인에게 저항하는 것이 오히려 이 지역에 더 큰 문제를 야기하고, 광범위한 대테러전쟁을 방해할 수 있다는 주장도 있습니다. 제 생각은 정반대입니다. 이라크에서 정권이 교체되면 이 지역은 여러 가지 이득을 보게 될 것입니다. 중대한 위협이 제거되면 이 지역의 자유 수호자들은 지속적인 평화를 가져올 수 있는 가치를 육성할 기회를 갖게 될 것입니다. 중동 지역 전문가 푸아드 아자미Fouad Ajami 교수에게 아랍인들이 거리에서 어떤 반응을 보일지 물어본 바에 따르면, 해방된 이후 바스라와 바그다드 거리에서 과거 카불의 군중처럼 기쁨의 눈물을 흘리고 미군을 환호하게 될 것이라고 했습니다!

어쩌면 이렇게 제대로 헛다리를 짚을 수 있을까! 체니 부통령은 이 말실수 가운데 그 어떤 것에 대해서도 책임지지 않았다. 아니면 의도적인 속임수였던 것일까?

나로 하여금 경각심을 일깨운 마지막 장면은 2002년 9월 12일 부시 대통령이 유엔 총회에서 한 연설이었다. 최종적 확신은 드러나지 않았지만 미국이 이라크 침공을 적어도 고려하고 있다는 징조는 확실히 윤곽을 드러냈다. 부시 대통령은 이라크 침공이야말로 우리 모두에 대한 도전임을 시사하면서, 이라크 정부가 계속 속임수로 이 사건에서 빠져나가려 한다면 전 세계가 이라크에 단호하게 해명을 요구해야 한다고 했다. 유엔 안전보장이사회와 함께 결의서를 채택하는 일이 무엇보다 시급하며, 미국의 의도에 어떤 의심도 가져서는 안 된다고 했다. 즉 유엔 안전보장이사회의 결의서는 이행되어야 하고, 평화와 안보를 수호하려는 정당한 요구에는 응해야 하며, 그렇지 않을 경우 이라크 공격은 피할 수 없다는 것이었다. 블릭스가 이끄는 무기사찰단은 점점 그 의미를 잃어갔다.

외교 및 안보 정책가와 연방총리청 총괄수석이 참석한 정례회의에서도 그리고 피셔 외무장관과 대화에서도 블릭스 사찰단장이 분석한 보고에 대한 논의는 계속되었다. 결론은 분명했다. 유엔 무기사찰단은 미국 행정부 일각에서 냉정하고 고집스럽게 그 존재를 주장해온 대량살상무기의 흔적을 끝내 찾아내지 못했다. 그 과정에서 블릭스 사찰단장이 똑같이 보여준 냉정하고 고집스러운 자세는 지금 생각해도 존경스러울 따름이다.

## 이라크 전쟁은 올바른 선택지가 아니다

진실을 밝혀내려고 했지만 어처구니없이 밀려난 블릭스 유엔 사찰단장은 이후 펴낸 책에서 자신이 경험한 사실을 기술했다. 비평가들까지 뛰어나다고 표현한 그의 분석을 보면 대규모로 기획된 전쟁 선동 작업이 어떻게 연출되었는지가 드러난다. 실제로도 그의 말이 옳았다. 이라크가 대량살상무기를 보유하고 있다는 주장을 일컬어 이라크에 대한 '모든 오판의 어머니'라고 부른 그는 이 책에서 자신의 주장을 증명하는 데 성공했다. 다만 유엔 사찰단장이 알아낸 사실이 미국 행정부가 이라크에 대해 그리고 싶어 했던 그림과 확실히 들어맞지 않았던 게 문제였을 뿐이다.

애초에 코피 아난Kofi Annan 유엔 사무총장의 의견과 내 의견이 일치한 것은 분명했다. 아난 총장은 2002년 2월 독일 연방하원 연설에서 거의 전적으로 아프가니스탄 문제만을 다루었다. 그에게도 아프가니스탄의 변화는 하나의 모델이었지만, 미국이 이라크를 침공하려는 명분으로 이용한 시각과는 전혀 다른 것이었다. 아난 총장은 위기에 처한 아프가니스탄이라는 나라를 위해 장기적으로 활동할 것을, 그리고 너무 일찍 철수하지 말 것을 촉구했다. 그에게 아프가니스탄은 '지속적인 평화'를 위한 하나의 예시이며, '지속적인 발전'이라는 장기 전략과 함께 기대를 거는 일이었다. 그는 정치적인 근시안을 경고했고, 장기적인 안정화 대책도 없이 갈등의 불씨를 너무나 빨리 자신들에게 다시 떠넘겨버린 과거의 실수에 대해서도 경고했다. 그러면서 '전략이 없이는 출구가 없다'는 원칙을 마음에 새겨야 한다고 했다. 우리도 똑같이 우려한바, 아난 총장은 미국의 전략 변경으로 아프가니스탄이 홀로 내버려질 수 있다고 예언했다. 이라크 전쟁에 투입하기 위해 아프가니스탄에서 너무 일찍 군대를 철수한 조치는 아난 총장이 경고한 실수를 반복하는 것이었다. 아울러 탈레반 전사들이 아프가니스탄에서 다시 군비를 갖추는 모습은 이에 대한 보복이나 다름없었다.

아난 총장의 메시지는 독일에 충분히 전달되었다. 독일 연방정부는 EU 외무장관들과의 면담이나 미국과의 대화 그리고 유럽이사회에서의 토론에서 군사적 해결책에만 의존하지 말라고 반복해서 촉구했다. 테러의 씨앗을 뿌리 뽑으려면 테러 원인을 찾아야 하고, 테러리스트들에게 테러의 정당성까지는 아니지만 자신의 폭력을 정당화하는 근거를 마련해주는 빈부 갈등을 완화해나가야 한다. 장기적으로 보면 개입보다는 예방이 적절한 해법이었다.

부시 대통령은 2003년 1월 28일 연례 국정연설에서, 파월 국무장관이 2월 5일 유엔 안전보장이사회에서 이라크의 무장과 테러 연계에 대해 정보부가 알아낸 정보를 공개할 것이라고 밝혔다. 부시 대통령은 이라크 정권에 대한 투쟁을 정당한 일이라고 보는 데 일말의 의심도 내비치지 않았다. 그는 후세인이 몰락하는 날이 곧 해방의 날이라면서, 미국의 정치는 "다른 자들의 결정에 좌지우지되지 않는다"라고 덧붙였다.

부시 대통령의 연설을 듣고 나는 파월 국무장관이 2월 5일 정보를 공개한다는 데에 환영한다는 견해를 밝혔다. 물론 무슨 얘기가 나올지는 전혀 모르는 상황이었다. 아마도 대량살상무기의 존재에 대한 정보일 것으로 짐작되었다. 새로운 사실을 알게 되면 사찰단의 작업도 쉬워질 테고, 유엔 안전보장이사회에서 독일의 태도를 결정하는 일이 수월해질 것이기 때문에 이 내용은 매우 중요했다. 예정된 2003년 2월 5일에 파월 국무장관은 안전보장이사회에서 (나중에 밝혀진 사실이지만) 어설프게 꾸며낸 증거와 잘못 분석한 위성사진을 제시하며, 이라크에 미사일 발사대와 생물학 무기를 탑재한 탄두가 여러 곳에 숨겨져 있고, 생화학무기를 제조할 수 있는 이동식 실험실까지 갖추고 있다고 발표했다. 그리고 이라크의 첩보기관과 알카에다의 고위급이 접촉한 사실도 알아냈다고 덧붙였다.

일주일 뒤 독일 외무부 고위 관리들로 구성된 소규모 특사가 미국을 방문해 미국 대통령의 안보 자문단에 다시 한 번 독일의 상황을 설명하고, 미국이 전쟁을 포기하도록 설득하려 했다. 여기에 2002년 프라하에서 개최된 나토 회의에서 내가 연설한 내용, 즉 아프가니스탄이 테러와의 전쟁 성공을 평가하는 가늠자가 될 것이라는 내용을 전달하게 했다. 독일 연방정부는 이라크 정부가 국제 테러 조직과 협력했다는 확실한 증거도 없이 전쟁을 시작하는 것은 오히려 역효과를 불러올 수 있다는 견해를 밝혔다. 아울러 독일의 정보국은, 영국과 프랑스 정보국과 마찬가지로 이라크와 알카에다의 직접적인 관련성을 확인할 수 없었다고 전했다. 마지막으로 독일은 군사행동으로 정치적 이익보다는 정치적 희생이 훨씬 더 클 것임을 확신한다고 설명했다. 그 근거로 다음과 같은 사실을 들었다.

- 이라크 영토의 불가침성을 위협한다.
- 중동 지역의 안정을 위협한다. 즉 이란이 더욱 강력해짐에 따라 중동 문제를 해결하기가 더 어려워질 수도 있다. 우리는 로드맵에 기초하여 이스라엘

"파월은 국무장관에서 물러나고 나서 이날이 자기 이력의 '오점'이라고 말한 바 있다."
2003년 2월 5일 UN 안전보장이사회에서 설명하고 있는 미국 국무장관 파월. 그는 탄저균이 들어 있다며 흰 가루가 든 작은 관을 보여주었다.

과 팔레스타인 간의 갈등을 우선 처리하는 방식을 선호한다.
- 테러와의 전쟁은 적어도 10년에서 15년이 걸릴 수 있는 장기간의 싸움으로, 이라크 전쟁으로 전 세계적인 연대가 약화될 것이 우려된다.
- 미국의 정치학자 새뮤얼 헌팅턴Samuel P. Huntington이 이미 2001년 9월 11일 테러 이전에 경고한 내용, 이른바 국제 정치계에 문화 간의 전쟁이 발발할 위험이 있다는 가정이 실현될 수 있다. 즉 서방세계가 일방적으로 이슬람 세계를 공격한다는 인상이 이슬람권 국가에 형성되면 문화 충돌이 발생할 수 있다. 관건은 이슬람권 엘리트와 젊은이들의 감성과 이성에 호소하는 것인데, 이는 전쟁으로 실현할 수 없고 오히려 테러 공격이 증가하는 결과만 가져올 것이다.
- 현재 이라크의 사회적·정치적 상황으로는 민주적이고 자유로운 체제가 빠른 시간 내에 구축되기 어렵다. 이런 시점에 이라크를 군사적으로 공격한다면 그곳의 제도와 구조를 재건하기 위해 매우 오랜 기간에 걸쳐 상당한 재정적·인적 부담이 따를 것이다.
- 독일 연방정부는 미국 부시 대통령이 군사행동을 시작할 경우 미국 국민들의 지지는 물론이고 전쟁에서 승리할 것을 의심하지 않는다. 하지만 미국과 유럽의 국민들이 이라크에 장기 주둔함으로써 발생하게 될 엄청난 재정비용을 수용할 준비가 되어 있는지에 대해서는 상당히 회의적이다. 전쟁은 승자로 우뚝 서기 위한 것이 아니라 평화를 획득하기 위한 것이어야 한다.

정리하면 이렇다. "독일 연방정부는 이런 모든 사항을 정치적으로 고려해보았을 때 이라크에 대한 군사적 공격이 현재로서는 바른 선택지가 아니라는 결론을 얻었다. 이라크의 군비 축소와 무장해제는 유엔 사찰단의 수를 증대하고 체제를 강화함으로써 정치적 리스크와 비용을 현저하게 줄이는 평화적인 방식으로 도달할 수 있으리라 본다."

우리의 견해에 대해 미국 국가안보 보좌관 콘돌리자 라이스<sup>Condoleezza</sup>
Rice와 부보좌관의 답변은 차마 여기에는 옮기지 않겠다. 분명한 것은, 당
시 미국에서는 어떤 정보를 근거로 삼았는지 모르겠지만 우리가 얻은 것
과는 전혀 다른 정치적 상황에 대한 판단이 지배적이었다는 사실이다. 아
니면 그렇게 믿고 싶었거나, 바라고 있었다. 그리고 우리가 내린 판단을
귀담아듣지 않았으며, 앞으로도 그럴 것이라는 사실 역시 분명했다.


## 이라크 전쟁 발발과 미국의 의도

2003년 3월 20일 이라크 전쟁이 시작되었다. 나는 짧은 텔레비전 연설
에서 다시 한 번 독일이 마지막 순간까지 정치적으로 노력해왔음을 알렸
다. "우리는 전쟁을 막으려고 했습니다. 최후의 순간까지 노력했습니다.
독재자의 무장을 해제할 수 있는 다른 방법이 있었다고 저는 확신합니
다. 그것은 유엔입니다. 다행히 상당수 우리 국민과 유엔 안전보장이사
회의 과반수 그리고 전 세계 다수 민족이 제 의견과 다르지 않다는 사실
에 감동하고 있습니다. 미국은 잘못된 결정을 내렸습니다. 전쟁 논리가
평화적 기회를 이겼습니다."

전쟁 발발 소식을 듣고 내가 답변한 내용을 두 문장만 인용해보자. "저
는 독일은 전쟁에 참가하지 않겠다고 확답했습니다. 하지만 독일은 당연
히 나토 동맹국으로서 의무를 다할 것입니다."

이 말은 이 회고록을 집필하고 있는 지금 시점에 독일에서 논쟁이 되
고 있는 '이라크 전쟁 기간에 우리 군대의 협력'이 무엇을 뜻하는지 가장

"독재자의 무장을 해제할 수 있는 다른 방법, 즉 유엔이라는 방법이 있었다고 저는 확신합니다."
2003년 3월 21일 이라크 전쟁 발발 후 텔레비전에서 연설하는 슈뢰더.

잘 보여준다. 이로써 독일은 나토 동맹의 틀 안에서 미국에게 나토 동맹국으로서 항로사용권을 금지하지 않을 것임을 확실히 밝혔다. 마찬가지로 미군 시설과 독일 내 주둔한 미군을 보호하는 일도 당연히 독일이 할 일이었다. 이런 지원 때문에 독일 정부가 결국 직접 전쟁에 참가할 것이라는 말도 안 되는 논쟁이 공공연하게 벌어지기도 했다.

2006년 1월 20일 독일 연방하원에서 독일 정보국의 역할에 대해 토론하면서 당시 외무장관인 프랑크-발터 슈타인마이어는 분명한 어조로 다음과 같이 설명했다(2017년 현재 슈타인마이어는 독일 연방대통령이다―옮긴이).

우리는 이 결정(이라크 전쟁에 불참하기로 한 결정)에 이어 미국과 동맹국에 항로사용권과 항공기 이착륙권을 보장했습니다. 또한 독일 내 미군기지는 물론 미군가족에 대한 보호도 약속했습니다. 병참기지들도 계속 제공하기로 했습니다. 당연히 우리 군의 협조도 중단하지 않았습니다. 이것이 우리의 결정이었습니다. 불분명하지 않았고 이중 잣대도 아니었습니다. 제가 보기에 이는 옳은 결정이었고, 분명했으며, 책임감 있는 결정이었습니다.

여러 의견 차이에도 불구하고 미국이 우리와 동맹국이자 동반자 관계를 유지했다는 사실은 이 결정이 옳았음을 증명해줍니다. 우리 모두의 적은 국제 테러였고 지금도 그러한 탓에 이 결정은 옳았습니다. 이 논쟁에서 우리가 잊지말아야 할 것은 당시 독일 군인이 미국, 프랑스, 영국 그리고 그 밖의 다른 나라 군인들과 함께 아프가니스탄에 주둔했다는 사실입니다. 독일의 해군은 아프리카 최남단을 정찰하고 있었고, 쿠웨이트에는 연방군의 화생방 보호탱크가 주둔하고 있었습니다.

2003년 2월 초에 열린 나토의 전략에 대한 논의도 같은 맥락이었다. 조지 로버트슨George Robertson 나토 사무총장은 대규모 보호조치로 터키에 대한 위협에 대응할 것을 제안했다. 주요 내용은 터키를 테러로부터 보호하기 위해 나토의 공중조기경보기를 이용해 상황을 관찰하고, 패트리어트 미사일 체계를 주둔시키는 것이었다. 나는 이런 구체적인 계획이야말로 전쟁이 불가피하다는 인상을 강화할 수 있어서 좋지 않은 신호라고 보았다. 이런 조치가 시행되면 전쟁으로 가는 다음 단계가 이어질 게 뻔했다. 프랑스와 벨기에도 나와 같은 우려를 가지고 있었다. 결국 전쟁 옹호자들이 바라는 것은 나토를 방어 동맹으로 묶어 전쟁 준비에 참여시키려는 것이었다. 한편 터키는 북이라크에 있는 쿠르드족에 대한 자신들

의 영향력을 강화하기 위해 지금까지와는 반대로 이라크 전쟁에 참전할
수도 있다는 취지의 발언을 했다.

치열한 논의 끝에 우리는 당시로서는 네덜란드와 독일만 보유하고 있
던 최신 패트리어트 미사일을 전적으로 방어 목적으로만 터키에 제공할
의사가 있다고 밝혔다. 나아가 독일 공군은 공중조기경보기를 통한 정
찰 업무를 계속 수행할 것임을 확인해주었다. 이 두 내용은 우리의 원칙
적 견해, 즉 나토 회원국인 터키가 이라크의 공격을 받고 스스로 전투에
참가하지 않을 경우에만 해당되는 것이었다. 이 경우가 아니라면 우리는
즉시 철수하겠다는 사실을 터키 정부에 분명히 적시했다.

미국 측에서, 그리고 얼마 지나지 않아 영국 측에서도 대대적인 언론
플레이가 시작되었다. 내용인즉슨 독일의 정책이 동맹국의 보호를 거부
하는 것이기 때문에 종국엔 나토 붕괴로도 이어질 수 있다는 주장이었다.
독일은 물론이고 전 세계 언론이 이 주장을 덥석 물고 환영하며 나와 우
리 정부를 거세게 공격해왔다. 그럼에도 우리는 태도를 바꾸지 않았다.

독일의 평가와 무관하게 미국이 내세운 전쟁의 명분을 더욱 설득력 있
게 만들어준 것은 미국 내부에서 나온 평가였다. 이 주장은 안보 담당 보
좌관 리처드 클라크Richard A. Clarke한테서 나온 것이라 더욱 그럴싸했다.
그는 클린턴 대통령이 임명하고 부시 대통령 임기 시절에도 같은 자리를
보전했으나, 이후 부시 대통령의 무책임한 이라크 정책에 분노하며 사임
했다. 클라크 보좌관은 자신이 쓴《모든 적에 맞서Against All Enemies》11장
에 이렇게 썼다.

두 나라가 서로 전쟁을 벌일 때 그 명분이 한 가지뿐인 경우는 거의 없다. 부
시 미국 정부가 내세운 전쟁에 대한 명분은 시간이 지남에 따라 점점 변해갔

다. 처음에는 테러였다가 곧 대량살상무기가 되었고, 나중에는 이라크 국민의 고통이 되었다. 공개적으로 언급된 주장 외에도 부시 행정부에서 형식적·절차적으로 논의된 명분은 더 많다.

영향력 있는 보좌관 세 사람(딕 체니, 도널드 럼스펠드, 폴 월포위츠)과 부시 대통령이 주장하는 다섯 가지 전쟁 명분은 다음과 같다.

- 부시 대통령의 1차 집권기가 남긴 혼란 수습, 즉 1차 걸프 전쟁이 끝난 1991년 후세인에게 권력을 확보하고 반대자들을 제거하도록 허용한 후 발생한 상황을 정리한다.
- 대규모 적대적 군사력을 배제해 이스라엘의 전략적 상황을 향상한다.
- 특히 이집트와 사우디아라비아처럼 국내에 불안 요소를 안고 있는 기타 우호적인 아랍 국가들의 모범이 될 수 있는 아랍적 민주주의를 창조한다.
- 이라크군을 견제하는 균형자 역할을 하려고 12년 동안 사우디아라비아에 주둔하고 있지만 오히려 반미 운동을 촉발해 현지 정부의 안정을 위협하고 있는 미군을 철수한다.
- 미국 시장에 추가로 안전한 원유 공급처를 확보하고, 이로써 언제라도 붕괴할 위험이 있는 사우디아라비아에 종속되는 정도를 축소한다.

다시 읽어보아도 흥미로운 클라크 보좌관의 이 책은 부시 행정부를 이라크 전쟁으로 이끈 결정적 요인이 무엇이었는지를 여실히 알려준다.

## 전쟁 옹호론자들과 맞서다

독일에서도 전쟁 선동 작업은 활발하게 진행되었고 어느 언론사에나 전쟁 옹호론자들은 있었다. 베를린에서 발행하는 일간지 《타게스슈피겔》 2003년 2월 8일자에는 다음과 같은 내용이 실렸다.

독일의 명성과 영향력이 얼마나 위협받고 있는지를 증명하는 증거들이 날마다 새로 나오고 있다. …… 지난 50년 이래 독일이 이렇게 외톨이였던 적은 없었다. 이는 유럽과 대서양이라는 통합된 구조에 기반하여 독립성을 유지하고 있는 나라로서는 재앙이나 마찬가지다. 이는 동맹과 조약 체계에 구속되어 독자 노선을 엄격하게 거부하는 외교정책과 경제정책의 실패를 의미한다. 럼스펠드 미 국방장관이 독일을 악의적으로 쿠바나 리비아와 비교한 것은 모욕적이고 지나친 언사다. …… 주변국들 사이에서 우리가 이렇게 외롭다면 혹시 미국이 아니라 독일이 무언가 잘못하고 있는 건 아닌지 돌아봐야 한다. …… 독일 주변으로 유령 같은 고요가 맴돌고 있다. 독일은 스스로를 가둬두고 있다. 분명한 사실은 우리가 여기에서 나가야 한다는 것이다.

이 논평자는 말미에 자신의 비난이 틀린 것만은 아니며, 독일 스스로 이 의문을 제기해보아야 한다는 예리한 논평을 덧붙이며 우쭐해 했다.

그 며칠 전인 2003년 1월 30일에 영국, 덴마크, 스페인, 체코, 이탈리아, 폴란드, 포르투갈, 헝가리 8개국 정상들이 미국에 대한 '공동 충성선언문'을 발표했다. 새로 EU에 가입한 동유럽 회원국들이 역사적인 이유에서 미국 편에 서고 싶어 하는 상황은 충분히 이해할 수 있다. 하지만 나머지 EU 국가들한테서는 이와 비교할 만한 정도의 이유를 도저히 찾을 수 없었다.

특히 국내의 정치적 이유로 미국을 지지해야 했던 영국은 언제나처럼 비밀스러운 방법으로 8개국의 서명을 얻어냈다. 영국 노동당 정부는 국내에서 엄청난 압력을 받고 있었고, 영국이 유럽에서 고립되고 있다는 비난에 무언가 대책을 내놓아야 했다. 이탈리아의 베를루스코니 총리는 이탈리아의 위신 때문에 미국을 지지했다. 프랑스와 독일의 돈독한 관계가 그에게는 늘 눈엣가시였고, 그 와중에 독일이 유엔 안전보장이사회 상임이사국 지위를 획득하려 하자 베를루스코니 총리는 즉각 자국도 같은 의지가 있음을 표명했다. 이탈리아가 이런 지위를 얻을 가능성은 전혀 없었기에 더욱더 이탈리아 정부는 자국의 위신을 위해 유엔 회원국 대다수의 지지를 받는 독일의 바람을 무산시키고 유엔 총회에서 3분의 2 이상의 찬성을 막으려는 시도를 감행한 것이다.

프랑스 니스에서 개최된 EU 정상회담에서도 이탈리아와 스페인의 보수당 정부는 유럽이사회에서 독일, 프랑스와 같은 수의 표결권을 얻으려고 마치 한 마리 사자처럼 싸웠다. 니스에서 줄다리기를 한 끝에 프랑스, 이탈리아, 독일 그리고 영국은 같은 수의 표결권을 갖게 되었다.

그들이 내놓은 '8개국 성명'에서 우리는 어떤 기회를 놓쳤을까? 유럽이 공동으로 의견을 밝혔더라면 미국의 치명적인 실수를 막을 수 있었을까? 물론 미국은 검증도 안 된 이라크 망명자의 발언을 믿고서 나날이 군사행동밖에는 다른 방법이 없다고 굳게 믿고 있었다. 그 때문에 유럽이 한목소리를 낸다고 해서 효과가 있었을지는 의문이다. 하지만 적어도 미국 정부로 하여금 귀 기울일 기회는 주었을 것이다.

"독일은 모험에 참여할 생각이 없고 모험을 기대하지도 않는다"라고 맨 처음 말한 사람이 나였기 때문에 이후에 쏟아지는 언론의 포화를 견디는 것은 온전히 내 몫이었다. 프랑스의 견해는 당시 외무장관 도미니크 드 빌팽Dominique de Villepin이 유엔 안전보장이사회 연설에서 요약해주었다. 드 빌팽 장관은 파월 미 국무장관의 연설을 날카롭게 비판하는 반박 연설을 했고, 이 연설로 드문 일이긴 하지만 안전보장이사회 회원국들로부터 박수를 받았다. 이후 시라크 프랑스 대통령도 안전보장이사회의 사정을 이유로 이 전쟁에 최종적으로 반대한다고 밝혔다. 그 덕분에 나 혼자 비난을 받을 때보다 압박은 크게 줄었다. 여기에 러시아 대통령까지 반전 동맹에 참여했다. 결국 미국에서 우리에게 보내온 것은 허울 좋은 말들뿐이었지만, 럼스펠드 국방장관이 독일과 프랑스를 이라크 전쟁에 아무런 도움이 안 되는 '늙은 유럽'으로 표현하는 등 미국 정부가 전쟁 반대 국가에 대한 노골적인 언론플레이를 서슴지 않자 독일 언론들은 기다렸다는 듯 앞다투어 이를 보도했다.

물론 정치가도 유명 언론도 실수할 수는 있다. 하지만 독일이 참전해야 한다는 자기 언론사의 입장 때문에 미국이 내세운 전쟁 명분을 전후관계도 검토하지 않고 무차별적으로 내보낸 독일 언론사 가운데 어느 누구도 자신의 보도에 대해 독자에게 사과하는 것을 나는 보지 못했다. 어떤 독일어권 신문도《뉴욕타임스》나《워싱턴포스트》와 같은 대인배다운 태도를 보여주지 않았다. 유감이다. 여기에 뒤질세라 전쟁을 준비해야 한다고 외친 논평가들 중 그 누구도 끝까지 자기주장을 고수한 사람은 없었다. 이 견해는 전쟁 때까지만, 그리고 부시 대통령이 파일럿 유니폼을 입고 미국 해안에 정박해 있는 USS 에이브러햄 링컨 항공모함에 서서 '임무 완료'를 외쳤을 때 승자 옆에서 우쭐함을 느끼는 순간까지만 유지되었다. 이때 기사들을 들춰보는 재미도 쏠쏠할 것이다.

이러한 상황 탓에 독일 정부를 위해 취해온 내 견해를 계속 유지해도 되는지 스스로에게 묻지 않을 수 없었다. 이 와중에 시라크 프랑스 대통령과 관계가 점점 돈독하게 발전한 것은 퍽 다행이었다. 그 덕분에 나는 국내외에서 정치적인 비난의 화살을 버틸 용기를 얻었다. 대서양에는 폭풍우가 몰려오기 직전이었지만 시라크 대통령은 스토아 학파적인 냉정을 유지했다. 프랑스산 와인과 제품을 보이콧하겠다는 협박도, 터무니없는 비방도 그를 흔들지는 못했다. 미국에서는 애국심에 호소하며 '프렌치프라이french fries'를 '프리덤 프라이freedom fries'라고 부르자는 주장이 나오기도 했는데, 실제로 의회 카페테리아에서 얼마간 시행되다가 슬쩍 취소되기도 했다. 몇 가지 상황만 봐도 그때 상황을 짐작할 수 있을 것이다.

심적으로 나는 이 문제에서 타협하느니 차라리 총리직에서 물러나기로 결심했다. 이라크전 참전 거부에서 후퇴하는 일은 생각해보지도 않았다. 시라크 대통령의 결심도 나만큼이나 확고했지만, 그는 유엔 안전보장이사회에서 거부권을 행사할 수 있는 5대 회원국으로서 우선 공식 의견은 열어둔 채 유엔의 이라크 무기사찰 결과를 기다리자고 했다. 당연히 프랑스도 자체 정보기관을 통해 여러 정보를 보유하고 있었다. 체니 부통령이 연설한 이후 나는 생각을 완전히 굳혔다. 나에게는 무엇보다 시라크 대통령과의 의견 일치가 중요했는데, 그가 나에게 확신을 주는 만큼 그에게도 내 의견에 대한 확신이 중요했다. 푸틴 러시아 대통령 또한 참전 가능성이 커지고 있는 미국의 이라크 개입과 거리를 두기 시작했다. 서로 대화를 주고받으면서 이 3자 구도는 점점 더 정치적 동력을 얻기 시작했다.

이라크 전쟁이 시작되기 전 8주 동안 시라크 대통령과 나는 열두 번도 넘게 통화하고 또 만났다. 물론 가장 진지하게 다룬 현안은 이라크 문제에서 아무런 조건 없이 함께하겠다는 사실을 서로 확인하는 것이었다.

한편 2002년 11월 프라하에서 개최된 나토 정상회담에서는 부시 대통령과 내가 악수할지를 두고 기괴한 소문이 공공연하게 떠돌았다. 앞서

2002년 11월 21일 프라하에서 개최된 나토 정상회의. 부시 대통령이 슈뢰더 쪽으로 몸을 돌려 "지금 우리 모두 대답을 기다리고 있습니다"라고 말하며 손을 건네고 있다.

럼스펠드 미 국방장관이 바르샤바에서 페터 슈트룩 국방장관과 악수를 거부한 일이 있었다. 그 때문에 프라하 정상회담에서 우리가 악수를 하느냐 마느냐가 기자들에게는 초미의 관심사였다. 정상회담에서 의례적 행사인 국가 정상들의 '단체사진' 촬영에서 나는 부시 바로 뒤에 서 있었는데, 그때 그가 내 쪽으로 몸을 돌리더니 "지금 우리 모두 대답을 기다리고 있습니다"라고 말하면서 웃으며 손을 건넸다. 이것은 그가 사람을 대할 때 하는 전형적인 방식이었다.

이후 개최된 동맹국 회담 연설에서 나는 내 견해를 다시 한 번 분명히 밝혔다. 나중에 밝혀지겠지만, 이 연설은 특히 몇몇 미국 장성의 주목을 받았다. 나는 연설에서 '항구적 자유 작전'을 종료해야 하며, 이를 위해 모든 힘을 집중해야 한다고 강조했다. 왜냐하면 아프가니스탄도 아직 우리가 원하는 대로 결론이 나지 않았기 때문이다. 그리고 테러와의 전쟁이라는 원래 의도에서 벗어나는 어떤 일도 시작해서는 안 되며, 반테러 동맹을 강화하기보다는 오히려 약화시키게 될 그 어떤 일도 해서는 안 된다고 경고했다. 나는 분명한 어조로 말했고, 이것은 스스로 또 다른 짐을 지지 말라고 경고한 미군의 의도와도 일치하는 것이었다.

유엔 무기사찰단이 1월 말과 2월 중에 유엔 안전보장이사회에 제출한 보고서는 이라크 정권과 협조하는 데 진전이 있었음을 보여준다. 블릭스 사찰단장과 모하메드 엘바라데이Mohammed ElBaradei 국제원자력기구 사무총장은 대량살상무기가 있다는 아무런 증거가 없으며 핵무기 개발 프로그램이 존재한다는 증거조차 없다고 밝혔다. 이는 2월 5일 파월 미 국무장관이 유엔 안전보장이사회에서 언급한 것과는 완전히 상반되는 내용이었다. 시라크 대통령, 푸틴 대통령 그리고 나는 유엔 안전보장이사회에도 과반수가 동의한 대로 전쟁을 막을 기회가 있다고 확신했다. 이

노벨 문학상 수상자인 귄터 그리스의 집을 방문한 슈뢰더 총리.

른바 사찰을 좀 더 확대할 경우 사찰단 작업을 지원하는 데 필요한 시간을 벌 수 있고, 동시에 '전쟁 지지국들의 동맹'에 나타나기 시작한 균열을 장기간 끌고 갈 수 있을 터였다. 마침 블레어 영국 총리나 아스나르 스페인 총리도 여론의 강한 압력에 시달리고 있었다. 블레어 총리는 자신이 속한 노동당의 엄청난 저항을 견뎌내야 했다. 유럽 문명사회가 한꺼번에 거리로 몰려나올 지경이었다.

2월 15일에는 전 세계적으로 수백만 명이 전쟁 발발 가능성에 위협을 느끼며 시위를 벌였다. 50만 명이나 되는 군중이 베를린 6·17 거리에 모인 장면이 아직도 내 눈에 선하다. 대중의 이런 지지가 내 정책을 얼마나 정당화해주고 강화해주는지는 이루 말로 설명하기 힘들다. 많은 지식인도 이 어려운 국면에서 나에 대한 지지를 선언해주었다.

지금도 1월과 2월에 걸쳐 클라우스 슈테크Klaus Staeck와 만프레드 비싱어Manfred Bissinger 주도로 총리청에서 성사된 예술가와 작가와의 면담을 잊을 수가 없다. 귄터 그라스, 마틴 발저Martin Walser, 위르겐 플림Jürgen Flimm, 볼프 레페니스Wolf Lepenies, 오스카 넥트Oskar Negt 등 많은 사람들이 참석했다. 귄터 그라스는 마티아스 클라우디우스Matthias Claudius(1740~1815, 독일의 계몽주의 시인—옮긴이)의 표현을 인용해 이렇게 말했다.

"전쟁이야! 전쟁!
오 천사여, 좀 막아주시게.
그리고 설득해주시게!
전쟁은 어쩔 수 없어
하지만 간절히 바라건대
그 전쟁의 책임이 내게는 없기를!"

그날 모임은 밤늦게까지 계속되었는데, 다행히도 언론에서 떠드는 의견이 대중의 의견과 거의 일치하지 않는다는 사실을 확인할 수 있었던 소중한 밤이었다. 사람들은 한 나라, 한 지역 전체에 엄청난 고통을 가져다줄 부당한 전쟁이 코앞에 다가와 있음을 예감하고 있었다.

"푸틴 대통령과 나는 어떤 경우에도 군사 개입에 동의하지 않을 것임을 천명했다."
2003년 2월 9일 베를린에서 푸틴 대통령과 슈뢰더 총리가 회동 결과를 발표하고 있다.

이 무렵 유엔 안전보장이사회는 전쟁을 막기 위해 안간힘을 썼다. 코피 아난 유엔 사무총장은 이라크의 무장해제와 사찰을 주 내용으로 하는 유엔 안전보장이사회 결의문 제1441호가 결코 전쟁을 국제법적으로 합리화하는 것이 아님을 지적했다. 영국과 스페인의 지지를 등에 업은 미국은 사찰을 무시한 채 전쟁의 정당성을 제시할 방도를 서둘러 찾아야 했다. 하지만 이는 유엔 안전보장이사회 다수가 생각하는 지향점이 아니었다.

푸틴 대통령과 시라크 대통령과 나는 독일과 프랑스 그리고 러시아가 공동성명을 발표해서 우리 태도를 공고히 하고, 유엔 안전보장이사회에서 전쟁을 합리화하는 결의문이 나오는 것을 막기로 합의했다. 이를 위해서는 세 나라 모두 각자 역할이 중요했는데, 즉 러시아와 프랑스는 안전보장이사회에서 거부권이 있는 나라로서, 그리고 독일은 유엔 안전보장이사회 의장국으로서 영향력을 발휘할 수 있었다. 나는 독일이 2003년 2월 1일 비상임 회원국으로서 안전보장이사회 의장을 맡은 것이 혹 운명의 날갯짓은 아니었는지 스스로에게 묻곤 했다.

2003년 2월 9일 나는 푸틴 대통령과 베를린 퓌클러 거리에 있는 정부 영빈관에서 만나 성명서 내용을 논의했다. 베를린 특유의 차가운 겨울밤 영빈관 앞에서 함께 성명을 발표하던 기억이 지금도 생생하다. 우리는 어떤 경우에도 군사 개입에 동의하지 않을 것임을 천명했다. 그 후 푸틴 대통령은 프랑스 파리로 가서 시라크 대통령과 공동성명을 발표했다. 우리는 이 성명서에서 이라크의 무장해제는 국제사회 공동의 목표이며, 가능한 한 빨리 종결되어야 한다고 강조했다.

아울러 미국과 그 밖의 국가들에 대해 우리가 가지고 있는 우정과 존중의 정신을 바탕으로 토론을 이어가길 원한다고 밝혔다. 다만 모든 해결책은 코피 아난 사무총장이 언급한 바와 같이 유엔 헌장의 기본 원칙에 근거해야 할 것이다. 또한 무기사찰의 규모를 확대·보강하는 데에도 찬성했다. 계속해서 "전쟁 말고 다른 방법이 있습니다. 무력은 최후의 방법이어야 합니다. 러시아, 독일 그리고 프랑스는 이라크가 평화적으로 무장해제를 할 모든 기회를 주기로 결심했습니다"라고 선언했다.

# 어떤 경우에도 전쟁이 평화를 대신할 순 없다

'8개국 성명'으로 유럽이 분열된 사실이 만천하에 드러나자 나는 EU에 타협안을 제시하는 일이 중요하다고 생각했다. 2003년 2월 17일 그리스의 콘스탄티노스 시미티스Constantinos Simitis 총리는 공동성명에 대해 논의하자며 브뤼셀에서 특별 정상회담을 열었다. 이는 감정이 개입되어 격앙된 대화가 오가는 회담이 되었다. 시라크 대통령은 불같이 화를 내며 8개국 성명에 동참한 동유럽 국가들을 거칠게 공격했다. 이들 국가의 철없는 외교정책에 실망한 심정은 충분히 이해할 수 있었지만, 나는 이 정상회담에서 모든 EU 회원국이 찬성할 수 있는 해결책을 모색하려고 노력했다. 결국 공동성명서를 채택하는 데 성공했다. 이라크를 무장해제하는 우선적 책임은 유엔 안전보장이사회에 있으며, 유엔 사찰단이 진행하는 작업은 EU의 전폭적인 지지를 받을 것이라는 내용이었다. 사찰단은 안전보장이사회가 필요하다고 생각하는 시간과 수단을 제공받기로 했다. 이 성명서 채택을 계기로 나는 유엔 구조 외부에서는 어떤 해결책도 찾을 수 없다는 사실을 분명히 밝히는 것이 중요하다고 보고, 여기에 가장 큰 가치를 두었다. 그 대신 전쟁 옹호국들은 최후 수단으로 무력 사용을 배제하지 않는다는 내용을 성명서에 관철시켰다.

이 성명서에 대한 독일의 야당과 일부 언론의 반응은 부드럽게 표현해서 '멘붕'이었다. 정상회담 이전만 해도 나는 일관되게 전쟁에 반대했기에 유럽을 분열시킨다는 비난의 포화를 받았다. 하지만 정상회담이 끝나고 외관상 분열이 극복되자, 이번에는 내가 최후 수단으로 전쟁을 배제하지 않은 것이 노선을 바꿔 후퇴한 것이라며 비방했다. 당연히 성명서는 타협안에 불과했지만 갈등을 평화롭게 해결하는 것이 EU의 목표여

"우리는 어떤 경우에도 전쟁의 논리가 평화의 논리를 대신해서는 안 된다는 견해였다."
베를린에 있는 음식점에서 시라크 프랑스 대통령과 만찬 회동. 슈뢰더 옆은 피셔 외무장관.

야 한다는 사실을 분명히 전했다. 우리는 여지를 남기는 '기간이 만료된다'는 표현은 수용하지 않았고, 성명서에서 삭제했다. 그렇다고 해서 독일이 태도를 바꾼 것은 아니었다.

유럽의 공동 노선과 관계없이 스페인과 영국은 여전히 미국과 계속 전쟁을 합리화하는 유엔 결의서 작업을 진행해나갔고, 2월 24일에 이를 유엔 안전보장이사회에 제출했다. 여기서 그들은 이라크가 무장해제할 수 있는 '마지막 기회'를 사용하지 않았다는 내용을 결의하도록 유엔 위원회에 촉구했다. 이 문건에 따르면 이라크에는 최후통첩도 필요 없다는 것이었다. 이 성명서는 특별한 경우 매우 제한적인 조건에서 무력 사용을 허용하고 있는 유엔 헌장을 인용했다. 그뿐만 아니라 이라크가 군비 축소 의무를 이미 '중대하게 위반했다'는 결의문 제1441호의 내용을 적시했다. 더 나아가 이라크 정부는 이 결의서를 이행하는 데 무제한적으로 협조해야 하는 의무를 다하지 않았고, 따라서 세계 평화와 국제안보에 위협이 된다고 했다. 한마디로 이 결의문은 전쟁을 일으킬 무임승차권인 셈이었다.

이날 시라크 대통령과 나는 향후 대책을 조율하기 위해 베를린에서 회동했다. 베를린에서 가장 유서 깊은 음식점인 '추어 레츠텐 인스탄츠Zur letzten Instanz'(독일어로 '최종심으로'의 뜻—옮긴이)에서 저녁 식사를 하기로 했다. 이곳은 시라크 대통령이 매우 좋아하는 음식점으로, 그는 이날도 자신이 좋아하는 족발 요리Eisbein를 주문했다. 예상했듯이 언론은 신이 나서 물어뜯었다.《타게스슈피겔》은 "나폴레옹도 식사했던 유서 깊은 유럽"이라는 제목을 달았다.

하지만 우리는 농담할 기분이 아니었다. 양국 외무장관 피셔와 드 빌팽도 동석해 진지한 대화를 이어갔다. 우리는 양측의 견해를 다시 한 번 확인했다. 어떤 일이 있어도 전쟁의 논리가 평화의 논리를 대신해서는 안 된다는 견해였다. 이미 사전에 전화 통화와 면담으로 어느 정도 조율한 대로 독일-러시아-프랑스 3국은 전쟁 반대 의견에 합의했다. 우리는 이라크의 평화로운 무장해제를 위한 공동성명을 안전보장이사회에 제출했고, 중국도 우리를 지지했다.

## 한배를 탄 독-프-러

미국과 영국, 스페인이 결의서 초안을 제출하면서 유엔 안전보장이사회는 끝내 균열되기 시작했다. 15개 회원국 가운데 미국은 겨우 불가리아 한 표만 확실히 확보할 수 있었다. 아프리카 출신 이사회 회원국인 앙골라와 카메룬 그리고 기니는 미국으로부터 구애를 받았지만 아직 결의문에 찬성할 준비가 되어 있지 않았다. 시리아는 이미 그전에 반대 의사를 확정했다. 칠레와 멕시코도 동의를 거절했다. (굳이 프랑스, 러시아 그리고 중국의 반대표를 포함시키지 않더라도) 전쟁 옹호국들은 고립되었다. 이후 한참 동안 미국은 이 고립에서 벗어날 수 없었다.

마침내 우리는 전쟁을 정당화하려는 결의문이 안전보장이사회에서 통과되는 것을 막는 데 성공했다. 하지만 딱히 승리감이 들지 않았는데, 미국이 이사회의 결정 없이도 언제든 전쟁을 벌일 수 있었기 때문이다.

이라크 전쟁 전과 후, 그리고 침공이 시작된 몇 주 동안의 전율 속에서 시라크와 푸틴 대통령과의 인간적 관계에 상당한 변화가 생겼다. 우리 세 사람은 매우 가까워졌고 서로가 신뢰할 수 있는 사이임을 확인했다. 집권 초기, 즉 1999년 베를린에서 개최된 EU 정상회담 즈음만 해도 시라크 대통령과 관계는 꽤 거리가 있었고, 한동안은 거의 냉랭할 정도였다. 하지만 프랑스인 특유의 당당하고 자신감 넘치는 거동 뒤에 어떤 인물이 숨어 있는지 알아내려면 그가 먼저 상대방에게 경계를 풀고 접근하도록 허락한 뒤 다가가야 오해가 없었다. 너무도 매력적이고 재치가 넘치며 자신감과 유쾌한 성품을 지닌 그의 아내 베르나데트 시라크<sup>Bernadette</sup> Chirac가 있어 그에게 좀 더 쉽게 다가갈 수 있었다. 그녀와 이야기하는 것은 정말 즐거웠다. 특히 러시아에서 입양한 내 딸 빅토리아와 시라크 대통령은 서로 끔찍이 생각하는 사이가 됐다. 지금도 이 둘은 가끔 전화 통화를 한다. 언어 때문에 서로 대화를 잘 이해하지는 못하지만 그조차도 둘 사이를 막지는 못했다.

프랑스식의 열정적인 자기표현은 그에게는 너무나 당연한 것이었다. 인정하건대 나는 매번 파리 방문이 즐거웠다. 물론 나치 독재의 역사를 지닌 독일을 대표하는 사람으로서 요란스러운 대접은 적절하지 않다고 생각했기에 나는 조용하게 등장하는 것이 더 좋았다. 나는 늘 "앞장서세요. 뒤따라가겠습니다"라고 얘기했다. 나는 독일 정부가 등장할 때 내부적으로나 외부적으로나 늘 이 정도 대접을 받는 것으로 충분하다고 생각했다.

좀 다른 얘기지만 독일은 때때로 엉뚱한 곳에 돈을 아껴서 나라 위신을 제대로 세우지 못하는 경우가 있다. 예를 들면 연방총리청의 연회장은 길쭉한 형태로 되어 있어 양쪽 끝에 앉은 사람의 목소리를 알아들으려면 엄청나게 큰 목소리를 내야 할 만큼 의사소통하기가 쉽지 않다. 이런 공간은 대화를 나누기에는 부적합하다. 내 임기 당시 메서슈미트재단Messerschmitt-Stiftung이 브란덴부르크 그란제 호숫가에 있는 메제베르크성을 회담 장소로 제공했는데, 이제는 이곳이 미국 대통령의 전용 별장인 캠프 데이비드Camp David나 프랑스의 랑부예성과 같이 좋은 회담 장소가 되기를 바란다. 물론 화려한 프랑스식 전통을 우리에게 옮겨놓을 수는 없겠지만 말이다. 물론 그대로 따라 해서도 안 될 것이다. 하지만 현재 구조로는 국빈들에게 우리가 뭔가를 숨기려는 인상을 줄 수 있다. 이는 우리의 국격에 어울리지 않는다.

1789년 프랑스혁명 이후 프랑스인들은 국가가 저소득층의 이익을 위해 권력을 제한하는 기관이라고 이해하는 경향이 있다. 프랑스에서는 좌파 우파 할 것 없이 이 견해를 공유하고 있다. 시라크 대통령 역시 이른바 소시민들에게 물질적으로 보장된 삶을 영위하도록 해주는 것을 국가의 과제라 생각했다. 그에게 이 열정은 주로 가부장적인 성격일 수 있지만, 동시에 확고하고 흔들림 없는 기본 원칙이다. 그는 차별이 무엇인지 알고 있고 계급 차이도 분명히 알고 있으며, 스스로 획일화라고 생각하는 것을 거부하는 사람이다. 그럼에도 그는 하층민들의 자의식과 밀접하게 교류하고, 이 관계를 장려하고 강화하는 방법을 끊임없이 모색했다.

프랑스 시라크 대통령 다음으로 소개할 사람은 우리 동맹국의 구성원인 푸틴 러시아 대통령이다. 그는 눈에 띌 정도로 검소하며, 화려함이나 호사를 요구하지 않는다. 물론 그가 독일어를 잘해서 그와 만남이 편한 것도 사실이다. 또한 그는 독일을 너무도 잘 알고 있다. 그는 독일 신문을 읽고 독일 텔레비전의 정치 보도와 뉴스를 시청한다. 푸틴 대통령 집을 방문하면 손님 접대를 제대로 경험할 수 있는데, 손님이 편안하게 묵을 수 있도록 최선을 다하는 마음이 진심으로 느껴진다. 역시나 독일어를 유창하게 구사하는 (2006년 당시) 스무 살과 스물한 살인 두 딸도 인텔리 여성으로 잘 자랐다. 두 딸 모두 대학에 다니고 있으며, 보안이 문제없는 범위 내에서 평범한 생활을 하고 있다.

푸틴 대통령을 처음 만났을 때 그의 지적인 면모 외에도 단단한 몸매가 한눈에 들어왔다. 그가 유도에서 검은 띠를 보유하고 있다는 것은 이미 널리 알려진 사실이고, 그 밖에 수영과 승마도 프로급이다. 그만큼 광대한 나라를 다스리려면 체력과 자기 관리가 필수이기도 하다. 러시아는 총 24개 표준 시간대 중에서 11개 지역을 아우르는 광활한 나라다. 말하자면 독일에서 뉴욕으로 가는 시간보다 푸틴 대통령이 모스크바에서 러시아의 구석까지 가는 데 더 오랜 시간이 걸린다. 따라서 러시아 대통령 자리는 세계에서 아주 어려운 직책 중 하나이기도 하다.

푸틴 대통령과 나는 고통스러운 의견 충돌을 감수하면서도 토론하지 않은 주제가 없을 만큼 깊은 대화를 많이 나누었다. 그는 미국과 동등한 위치에서 협상하고 토론하며 행동하는 세계 권력으로서 러시아를 재건하려는 비전을 가지고 있다. 러시아가 이 목표에 도달하려면 전략적으로 유럽과 더욱더 긴밀한 관계를 구축해야 한다. 그는 이러한 사실을 잘 알고 있고, 힘이 닿는 데까지 그 길을 발전적 방향으로 이끌어갈 것이다. 그 과정에서 유럽의 도움, 특히 독일의 지원을 기대하고 있다. 따지고 보면, 독일과 러시아는 각자 자국의 이익을 위해 행동한다기보다 유럽 전체의 이익을 위해 행동하는 것이나 다름없다.

## 아직은 '임무 완료'를 말할 때가 아니다

한편 나는 독-러 관계가 다시 이념화로 치달을 수 있고, 이미 벗어던진 반러시아적 편견이 새롭게 부활할 수도 있다는 우려를 항상 하고 있었다. 과거 러시아의 공산주의에서 비롯된 이 편견은 미국 부시 대통령의 외교정책적 이해관계와 이웃 나라 러시아에 대한 폴란드의 역사적 반감 때문에 부채질되고 있는 측면이 있다. 이는 독-러 관계뿐만 아니라 전반적으로 끔찍한 결과를 낳을 수도 있다.

나를 불안하게 만드는 또 다른 우려는, 독일이 외교정책적으로 이제 막 획득한 자유와 독립을 포기하는 상황이 되어 다시금 미국 외교정책의 치마폭에 휩싸일 수 있다는 점이다. 이 경우 유럽 내에서 독일의 이해관계와 전 세계에서 유럽의 이해관계에 처참한 결과를 초래할 수 있다. 사민당이 외교적으로 제 역할을 하려면(물론 내 판단으로는 그래야 하는 것이 당연하지만) 상대적 독립이라도 지키는 일에 모든 것을 걸어야 한다.

여기서 상대적이라는 말은 어느 누구에게도 독일이 동맹국으로서 의지와 능력이 있음에 추호의 의심이 생기는 행동을 해서는 안 된다는 것을 의미한다. 독일은 이미 서방으로 가는 먼 길에 성공적으로 진입했으며, 세계에서 깨어 있는 민주주의 국가 중 하나다. 이제 우리에게는 이런 질문이 숙제로 놓여 있다. "우리의 외교정책은 미국에 예속되어 있는가, 아니면 그 이상인가?" 나는 이 질문에 분명한 대답이 있는데, 그것은 독일이 민족주의적 독자 노선을 걷는다는 의미에서가 아니라 유럽에서 완수해야 할 사명의 관점에서 나오는 대답이다. 이런 지향성을 염두에 두어야 우리가 유럽에 뿌리 내린 독자적인 외교정책과 안보정책을 결정할 수 있다. 이는 러시아와 독일의 관계가 앞으로 어떻게 형성될 것인가 하는 문제뿐만 아니라, 터키가 유럽으로 가는 길을 열어주는 문제와도 직접 연결되어 있다.

독일의 뒤엉킨 현실에서는, 다시 말해 다양한 연결고리를 관계 속에서 서로 이해하고 만들어나가는 일이 점점 더 중요해지는 지금 상황에서는 미국과 관계를 새롭게 정립하고 이라크 갈등이 하루빨리 종료될 수 있도록 용기를 내는 일도 중요하다. 미국이 다시 세계 무대에서 고립되는 일이 있어서는 안 된다. 미국 내에서 벌어지는 정치 논쟁을 눈여겨보면 이런 위험이 도사리고 있음을 감지할 수 있다.

이라크 전쟁이 예상보다 빨리 종료된다고 해서 우리가 바라는 상황이 그만큼 빨리 오는 것은 아니다. 그러자면 이라크가 국가로서 존립할 수 있는 방향으로 미국의 출구 전략이 시행되어야 한다. 군대를 보내 전쟁을 하는 것보다 더 중요한 것이 평화를 구축하기 위해 어떤 방식으로 미군을 철수시킬지에 대한 고민이다. 미국은 전쟁에 승리할 줄은 알았으나 전후 평화를 어떻게 구축해야 할지는 몰랐다. 부시 대통령은 다만 '임무 완료'라고 말했다. 하지만 임무는 수행되지도 않았고, 오늘날까지도 종료되지 않았다. 미군 2,500여 명이 사망했다는 것은 지하드 전사들이 전쟁터를 찾았다는 끔찍한 신호다. 이라크 망명자들이 들려준 미혹적인 피리소리는 미국에 큰 재앙이 되어 정보 조직을 혼란에 빠뜨리고 그 뿌리마저 뒤흔들어놓았다.

안타깝게도 철수 전략은 아직 보이지 않는다. 자리에서 물러난 장성들이 럼스펠드 국방장관에게 반기를 들고 일어난 것은 미국인이 정부와 대표자들에 저항하기 시작했다는 증거다. 마찬가지로 미국식 애국심을 부추기는 것만으로는 전쟁의 명분을 만들기 어렵다는 사실도 분명해졌다. 나는 실수에서 벗어나 다시 새로운 시도를 감행하는 미국인의 능력에 다시 한 번 기대를 걸어본다. 그렇게 된다면 대서양을 사이에 둔 가치 공동체에 새 생명을 불어넣을 수도 있을 것이다.

이제는 이라크라는 전쟁터에서 떠날 수 있게 미국에 용기를 주어야 한다. 이를 위해서는 모든 참전국이 체면을 지킬 수 있고 군인들이 안전하게 철수할 수 있도록 상당한 전략적 준비가 필요하다. 전쟁에는 돈이 수억 아니 수십억 달러가 든다. 게다가 매일 이라크에서 파괴되는 비용과 환경의 훼손, 파괴된 유적지 그리고 약탈되거나 파괴된 문화재, 정신적 상처를 입고 전장에서 돌아온 미군의 연금 비용과 심리치료 비용 등이 추가된다. 미국도 다른 모든 산업 국가가 겪은 운명을 피해가기 어려울 것이고, 갈수록 재정적자의 압박이 커질 것이다.

결국 우리에게 필요한 것은 테러리스트들을 궁지에 몰아넣고 좌절시킬 수 있는 자발적 평화 운동이다. 미국 혼자만의 힘으로는 이를 해낼 수가 없다. 아랍 국가와 이스라엘을 포함하는 새로운 글로벌 동맹과 EU가 여기에 힘을 보태야 한다. 지금 당장 이 길을 닦지 않으면 테러리스트들이 전 세계에 더 많은 도화선을 놓을 것이다. 그렇게 되면 대서양 국가들 간의 불화를 넘어서 더 많은 것이 위험해질 수 있다.

사민당–녹색당 연립정부가 독일의 수많은 왜곡된 구조를 타파했다는 내 생각은 변함이 없다. 많은 과제, 어쩌면 너무나 많은 과제가 우리를 기다리고 있었다. 그 과정에서 국민들이 이런 변화의 마라톤을 잘 따라올 수 있을지 우려스럽기도 했다. 불편한 개혁은 그 개혁과 무관한 사람들에게 특히 큰 환영을 받았다.

# 출발:
# 1차 집권기

6

Aufbruch:
die erste
Legislaturperiode

SPD
Wir sind bereit.

1998년 9월 27일 연방하원
선거 결과 발표 직후 '에리
히 올렌하우어 하우스' 앞
에서 기뻐하는 슈뢰더.

———————————

우리가 2000년 이전에 현실을 직시하고 미래의 징후를 해석하는 데 좀 더 많은 시간을 할애했더라면 확신과 희망을 물거품으로 만들어버리는 징후 변화의 한가운데 서 있다는 사실을 조금 더 일찍 깨달았을 것이다. 되돌아보면 동서 체제 분쟁의 종말과 함께 찾아온 변화에 대한 인식이 국민들에게 크게 와닿지 못했다는 사실이 분명해진다. 유럽이 그랬으며, 미국도 상황은 별로 다르지 않았다. 특히 오랜 기간 동서 갈등의 접합부였던 독일의 정치·문화 엘리트들에게 더더욱 그러했다.

그 때문에 우리는 정권을 인수받을 때 세계 정치 격전장의 그늘에 숨어 조용히 무역수지를 향상시킨 라인강 공화국(라인강변에 위치하며 본에 수도를 둔 서독 정부를 일컬음—옮긴이)이라는 인식을 함께 이어받았다. 무역수지는 해마다 최고치를 경신했다. 당시 독일에서는 결핍된 사회주의 경제보다 자본주의 경제가 우수하다는 사실을 증명하기라도 하듯, 다 함께 이룬 복지를 모두가 공평하게 누리는 것을 목표로 하는 합의가 형성되었다. 이른바 오늘날 경제사가들이 구시대의 유물로 치부하는 '라인강 자본주의'의 토대가 바로 이것이다('라인강 자본주의'는 독일의 경제 발전 초기에 형성된 은행, 기업, 노조 간의 긴밀한 협력관계에 기초한 서독식 자본주의를 뜻한다. 당시 아데나워 총리가 독일 금융계의 거두이자 도이체방크 회장을 지낸 헤르만 요제프 압스 Hermann Josef Abs 와 협력하여 발전시킨 모델. 아데나워 총리의 서독 정부가 라인강변의 본에 있고, 압스가 본 출신이어서 이 둘의 협력을 '라인강 자본주의'라고 표현했다―옮긴이).

1970년대 후반과 1980년대의 '합의 사회'(정부, 기업, 노조 간의 합의에 기초한 사회―옮긴이)는 당시 동서로 양분된 세계 분단에 대한 독일식 대응이었다. 독일은 미국식 자본주의가 작동하지 않을 것을 간파했으며, 경제적 효율성에 기초하되 사회적 측면을 고려하는 제3의 모델이 필요하다고 판단했다. 냉전은 이른바 양 진영의 동맹 체제가 각자 자신을 담장 속에 가둔 것이었으며, 이 두 상반된 체제가 서로 맞붙으면 어느 누구도 승리하지 못한다는 사실을 이들은 잘 알고 있었다. 냉전은 제2세계와 제3세계에서 피비린내 나는 대리전쟁을 벌였다. 양쪽이 서로 자본을 파괴하고 자원을 낭비하며 무장하고 군비를 확충한 결과 이 푸른 행성은 장기적으로 부자와 빈자로 나뉘어 고착되기에 이르렀다. 첨예한 동서 갈등은 남북 문제(경제적 격차)를 도외시했고, 각자 동서 진영에 매몰되어 글로벌 차원의 책임의식을 갖지 못했다. 그럼에도 사회의 경쟁은 계속되었다. 그렇게 '라인강 자본주의'는 성공을 이어갔고, 동구권에 대한 우월, 특히 또 하나의 독일인 동독에 대한 우월을 의기양양하게 증명할 수 있었다.

하지만 장벽이 붕괴된 이후에 서독이 경제적 성공을 이루어온 토대가 흔들리기 시작했다. 2000년은 사민당-녹색당 연립정부에 안정이 찾아온 첫해이자, 동시에 정당들에 수많은 위기가 덮친 해이기도 하다. 1999년에 라퐁텐이 정치계를 도망치듯 떠난 걸 시작으로, 기민당의 위신을 실추시킨 콜 전 연방총리의 정치 후원금 스캔들이 터졌다. 콜 후임으로 당 대표가 된 볼프강 쇼이블레Wofgang Schäuble는 자기 파괴적인 기민당 내 갈등의 다음 희생자가 되었다.

주로 동독 지역에 뿌리 내리고 있던 민사당PDS도 로타 비스키Lothar Bisky 와 그레고르 기지Gregor Gysi가 2000년 가을 전당대회에서 각각 당 대표와 원내 대표 직책을 내놓겠다고 하자 심각한 위기를 겪었다. 같은 시기 독일은 극우주의자들의 무차별적 공격으로 충격에 빠졌다. 7월에 뒤셀도르프에 있는 베어한Wehrhahn 전철역에서 폭발물이 터져 9명이 중경상을 입었다. 희생자들은 모두 러시아 출신으로, 그들 중 6명이 유대교도였다. 10월 3일에는 다시 뒤셀도르프에 있는 유대인 교회가 공격을 당했다.

나는 곧바로 사건 현장으로 출발했다. 오토 쉴리 내무장관과 유대인 중앙위원회 위원장인 파울 슈피겔Paul Spiegel도 함께였다. 나는 우리 정부가 유대인 사회의 편에 설 것임을 천명했고, 유감스럽지만 과거에도 그리고 여전히 지금도 정치적으로 이 문제에 소홀해왔다는 점을 공개적으로 인정했다. 유대인 시설에 대한 테러, 특히 유대인 묘지를 훼손하는 것은 독일 역사에서 새로운 현상이 아니었다. 그러나 이때는 유색인종에 대한 폭력이 과거의 그것과는 비교되지 않게 증가했다.

자기비판이 될 수 있지만, 정치권이 전략이라고 불릴 만한 대책을 마련하지 않았다는 것은 명백한 잘못이다. 극우주의의 원인에 대해 사회 전체가 수긍할 만한 분석이 없었고, 따라서 이를 효과적으로 진압할 만한 계획도 딱히 없었다. 지역 사회를 중심으로 극우주의의 예방이나 사회적 통합을 지지하는 자발적인 모임은 과거에도 있었고 지금도 존재한다. 그러나 사회적 활동과 국가적 지원이 결합된 전국적 네트워크가 제대로 작동하고 있지는 않았다. 더 나아가 독일 사회는 법규정 위반, 법률의 유린 또는 폭력을 용인하지 않고 최대한 강력하게 대처하겠다는 각오

"극우주의를 효과적으로 진압할 수 있는 확실한 계획이 없었습니다."
2000년 10월 4일 독일 유대인 중앙위원회 위원장 파울 슈피겔(맨 오른쪽)과 뒤셀도르프 유대인 공동체 회장 에스라 콘(오른쪽에서 두 번째)이 슈뢰더 연방총리와 볼프강 클레멘트(맨 왼쪽) 노르트라인-베스트팔렌주 총리에게 유대인 교회에 테러가 자행된 과정을 설명하고 있다.

를 전 국민에게 맹세할 필요가 있었다. 내가 '교양인들의 봉기'를 호소하며 여기에 국가예산을 책정한 것은 우파에 대한 대응 전략을 발전시키기 위한 실마리를 마련하기 위한 것이었다.

이 부분에서 1999년 초 헤센주 선거전에서 있었던 일이 하나 떠오른다. 롤란트 코흐Roland Koch가 이끄는 기민당이 승리함으로써 사민당의 한스 아이헬이 주총리직을 내주어야 했다. 코흐는 서명운동을 해서 표를 많이 얻었다. 이는 표면적으로 국적법 변경 계획에 반대하는 것이었으나, 사실은 반외국인 정서를 선동해 선거 유세에 이용한 것이었다. 이전에 이민과 이민자의 통합 문제에 대해 수십 년간 논쟁이 있었는데, 한마디로 독일인이 될 수 있는 자격에 관한 이념 문제였다. 망명자 관련 입법과정에서는 계속 정치적 분쟁이 야기되었다. 기민당과 기사당은 권력을 차지하기 위해 믿기 힘들 만큼 무책임하게 잠재되어 있는 편견을 악용했다. 이런 상황에서는 외국 국적인 주민을 통합하고 합리적인 이주 정책을 실현하기가 쉽지 않았지만, 이른바 기독교를 기반으로 하는 이 정당 내의 선동꾼들에게 이것은 아무런 문제가 되지 않았다. 기독교적인 신념과 권력이 충돌할 경우 이들은 권력을 택했다.

이렇게 해서 얻은 표는 우파들에게는 가뭄의 단비가 되었지만, 결론적으로 독일이 외국인들에게 적대감을 가지고 있으면서도 다만 이를 솔직하게 내놓고 말할 용기는 없는 사회라는 인상을 피할 수 없게 되었다.


## 지지 기반을 잃은 '라인강 자본주의'

우리 정부는 이런 시도에 대응해야 했다. 이 때문에 선거에서 유권자들이 등을 돌릴 수도 있겠지만, 우리는 부단히 노력해서 우선 국적법부터 개정해나갔다. 귀화 절차를 간소화하고, 이중 국적도 일정 기간 허용하기로 했다. 또한 극우주의를 퇴치하기 위해 예산을 7,500만 마르크 편성했다. 정부 대변인이었던 우베-카르스텐 하이예는 당시 유대인 중앙위원회 위원장이었던 파울 슈피겔 그리고 미헬 프리트만Michel Friedman과 함께 '얼굴을 보여라! 열린 독일 운동 협회'를 창설했다. 이로써 시민사회의 참여가 동반될 때에만 극우주의자들과 싸움에서 승리할 수 있다는 사실을 알려나가고자 했다. 많은 저명인사를 비롯해 독일노동조합총연맹DGB과 개별 노조들이 단체 회원으로 가입했다. 이 협회는 지금도 활동하고 있으며, 뜻을 같이하는 다른 협회들처럼 앞으로도 중요한 역할을 할 것이다. 요하네스 라우가 사망한 이후에는 내가 '얼굴을 보여라!' 후원회장직을 맡았다.

그때의 경험이 지금도 눈앞에 선명한데, 특히 이 협회의 진행과정을 보면서 '노동을 위한 동맹'이 떠올랐기 때문이다. 이 동맹에 참여한 파트너들은 시간이 흐를수록 점점 더 전술적으로 행동하기 시작했다. 동서갈등이 표출되면서 그 안정성을 유지해왔던 기반이, 다시 말해 동서의 체제갈등에 기초해 있던 기반이 무너지게 되자 나타나는 현상이었다. 체제경쟁이 의미를 상실하자 상대적으로 경쟁의 규칙도 그 의미를 상실해버렸는데, 안타깝게도 우리가 그 규칙에 기반을 두어 구축할 수 있다고 믿었던 기업의 사회적 책임도 함께 축소되어버린 것이다. 체제경쟁하에서 외부에 분명한 적이 있을 때는 너무나 분명해 보였던 사회적 책임이 눈에 보이는 적이 없어지자 더는 그 책임을 다할 이유를 상실하게 된 것이었다.

우리의 정치적 관심은 주로 동서 대립과 함께 다시 부상하고 있는 발칸반도의 인종-종교 갈등이었다. 하지만 이를 공론화하는 데는 실패했는데, 심사숙고해서 공개 토론할 여력이 없었기 때문이다. 게다가 세계화나 동서 갈등의 종말에 관해 논쟁할 수 있는 기구들이 확신을 잃고 통일 이후 지금까지 아무런 목표 없이 허우적거리고 있었다. 정당, 교회, 경영자총협회와 노조 그리고 EU, 나토, 유엔, 그 누구도 새로운 현실에 제대로 안착하지 못했다.

동서 대립의 극복은 표면적으로 드러난 자본주의의 승리로 오해받았고, 그 결과 자본주의 체제가 지나칠 정도로 온갖 규제에서 풀려났다. 체제 경쟁이 사라지고 그 자리를 대신해서 글로벌 기업이 경쟁 무대로 등장한 세계화와 전 세계 국민경제들 간의 경쟁이 더욱 첨예해지자 '라인강 자본주의'는 기반을 잃었다. 이렇게 볼 때 사민당-녹색당 연립정부가 집권한 7년간은 집권 초기에는 없었던 포괄적인 개혁정책을 늦게나마 실행하는 시기이기도 했다. 지금 와서 돌이켜보니 개혁을 늦게 실행한 것이 오히려 축복이었다는 생각이 든다. 개혁정책이 1980년대와 1990년대의 정신과 정치 경험에 기반을 두고 구성되었더라면 어떤 모습이었을지를 상상해보면 말이다.

거기에다 코소보 전쟁이 발발했고, 여기저기서 터지는 국제 테러로 혼란스럽고 예측할 수 없는 세계 분쟁 요소를 극복해야 했다. 상황이 이러하다보니 많은 기관이 구시대적인 자세로 되돌아가는 것이 그리 놀라운 일은 아니었다. 겨우 체감하게 된 환경보호나 자원 부족에 대한 인식은 다시 내팽개쳐졌다. 다수의 경제계 인사는 생태계에 대한 책임을 발전을 저해하는 지적 유산으로 치부했다. 미국이 기후변화에 대응하는 정책을 관철하기를 거부한 것은 이와 관련해 자주 언급되는 사례다.

부시 미국 대통령은 2001년 3월 척 헤이글Chuck Hagel 상원의원에게 보낸 서신에서 자신이 왜 교토의정서를 거부했는지를 설명했다. 이 의정서가 선진 산업국가에만 적용되어 전 세계 인구의 80%는 이 의무에서 자유럽다는 게 그 이유였다. 이 서신이 공개되자 전 세계로부터 엄청난 비난이 쏟아졌다. 유엔환경계획 사무총장 클라우스 퇴퍼Klaus Töpfer는 전 세계 기후 보호에 대한 우려할 만한 후퇴라고 표현했다. 블레어 영국 총리는 부시 대통령에게 서한을 보낼 것이라고 알렸다. 미국 새 행정부의 강경론자들이 뜻을 관철한 것이 분명했다. 특히 오랜 기간 석유업계에 몸담은 체니 부통령이 상당한 영향력을 행사한 것으로 평가되었다.

2001년 7월, 본에서 중요한 세계기후회의가 개최될 예정이었다. 미국의 강경한 반대 의견으로 EU와 미국의 정치적 대립은 불 보듯 뻔했다. 마침 취임 후 첫 미국 방문이 2001년 3월로 예정되어 있었기에 나에게는 의미가 더욱 컸다. 당시 미국에서도 안전한 에너지를 공급하기 위해 효율을 개선하여 얻는 경제적 이익이 새로운 일차 에너지원을 개발하는 것만큼 중요하다는 인식이 커지고 있었다. 그 때문에 기후보호의 경제적 이익을 강조함으로써 내가 가교 역할을 할 수 있기를 기대했다. 나는 기후회의가 개최되기 전에 이 사안에 대해 내 생각을 공개적으로 알리기로 마음먹었다. 2001년 3월 19일 미국 대통령에게 서한을 보내 내 견해를 확실히 밝혔다. 이른바 우리는 기후변화라는 전 세계적 도전에 대해 범대서양적 책임을 지고 있으며, 온실가스를 감축하기 위해 선진국들이 약속한 의무 이행을 보장해야 한다고 호소했다. 이런 토대가 마련되어야만 그다음 단계로 주요 신흥개발국들이 자신의 경제 능력에 상응하는 규정을 마련할 것이기 때문이다.

하지만 내 호소는 별 효과를 거두지 못했고, 미국이 방향을 바꾸지 않을 것이 분명해졌다. 부시 대통령과 면담하고 난 뒤에 나는 그가 기후보호 문제와 관련하여 클린턴 대통령의 적극적인 정책을 중단할 것이며, 부시 반대자인 엘 고어Al Gore가 선거 유세에서 환경 문제에 대해 언급한 내용과는 확실히 결별할 것이라는 인상을 받았다. 미국 행정부가 이 뻣뻣한 자세를 굽히지 않는 것은 무엇보다 미국 석유업계에 걸린 엄청난 이권 때문이었다.

## 에너지 문제

그렇다면 독일의 상황은? 평소 그대로였다Business as usual. 오늘날과는 비교할 수 없지만 원유 가격은 1999년과 2000년에 계속 상승했다. 야권은 환경세 도입에 즉각적으로 거세게 항의했다. 언론은 민심의 '성난 물결'이라며 보도기사를 쏟아냈다. 이런 상황에서는 정치권이 어떤 대답을 하든 여론은 무조건적인 거부반응만 내놓기 마련이다. 이들은 급진적으로 변화하는 정치적 · 경제적 여건에 대해 고민하기는커녕 변화의 책임을 어떻게 하면 정치권에, 특히 사민당-녹색당 연립정부에 지울지를 고민했다. 자기들은 어찌할 수 없지만 정치권은 어떻게든 반응을 보여야 할 테니까 말이다.

환경세를 도입하여 단계적으로 인상한 사례를 한번 살펴보자. 본래 환경세는 환경에 대한 세금을 매기려는 것이 아니라, 시장경제에 부합하는 수단을 이용해 사람들의 태도를 경제적으로 효율적이면서 생태학적으로도 타당한 방식으로 변화시키기 위한 것이다. 따라서 애초에 환경세라는 표현부터 부적절했다. 대다수 언론과 야당이 환경세 반대 캠페인을 벌였고, 여기에 경제단체들이 동원되었다. 덧붙이면 2005년 연방하원 선거 유세에서 기민-기사당은 높은 유가를 고려하여 환경세를 크게 낮추겠다는 공약을 내걸었다. 지금은 이에 대해 기민-기사당뿐만 아니라 경

"에너지 자원을 절약하는 것이 자연 그대로 생활공간을 지키는 데 도움이 된다."

제계 대표들도 아무런 언급을 하지 않는다. 그 이유는 능히 알 만하다. 사민당-녹색당 연립정부 때와 달리 정부를 투쟁 대상으로 인식하지 않기 때문에 각자 스스로 이 문제를 객관적으로 고민해보기 시작한 것이다.

환경세 배후에 깃들어 있는 의미는 생태학적으로나 경제적으로 분명하고도 미래 지향적이다. 과세로 에너지 자원의 가격이 상승하면 자원을 절약하지 않을 수 없다. 결국 자원을 보호하고 자연 그대로 삶의 터전을 보전할 수 있다. 이것만으로도 장기적으로 큰 경제적 수확이다. 이들 장점들은 중단기적으로도 효과적이다. 독일은 에너지 가격을 의도적으로 상승시킴으로써 전 세계적으로 에너지 절약과 관련된 신기술의 선두주자가 되었고, 다른 지역에 비해 불리한 기후 조건임에도 재생에너지원 시장에서 독보적인 1위로 자리매김하였다.

때로 환경 정책자들이 실현 불가능한 기대를 제시하기도 했지만, 연립정부의 집중적인 토론을 거쳐 모두가 만족하는 해결책을 찾아낼 수 있었다. 이 과정에서 특히 사민당이 할 일은 생태학적으로 반드시 필요한 부분과 경쟁적 관점에서 경제적으로 허용되는 부분을 결합하는 일이었다. 사민당은 환경이라는 화두를 다소 늦긴 했지만 좀 더 심도 있게 받아들였고, 점점 더 분명하게 깨닫고 있다. 사민당-녹색당 연립정부가 이처럼 말도 많고 탈도 많은 행보를 성공적으로 수행하고 관철해낸 것이야말로 전략적으로 가장 중요한 사회적 변화 중 하나임이 분명하다.

다른 한 가지 예는 리스터연금Riester-Rente을 둘러싼 논쟁, 즉 법정 연금보험을 보완하는 자금충당식 추가 연금을 도입하는 문제였다. 인구학적 변화로 노후 보장에 대한 또 하나의 제도가 세워져야 한다는 사실은 모든 사람이 동의하는 부분이었다. 게다가 통일 이후 구동독 주민들에게도 연금이 지급되어야 했고, 이 사실만으로도 연금공단의 사정은 어려울 수밖에 없었다.

달리 표현하면 연금보험의 재정적자가 극도로 악화되었다. 그래서 우리에게는 발터 리스터 노동부장관의 표현대로 개인별 노후 대비 의무, 즉 자금충당을 통한 추가 연금 구축이 필요했다.

실제로 피고용인과 기업(고용인)이 납부하는 보험료로 운영되는 연금 제도가 이중으로 압력을 받고 있다는 사실은 연금 전문가가 아니라도 쉽게 이해할 수 있다. 인구 변화로 사회보장보험에 의무 가입한 피고용인의 수는 나날이 감소했다. 동시에 소득과 관련한 피고용인들의 평생 이력도 변화했다. 과거에는 자신이 교육받은 직업을 바탕으로 한 기업에서 장기적으로 일했던 반면, 이제는 고용 관계가 자주 중단되었다. 고용 지속 기간이 줄어들고, 근무시간이 단축되었으며, 실직 기간이 늘어났다. 다른 한편으로 기대 수명과 연금 수령 기간이 올라감으로써 기존의 연금 체계만으로는 이런 요소들을 감당할 수가 없었다. 그리하여 지금까지 연금보험료라는 기둥, 즉 피고용인과 기업이 납부한 보험료로 유지되었던 연금보험이 자금충당이라는 기둥으로 보완되어야 했다. 이때 자금충당은 개인별 노후 대비를 달리 표현한 것에 지나지 않는다.

한편 예전에도 그랬지만 지금은 더욱더 사회보장 시스템의 원칙인 연대책임과 개인의 자기 책임 사이에 새로운 균형이 필요해지기 시작했다. 사회나 국가의 연대책임을 요구하기에 앞서, 사회구성원이라면 누구나 객관적으로 가능한 범위 안에서 자신과 가족을 위해 최우선적으로 할 수 있는 일을 하도록 요청받을 수 있다는 것이다. 복지국가에 대한 이런 견해를 우리 당의 전통주의자들, 특히 노조 활동가들에게 이해시키기가 어려웠다. 마찬가지로 꼭 필요한 제도를 관철할 때면 의회나 사회의 반대를 극복하는 것보다 우리 당 내부를 이해시키기가 종종 더 힘들었다.

# 연금 개혁

다가올 30년을 내다본 이 최초의 연금 개혁은 역사에 기록될 만한 가치가 충분하다. 그 역사를 미리 기술해보면 이 개혁은 반드시 필요하지만 아직 해결되지 않은 논쟁, 즉 정당들 간의 경쟁이 어디에서 끝나야 하는지, 그리고 책임 윤리의 범위는 어디까지인지에 대한 논쟁의 출발점이라 할 수 있다.

우리 연립정부는 정부를 인수하고 나서야 연금보험이 처한 재정 위기의 엄청난 규모를 비로소 알게 되었다. 그럼에도 연금보험료를 20.3%에서 19%로 낮추기 위해서 환경세를 도입하기로 의결하고, 여기서 나온 세수를 사용해 임금부대비용(임금의 사회보장분담금)의 부담을 덜어주는 방식으로 경쟁력을 높여주는 정책을 폈다. 또한 부가가치세에서 추가로 1%포인트를 끌어와서 연금보험료의 적자를 메꿨다. 콜 정부가 1998년에 선거를 앞두고 연금보험료를 과도하게 낮추지만 않았다면 연금 계좌에 입법자가 요구한 1개월간의 변동준비금 84억 마르크가 비지 않았을 것이고, 그랬다면 연금보험료를 더 낮출 수도 있었을 것이다. 이렇게 전임 정권이 정권 말기에 선심성 정책을 펴서 남긴 적자도 우리 몫으로 해결해야 할 숙제였고, 우선 이런 적자를 세금으로 메꿔야 했다.

1999년에 리스터가 연방 노동사회부장관으로 임명되었는데, 연금이 안전하다는 환상을 깨뜨리는 과제를 수행해야 했기에 별로 탐나는 자리는 아니었다. 연금이 안전하지 않은 이유는 사회보험 가입 의무가 없는 피고용인 약 500만 명이 사회보험 분담금을 납부하지 않음으로써 사회보장제도의 자금 조달에 참여하지 않았기 때문에 더욱 그랬다. 우리는 이들, 이른바 '630마르크 직업'(630마르크 이하로 받는 직업)에 사회보험 분담

"그는 사민당-녹색당 연립정부의 1차 집권 시기에 가장 어려운 개혁 과제를 맡아 처리했다."
2001년 5월 11일 슈뢰더 연방총리와 발터 리스터 연방 노동사회부장관이 총리청에서 연금 개혁을 소개하는 기자회견을 열고 있다.

---

금 의무를 부과하고 그 대신 세금을 면제해주는 것으로 보험료 납부 기준을 어느 정도 안정화할 수 있었다. 세금을 면제하여 부담은 덜어주고, 대신 이들이 사회보험 분담금을 내기 때문에 납부기간이 후에 연금수령시 고려되어 혜택을 더 볼 수 있는 정책이었다.

전체적으로 볼 때 기존의 연금 구조를 형성했던 연금계산방식이 완전히 시험대에 오른 것은 분명했다. 이 내용이 공개되자 엄청난 긴장감이 표출되었다. 앞으로 세후 급여수준 변화에 따른 연금 연동 방식이 거의 실현되지 못할 것으로 확인되자 거센 후폭풍이 예고되었다.

기민-기사당은 '연금 사기'라는 제목으로 캠페인을 발족했고, 그 곁에는 노조가 있었다. 셈을 할 수 있는 사람이라면 누구나 연금보험료로 유지되는 노령연금이 지금의 수준을 유지하지 못할 것이고, 따라서 자기부담에 기초한 두 번째 제도가 필요하다는 사실을 알아챌 수 있었을 것이다. 여기서 논쟁은, 자기 노후 대비라는 이 두 번째 제도가 자발적이어야 하는가 또는 의무적이어야 하는가에 관한 것으로, 녹색당에서도 사민당만큼 논란이 되었던 것이라 이 공방은 연립정부 내에서도 이어졌다. '강제 연금'이라는 모함까지 받은 의무 연금은 성사되지 못했다. 사민당-녹색당 연립정부의 1차 임기 동안 가장 골치 아픈 난제에 해당한 이 개혁을 처리해야 하는 리스터는 나와 지속적으로 대화했다. 노동부장관 교체 소문이 퍼져 한때 우리 사이에 불신이 생기기도 했지만, 나는 단 한 번도 장관 교체를 생각한 적이 없다고 지금도 자신 있게 말할 수 있다. 그뿐만 아니라 연금 개혁을 둘러싼 논쟁이 2002년까지 이어질 것이라고는 상상도 못했다.

리스터가 내각에 합류하기 전까지 나는 그를 잘 알지 못했다. 현대적인 단체교섭 정치가로 이름을 날렸다는 것만 알고 있었다. 그에 관해 소문과 책으로 접한 것만으로도 우리 팀에 합류시켜야겠다는 결정이 확고해졌다. 다들 실망하지 않을 것이라고 했다. 그는 아는 게 많았고, 과거 타일공 장인으로서 자기 직업에 관한 자부심과 노조 활동에서 얻은 자신감이 넘쳐났다. 사민당-녹색당 내각이 자주 비난받은, 즉 직업 세계에 대한 지식이 부족하다는 말은 그에게 설득력이 없었다. 내각 사람들도 그를 높이 평가했다. 경제부와 노동부를 통합하면서 2002년부터 새롭게 구성될 내각에서 그와 함께 일할 수 없다고 말해야 했을 때 개인적으로 너무나 미안했다. 이 어려운 결정이 내려진 이후에도 그는 의리를 저버리지 않았다.

연금 개혁 문제와 관련해서 우리는 가능하면 야당과 한배를 타려 했다. 그러나 이 정치적 결정은 결국 고통스럽게 긴 과정으로 이어졌다. 세금 개혁 저지에 실패한 기민-기사당이 연금 개혁에 제동을 걸었다. 기민당은 협상할 준비가 되어 있다고 했지만 결국 우리가 자신의 요구를 들어줄 때까지만이었다. 한 가지를 들어주면 금방 다른 요구를 제시했고, 그다음 피할 수 없는 요구 사항이 또다시 올라와 있었다. 이렇게 협상 마라톤이 시작되었고, 연금 개혁은 끝나지 않는 역사가 되어버렸다.

이런 전략은 장기간에 걸쳐 영향을 미쳤다. 비난의 포격은 사민당-녹색당 연립정부, 특히 사민당에 공개적으로 쏟아졌다. '연금 사기' 그리고 '연금 거짓말'이라는 비난은 사민당 원내교섭단체까지도 와해시켰고, 악화일로의 여론조사 결과에 반영되었다. 그러자 사회에서는 정치권이 이를 해결할 능력이 없으며 처리 권한을 상실했다는 인상이 짙어졌다. 한쪽에는 국내 정치권이 합의를 찾는 일에 별 관심이 없는 경제인 연합이, 다른 한쪽에는 이 경제인 연합과 긴밀한 관계를 유지하고 있는 기민당이 묘하게 얽혀 있었다. 기민당은 동시에 자기편에 서 있는 '노동을 위한 동맹'의 경제인 대표자들이 정부가 성공적이라는 어떤 인상도 갖지 않기를 바랐다. 이들과 성향이 반대인 노조에서도 이번만큼은 한목소리를 냈는데, 노조의 정책 노선은 과거 잘나가던 서독 경제가 안겨줬던 사회보장 혜택을 결코 포기할 수 없다는 태도를 견지했기 때문에 이들은 사민당이 이끄는 정부가 근본적인 개혁을 연기해주기를 바랐다.

연방하원에서 법률에 대한 제2차 그리고 제3차 독회가 시작되기 직전인 2001년 1월 기민당은 일종의 수배 전단지처럼 플래카드를 만들어 배포했는데, 이 플래카드에는 내가 마치 현상수배된 용의자처럼 그려져 있고, 그 밑에는 '연금 사기'라고 쓰여 있었다. 많은 하원의원이 이에 대해 분개했다. 그러자 기민당 대표는 이 포스터가 충분히 오해받을 수도 있겠다며 양해를 부탁했지만 진정한 사과로 들리지는 않았다. 이런 식의 인신공격까지 한 것만 봐도 연금 개혁을 앞두고 토론이 얼마나 첨예하고 공격적이었는지 잘 알 수 있다.

사민당-녹색당 연립정부는 녹초가 될 때까지 대화하고 협상한 끝에 2001년 1월 26일 연방하원에서 '법정 연금보험 개혁에 관한 법률'을 통과시켰다. 그러나 이는 연금 개혁의 일부에 불과했다. 노후 대비에 대한 국가 지원안이 연방상원 통과를 기다리고 있었다. 우리는 노령연금을 실현하기 위해 총 200억 마르크 이상을 편성했다. 2001년 5월 11일에는 예상했던 대로 연방상원에서 '추가 노령연금 지원계획'이 양원 협의회에 회부되었다. 회부의결서는 연방상원의 기민당 다수가 작성하여 체면을 지켰다. 기민당은 법안을 약간 수정해서 최종적으로 법안에 동의하였다. 하지만 사회정책적으로 시급한 이 개혁이 성사되기까지 우리는 얼마나 많은 에너지를 소모했던가? 이번 경험으로 우리는 아주 중요한 전례를 만들었고, 이전 단계로 되돌아가는 것은 불가능했다. 결국 우리가 확인한 것은 소모적이고 고통스러울 만큼 지난한 과정 때문에 새 시대를 여는 개혁의 효과가 묻혀버렸다는 사실이다.

연금 개혁을 둘러싼 암투와 같은 정치적 과정으로 정치기관의 결정 능력과 행위능력에 대한 신뢰가 무너졌는데, 시민의 생존과 직결된 문제다 보니 더욱더 그랬을 것이다. 이 과정에서 정당의 위기가 더욱 심화된 것은 그리 놀랄 일이 아니다. 두 대중 정당은 모두 당원 모집에 어려움을 겪었다. 대연정 말고는 다른 대안이 없었다. 2005년 9월에 실시한 선거에서 사민당과 기민-기사당이 실제로 각각 약 35%를 얻어 모두 약세를 나타냈다. 혹시 이런 약세가 우연한 일시적 현상이라고 믿는 사람이 있다면 다시 한 번 잘 생각해보라고 힘주어 말하고 싶다.

대연정이 정당에는 숨고르기용 휴식이 될 수도 있다. 다만 정당들이 중요한 정치적 문제를 기존 방식대로 처리할지에 대해 비판적으로 질문하는 것을 휴식 중에도 멈추어서는 안 된다. 당시 내가 염두에 두고 있던 정치적 문제는 인구 변화와 관련된 것이었다. 특히 동독에서는 인구 변화가 눈에 띄게 나타났는데, 경제적인 이유로 서독으로 이주하는 사람들이 늘어났기 때문이다. 과거 리스터연금을 둘러싼 논쟁에서 야당은 자신이 참여할 수 있는 효율적인 해결책을 찾기 위해 노력하기보다는 고집스럽게 현실을 부정하면서 미래에 등을 돌리고 서 있었다. 그래서 이 연금이 탄생되던 시기의 기억을 나는 더더욱 잊을 수가 없다. 많은 사람에게 과거에도 현재에도 없어서는 안 될 개혁이었는데 말이다. 그러나 나는 회의적이지 않다. 7년 동안 사민당-녹색당 연립정부는 지금의 독일이 있기까지 우리 앞에 놓인 과제를 해결하는 데 필요한 많은 업적을 남겼다. 거기에는 성공한 시도도 있었지만, 성공에 못 미친 시도도 있었다는 점을 인정한다.

# 21세기의 새로운 화두, 인구 변화와 세계화 전략

'유럽의 사회민주당이 나아갈 길'이라는 제목 아래 블레어 영국 총리와 나는 1999년 6월 8일 런던에서 공동성명을 발표했다. 이는 유럽의 사회민주당이 함께 시대의 두 화두인 인구 변화와 세계화에 대한 전략을 구상하는 시도였다. 크게 두 가지 문제를 다루었는데, "국가에서 사회복지가 지속되기 위해 자본주의 경제는 얼마나 효율적이어야 하는가?" 하는 문제와 "경제적 효용은 어느 지점에서 인간성을 파괴하기 시작하는가? 그리고 이 과정에서 시장은 어떤 역할을 해야 하는가?"라는 질문이었다.

말하자면 사회가 완전히 경제 논리에 예속되는 것을 막기 위해 시장에서 벌어지는 일을 어느 선에서 제한해야 하는가, 그리고 기업은 향상된 경제 여건을 이용하여 새로운 성장과 새 일자리 창조에 어떻게 기여할 수 있는가에 대해 논의하는 자리였다. 우리는 특히 공급정책과 수요정책 사이에 외관상 드러나는 모순을 해소할 방법을 모색했다.

이 성명서에서 다룬 항목들 중 상당 부분이 이후 '어젠다 2010'에서 다시 다루어졌다. 그때는 물론이고 이를 실행하는 지금도 중요한 문제였기 때문이다. 블레어 총리와 나의 제안은 사방에서 격렬한 분노를 불러일으켰고, 결국 토론 자체가 불가능했다. 솔직히 "또 뭐가 문제라는 거야!"라고 말하고 싶은 유혹을 어렵게 이겨냈다.

슈뢰더-블레어 성명서를 최근 다시 읽어보았다. 몇 가지는 시기상조였다는 걸 인정하지만, 기본적인 분석은 그때나 지금이나 옳았다고 본다. 다만 '고령화' 사회에서 자체 교육 자원을 분명히 파악했는지는 잘 확인되지 않았다. 고령화 사회에는 두 가지 측면이 있기 때문이다. 하나는 아이를 키우는 가족이 감소하는 것인데, 이는 2005년 독일에서 전년보다 2만 명이 적은 68만 6,000명이 출생하는 결과로 이어졌다. 동시에 인간의 수명은 점점 더 늘어나고, 그러면서도 비교적 건강하게 산다. 즉 기대수명이 갈수록 높아지는 추세다. 조사에 따르면 현재 60세인 사람은 1985년에 50세인 사람과 동일한 정신적·육체적 삶을 살고 있다. 실제 연령이

"이 시대의 두 가지 난제는 인구 변화와 세계화다."
1999년 6월 8일 런던에서 블레어 영국 총리와 슈뢰더 독일 연방총리가 공동 전략 성명서를 발표
하고 있다.

---

한 세대도 안 되는 기간에 10년 정도 높아진 것이다. 이러한 사실로부터 '평생교육'이라는 개념이 탄생했다. 물론 고령까지 교육을 가능하게 할 제반 여건이 충분히 마련되지 않았다고 본다. 게다가 독일 기업의 60%는 50세 이상 노동자를 고용할 의사가 없다고 발표했다. 얼마나 근시안적인 가! 예외적인 행보로 유명해진 기업도 있지만, 유감스럽게도 그리 많지는

않다. 여기서 사회적 책임과 기업의 이윤이라는 문제가 제기된다.

문제는 바로 이것이다. 독일 기업은 21세기가 시작되고 처음 5년 동안 세계시장을 용감하게 누볐다. 경영 면에서는 모든 것이 정상이었다. 군더더기 없이 효율적으로 경쟁자들을 물리쳤다. 하지만 이제는 이 전략의 대가에 대해 진지하게 토론해볼 때다. 글로벌 기업의 '날씬함'과 '가벼움'은 무리한 해고를 밀어붙여서 얻은 것이다. 이 전략의 결과에 대한 책임은 과거에도 지금도 정치권이 떠맡고 있지만, 정치권도 마땅한 해결책을 가지고 있는 건 아니다.

하노버에서 열린 '세빗 2000<sup>CeBIT 2000</sup>'에서 나는 소프트웨어 전문가가 부족한 기업의 상황을 발표하도록 주문했는데, 물론 즐거운 일은 아니었다. 외국인 소프트웨어 전문가에게 체류 및 취업 허가를 내주는, 이른바 그린카드를 도입하자는 내 제안은 독일 경제를 더욱 국제화하고 컴퓨터 전문가를 국내로 유입하기 위한 시도였다. 독일 산업계의 인사 담당 부서는 수십 년 동안 이들에 대한 수요를 파악하지 못했거나 무시했다. 게다가 외국인에게 적대적인 '제한적인 이민법'으로 상황은 더욱 악화되었다.

인구 변화는 이민으로 완화될 수 있다. 하지만 그린카드 운동에서 이미 밝혀진 것처럼 독일은 이에 대한 어떤 준비도 되어 있지 않다. 특히 보수 정당에서 이런 인식이 얼마나 부족한지는 2000년 노르트라인-베스트팔렌주 선거 유세에서 당시 기민당 후보이자 콜 내각에서 미래부장관을 지낸 위르겐 뤼트거스<sup>Jürgen Rüttgers</sup>가 외친 '인도인(의 이민을 받는) 대신 아이를 (낳자)'이라는 구호를 보면 더욱 분명해진다.

그동안 많은 개혁이 있었지만 독일의 국적법과 체류법은 여전히 이민자의 접근을 어렵게 만드는 쪽에 초점이 맞춰져 있다. 소프트웨어 기술자에게 5년 이상 체류를 허가하자고 주정부 내무장관들을 쫓아다니며 설득한 일은 지금도 잊히지 않는다. 외국인 학생들이 학업을 마친 뒤 취업을 했음에도 체류 허가를 받지 못해 독일을 떠나야 하는 현실을 우리는 방치하고 있었다. 이들 학생들에게 무상으로 학업을 허용하고 이후 (몇몇 예외 사례를 제외하고) 다시 고향으로 돌려보내는 일은 얼마나 불합리한가. 자존감이 높고 개방성을 유지하는 나라라면 이렇게 행동해서는 안 될 일이다.

우리는 이 모든 문제를 해결하기 위해 새 이민법을 도입하여 독일 이민이 더 명확하고 인간적인 원칙에 따라 가능하게 만들고자 했다. 연방 상원에서 과반수를 차지하고 있는 기민당의 협조를 얻어내기 위해 이민법의 명칭을 '이주법'으로 바꿔보기도 했다. 하지만 이는 고작 반걸음 떼는 것에 불과했다. 오늘날 미국을 본보기로 삼는 사람들은 미국의 경제 체제가 무엇보다 이민으로 꾸준히 전진해왔다는 점을 간과하고 있다. 세계 최대 수출국이 되고 싶어 하면서도 외부인의 접근을 막는다면 실패할 수밖에 없다. 우리에게는 이민자가 필요하며, 경제 활력과 문화 교류를 반대 개념으로 이해해서는 안 된다.

비록 충분하지는 않지만 어쨌거나 우리에게는 이제 이민법이 생겼다. 이 일은 사민당-녹색당 연립정부가 아니었더라면 불가능했을 것이다. 차별금지법과 핵합의도 이와 비슷한데, 앞서 설명한 것처럼 핵합의는 모든 자원이 제한되어 있으며 재생에너지 연구에 투자하는 것이 좋겠다는 인식이 뒷받침됨으로써 가능했다. 에너지 기업들은 기존의 원자력발전소가 정한 전력의 총량만 생산할 것을 약속했다. 즉 원자력발전소 가동 연한을 법으로 제한한 것이다. 이 합의는 동시에 핵 재처리를 종료하고 핵 운반을 줄이겠다는 의미였다. 이는 발전소 운영 회사에 손해배상을

"야당의 지지를 받은 한쪽은 에너지 정책을 대참사로 만들었고, 다른 한쪽은 '합의는 난센스'라고 외쳤다."
울리히 하르트만(왼쪽)과 디트마르 쿤트(오른쪽)가 슈뢰더 연방총리와 함께 베를린 총리청에서 협상 결과에 대한 기자회견을 하고 있다.

하지 않고 시행할 수 있는 최선의 방법이었다. 그뿐만 아니라 핵합의는 국내 안정에도 크게 기여했다.

이 핵합의는 2000년 6월 14일에 열린 야간 회담에서 극적으로 타결되었다. 우리 쪽에서는 베르너 뮐러, 위르겐 트리틴, 프랑크-발터 슈타인마이어 그리고 내가 나왔고, 상대 쪽에서는 에온e.on의 울리히 하르트만Ulrich Hartmann과 RWE의 디트마르 쿤트Dietmar Kuhnt, EnBW의 게르하르트 골Gerhard Goll, HEW의 만프레드 팀Manfred Timm이 나왔다. 골이 오브리히하임 원자력발전소에 대한 특별 조항을 얻어내려고 협상 마지막 순간에 어깃장을 놓는 바람에 전체 과업이 무산될 위기에 놓였다. 결정적으로 오브리히하임 발전소에 대한 절충안을 내서 협상은 성공적으로 끝났지만, 이로써 우리는 2002년 연립정부 협상 때 상당한 어려움을 겪어야 했다.

이 핵합의의 사회정치적 의의는 한 번도 제대로 평가되지 않았는데, 그 이유는 간단하다. 원자력을 반대하는 이들에게는 이 협상이 충분하지 않았고, 찬성하는 이들에게는 너무 지나치다고 보였기 때문이다. 야당의 지지를 받은 한쪽은 에너지 정책을 대참사로 만들었고, 다른 쪽은 '합의는 난센스'라고 외쳤다. 누가 거짓말을 하는지는 결과가 말해줄 것이다. 어쨌거나 전력 생산에서 원자력이 차지하는 비율이 크게 감소해 현재는 28%에 불과하다. 그러나 더 중요한 점은 앞서 말했듯이 독일이 대체에너지원 사용에서 세계 1위를 차지하고 있다는 사실이다.

이렇게 우리는 에너지 생산성을 24%까지 끌어올렸고, 에너지 사용의 효율을 높였다. 내 재임 기간 재생에너지의 전력 생산은 두 배로 상승했고, 그 결과 독일의 온실가스 배출은 19% 감소했다. 현재 재생에너지는 전력 생산에 크게 기여하고 있다. 그 비율은 1998년부터 2004년까지 약 30% 상승했다. 그리고 재생에너지는 점점 더 중요한 경제 요소가 되었다. 약 15만 명이 이 분야에서 일하고 있고, 우리는 매년 60억 유로를 재생에너지에 투자하고 있다.

핵합의는 현재 다시 논의 중이다(독일은 2022년까지 탈원전 국가가 될 것을 선언했다—옮긴이). 대연정에서 기민당 측은 탈원전에서 하차할 것을, 적어도 발전소 가동 기간을 더 늘릴 것을 원했다. 반면 사민당 측은 변동이 없는 그대로를 원했다. 연립정부 구성 계약에는 이행 유예기간(모라토리엄)이 명시되어 있다. 그럼 사민당 출신 환경부장관은 어떤 결정을 내려야 할까? 쉽게 생각하면 된다. 연립정부 구성 계약이 그를 지지하지만 그것도 이번 임기까지다. 여기서 사민당은 "변동 없이 그대로 하기를 주장하여 단기적인 성공을 하는 것이 나은가, 아니면 유예기간을 고려하여 궁극적으로 합의에 이르는 것이 멀리 내다봤을 때 더 중요하지 않은가" 하는 질문을 던져봐야 한다. 권력관계에 변동이 생길 가능성도 배제할 수 없고, 정부가 독일 민주주의 좌파와 대립하는 상황 역시 배제할 수 없다. 원자력의 부활을 주장하는 이익단체들의 압력은 점점 강해지고 있다. 기민당과 자민당의 연립정부라면 이런 압력을 견디려고 하지 않을 것이다.

이런 관점에서 볼 때 형식을 떠나 내용을 고민해보는 것이 더 효과적일 수 있다. 합의해야 할 결정적인 이유는 어디에 있는가? 우리가 의도하는 것의 핵심은 무엇인가? 2000년 6월 14일에 작성한 연방정부와 에너지 공급사 간의 합의문에는 다음과 같이 기술되어 있다.

연방정부와 에너지 공급사는 도출된 합의서가 포괄적인 에너지 합의energy consensus에 중대한 기여를 할 것으로 예상한다. 합의서 당사자들은 독일 현지에서 친환경적이고 유럽 시장에 경쟁력을 갖춘 에너지산업이 계속 발전할 수 있도록 향후 함께 노력해나간다. 이로써 에너지산업 분야에서 가능한 한 많은 일자리가 보장되는 데 크게 기여하게 될 것이다. …… 핵에너지의 책임에 대한 논쟁은 이 땅에서 수십 년 동안 격렬한 사회적 공방과 대립을 낳았다. 핵에너지 이용에 대한 의견은 과거에도 그렇고 현재에도 다양하지만, 우리 에너지 공급사들은 핵에너지에서 전력을 생산하는 일을 순차적으로 종료하려는 독일 연방정부의 결정을 존중한다.

확실한 것은 독일에서 원자력은 경제적으로 감당이 가능한 시점에 종료될 것이라는 사실이다. 내가 이런 결정을 내린 이유는 핵폐기 문제가 아직 해결되지 않았다는 점, 적어도 국내 기준으로는 해결하기가 너무나 어려울 것이라는 점 때문이었다.

그 밖에 내가 중점을 둔 사항은 천연자원을 아끼고 신중히 사용하는 방식으로 에너지 공급 체계를 확립하고, 이를 위해 가능한 한 모든 기술을 활용하며, 미래의 투자 흐름을 이 분야와 재생에너지 분야로 유도하는 것이었다. 즉 새로운 에너지 정책을 개발하여 자원을 절약하는 방식과 재생에너지원(태양열, 풍력 그리고 바이오매스 에너지)에 대한 방대한 투자를 지원하는 것이다.

이와 관련하여 핵폐기물 처리 문제, 특히 최종 폐기 문제가 해결되어야 한다. 우리 정부조차 이 문제를 전적으로 국내에서만 해결하려고 했는데, 그 점은 실수였다고 생각한다. 독일처럼 거주지가 밀접하게 형성되어 있는 나라에서는 지질학적으로 핵폐기가 매우 제한적이다. 따라서 핵폐기물 문제를 굳이 독일 안에서만 찾을 필요는 없다. 우리는 러시아와 협력하여 이 문제를 해결해볼 수 있다. 독일의 기술, 그에 따른 독일 에너지 회사들의 자금 그리고 러시아의 유리한 저장 가능성을 이용하면 모든 관련자에게 도움이 되는 방안을 이끌어낼 수 있을 것이다. 게다가 우리가 참고할 만한 공조 모델도 이미 나와 있다.

2002년 6월 캐나다에서 열린 G8 정상회담에서 우리는 러시아의 탄두에서 나온 핵 물질과 잠수함에서 해체한 원자로를 테러리스트들이 접근하지 못하면서도 환경에 영향을 주지 않고 폐기할 수 있도록 200억 달러를 제공하기로 합의했다. 현재는 독일의 협조하에 첫 번째 핵잠수함 폐기가 진행되고 있고, 장기적 폐기물저장소 건설이 시작되었다. 이 선례에 따라, 국제원자력기구IAEA의 감시 아래 독일의 핵폐기물을 러시아에서 폐기하는 방법을 충분히 협의할 수 있다.

# 농업 개혁과 보건 개혁

사민당-녹색당 연립정부가 독일의 수많은 왜곡된 구조를 타파했다는 내 생각은 변함이 없다. 많은 과제, 어쩌면 너무나 많은 과제가 우리를 기다리고 있었다. 그 과정에서 국민들이 변화의 마라톤을 잘 따라올 수 있을지 우려스럽기도 했다. 불편한 개혁은 그 개혁과 무관한 사람들에게 특히 큰 환영을 받았다. 이런 현상이 인간적이기는 하지만 선거에서는 우리에게 재앙과도 같은 어려운 상황이 연출되었다. 야당 쪽에서 변화하지 않고도 필요한 변혁을 이루어낼 수 있다는 인상을 풍기는 한, 독일에서 개혁정책은 어려움을 겪을 수밖에 없다. 그러다가 기민당이 2005년에 자민당정책위원회가 작성했다고 해도 믿을 만한 경제 및 조세정책을 들고 나왔을 때에야 비로소 유권자들은 자신의 삶과 별 상관이 없거나 아예 무관한 일에 이용당하고 있다는 사실을 깨달았다.

내 첫 임기를 정리해보면 햇살과 그늘이 팽팽하게 균형을 이루고 있었다. 노동시장에서는 효과가 드러날 만한 장기적인 경기회복 조짐이 보이지 않았다. 선거를 1년 앞둔 2001년 실업자 수는 다시 400만을 넘어섰다. 이 수치는 세제 개편 첫 단계의 성공을 무색하게 했다. 1만 4,000마르크 이하 소득이 비과세되고, 기존 22.9%였던 최초 과세율이 19.9%로, 기존 51%였던 최대 과세율이 48.5%로 낮아질 것이라는 기쁨도 덮어버렸다. 합자회사들에 과거 배당 수익에 대해서는 40%를, 유보 이익에 대해서는 30%를 과세하던 것을 일괄적으로 수익의 25%만 과세하였다. 합명회사들에는(주로 수공업자들이 합명회사에 해당된다—옮긴이) 주정부 세수에 해당되는 영업세를 손대지 않고, 그 대신 소득세 총액에 세율인하분이 반영되도록 개정하였다. 환경세를 도입하여 그 세수를 연금보험료에 충당함으로

"퀴나스트 장관은 농업정책을 쇄신하려고 열정적으로 일하는 모습을 보여주었다."
2001년 1월 19일 연방 소비자보호농식품부장관이 '녹색 주간' 개회를 선언하였다.

써 연금보험료가 0.2%포인트 인하되어 19.1%로 낮아졌고, 그 대신 환경
세 도입의 두 번째 단계로 휘발유 가격을 리터당 7페니히, 킬로와트시당
5.8% 인상하여 보전하였다. 그리고 연방 대학생장학금(바펙)의 최대 지원
금을 월 1,030마르크에서 1,140마르크로 증액한 사실도 빼놓을 수 없다.

2001년 초에 울라 슈미트Ulla Schmidt가 녹색당 출신 안드레아 피셔
Andrea Fischer 후임으로 보건부장관에, 레나테 퀴나스트Renate Künast가 사민

당 출신 카를-하인츠 풍케Karl-Heinz Funke 후임으로 농업부장관에 임명되었다. 퀴나스트의 임명으로 실제 독일 농업정책에 새로운 장이 열렸다. 이미 늦은 감이 있는 이 새로운 방향 전환의 시발점은 영국에서 유입된 광우병이었다. 이 충격은 쉽게 가시지 않았고, 당시 농업부의 주된 업무를 소비자 보호와 식품에 두도록 했다.

퀴나스트 장관은 과잉생산의 종료와 농산품 품질에 집중할 것을 주문했다. 농업정책이 위기에 빠진 것은 광우병 파동 이전부터였다. 이미 소비자의 신뢰는 무너지고 있었다. 비판의 핵심은 현대적 농업이 건강하고 고품질인 식품 생산을 완전히 보장하지 못하고, 상당한 환경 훼손은 물론 종의 다양성을 감소시키며, 토양과 지하수를 오염한다는 데 있었다. 예방적 보건 목적 사료의 중요성도 충분히 주목받지 못했다. 비난의 중심이 된 것은 농가 사업장의 규모가 아니라 생산방식이었다.

이런 환경에서 농업에 대한 다른 형태의 이상형이 시급했다. 말하자면 일방적인 양적 증가나 가격 경쟁을 추구하는 생산방식과 결별하고, 대신 경제적으로 효율적이면서 특히 품질 경쟁을 추구하며 자연에 순응하는 농업 경영 방식에 치중하는 것이다. 지속 가능한 농업 경영은 국가가 지시할 수 있는 사항이 아니다. 생태학적으로 건강하게 생산된 식품과 사료에 대한 수요가 증가하는 것이 가장 중요하다. 따라서 경영 방식이 건강과 환경보호 요건에 부합하는 사업장을 선별적으로 지원할 필요가 있었다. 여기에는 이들 사업장의 생산방식 전환을 지원하는 것도 포함되었다.

품질에 초점을 맞추려면 농업, 친환경 농가, 식품업계 그리고 상업계 간의 협력 구조를 새로 갖추어야 했다. 우리 목표는 이들 제품이 모든 슈퍼마켓의 고정된 자리에 진열되는 것이었다.

농업정책의 노선을 바꾸는 일에 소비자들이 적극적으로 관심을 표명했다. 이는 품질의 가치를 아는 농업 경영인들의 이익에도 부합했다. 이들에게는 수지 타산이 맞는 길을 열어주어야 했다. 우리에게 필요한 것은 농가에 대한 신뢰였는데, 신뢰야말로 농산품에 대한 수요를 강화하기 때문이다. 그러나 소비자도 자신의 의무를 다해야 한다. 품질과 환경을 생각하는 농업이 가능하려면 소비자들이 구매 시에 품질을 보고 결정하고, 품질이 좋은 제품에는 그에 상응하는 가격을 지불할 준비가 되어 있어야 한다. 이런 자세는 건강한 식품과 깨끗한 환경의 가치를 아는 문화가 성장한다는 뜻이기도 하다.

내 제안으로 연립정부 내에서 녹색당이 보건부를 포기하고 새로 구성한 소비자보호농식품부를 맡는 데 합의했다. 모든 연립정부에서 자기 측 인사는 직접 하는 것이 관례였다. 그래서 나는 녹색당 측의 결정을 기다렸다. 솔직히 퀴나스트로 장관이 결정되었을 때 나는 좀 놀랐다. 그녀는 중앙에는 잘 알려지지 않은 인물이었다. 연립정부 구성 협상에서 그녀는 녹색당의 우파 정책 관련 주제를 대변했다. 아마도 피셔가 자신의 의지를 관철해 앞에 내세운 사람이었을 것이다. 어쨌든 그녀는 우리 내각에서 훌륭한 자산으로 판명되었다. '건강한 식생활'과 '소비자 보호'라는 주제가 대외적으로 우리 정부와 결부된 것도 모두 그의 공로였다. 그리고 실제로도 농업의 중점이 옮겨간 것은 사민당-녹색당 연립정부가 사회에서 관철해낸 중요한 개혁 중 하나였다.

한편, 울라 슈미트를 내각에 데리고 오자는 생각은 충분히 이해할 수 있었다. 그녀는 사민당 원내교섭단체에서 가장 개성 있는 사회정책가였고, 연금 개혁을 이끄는 데 상당한 기여를 했다. 보건부는 전체 연방정부에서 매우 어려운 부처 중 하나로, 보건정책에 관한 국민들의 요구는 특

"과거 적녹 정부 시절 기민당의 반대로 성사되지 못한 포괄적인 보건 개혁을 대연립정부에서는 단호하게 이끌어나갈 것을 기대하고 있다."
2005년 11월 22일 울라 슈미트가 연방 보건부장관에 임명되어 선서하고 있다.

히나 복잡했다. 환자들은 최고 수준의 의료서비스를 기대하면서도 본인 부담금은 많이 내고 싶어 하지 않는다. 우리 정부는 개인의 소득과 무관하게 모두가 최고의 치료를 받는 것을 중요하게 생각했다. 두 등급으로 나눈 의료정책을 시행하는 일은 한 번도 생각해보지 않았다.

보건 시스템에서 공급자 측의 실무자들(즉 의사, 약사, 제약업계 그리고 의료보험사)에게는 무엇보다 경제적 이익이 중요했다. 이들은 자신의 서비스에 대해 되도록 큰 보수를 원했고, 모두들 자신의 개별적 이익을 보건정책 전체의 이익으로 공공연하게 내세울 수 있다고 믿었다. 독일의 의료보험은 지나치게 비싸고 행정 지출도 터무니없이 큰데, 그 이유에 대해서는 다양한 250여 개 의료보험사가 누구보다 잘 알고 있을 것이다. 이를테면 독일의 의료보험 체계는 그 자체로 잘 돌아가기는 하지만 불투명하고 시장 적대적이며, 지금까지 어떤 보건부장관도 포괄적인 개혁에 성공하지 못했을 만큼 로비스트들의 손에 놀아나고 있었다. 이처럼 저마다 기대와 이해관계로 독일의 의료보험은 서서히 감당하기 어려운 지경으로 가고 있었다.

울라 슈미트는 이러한 상황에서 투입되었고, 지금까지 용감하게 잘 버티고 있다. 하지만 그 밖의 개혁 과제, 이른바 약국 소유 자유화(약사 한 명이 약국 한 곳만 소유할 수 있었던 것을 네 곳까지 소유 가능하게 하는 것)나 의사협회를 거치지 않고 의사와 계약을 협상하는 것 등은 연방상원에서 야당의 반대를 이기지 못하고 끝내 실패했다. 우리가 바라는 것은 기민당이 자기들이 저지른 실수에서 배움을 얻고, 과거 기민당 측 반대로 무산되었던 것을 이제 대연정으로 성사시키는 것이다. 보건 체계에도 이용자들의 연대부담금과 자기부담금 사이의 새로운 균형이 필요하다.

사민당-녹색당 연립정부는 변화가 필요하다고 인식되는 부분을 부각하는 데는 성공했지만, 사회구성원의 서로 다른 이해관계와 연방상원이 행사하는 막강한 힘에 의해 지속 가능한 개혁을 관철하지는 못했다. 이러한 관점에서 볼 때 대연립정부는 비교할 수 없을 만큼 막강한 의사결정력을 가지고 있으니 포괄적이고 의미 있는 보건 개혁을 단호하게 실행해나가는 것은 물론이고, 유럽 기준에서 최고라 할 만한 독일의 보건 체계를 유지하면서 이를 장기적으로 비용 면에서도 부담되지 않도록 잘 관리해줄 것을 기대한다.

# 보수주의자들이 과소평가한 두 가지

이런저런 기록들을 살펴보노라니 여러 데자뷔를 경험하게 된다. 그리고 나와 매우 가까웠던 사람들을 다시 만난다. 그중 한 사람이 요하네스 라우다. 그는 나에게 위대한 독일 연방대통령 가운데 한 사람이며, 독일의 제3대 대통령인 구스타프 하이네만Gustav Heinemann과 같은 선상에 있다. 그가 2000년 베를린에서 한 연설은 지금 상황과 너무나 잘 맞아떨어진다. 연설 제목은 '두려움과 공상에서 벗어나: 더불어 살아가는 독일'이다. 이 연설문은 독일에서 살아가는 700만이 넘는 외국인이 우리 사회에 잘 통합되지 못하는 현실과, 이들이 우리 사회를 변화시키고 있다는 내용을 다루고 있다. 이 사실이 공동체 사회에 어떤 의미를 주는지 곰곰이 생각해보면 얻는 게 있을 것이라고 그는 말했다. 그러고는 오늘날 '다문화 사회'라고 불리는 키워드를 지적했다. 민주주의 사회는 '여기 우리'와 '저기 그들'이 대립해서는 오래 버티지 못한다는 것이다. 그러면서 네오나치를 표방하는 자들이 '민족 해방 구역'이라는 표현을 쓴다는 것은 '법치 국가와 민주주의에 대한 경고이며, 모든 진정한 애국자가 수치스러워해야 할 이유'라고 덧붙였다.

라우 연방대통령은 전체 임기 동안 우리가 관성화된 일상 정치에서 벗어날 수 있도록 수차례 경고했다. 그러면서도 대통령의 권한을 결코 넘지 않았고 현안 토론에서는 명확한 태도를 고수했다. 그는 그 누구보다 탁월한 언어의 힘만으로 이를 이루어냈다. 그가 임기를 마치고 1년여 만에 작고했을 때 우리 당원들뿐만 아니라 모든 국민이 그와 함께 독일 사회민주주의와 독일 정치의 거물을 잃었다는 사실에 슬퍼했다.

루돌프 샤핑 역시 내가 총리가 되고 사회민주주의자들을 대표하는 정

"민주주의 사회에서는 '여기 우리'와 '저기 그들'이 대립해서는 오래 버티지 못한다."
2000년 5월 12일 요하네스 라우 연방대통령이 세계 문화의 집에서 행한 '베를린 연설'에서 새 이민정책을 변호하는 발언을 하고 있다.

권을 다시 이끌 수 있도록 자기 역할을 훌륭히 해낸 인물이다. 그는 국방 장관으로서, 특히 외교적 책임을 떠맡아 동맹국들과 함께 코소보에 개입하는 일을 주도했다. 미심쩍어하는 원내교섭단체와 연립정부를 상대로 이를 관철할 수 있었던 것은 모두 그의 합리적이고 객관적인 태도 덕분이다. 그가 시작한 독일 연방군 개혁도 마찬가지로 그의 탁월한 능력을 증명해준다. 그는 연방군을 개혁하려고 설립한 리하르트 폰 바이체커 Richard von Weizäcker 전 독일 대통령이 이끄는 위원회가 제시한 주요 내용에 따르면서도, 병역의무의 사실상 폐지에는 동의하지 않았는데, 이것도 그의 결정이었다.

나 역시 병역의무와 병역대체복무의 폐지에는 반대한다. 독일 연방군이 우리 사회 전체에 잘 정착한 것은 병역의무에 힘입은 바가 크기 때문이다.

루돌프 샤핑이 자민당과 녹색당이 주도한 병역의무 논쟁에서 흔들리지 않았던 것은 나의 전적인 지지가 있었기 때문이다. 그가 그때까지 국방장관으로서 수행한 훌륭한 업적이 주변의 잘못된 조언으로 대중에게 실망감을 안겨주게 되었을 때는 매우 안타까웠다. 그와 결별을 극복하기는 쉽지 않았다. 그가 스스로 결단을 내려주었더라면 불편한 결별을 충분히 피할 수 있었고, 모든 것은 그에게 달린 일이었다. 그러나 2001년 9월 11일에 미국에서 발생한 테러 공격에 대한 대응과 코소보와 아프가니스탄 파병 이후 그리고 '항구적 자유 작전'의 참여를 연방하원에서 긍정적으로 결정하게 된 데에는 그의 역할이 컸다는 걸 나는 결코 잊지 못한다.

이라크 전쟁에 참전하지 않기로 한 우리의 결정은 이런 토대 위에서 내린 것이었다. 연방정부, 연방총리 그리고 외무장관이 파병에 분명하게 거절의 뜻을 표시한 것은 2002년 연방하원 선거 결과에 큰 영향을 미쳤

"통일 이후 이제야 숨이라도 돌릴 수 있다고 생각한 사람들은 수해를 입고 다시 빈털터리가 되었다."
게오르크 밀브라트 작센주 총리와 함께 그리마의 침수된 도로를 살펴보고 있는 슈뢰더 총리.

다. 우리의 외교정책 노선은 국민들의 압도적인 지지로 가능했다. 반면 국내 정치 상황은 약간 달랐다. 이에 대해서는 앞에서 언급했고 이유도 설명했다. 우리가 엘베강과 오데르강의 홍수 재난을 차분하면서도 단호하게 그리고 상황에 맞게 신속하게 처리했다는 사실도 분명 선거에 크게 작용했다. 모든 조사에서 증명되듯이 당시 홍수 피해를 입은 사람들은 최악의 경우에 정부를 믿을 수 있다는 사실을 누구보다 잘 알고 있었다.

이 두 가지 활약, 즉 파병 반대와 대홍수 처리의 효력을 상대 측 보수주의자들은 과소평가했다. 홍수로 대략 100억 유로의 손해가 발생했고, 특히 동독에서는 통일 이후 이제야 숨이라도 돌릴 수 있다고 생각한 사람들이 막대한 피해를 입고 다시 빈털터리가 되었다. 이런 상황에서는 정치권이 앞장서서 수재민의 상황을 손 놓고 가만있지 않을 것이라는 신호를 분명하게 알려주어야 한다. 수십억 유로의 손해를 누가 책임질지에 대해서는 어떤 흥정도 해서는 안 된다. 결국 우리는 예정된 세제 개편 제2단계를 1년 연기하고, 파괴된 주택과 유실된 도로, 허물어진 다리, 철길 등 인프라를 재건하기 위해 자금을 충당하겠다고 제안했다. 이렇게 하면 연방이 추가로 채무를 부담하는 것도 피할 수 있었다. 아무런 해결책이 없었던 야당은 우리 뜻에 동의는 했지만, 선거가 끝나면 모든 것을 되돌릴 것이라고 통보했다.

## 실업을 어떻게 해결할 것인가

추측하건대 노동시장 개혁을 위한 '하르츠위원회Hartz Kommission'도 선거를 앞두고 수개월 동안 여론이 천천히 연립정부 쪽으로 기울 수 있도록 분위기를 조성하는 데 기여했다. 페터 하르츠Peter Hartz는 자신의 이름을 딴 이 위원회에서 13개 항목으로 된 하나의 통합된 방안을 제안했고, 위원회 구성원이 다양한데도 단일한 투표 결과를 이끌어냈다. 나는 하르츠가 폭스바겐에 재임하던 시절부터 알고 있었다. 1990년부터 1998년까지 폭스바겐 직장평의회 최고위원회에 소속되어 있었는데, 페르디난드 피에히 Ferdinand Piëch 이사회 회장의 제안으로 마침 그가 회사에 들어왔다. 그는 혁신적인 노동시간 모델로 단기간에 기업 외부에까지 이름을 날렸다.

2002년 5월 위원회 보고서를 발표하면서 그는 희망에 들떠 있었다. 그는 모두가 보는 앞에서 실업이 모든 개인에게 발생할 수 있는 일이라고 말하면서, 어느 누구도 공동 책임을 회피해서는 안 된다고 강조했다. 그는 이것이 '국내 모든 전문가'의 과제라고 했는데, 여기에는 정치가, 경영자, 기업가 그리고 노동조합원만 포함되는 것은 아니었다. 하르츠는 학자, 교육자, 성직자, 언론인, 예술가, 사회기관 대표, 실직자 단체 및 협회들도 '전문가' 집단에 포함시켜 함께 도모해야 한다며 용기를 북돋았고, 감상에 종지부를 찍고 우울한 기분을 극복해내라고 촉구했다.

몇몇 사람은 시류에 반대되는 주장이라며 뻔뻔스럽다는 반응을 보였다. 하지만 하르츠는 미국식 정서가 느껴지는 확신을 구체화했고, "이제는 확신을 가져라"라는 메시지를 전달했다. 우리가 이 메시지를 진지하게 받아들여 선거전에서 인기몰이를 하지 않은 것은 정치적 진영이 양극화된 선거전 초기 상황 때문이었을까, 아니면 우리의 상상력 부재 때문이었을까. 하르츠는 폭스바겐의 성공적인 업무 관리자로서 얻은 경험을 믿었다. 즉 적자를 기록한 기업의 직원들이 당장은 몇 가지를 포기하더라도 경영진과 함께 노력하면 결국 가라앉은 배를 다시 띄울 수 있다는 것이다. 그는 정치적으로 낙담한 독일 사회에도 이것이 적용될 수 있다고 믿었다. 그래서 이 13개 항목을 실현할 경우 실업자 수가 2005년까지 400만에서 200만으로 절반까지 감소할 수 있다고 확신했다.

나중에 밝혀지겠지만, 그가 교육 및 직업교육의 부족으로 발생하는 장기 실업자의 실태만이라도 제대로 살펴보았더라면 이런 구조적 문제는 제아무리 정교한 모델이 있다고 해도 완화될 수 없다는 사실을 알 수 있었을 것이다. 이 문제는 오늘까지도 해결되지 못했고, 부족한 직업교육은 매년 미래 실업자를 수만 명 양산하고 있다. 해마다 한 학년의 학생 중 10%가 직업학교 졸업시험에 실패한다. 이런 끔찍한 결과는 연방주의의 복잡다단함 속에 덮여 드러나지 않을 뿐이다(독일은 교육에 대한 권한이 전적으로 연방주에 이양되어 있다—옮긴이). 망명 신청자와 이민자 자녀들이 우리 학교 시스템에서 실패하는 비율은 무려 40%에 이른다.

아니다. 하르츠위원회가 내놓은 제안서는 훌륭했고, 사민당-녹색당 연립정부도 이 제안서대로 일부 시도하기도 했다. 문제는, 실업을 해결할 때는 훨씬 더 포괄적으로 접근해야 한다는 데 있다. 실제로 갈수록 지식에 기반을 두는 직업사회에서 실업을 어떻게 막을 수 있을지, 그리고 실업의 원인이 무엇인지 고민하는 것은 '국내 모든 전문가'의 중요한 과제다. 다만 이때 여러 관점에서 폭넓게 주목해야 한다. 실제로 '조기 은퇴자'로 자발적 또는 자신의 의사에 반하여 직업 세계에서 배제된 '장기 실업자'들이 양산되고 있다는 사실이 그중 하나다. 핀란드가 피사PISA(국제학생평가 프로그램) 연구조사에서 매번 최고점을 기록하는 것을 참고해서 우리 학교 제도를 전반적으로 검토하는 일도 매우 시급하다. 적어도 종일반 과정을 정규 과정으로 전환하려고 한 것은 이와 맥락을 같이하는 사민당-녹색당 연립정부의 시도였다. 연립정부는 이를 위한 물질적 인센티브로 연방정부의 국고에서 40억 유로를 제공했다.

그 밖에 주목할 점은 겨우 쉰밖에 안 된 세대를 늙은이로 치부해버리는 사회 분위기가 보건 시스템의 비용 경쟁과 관련 있음을 함께 생각할 수 있어야 한다는 사실이다. 개인병원 진료실은 사회에서 의미 있는 일자리를 찾지 못한 사람들의 만남의 장소가 되어 점점 대기 시간이 길어지고 있다. 사회에서 배제된다는 느낌이 병을 만들 수 있다는 것은 이제 누구나 알고 있다. 이것은 너무나 큰 낭비이고 이들의 능력과 경험을 무시하는 일이다. 한쪽으로는 너무 낮은 출산율을 걱정하면서도, 다른 한쪽에서는 충분히 일할 수 있는 나이에 할아버지 신세가 되도록 강요하는 셈이다.

## 예술의 전시장이 된 새 총리청

2002년 9월 22일에도 투표는 평소처럼 오후 6시에 종료되었다. 우리가 정권을 잃을지 아니면 유지할지를 결정하는 출구조사의 엎치락뒤치락하는 결과를 지켜보면서 밤을 지새웠다. 기사당 대표 에드문트 슈토이버 Edmund Stoiber가 기민-기사당의 승리를 예상하고 "이제 샴페인을 터뜨리자"며 등장한 장면을 잊을 수가 없다. 최종적으로 사민당은 기민-기사당보다 6,000여 표를 더 얻어 제1당 자리를 지켰다. 녹색당은 8.6%를 얻어 4년 전보다 2%에 약간 못 미치는 성장을 이루었고, 반면 우리는 2.4%가 하락한 38.5%를 얻었다. 베를린-크로이츠베르크 지구의 슈트레제만 거리에 있는 사민당 본부 빌리-브란트-하우스에서는 출구조사 결과에 따라 분위기가 오락가락했다. 자정쯤 요슈카 피셔가 등장한 걸 보고 다시 한 번 정권을 맡게 되었다는 걸 알았다. 그는 선거기간 내내 무한한 낙관주의를 보여주었고, 끊임없이 용기를 불어넣어주었다.

빌리-브란트-하우스 6층의 큰 홀에 들어서자 안도감이 밀려왔다. 이번 선거를 위해 함께 뛴 여러 예술가와 기자, 작가들이 모여 있었다. 나는 지난 몇 년 동안 문화계와 정치계 간에 대화의 실마리를 찾으려 노력했는데, 여기 모인 이들이 이러한 내 노력이 성공했다는 걸 보여주었다. 사민당-녹색당 연립정부 첫 임기를 거쳐 간 문화수석들, 특히 미하엘 나우만과 율리안 니다-뤼멜린Julian Nida-Rümelin 그리고 이후 크리스티나 바이스Christina Weiss가 큰 역할을 했다.

"그녀 곁을 지날 때마다 나는 인사하는 것을 잊지 않았다."
마르쿠스 뤼페르츠의 작품, 〈여성 철학자(Philosophin)〉.

나는 새 총리청이 동시대 예술의 전시장이 될 수 있었던 것을 조용히 즐겼다. 그곳에는 숨김없이 몸을 드러낸 땅딸막한 여인의 동상이 서 있는데, 루벤스를 황홀하게 했다는 이 '여성 철학자'는 마르쿠스 뤼페르츠Markus Lüpertz의 작품이다. 그녀는 청사 입구에서 하루도 기죽지 않고 꼿꼿한 모습으로 나를 기다리고 있다. 먼 곳을 바라보는 그녀의 얼굴은 부드러움과 친근함, 특히 배려로 충만했고, 그 시선이 나에게는 제한된 지평선 너머까지 시선을 열어두기를 권하는 것으로 느껴졌다. 그녀 곁을 지날 때마다 나는 인사하는 것을 잊지 않았다.

내가 꿈꾸는 유럽은 유럽 안팎의 평화를 공고히 하는 분명한 평화적 기본 노선을 지향하며, 여기에는 자연과의 평화도 포함된다.

# 유럽,
# 조용한
# 세계 권력

7

Europa,
die leise
Weltmacht

"유럽은 독일과 프랑스가 함께 이끌고 나갈 때에만 정치적 단위로서 기능할 수 있다."
2003년 2월 24일 베를린에서 자크 시라크 프랑스 대통령과 게르하르트 슈뢰더 독일 연방총리가 미국의 이라크에 대한 '일방통행 정책'을 우려하는 성명을 발표하고 있다.

---

전 세계 인구는 더디나마 꾸준히 증가하고 있다. 현재 지구상에는 66억 명이 살고 있고, 해마다 독일 전체 인구에 해당하는 7,800만 명 정도가 늘어나고 있다. 바로 지난 세기만 해도 매년 증가 인구수가 8,000만 명 이상이었다. 문제는 증가의 격차에 있다. 즉 경제적으로 어려운 지역의 인구가 급격히 증가하고 있다. 예컨대 에티오피아에서는 지난 50년 동안 인구가 4배 이상 증가해서 1,800만 명에서 7,300만 명이 되었고, 향후 50 년 동안 여기에서 다시 3배가 증가할 것으로 유엔은 예상하고 있다.

현재 전 세계 인구의 절반이 26세 이하다. 유엔 조사에 따르면, 이는 어린이와 청소년 세대의 수로 볼 때 사상 최대치에 해당한다. 국제노동기 구ILO가 제네바에서 확인한 인구 증가의 영향 중 한 가지만 여기서 들어 보겠다. 지난 세기 중반 이래로 생산 가능 연령에 있는 인구수는 전 세계 적으로 2배 증가했고, 그 결과 일자리 수가 증가되는 속도를 앞질렀다. 국제노동기구의 계산에 따르면 생산 가능 연령 가운데 10억 명이 실업 자이거나 근근이 생계를 이어가고 있다는 것이다. 독일의 세계 인구재단

연구에 따르면 지금도 너무 높은 실업률이 앞으로 더는 증가하지 않으려면 향후 10년 안에 전 세계적으로 일자리가 4억 7,000만 개 추가로 창출되어야 한다.

이들 몇 가지 수치만 봐도 국가적으로 해결할 수 있는 이렇다 할 만한 정책 분야가 없다는 사실이 분명해진다. 유엔을 비롯해 권위 있는 연구소가 제시한 이런 수치들을 굳이 언급하는 것은 무엇보다 우리 사회를 되돌아보기 위해서다. 유럽의 정치는 인구 증가로 발생하는 요구에 얼마나 부응하고 있는가? 2006년 여름에 국제교역을 더욱 개방하자는 협상이 결렬된 것은 어쨌든 좋은 신호는 아니다.

특히 유럽이나 아메리카 국가가 농업 분야에서 제3세계의 제품에 대해 폐쇄적인, 이른바 보호주의는 너무나 근시안적이다. 면화 농사를 예로 들어보면 미국에서는 남부 면화농장 약 2만 5,000개에 37억 달러에 이르는 직간접 보조금을 지급하여 경작을 지원하는 방식으로 면화 가격을 낮게 유지하고 있다. 이런 환경에서는 신흥개발국인 이집트도, 사헬 지대에 있는 개발도상국들도 세계시장에서 경쟁할 수 없다. 이런 식으로는 세계의 젊은이들에게 아무런 희망을 줄 수 없고, 그들의 미래가 망가지는 것을 보고만 있어야 한다. 이런 식의 정치로는 불평등과 빈곤이 계속 증가할 것이다. 배고픔을 피해 바다를 건너오는 난민들의 끝없는 행렬을 마주하면서도, 이들에게 기회를 열어주는 대신 경찰의 힘을 빌려 유입을 통제하려고 할 것이다. 그리고 이런 절망은 테러가 성장하는 밑거름이 된다.

연방총리 재임 기간에 나는 많은 국가원수, 특히 아프리카 출신의 정상들과 이 모든 문제에 대해 대화를 나누었다. 그중 한 명이 넬슨 만델라 Nelson Mandela인데, 그는 20세기가 낳은 매우 감동적인 인물 중 한 사람이다. 대통령직에서 물러난 뒤에도 여전히 세계 정치에 관한 중요 문제들에 관심을 갖고 있다. 현재 그가 중점적으로 일하는 분야는 자국의 에이즈 퇴치 문제다. 그는 남아프리카공화국의 정부 여당인 아프리카민족회의ANC의 다른 동료들보다 훨씬 더 열린 생각으로 집요하게 이 세계적인 전염병을 퇴치하겠다는 목표를 이루기 위해 재단의 자금을 모으고 있다.

만델라는 훌륭한 정치가일 뿐만 아니라 비범한 인격을 지닌 사람이다. 그는 늘 진심에서 우러나오는 유쾌함으로 나를 맞이해줬다. 나는 그가 25년간 옥살이를 하고도 어떻게 그렇게 긍정적인 자세를 유지할 수 있는지, 백인 이외의 모든 이를 노예로 부린 데다 자기 인생의 4분의 1을 감옥에 가둔 인종 차별 정권에 어떻게 아무런 증오가 없을 수 있는지 수차례 생각해보았다.

만델라의 뒤를 이은 타보 음베키Thabo Mbeki는 그의 유산을 성공적으로 계승하고 있다. 만델라만큼 카리스마적이진 않지만, 그 역시 아프리카 최고 대통령 중 한 사람이다. 경제 문제에도 매우 박식한 음베키는 만델라가 시작한 화해의 정치를 계속 이어나가겠다고 국민들에게 약속했다. 동시에 그는 자국의 대기업에 더 많은 흑인을 관리직에 임명하도록 의무화하는 등 새로운 가치를 불러일으키고 있다.

나는 가나 출신의 코피 아난 유엔 사무총장과도 종종 면담할 기회가 있었다. 인격적으로 너무나 완벽한 그는 역대 유엔 사무총장 가운데서도 핵심 인물 중 한 사람으로, 그와 함께 일한 시간은 기쁨 그 자체였다. 그는 확신에 찬 민주주의 투사로, 다른 나라의 문화적·사회적 전통은 배려하지 않고 자신이 생각하는 민주주의만 수출하려는 열성론자들과는 거리가 멀다. 말하자면 그는 유엔 헌장의 백미, 즉 '세계에 등장하는 갈등을 가능한 한 평화적으로 해결하라'는 헌장의 요구를 구현한 인물이다. 그는 특히 약소국들에 애정을 보였는데, 이는 강자의 법이 아닌 법의 강함에 따르겠다는 신념에서 우러나온 것이리라. 그리고 바로 이 부분이 그를 표면적으로 비난하는 미국 등 강대국들도 어찌할 수 없는 그의 도덕적인 권위를 엿볼 수 있는 대목이다.

내가 면담한 제3세계 출신 정부 수반들 모두가 유럽의 열린 세계정책에 큰 기대를 걸고 있었다. 그런데 이때 반드시 등장하는 질문이 있다. 세계 인구문제로 발생하는 수많은 갈등이 손에 잡힐 듯 가까이 있는데도 어째서 오늘날 유럽에서는 미래의 추이에 대해 토론할 때 세계 인구라는 주제가 별다른 주목을 받지 못하느냐는 의문이었다. 아마도 이는 서구 산업국가에서 이에 역행하는 추세에 우리의 의식이 한 방향으로 맞춰져 있기 때문인 듯싶다. 실제로 이들 나라에서는 인구가 감소하고 있거나, 미국처럼 21세기 초반부터 감소하기 시작했다. 유럽에서는 이탈리아와 스페인에서 고령화가 가장 빠르게 진행되고 있고, 독일이 바로 그 뒤를 따르고 있다.

리타 쥐스무트Rita Süssmuth 전 연방하원 의장이 이끈 이민위원회가 2001년에 발표한 보고서에 따르면, 출산율이 지금과 변동이 없고 이민자가 없을 경우 독일 인구는 2050년에 5,900만 명까지 감소할 것으로 예상되며, 이는 현재보다 약 2,300만 명이 줄어든 수치다. 2050년까지 1,500만 명이 순수하게 이민을 온다고 하더라도 인구수는 7,500만 명으로 감소해 사회의 극심한 고령화는 피할 수 없을 것이다.

나는 이민자에 대한 토론이 잘못된 방향으로 나아가는 것을 바로잡기 위해 이미 언급했듯이 이른바 컴퓨터 기술자를 위한 그린카드 도입을 발표했다. 하지만 그린카드 규정은 지나치게 복잡한 형식과 절차를 요구했다. 당시 1만 7,000명 이상 전문가가 동유럽과 인도에서 독일로 건너왔음에도 결과적으로 그린카드 규정이 지나치게 제한적인 탓에 이들 수치는 내 기대에는 못 미쳤다. 가장 큰 이유는 미국의 명성, 이른바 이민자들이 열린 마인드와 다문화가 미국에서만 충분히 보장될 수 있다고 생각하는 반면, 독일과 유럽 국가들은 대부분 이런 명성을 얻지 못했기 때문이다.

더 나아가 미국의 훌륭한 장학제도를 감안했을 때 인도 또는 아시아권 출신 학자들이 유럽에 관심을 두도록 하려면 미국의 유수 대학들과 견줄 수 있고 동시에 학비 없이 생활할 수 있는 학제와 장학제도를 제공해야 한다. 그 밖에도 독일의 대학에서 공부하는 제2세계와 제3세계 출신 학생 수를 크게 늘리고, 학업을 마친 후에도 일정 기간 혹은 추가적인 박사 후 과정으로 이들을 다시 독일에 묶어둘 수 있는 제도를 만들어야 한다. 즉 그럴싸한 물질적 유혹으로 위장한 엘리트 '도둑질'이 아니라, 일정 기간 다른 문화계에서 자신의 능력을 증명하고, 그 후 새로운 경험과 자극을 가지고 자국으로 돌아가는 교류 혹은 다양한 상호 제안을 말하는 것이다. 이것이 유럽이 경제계, 학계 그리고 문화계에 제공하는 소재의 골자가 되어야 한다. 협력과 교류라는 자원은 정착시키기는 매우 어렵지만 어떤 제국주의적 제스처보다 더 효율적이라고 나는 확신한다.

## 미래에 대한 유럽의 서로 다른 두 가지 견해

위에서 언급한 전 세계적 수치를 종합하면 유럽의 내부적·외부적·평화적 정책의 분명한 기본 노선이 드러난다. 유럽의 내부 정책은 계속 사회적 평등을 이루기 위해 노력하고, 외부 정책적 관계에서는 우리 지구를 혼란에 빠뜨릴 수 있는 기형적인 사회적 격차를 손보아야 한다. 이러한 이유만으로도 유럽이라는 구조물을 개선하는 작업이 반드시 필요하다. 국제적 기준에서 유럽이 정치적으로 어떤 부분에 더 많은 책임을 져야 하는지를 밝혀야 할 시기는 우리가 생각한 것보다 더 빨리 올 것이다.

결국 유럽의 미래에 대해 두 가지 서로 다른 견해가 존재한다. 하나는 주로 독일과 프랑스로 대표되는 생각으로, 유럽을 정치적인 동맹으로 생각하려 하고 또 그럴 수밖에 없다고 보려는 견해다. 정치적 동맹이라는 것은 결국 경제와 금융, 국내 정치와 법 그리고 외교 및 안보정책 등 핵심적인 국가 권한을 유럽 무대로 이전시키는 것이다. 다른 하나는 유럽을 공동 시장으로 보는 견해로, 회원국들 사이에 경제적 규칙이 필요한 반면 정치적 사안은 계속 해당 국가가 결정해야 한다는 견해다. 이 견해는 영국에서 강한 지지를 받고 있다. 영국뿐만 아니라 바르샤바조약이 붕괴된 이후 획득한 주권을 다시 유럽에 내주어야 하는 일이 내키지 않는 동유럽 회원국들 사이에서도 큰 호응을 받고 있다.

나는 영국의 유럽 정책에 큰 기대를 걸었지만, 그 전개 과정을 지켜보며 매우 실망스러웠다. 이는 실무자들 탓이라기보다 영국인들의 인식 때문이었다. 독일 정부는 영국인들이 지금도 고집스럽게 제국을 지향한다는 사실을 항상 기억해야 한다. 게다가 영국은 미국과 특별한 관계 때문에 유럽의 미래를 위해 노력한다는 사실 자체가 부담으로 작용한다. 영국은 그 어떤 나라보다도 미국의 요구를 예견하고 이를 자국의 유럽 정책으로 삼을 준비가 되어 있다.

연방총리에 취임할 당시만 하더라도 나는 독일-프랑스의 관계에 영국이라는 요소를 넣어 보완하면 일종의 삼각지대를 만들 수 있다고 생각했다. 하지만 이것은 착각이었다. 아마 당분간은 영국으로부터 유럽을 위한 적극적인 노력을 기대하기 어려울 듯하다. 영국은 유럽 통합 과정

"처음에는 독일-프랑스의 관계에 영국이라는 요소를 넣어 보완하면 일종의 삼각지대를 만들 수 있다고 생각했다. 하지만 이것은 내 착각이었다."
블레어 영국 총리와 시라크 프랑스 대통령과 함께 총리청 앞 정원에서.

에 짐이 되더라도 대서양을 사이에 둔 미국과 중간자 역할에 충실할 것이다.

이런 사실은 2005년 6월 영국 총리가 2007년부터 2013년까지 유럽의 금융계획에 관한 합의를 막았을 때 더욱 확실해졌다. 유럽 속의 작은 나라인 룩셈부르크 출신의 거인 장-클로드 융커 총리가 엄청난 공을 들여 모두가 감당할 수 있는 타협안을 만들어냈지만, 결국 영국이 이를 무산시켰다.

융커 총리는 유럽이라는 콘서트장에서 가장 매력적인 연주자임이 틀림없다. EU 내에서 최고참 정부 수반인 그는 경제적 역량을 사회적 책임과 결부하는 능력이 탁월하다. 그는 경제논리로 흘러가는 프로세스에 정치적 틀을 제시하는 것이 국가가 해야 할 역할이라고 보았다. 또한 그는 서민들의 소망과 꿈이 무엇인지 체감하는 능력이 탁월했는데, 이는 그의 부친이 철강노동자였던 것에서 기인하기도 한다. 이런 점들이 그를 무미건조한 유럽 기민당원들 중에서 독보적인 인물로 만들어주었다. 그가 EU 고위직의 적임자로 계속 물망에 오르는 것은 당연했다. 그렇기 때문에 2004년에 기민당과 사민당 할 것 없이 그를 EU 집행위원회 위원장으로 추대한 것이다. 그가 적임자임을 의심한 사람은 아무도 없었지만 그는 끝내 고사했다.

이 이야기는 내가 여러 후보를 물색하면서 경험했던 특이한 사례 중 하나였지만, 옆길로 샌 김에 일화 한 가지만 더 소개해보자. 기민당과 보수파가 유럽이사회에서 다수를 형성한 것은 분명했고, 이들은 자기들 소속 중 한 명에게 위원장 자리를 주려고 했다. 그래서 나는 위원장 선출 1년 전에 시라크 프랑스 대통령과 이 문제로 대화를 나눴다. 그는 나와 함께 독일 후보를 밀어줄 의사가 있었다. 기민-기사당 소속 정치가여야 한다는 것을 알고 있었기에 2003년 늦여름 즈음 당시 지멘스 이사회 회장인 하인리히 폰 피러Heinrich von Pierer에게 바이에른주 총리이자 기사당 대표인 에드문트 슈토이버와 가벼운 저녁 식사 자리를 마련해달라고 부탁했다.

이 자리는 2003년 10월 10일에 에를랑겐에 있는 폰 피러 자택에서 성사되었다. 우리 세 사람은 와인을 마시면서 당시 상황에 대해 토론을 이어갔다. 폰 피러는 프랑켄식 절약 정신이 투철했지만 이날만은 훌륭한 와인을 대접했고, 슈토이버는 술을 하지 않는 평소 이미지에도 불구하고 사양하지 않고 잔을 받았다. 나는 슈토이버에게 EU 집행위원회 위원장 직에 출마하라고 제안하면서 시라크 프랑스 대통령도 이에 동의했으며, 그 밖에도 유럽이사회에 보수가 다수이기 때문에 별다른 문제가 없을 것이라고 설명했다. 슈토이버가 나를 불신하리라는 것을 잘 알았기 때문에 나는 이미 시라크 대통령과 약속한 대로 그가 직접 대통령을 만나 우리가 약속한 사안임을 확인하라고 권유했다.

그 후 2003년 11월에 시라크 대통령과 면담이 성사되었고, 그는 슈토이버에게 우리 생각을 확인해주었다. 시라크 대통령과 나는 그가 동의하면 그를 후보로 내세우기 위해 최선의 준비를 할 수 있게끔 빠른 시간 내에 결정해야 한다고 설명했다.

곧 어떻게 할지 알려주겠노라고 약속한 그는 몇 달 동안 아무런 기별을 주지 않았다. 2004년 3월 초에 그가 있는 뮌헨으로 전화를 걸었다. 나는 그에게 상황을 설명하고 그 자리를 차지하는 과정에서 우리가 협상력을 가지려면 그의 확실한 대답이 필요하다는 점 그리고 시라크 프랑스 대통령의 생각도 마찬가지임을 확인시켰다. 통화를 한 것이 금요일이었고, 그는 월요일까지 결정을 알려주겠노라고 약속했다. 그러고 나서 그에게 전화가 왔다. 그는 EU 집행위원회 위원장직을 고사하면서 그 주된 이유로 자신이 당 대표로 있는 기사당은 자신이 없으면 안 되기 때문이라고 했다. 자신이 EU 집행위원장이 되어 브뤼셀로 떠나면 기사당과 바이에른주는 누가 책임지냐는 얘기였다.

나는 슈토이버가 없는 기사당의 가치에 대한 평가를 내릴 수 없었다. 그러나 그가 이런 결정을 내린 결정적 동기가 정말 그것이었는지는 의심하지 않을 수 없었다. 내가 그에게서 받은 인상은 결코 독일 정치권을 좌지우지하려고 설치는 바이에른의 사자 같은 존재가 아니었기 때문이다. 내가 보기에 그는 겁 많은 사람은 아니지만 조심스러웠고, 따라서 자신이 이길 수 있다는 확신이 없는 도전은 아예 피하고 보는 성격이었다. 아마도 그는 이런 승리의 확신을 베를린이나 브뤼셀이 아닌 바이에른주에서만 느끼고 있었던 것 같다. 바이에른주의 상당 부분을 지배하는 대중정당인 기사당과 바이에른주 의회 다수를 구성하는 원내교섭단체가 든든하게 받치고 있는 바이에른주 총리청의 권력 구조 없이는 자신이 예측할 수 없는 권력에 자신을 내던졌다는 느낌을 떨칠 수 없었을 것이다. 바로 이런 이유로 무리하게 용기를 내야 하는 부담감과 두려움이 뒤섞인 반응을 보인 것이다. 결국 보수파의 포르투갈인 호세 마누엘 바로소José Manuel Barroso가 EU 집행위원회 위원장으로 선출되었다.

## 통합된 유럽을 위해

오늘날 미국과 유럽의 지성인이 나누는 토론을 듣다보면 젊은 미국인과 젊은 유럽인이 추구하는 가치의 간극이 점점 벌어지고 있다는 사실을 확인할 수 없다. 이들이 단순히 피상적으로 '유럽의 반미주의'라고 비난하는 것이 나에게는 유럽의 지성인뿐만 아니라 많은 사람이 점점 크게 느끼는 '미국식 생활방식American way of life'에 대한 회의, 이를테면 결국 대부분 개인 재산의 축적으로 종결되는 미국식 축복을 꿈꾸는 데 대한 회의로 보인다.

1960년대는 유럽뿐만 아니라 미국에서도 저항운동이 거세게 일어난 시기다. 그러나 이 저항운동은 현재 너무나 다른 방향으로 나아가고 있다. 유럽에서 이들 저항운동은 엄청난 소요와 폭발적인 반항으로 이어져 이탈리아와 그리스에서는 '붉은 여단'의 테러로, 독일에서는 적군파RAF로 발전했다. 그러나 그 결과 새로운 생활방식이 전개되어 환경운동이 중요하게 인식되는 사회 요인으로 자리 잡았으며, 한때 아메리칸 드림이 있었다면 이제는 '유러피언 드림'으로 맞설 수 있는 세계에 대한 열린 마인드와 관용이 새로운 미덕으로 자리 잡았다.

워싱턴에 있는 경제동향연구재단Foundation on Economic Trends의 설립자 제러미 리프킨Jeremy Rifkin 교수는 자신의 책《유러피언 드림The European Dream》에서 사회의 개방은 유럽의 독특한 방식을 특징짓는 것으로, 아메리칸 드림보다 인류 발전의 다음 단계에 좀 더 잘 어울린다고 말했다. '네트워크화되고 세계화되는 세계'에서 인류가 '세계적인 인식을 공유하는 데 도움'을 주기 때문이다. 리프킨은 이 유러피언 드림이 "개인의 자율보다는 공동체의 관계를, 문화적 동화보다는 다양성을, 부의 축적보다는 삶의 질을, 제한된 물질적 성장보다는 지속적인 발전을, 일만 하기보다는 놀면서 발전하는 것을, 재산권보다는 보편적인 인권과 자연법을, 일방적인 권력 행사보다는 세계적인 협력"을 우선시하는 것으로 그려냈다.

리프킨은 새 시대로 나아가는 길목에서 유럽이 지휘봉을 넘겨받은 것을 이미 기정사실로 본다. 여기에는 여러 이유가 있는데, 그중 한 가지가 두드러진다고 했다. "한때 전 세계가 부러워했던 이상이며, 그토록 높이 평가되었던 아메리칸 드림이 바로 미국을 현재 막다른 골목으로 내몰았다. 아메리칸 드림에 따라 모든 개인은 자신의 행복을 추구하기 위한 모든 가능성을 부여받는다. 이러한 행복의 추구는 미국식으로 보통 부자가 되는 것을 뜻한다. …… 아메리칸 드림은 개인의 물질적 성장에만 크게 집중하고 인간 전체의 보편적 복지는 무시하는데, 이는 위험 요인이 증가하고 다양성과 서로 간의 종속성이 날로 커지는 세계에서는 더 이상 맞지 않는다. 개척자 정신으로 무장된 이 낡은 드림은 유효기간이 지난 지가 이미 오래다. 아메리칸 드림이 과거만 바라보며 마비되는 동안 우리는 새로운 유러피언 드림의 탄생을 경험하고 있다."

이 말을 들으면 누구든 유럽이 이 이상형에 접근하고 있다는 주장을 반박할 만한 근거를 충분히 들 수 있을 것이다. 그러나 리프킨은 유럽과 미국의 관계에서 간극을 더 벌릴 수 있는 무엇인가를 설명했다. 이는 '반미주의'와는 별 상관이 없다. 이 용어는 오히려 혼란을 초래하고 그 뒤에서 실제로 전개되는 일을 은폐한다. 전 세계적으로 에너지 소비에 관한 경쟁이 늘고 있는 상황임에도 여러 기사로 이런 문제를 비판하는《뉴욕타임스》를 제외하면 미국이 석유의 종속에서 어떻게 조금이라도 벗어날 수 있는지를 집중적으로 고민하는 이렇다 할 토론이 미국 내에서 이루어지지 않고 있다.

에너지나 에너지 소비와 관련한 모든 것에서 미국은 본보기가 되지 못한다. 도로 위에는 기름 먹는 하마, 가정에서는 전기 먹는 하마, 제대로 확충되지 않은 철도, 아직도 낡은 송전선을 사용하는 낙후된 인프라 등 나쁜 상황은 죄다 갖추고 있다.

에너지 소비, 기후변화, 폭발적인 인구 증가 그리고 이에 따른 이민에 대한 압력과 같은 전 세계적으로 작용하는 문제를 인식하고 평가하는 데 미국과 유럽의 격차는 현격하게 벌어지고 있다. 어떻게 하면 테러를 가장 효과적으로 진압할 수 있는지에 대한 의견 차이도 마찬가지다. 그 사이에 미국 부시 정부의 네오콘 고문들이 동맹국들을 대하는 태도는 조금 온화해졌지만, 여전히 이들의 소신은 변하지 않았다. 그래서 이 간극에 대한 대서양 국가들 간의 집중적인 대화가 그 어느 때보다 필요하다. 지구라는 행성에 다시 균형을 가져올 지구 정책이라는 방안이 성공하려면 반드시 미국이 함께해야 한다. 그러나 유감스럽게도 현재 미국의 힘은 전쟁으로 이라크에 묶여 있다. 상황이 이러하다보니 유럽에서도 EU의 전 세계적 책임에 대한 정치적 토론에 맥이 빠져 있다는 사실이 묻히고 만다.

내가 지속적으로 유럽의 과제를 부각하는 것은 어떻게 보면 미국 정부가 최후에 남은 세계 권력으로서 자신의 역할이 무엇인지도 모르고 우왕좌왕하는 것이 결국 나에게 간접적으로 영향을 미친 게 아닐까 한다. 내가 과거 유럽을 어떻게 생각했는지를 회상해보면 초기에는 희망보다는 회의가 대부분이었다. 연방총리에 취임한 초기에 나는 자르브뤼켄에서 연설하던 도중 독일이 EU에 자금 조달자 역할을 한다는 사실을 시사하기 위해, 다시 말해 독일이 EU에 지급하는 자금과 반대급부, 즉 바로 눈에 보이는 이득 사이의 관계가 불공평하다는 사실을 지적하려고 EU가 더는 독일 돈을 날로 먹을 수 없을 것이라는 시건방진 발언을 한 적이 있다. 그러나 독일이 얻는 경제적 이익을 생각해보면 전체적으로 이득이 더 많다는 사실이 드러난다. 거의 모든 EU 회원국, 특히 동유럽 회원국들은 독일과 물품 거래가 가장 많다. EU가 확대되지 않았다면 독일의 수백만 개 일자리가 위협받았을 것이다. 그래서 이 발언은 케케묵은 반유럽 정치 공세에나 어울리는 것으로 지금은 후회하고 있다.

내가 니더작센주에서 정치 생활을 시작할 당시만 해도 유럽에 대한 이미지는 단순히 여행을 하거나 문화를 배우고, 다른 생활방식을 접할 기회로만 생각했다. 말하자면 나에게 유럽은 당연한 무엇이었지 거기에 어떤 비전이 필요할 것이라고는 생각해본 적이 없었다.

유럽 정책을 깊이 파고들수록 내가 그 일을 수행하는 데에 한 번도 단호한 결정을 내린 적이 없음을 확인했다. 제2차 세계대전 이후에야 비로소 우리는 유럽에 대해 진지하게 생각하고 민족 간 화해를 유도했으며, 동시에 음침한 국가사회주의(나치즘)와 결별할 수 있었다. 이 사실을 모든 다음 세대는 조심스럽게 받아들여야 한다.

유럽이 국가사회주의 체제에서 어떤 고통을 받았는지는 슈테판 츠바이크Stefan Zweig가 쓴《어제의 세계Die Welt von Gestern》에 인상 깊게 묘사되어 있다.

혁명, 굶주림, 화폐가치의 하락, 테러, 전염병, 이민 등 묵시록에나 나올 법한 모든 폭풍우가 내 인생을 휩쓸고 지나갔고, 이탈리아의 파시즘, 독일의 나치즘, 러시아의 볼셰비즘, 특히 유럽 문화의 꽃을 독살한 흑사병인 민족주의 등 거대한 집단 이데올로기가 내 눈앞에서 성장하고 전파되는 것을 보았다. 나는 인류가 의도적이고 정책적인 반인도주의 도그마를 갖고서 이미 오래전에 잊었다고 생각한 야만 행위로 되돌아가는 것에 저항하지 못하고 힘없이 지켜본 증인이 될 수밖에 없었다. 수백 년 전에나 상상할 수 있었던 선전포고조차 없는 전쟁, 수용소, 고문, 집단적 약탈 그리고 비무장한 도시의 폭격 등 지난 수 세기의 세대는 들어보지 못했고 앞으로의 세대도 경험하지 않기를 바라는 이 모든 야만 행위를 우리는 지켜봐야 하는 운명이었다.

시대의 증인이 기술한 이런 문명의 폐허 위에서 한 단계 한 단계 통합된 유럽이 탄생했다. 그리고 유럽 정치를 점점 더 파고 들어갈수록 유럽에는 독일에 대해 완전히 제거할 수 없는 어떤 잔재가 있고, 지금도 여전하다는 점이 더 분명해졌다. 이런 인식은 하나의 과정을 거쳐 확립되었다. 그리고 나는 이 과정에서 편견을 수용하고 확인해야 한다는 교훈을 얻었다. 무엇보다 이런 과거가 있기 때문에 독일은 유럽에 대해 특별한 책임이 있다. 그리고 어떤 독일 연방총리도 이런 거대한 책임을 회피해서는 안 된다. 그것은 독일이 역사상 처음으로 글자 그대로 국경도 없이 평화롭게 이웃 나라들과 이같이 행복하고 운 좋은 시절을 누리고 있기 때문에 더더욱 그렇다.

## '21세기의 현대적 통치'

과거를 잊지 않는 것도 중요하지만 미래를 직시하는 것도 그만큼 중요하다. 나는 유럽 헌법이 유럽 사회모델보다 훨씬 덜 중요한 문제라고 보았다. 그래서 블레어 영국 총리가 제안하고 내가 적극 수용했던 자발적 운동에 큰 기대를 걸었다. 나는 "눈먼 자본주의 제국과 지켜지지 않은 사회주의의 약속 사이에 제3의 길이 있는가?"라는 문제에 대해 진지하게 토론해보자고 촉구했다.

2000년 6월 2일과 3일에 국가원수와 정부 수반 14명을 베를린으로 초대하여 '현대적 통치Modern Governance'에 대한 토론을 개최했다. 여기에는 남아프리카공화국의 음베키 대통령, 브라질의 페르난도 카르도소 Fernando Cardoso 대통령, 아르헨티나의 데 라 루아de la Rúa 대통령, 이스라엘의 에후드 바라크Ehud Barak 총리와 유럽에서는 프랑스의 리오넬 조스팽 총리, 포르투갈의 안토니오 구테헤스Antonio Guterres 총리, 이탈리아의 줄리아노 아마토Giuliano Amato 총리, 스웨덴의 예란 페르손Goran Persson 총리, 그리스의 콘스탄티노스 시미티스 총리, 네덜란드의 빔 코크Wim Kok 총리

그리고 미국의 클린턴 대통령이 참석했다. 클린턴 미국 대통령은 앞서 1999년에 몇몇 중도좌파 정부 수반을 워싱턴으로 초대한 바 있다. 그리고 이 모임을 '21세기의 현대적 통치'라고 이름 붙였다.

우리는 이 모임을 매년 다른 곳에서 개최하기로 약속했다. 우리는 세계화의 기회와 위험성에 대해 심도 있는 토론을 이어갔으며, 시장경제가 사회적 책임을 수반할 때에만 미래가 있다는 신념을 서로에게서 확인했다. 그리고 현대적 통치는 경제성장이 완전고용, 사회정의, 환경보호에 대한 노력과 한 쌍을 이루는 정치를 의미한다는 데 의견을 같이했다. 개발도상국과 신흥개발국들에는 전 세계에서 일어나는 경제활동에 공평하게 참여할 수 있도록 기회를 제공해주어야 한다는 점도 논의되었다.

한편 제3의 길에 대한 논의에서 유럽을 사회정책적 모형으로 설명할 수 있는 소재를 발견했다는 점에서 더욱 감동적이었다. 이는 슈뢰더-블레어 성명서의 가장 시급한 동기이기도 했다. 진작부터 우리는 경제적 효용과 사회적 책임 사이에서 지속력을 가지는 무언가를 찾아내고 있었다. 유럽 헌법 제정이 실패로 돌아간 것은 유럽에 대한 토론에서 이런 심도 깊은 논의가 상당 부분 부족했기 때문이라고 나는 확신한다.

2002년 4월에 조스팽 프랑스 총리는 베를린에 있는 프랑스 성당에서 연설하면서 사회적인 유럽에 접근하려는 노력을 보여주었는데, 이 연설은 나에게 큰 자극이 되었다. 조스팽 총리에게도 유럽은 '경제적인 형상'만은 아니었던 것이다. 그는 유럽의 사회정책을 강화하고 조화시키는 데 적극적이었고, 구체적으로 유럽 노동조약과 사회보장 증명서의 도입을 촉구했다. 조스팽의 이런 생각에 대해 독일의 철학자 위르겐 하버마스Jürgen Habermas는 자신이 유럽에 관해 들어본 연설 중에서 법률적인 형식만이 아니라 우리가 미래의 유럽에서 어떻게 살 것인가에 대한 문제를

"'시장경제는 사회적 책임을 수반할 때에만 미래가 있다'는 우리의 신념이 옳다는 것을 서로에게 확인했다."
2000년 6월 2일 베를린의 샬로텐부르크성 앞에서 '21세기의 현대적 통치' 정상회담에 참가한 국가 정상들과 함께.

파헤친 유일한 연설이었다고 크게 칭찬했다.

　앞서 언급했듯이 미국 대통령의 이라크 정책을 지지한 유럽 정부 '8개국 성명'에 대해 2003년 5월 31일에 유럽의 여러 지성인과 함께 답변을 작성한 이도 역시 하버마스였다. 하버마스는《프랑크푸르터 알게마이네 차이퉁》에서 프랑스의 철학자 자크 데리다Jacques Derrida와 함께 유럽의 통일을 혹독한 시험대로 내몬 이라크 전쟁 이후 유럽의 역할을 새로이 재정의할 시기가 도래한 이유를 설명했다. 이 두 철학자는 "평화롭고,

협조적이고, 다른 문화에 개방되고, 대화가 가능한 유럽의 영상이 모두의 눈앞에 어른거리고 있다"라고 설명하면서, 그들 방식으로 유럽의 평화 권력에 대한 희망을 설파했다. 두 사람 모두 이를 한때 모든 유럽 민족을 핏빛 충돌에 연루했던 '호전적인 과거'에 대한 반사작용으로 이해했다. 제2차 세계대전 이후 그 경험으로 새로운 초국가적 협력의 형태를 발전시키자는 결론이 도출되었다는 것이다. 그리고 EU의 성공담은 국가의 권력 행사를 견제하려면 국제적 차원에서 주권적 행위 영역에 대한 상호 제한이 필요하다는 유럽인들의 믿음을 더욱 강화해주었다고 덧붙였다.

이 주장은 예상한 대로 대서양 주변부에서 발생하는 사건에 대한 미국의 핵심 증인인 헨리 키신저Henry Kissinger를 등장시켰고, 그의 반응은 그의 뛰어난 변신 능력도 동시에 증명해주는 것이었다. 유럽이 의견 합의에 이르지 못한 사실을 조롱하기 위해 그가 유럽과 외교적으로 협력하려면 대체 누구에게 전화를 해야 하느냐며, "저한테 전화번호 하나 주세요"라고 했던 일화는 지금도 자주 회자되고 있다.

이후 독일과 프랑스의 이라크 전쟁 참전 거부는 보수적인 미국이 자립적인 유럽을 어떻게 생각하는지, 즉 아무렇지도 않게 생각한다는 사실을 분명히 보여주었다. 키신저는 마치 독일의 '반미주의'를 고발하는 고소인처럼 흥분하며 다음과 같이 말했다. "2002년 독일 선거의 승리는 아마도 평화주의, 좌우파의 민족주의 그리고 빌헬름 2세 시대의 독일을 연상시키는 독일만의 고유한 길에 대한 맹세가 결합되어 쟁취된 결과일 것이다. 그러나 독일이 미국을 모욕하고, 유엔의 견해를 거부하고, 다른 유럽 국가들과 합의 없이 '독일의 길'이라는 명목으로 행동한다면 고립될 뿐만 아니라 제1차 세계대전 이전 유럽에서의 관계로 회귀할 위험이 있다."

독일의 저명 시사주간지 《디 차이트》에서 미하엘 노이만Michael Naumann 은 이렇게 변신한 키신저를 인용하며 그의 발언을 '거의 히스테리적 분석'이라고 강도 높게 비판하면서 독일군을 코소보뿐만 아니라 아프가니스탄에도 파병시켜 독일 정치사에 엄청난 패러다임 전환을 초래한 사람이 바로 슈뢰더 총리였다는 사실을 지적했다.

하버마스와 데리다는 신보수주의 경향으로 경도되어가는 미국 내 논쟁을 지켜보면서 오늘날의 유럽은 20세기 전체주의 정권의 경험과 유대인 박해와 몰살, 홀로코스트 그리고 침략당한 국가들까지도 이런 비극에 연루시킨 나치 정권의 경험을 통해 변화해왔음을 지적한다. 또한 이들은 유럽이 이러한 과거와 자기비판적으로 대응하며 논쟁해온 것이 정치의 도덕적 기반이 어떠해야 하는지를 사람들에게 각인시켜주게 되었다고 역설한다.

내가 보기에 최후의 세계 권력인 미국의 요구에 맞춰 오늘날 유럽이 내놓아야 하는 답변은 여기에 숨어 있다. 유럽은 어떤 제국주의적인 제스처를 할 수도 없고 해서도 안 된다. 하버마스와 데리다가 성명서에서 말하고자 하는 바는 리프킨이 대서양을 사이에 둔 아메리칸 드림과 유러피언 드림의 차이라고 인식한 것과 거의 동일하다.

아무리 꿈(드림)이 그러하더라도 현실과는 갭이 있기 때문에 변화가 필요하다. 꿈은 현실의 전령사일 뿐이다. 지금 와서 생각해보면 유럽적 사회모델을 구축하지 못한 것, 아니 충분하게 구축하지 못한 것은 실수였다. 이 숙제는 지금도 해결되지 못하고 있다. 진즉에 유럽 국가들은 정상회담 때마다 우리가 왜, 어떤 목적을 가지고 정치 또는 법률 분야를 점진적으로 통일하려고 하는지를 알리려고 노력했어야 했다. 하지만 우리에게는 유럽 속에서 그리고 유럽과 함께 가려는 그곳이 어디인지에 대한 심적 확신이 없었다.

　나는 또한 유럽이 경제 무역이 번창하는 지역일 뿐만 아니라 정치적으로도 양도할 수 없는 인권이 적용되는 공간으로 인식될 때에만 회원국들에게 유럽 헌법 제정이 정당화될 것이라고 확신한다. 사회보장 역시 빈곤에 처한 사람들 모두를 사회가 책임지겠다는 확신을 주는 것이 중요하며, 유럽 표준에서 빠져서는 안 된다. 독일 기본법의 어머니와 아버지들은 인간의 존엄성을 '불가침'이라고 하였다. 바로 이것을 종교적·문화적 자유와 결합하는 것이 유럽에 대한 내 비전이다. 내가 꿈꾸는 유럽은 유럽 안팎의 평화를 공고히 하는 분명한 평화적 기본 노선을 지향하며, 여기에는 자연과의 평화도 포함된다.

## 과거를 다시 불러내는 용기

유럽은 아직도 출발선상에 서 있다. 회원국 수가 늘어갈 때마다 전진과 후퇴를 거듭할 것이다. EU의 역사적 과제인 동유럽 확대는 통일된 유럽의 미래에 정신적인 측면을 다양하게 드러내주는 좋은 예시가 될 것이다. 이를테면 폴란드의 자유연대 노조인 '솔리다르노스크Solidarność', 체코슬로바키아의 알렉산더 두브체크Alexander Dubbček가 이끈 운동과 이 실패 이후 발표된 인권 단체인 '77헌장 그룹' 등 동유럽인들은 자국 내의 민주화 운동에서 철의 장막을 제거하는 데에 큰 역할을 했다. 이들 나라에서 여러 정치적 견해가 대립해왔지만 국가의 독립을 다시 얻는 과정에서 공산주의 권력에 반대한다는 데는 모두가 한마음이었다. 이제 이들 국가들은 EU에 가입하겠다고 결심함과 동시에 새롭게 얻은 주권 중 주요 부분을 아직은 낯선 유럽에 양도할 채비를 해야 한다. 아마 많은 체코인, 폴란드인 또는 슬로바키아인은 EU 가입 이후에야 비로소 자신들이 어디에 발을 들여놓았는지 제대로 깨닫게 될 것이다.

1957년 3월 25일에 유럽 경제 공동체로 통합된 6개 핵심국, 이른바 독일연방공화국(서독), 프랑스, 이탈리아, 벨기에, 네덜란드 그리고 룩셈부르크는 현재까지도 유럽 통합이 확대되고 심화되기까지 가장 강력한 힘으로 저항하고 있는 국수주의를 극복하는 데 반세기가 걸렸다.

통합으로 가는 이 과정은 지금까지는 주로 '2보 전진, 1보 후퇴'라는 기치 아래 진행되었다. 물론 1보 전진하고 2보 후퇴하는 경우도 종종 있었지만 이렇게 해서 유럽의회가 설치될 수 있었고, 국경이 개방되었다. 오늘날 EU를 여행하는 사람들은 자신이 한 나라에서 벗어나 다른 나라로 들어가고 있다는 사실을 거의 눈치채지 못한다. 유럽적 협소함, 소국근성 그리고 국경 통과 방식 문제로 시간을 낭비하는 일은 이제 유럽 젊은이들에게는 옛날이야기가 되어버렸다. EU는 구속력 있는 가치 표준에 합의했고, 2000년 프랑스 니스에서 개최된 정상회담 이후 이에 대한 위반은 바로 처벌할 수 있게 되었다. 유럽 사법재판소는 회원국들이 EU 지침을 국내법에 적용하는지를 감독하고, EU 집행위원회는 본래 국가별 정부의 권한이었던 것에서 점점 더 많은 부분을 관리하며 일종의 유럽 정부를 대신하는 역할을 하고 있다. 국가별 의회에서는 현재 모든 법률의 50% 이상을 EU법에 맞추어 수정하고 있고, 그 비율도 증가하고 있다.

미국이 앞으로 두 경쟁자, 즉 중국과 인도와 맞서야 할 것이라는 점 그리고 일본도 예의 주시해야 할 것이라는 점은 기정사실이다. 반면 EU가 거의 모든 경제 분야에서 미국을 2위로 밀어낼 만한 위치에 있음에도 미국은 이를 별로 신경 쓰지 않는다. EU의 인구는 4억 5,500만으로 전 세계 인구의 7%에 해당한다. 유럽은 현재 지구 최대의 내수 시장에서 살고 있고, 수출과 수입에서도 세계 1위다. 그뿐만 아니라 수입보다 수출이 많으며, 거의 모든 부분에서 최고 자리를 차지하고 있는 독일 수출업계의 성과만으로도 이 성적을 계속 유지할 수 있다. 반면 미국의 무역적자는 매년 최고 기록을 경신하고 있다. 이 정도의 단순한 무역수지 비교로는 EU가 실제로 얼마나 큰 잠재력을 갖고 있는지 보여주기에 역부족이다.

그러나 EU의 이 같은 비약적인 발전을 회원국들조차 충분히 인식하지 못하고 있으며, 더 잘 알고 있어야 하는 경제 전문가들조차 별반 다르지 않다. 그 이유는 아직 유럽을 통합하는 언론기관이 없기 때문이다. 아직도 EU는 국가별로 언론기관이 분리되어 있는데, 내가 생각할 때 이것은 언어 장벽 때문만은 아닌 것 같다. 유로뉴스EuroNews와 유로스포츠Eurosport 또는 독일-프랑스 문화방송인 아르테Arte와 같은 방송 채널이 있지만, 이들도 변화의 바람을 일으키지는 못했다.

미국은 유럽을 중소 규모의 여러 민족국가를 모아둔 것쯤으로 보는 경향이 있는데, 이는 밀라노, 함부르크 혹은 스톡홀름 등 어디에 살고 있든 유럽 사람들의 생각도 이와 별반 다르지 않아서 스스로 대서양 너머를 동경하는 난쟁이로 여기고 있다. 간혹 주말판 기사에서나 '유럽이 미국을 향해 개방할 수 있을까'라는 문제를 제기하는 정도다. 경제적으로 이미 오래전부터 시행된 일이라는 사실은 거의 모른다.

한편 군사적으로 개방을 시도해볼 가치가 있느냐는 질문에는 나는 단호하게 회의적이다. 물론 군사적 요소가 제대로 작동하지 않으면 유럽은 정치적으로 버텨낼 수 없다. 나는 유럽이 신속 대응군과 그에 따른 항공 수용 능력을 갖춘 것은 뜻을 함께한다는 점에서 잘한 선택이라고 생각한다. 이렇게 우리는 과거 프랑스 때문에 성사되지 못한 유럽 방어 공동체에 한 걸음 한 걸음 다가서고 있다. 게다가 이미 다국적군으로 독일-프랑스 여단과 독일-네덜란드군을 조직했다. 이처럼 다양한 국가의 색채를 지닌 교체식 혹은 통합식 유럽 지휘 구조가 아니고는 EU의 신속 대응군이 작동하기 어려웠을 것이다. 이들은 현재 마케도니아와 코소보에서 성공적으로 임무를 수행하고 있다. 현재는 5만 명으로 구성되어 있지만 그 규모는 향후 바뀔 것이다. 유엔 안전보장이사회의 요구와 남동부 유럽의 지역적 갈등이 아직 치유되지 않은 사실을 감안할 때 이 부대가 할 일이 없어서 불평하는 일은 없을 것이다.

이런 측면만 보더라도 여러 기념일로 다시 기억하게 된 과거로부터 우리가 얼마나 멀어져 있는지 알 수 있다. 2004년 6월 6일에는 연합군의 캉Caen 상륙 60주년을 기념하여 노르망디에서 축제가 열렸고, 그 후 바르샤바 봉기 60주년 기념식이, 1년 후에는 모스크바에서 2005년 5월 8일과 9일에 종전 60주년 기념식이 열렸다. 독일 연방총리는 이 모든 행사에 초대되었고, 여기서도 유럽 민족들의 화해라는 기적이 고스란히 드러났다.

연합군의 노르망디 상륙은 나치 독일의 패망과 제2차 세계대전 종전의 시발점이 되었다. 그리고 프랑스 대통령이 나를 기념식에 초대했을 때 비로소 전후 시대가 종료되었음을 실감했다. 그들은 독일에서 온 나를 환대했고, 참전국의 참전용사협회들도 나의 참가에 일각의 반대를 제외하고는 거의 이의를 제기하지 않았다. 흥미로운 것은 영국 언론들조차도 독일에 대해 공격하지 않았는데, 이는 내가 참가하는 것을 일상적인 일로 해석한 것일 수 있다. 이런 식의 역사적인 순간이 그러하듯 그렇게 일상적이었다.

캉의 연설에서 나는 결코 마침표를 찍을 수 없다는 점을 강조했다. 나는 이런 생각을 강조할 수 있는 문장을 오래 고민했다. "어느 누구도 히

"내 연설을 들은 청중은 모두 내가 문명화된 민족공동체로 귀환한 나라를 대표한다는 사실을 알고 있었다."
2004년 6월 6일 캉 시청 앞에서 연설하는 슈뢰더. 오른쪽은 자크 시라크 프랑스 대통령.

틀러가 지배한 끔찍한 역사를 결코 잊지 못할 것입니다. 우리 세대는 그 그늘에서 성장했습니다. 우리 가족은 군인으로서 루마니아에서 전사한 제 아버지 묘지를 4년 전에야 겨우 찾을 수 있었습니다. 저는 아버지 얼굴을 한 번도 보지 못했습니다.” 내 연설을 들은 청중은 모두 내가 어둡고 낡은 독일을 대표하는 것이 아니라 문명화된 민족공동체로 귀환한 독일을 대표한다는 사실을 확인했다.

2004년 8월 1일에 개최된 바르샤바 봉기 60주년 기념식에 참석했을 때 나는 그 어느 외국 방문 때보다 감정이 심하게 동요됐다. 나는 이 행사 전에 매우 긴장했는데, 그 이유는 여러 가지였다. 이웃 나라들 중에서도 폴란드와 관계는 가장 복잡하고 민감했다. 폴란드는 과거 수백 년 동안 너무나 자주 독일과 러시아라는 강대국으로부터 농락되어 분단과 마찰, 억압을 견뎌야 했다. 그로써 폴란드는 이들 두 나라에 대해 당연히 불신하는 마음이 있었고, 정치적으로도 과도한 국민적 자의식이 형성되어 있었다. 이와 비교해서 우리 독일인은 폴란드에 대해 편견을 많이 가지고 있다. 폴란드와 독일의 국경이 베를린에서 80킬로미터도 안 되는 곳에 있지만, 많은 독일인은 폴란드라는 이웃 주민과 그들의 삶을 잘 모른다. 나는 우리 사이에 흐르는 이 강을 건널 방법은 오직 자부심 강하고 우수한 문화 민족인 폴란드를 유럽의 한 나라로 바라보는 시각으로만, 그리고 이들이 유럽이라는 가족의 품 안으로 돌아올 때에만 가능하다고 생각한다. 그래서 나는 EU에 가입하길 원하는 폴란드의 바람을 1998년부터 적극적으로 지지했다.

그럼에도 독일-프랑스 관계와 달리 독일-폴란드 관계는 아직도 최종적인 화해가 성사되지 않았고, 전후 시대가 종료되지 않았다. 나치 독일이 수백만 이상의 폴란드인에게 가져다준 끔찍한 고통과 폴란드에서 피난

오거나 추방된 수백만 독일인의 고통은 두 민족의 집단적 의식 속에 아직도 너무나 깊이 각인되어 있다. 그래서 바르샤바에서 일어난 봉기에 대한 기억은 폴란드인에게는 특별히 역사적이고 신성한 의미마저 갖는다.

우리가 폴란드 역사를 잘 모른다는 사실은 바르샤바 봉기(1944)를 1943년에 바르샤바 게토에서 발생한 봉기와 혼동하는 사람이 많다는 사실에서도 알 수 있다. 1970년에 당시 빌리 브란트 총리가 바르샤바 게토 봉기 기념비 앞에서 무릎 꿇은 장면이 너무나 유명했으므로 이런 혼동을 이해할 만도 하다. 1944년 8월 1일 바르샤바 봉기에서 폴란드인들은 독일 점령군에게 저항하며 들고일어났다. 이들은 몇 주 만에 도시 상당 부분을 손에 넣을 수 있었다. 그러자 독일군이 이들을 너무나 잔인하게 진압했고, 그 과정에서 민간인 수십만 명이 사망했으며, 도시가 거의 파괴되었다. 폴란드 수도 바르샤바는 전쟁, 점령 그리고 홀로코스트로 주민의 절반 이상을 잃었다. 그 60주년 추모 행사에 독일 연방총리를 초대한 것은 큰 영광이었고 또한 진한 감동을 주었다.

그러나 이 추모식 몇 주 전 폴란드에서는 오랜 상처가 다시 터졌다. 독일에 사는 추방인협회(제2차 세계대전 종전과 함께 다른 나라에 살던 독일인 1,200만 명이 현지에서 추방돼 독일로 돌아와야 했다—옮긴이)가 무책임하게 공격을 시작한 것인데, 이들은 폴란드를 상대로 재산의 반환과 손해배상을 요구했다. 이와 비슷한 시기에 추방인협회 간부가 설립하고 지원한 '프로이센 신탁'이라는 이름의 한 기구가 폴란드가 수용한 토지에 대한 반환 소송을 냈다. 게다가 베를린에 거주하는 추방인협회가 계획하고 독일 야당의 일부가 강행한 '국가 추방 반대 센터'를 건립하려는 시도 역시, 좋게 표현해서 폴란드 측에 상당한 혼란을 야기했다. 독일에서는 별 관심을 끌지 못한 이슈였지만 폴란드에서는 해묵은 두려움에 다시 불을 붙였다. 폴란

"나는 아버지를 한 번도 보지 못했습니다."
2004년 8월 12일 루마니아의 공동묘지에 묻힌 아버지 묘소를 참배한 슈뢰더 총리.

드 의회에서는 즉각 폴란드와 제2차 세계대전의 피해에 대한 손해배상
을 청구해야 하는 것이 아니냐는 논쟁이 시작되었다.

이렇게 과열된 상황에서 독일 정부 수반인 내가 바르샤바에서 어떤 대
우를 받게 될지 예측하기 어려웠다. 의전상에서야 아무런 문제가 없겠지
만, 바르샤바 주민들이 기념행사장에 나와 내 연설에 어떤 반응을 보일
지는 전혀 가늠이 되지 않았다. 일정에는 바르샤바 봉기 참가자들과 만
남도 계획되어 있었다. 일반적인 국빈 방문과 다른 방문이 기다리고 있
다는 것만은 분명했다.

나는 이날을 위해 연설문을 철저히 준비했고, 이를 위해 독일 단치히
(현 폴란드 그단스크) 출신의 귄터 그라스와 폴란드 애호가이자 이 나라를
너무나 잘 알고 있는 것으로 유명한 리하르트 폰 바이체커 전 독일 연
방대통령을 만나 조언을 구했다. 그리고 폴란드 역사를 너무나도 인상
적으로 그려낸 노먼 데이비스Norman Davies의 《유럽의 심장에서Im Herzen
Europas》를 읽었다. 그는 "이 나라의 운명을 생각하면 실제로 역사와 인간
의 죽음에 관한 가장 난해한 수수께끼에 도달한다. …… 폴란드가 진짜
파괴되었다면 어떻게 나중에 다시 살아날 수 있었을까? 폴란드가 부활
했다면 물질적인 파괴를 극복하는 그 무엇인가가 있음이 틀림없다"라고
이 책에 썼다.

폴란드인의 민족적 정체성은 길고 고통스러운 자유투쟁의 역사에서
기인한다. 이런 역사적 배경을 감안하면 폴란드가 국제적 인정을 받고자
하는 것이나 이웃한 독일로부터 특별한 평가와 조심스러운 행동을 기대
하는 것은 당연하다. 그리고 이런 모든 기대는 내가 참석한 2004년 8월 1
일의 기념식 행사에서 최고조에 이르렀다.

그날 나는 60년 전 어린아이 또는 청년의 몸으로 하수구를 기어 나온,

"60주년 추모 행사에 독일 연방총리로서 초대된 것은 대단한 영광이었다."
2004년 8월 1일 게르하르트 슈뢰더 총리가 바르샤바 봉기 희생자 추모비에 화환을 바친 후 추도
하고 있다.

제대로 된 무기도 없이 위압적인 적에 저항하며 친구와 동료 그리고 친척이 죽어가는 모습을 지켜볼 수밖에 없었던 어르신들을 만났다. 나는 지금도 이들을 잊지 못한다. 이들은 독일 대표자인 나에게 아무런 적개심도 갖지 않았다.

희생자 수만 명이 잠들어 있는 볼라 지구의 묘지에서 한 참전용사가 나에게 기념 메달을 전달했다. 그는 작정한 듯이 내게로 다가왔고, 그 순간 나는 어떤 일이 일어날지 전혀 예측하지 못했다. 그는 떨리는 손으로

메달을 건넸고, 나는 감격해서 그를 안아주었다.

바르샤바 봉기 박물관에서는 당시 바르샤바 시장이자 민족주의와 반독일 성향으로 유명했던 레흐 카친스키Lech Kaczyński의 영접을 받았다. 그는 매우 친절하고 공손했다. 거기서 우리는 차를 타고서 봉기인 추모비가 있는 도심으로 갔다. 마치 바르샤바 전체 시민이 환영을 나온 듯 도로에는 사람들로 가득 차 있었다. 진지한 얼굴을 한 사람들도 보였다. 나는 너무나 많은 젊은이가 기념식에 참석한 것에 놀라움을 금치 못했다. 차에서 내릴 때는 기념비 주변에 모인 사람들 사이에 침묵이 흘렀다. 휘파람소리도 사이사이에 들렸다. 5시 몇 분 전, 60년 전 봉기가 시작된 그 시간이었다. 오후 5시 정각에 바르샤바에 있는 모든 교회에서 희생자를 기리는 종이 울렸다.

이어서 알렉산데르 크바시니에프스키Alexander Kwaśniewski 대통령과 참전용사협회 대표자 한 명이 재건된 구시가를 관통해 나를 안내했다. 대중 사이를 지나가면서 나는 젊은 사람, 나이 든 사람 할 것 없이 환호하며 악수를 청하고 박수 치는 데에 크게 안도했다. 안 좋은 상황을 우려했던 나의 두려움이 그 순간 완전히 사라졌다. 참전용사협회 부회장으로, 당시 90세였던 에드문드 바라노브스키Edmund Baranowski는 함께 걸어가는 그 짧은 순간에 손녀가 독일인과 결혼한 것을 비롯하여 자신의 과거와 미래에 대해 많은 이야기를 꺼냈다.

저녁에는 공식 기념행사가 개최되었다. 참전용사 수천 명과 그 가족들이 양쪽에 불꽃이 타오르는 웅장한 무대 앞의 긴 의자 대열에 앉아 있었다. 나의 연설은 크바시니에프스키 대통령과 콜린 파월 미국 국무장관 사이에 예정되어 있었다. 크바시니에프스키 대통령의 연설이 끝나자 바르샤바 봉기와 파괴된 도시의 끔찍한 영상이 화면을 메웠다. 영상은 열

살도 채 되지 않은 한 아이의 죽음을 마지막으로 막을 내렸다. 나는 그 아이가 남자아이였는지 여자아이였는지, 총에 맞아 죽었는지 다른 도구에 맞아 죽었는지 알지 못했다. 눈에서 눈물이 흘러내렸다.

나는 그날 연설에서 힘든 시련에 대한 기억이 우리를 다시 갈라놓는 것이 아니라 묶어주어야 한다고 힘주어 말했다. 따라서 독일이 손해배상을 청구하는 일은 있을 수 없다고 말했다. 나는 베를린에 '국립 추방 반대 센터'를 설립하려는 계획에도 반대의 뜻을 밝혔고, 폴란드 대통령과 독일 연방대통령이 제안한 대로 유럽 네트워크를 설치하기 위한 노력을 지지했다. 또한 폴란드와 독일에 현재의 우호적인 관계를 미래 동맹으로 확대할 것을 호소했다. 이는 바르샤바 봉기의 주역과 희생자들에게 우리가 할 수 있는 최고의 경의 표시였다.

바르샤바 봉기에 참여해서 투쟁했던 브와디스와프 바르토스체브스키 Władysław Bartoszewski 전 폴란드 외무장관은 추모식 마지막 연설에서 나에게 감사의 뜻을 전했다. 밤이 되어 호텔방에 혼자 남게 되자 처음으로 그날의 긴장이 물러가고 몇 시간의 압축된 기억이 떠올랐다. 그래도 우리 역사의 정신에 맞게 독일을 대표했다는 느낌이 들어서 만족스러웠다.


## 니스 정상회담


캉, 바르샤바 그리고 모스크바에서 참석한 세 번의 기념식은 모든 폐허가 제거되고 통합된 유럽을 이끌어나갈 기초가 마련될 때까지 얼마나 멀고 험난한 길이 우리 앞에 남았는지를 실감케 해주었다. 이는 후퇴나 위기 없이는 실현될 수 없는 길이기도 했다. 그 과정에서 유럽이라는 발전기를 작동할 수 있을 만큼 인식이 다양한 민족에게 비슷한 정도로 성장할 것이라고 기대해서도 안 될 터였다. 실제로 발전기는 때로는 요란한 소리를 내었고, 때로는 가다 서다를 반복했으며, 잘 굴러가는 일은 드물었다.

프랑스는 여전히 자국이 세계를 움직이는 강대국이라는 자신감을 가지고 있었다. 프랑스에서 민족은 그 자체로 권한을 지닌다. 위대한 프랑스인의 기대 중 하나는 최소한 프랑스 민족의 권위를 극복하고 공동의 유럽적 의지로 넘어가는 것이다. 지금까지 이 일은 부분적으로만 성사되었다. 하지만 프랑스 중심의 사고를 하는 사람들조차 강대국에 발맞추기에는 프랑스가 문화적으로나 경제적으로나 과거 수준을 회복하기 어려운 상황이라는 사실을 잘 알고 있다. 이런 상황에서 미국이나 급속도로 성장하고 있는 인도와 중국 등 강대국에 대항해 프랑스의 국가적 규모를 유지하려면 하나된 유럽만이 가능성으로 남는다(러시아에 대해서는 뒤에 다시 얘기하겠다). 이 과정에서 독일과 마주치는 것을 피할 수는 없다. 유럽에서 정치적 지휘권을 주장하고 유지하려면 독일을 지나치지 않고는 불가능하다.

독일에서는 완전히 반대된 상황이 전개되었다. 제2차 세계대전 이후 독일은 패권을 쥐려는 노력과는 아예 결별했다. 처음에는 아마도 외부의 강제로 그랬겠지만, 이제는 의식적으로 단호하게 결별했다. 우리는 독일인으로서, 그리고 유럽인으로서 우리 정체성을 발견했다. 유럽은 우리 자신의 정체성의 일부라는 것을 말이다.

나는 늘 이런 다양한 견해에 관심을 가져왔다. 프랑스의 태도 역시 정적인 것이 아니라 변화하고 있다. 이를 분명하게 확인할 수 있었던 사건은 EU가 동유럽 회원국으로 확대되기 이전인 2000년 12월 니스에서 개최된 EU 정상회담에서 미래 유럽 지도부의 구조에 대해 고민했을 때다.

동유럽 회원국이 가입할 경우 EU 가입국은 25개국이 되어, EU가 제대로 작동하려면 개혁이 반드시 필요했다.

회담이 시작되기도 전에 기존의 만장일치 방식을 포기하고 회원국 크기에 따라 투표수를 부여하자는 주장이 오갔다. 이 문제로 정상회담이 거의 결렬될 상황이었다. 독일이 통일되면서 인구가 유럽에서 압도적으로 많은 나라로 성장했다는 사실을 이 시점까지도 프랑스와 몇몇 나라가 깨닫지 못한 것이다. 즉 독일 인구가 프랑스보다 1,500만 명이나 많다는 사실을 말이다. 니스 정상회담에서는 이 사실을 인정하고 협상하기에 아직 시기가 무르익지 않았다.

정상회담을 준비하던 시기에 시라크 프랑스 대통령은 마드리드의 한 기자회견에서 프랑스의 견해를 밝혔다. "저는 투표권에 가중치를 두는 문제에서 독일을 특별 대우하는 것을 원치 않습니다. 이유는 단 한 가지입니다. 우리는 독일과 수많은 전쟁을 치렀고 수많은 프랑스 군인이 전사하고 민간인들이 사망했습니다. 결국 프랑스의 샤를 드골Charles De Gaulle과 독일의 콘라트 아데나워Konrad Adenauer 두 정상이 희생은 이제 더는 안 된다는 데에 합의했고, 동등한 자격으로 조약이 체결되었습니다."

밤늦게까지 이어진 끈질긴 협상 끝에 마침에 규칙을 찾아낼 수 있었다. 납득하기 힘든 자존심이 개입된 고통스러운 과정이었다. 교대하는 방식으로 국가들을 협상에 참여시켜 합의를 이끌어내려는 시도가 이어졌다. 이 과정에서 특히 벨기에가 중재자 역할을 잘 수행해냈다. 결국 유럽이사회에서 독일, 프랑스, 영국 그리고 이탈리아가 표결권을 동등하게 갖는 방식에 합의했다. 다만 표결이 성사되려면 특정 다수표를 얻어야만 하는 것이 아니라 EU 주민 최소 62%에 해당하는 다수표를 얻어야 한다는 조항에서 프랑스가 독일에 양보하였다. 매우 복잡한 절충안이었지만 이로써 독일은 다시 실제 인구수에 맞게 자국 이익을 대변할 가능성을 갖게 되었다.

니스 정상회담의 협상에는 여전히 낡은 사고가 지배적이었다. 그러나 이 회담에서 출발하여 마침내 2004년 10월 엄숙하게 비준할 수 있었던 유럽 헌법 조약은 이 문제를 인위적인 투표권 배분 없이 이른바 중복다수로 규정했다. 즉 EU 회원국 55%가 제안에 찬성하고, 이들 회원국 인구수가 EU 전체 인구의 65%에 해당할 경우 가중다수결에 도달한 것으로 보는 것이다.

니스 정상회담에서 출발하여 이 협상에 이르기까지 시라크 프랑스 대통령은 정상들과 대화에서 자신이 과거에 취했던 태도를 버리고 여러 차례 이렇게 강조했다. "독일 총리가 1,500만 독일인을 아무 거리낌 없이 무시한 채 독일의 인구가 마치 통일 전과 다르지 않은 것처럼 행동할 수는 없는 상황인 것을 우리가 이해해야 합니다."

프랑스 대통령이 이렇게 노선을 전환한 것도 결국 독일과 영국이 함께 유럽을 이끌어나갈 때에만 유럽이 정치적 단위로서 기능할 수 있다는 사실을 직시했기 때문이다. 그리고 헌법 조약이 처음에 비준되지 않은 것은 중복다수제 때문이 아니라 유럽을 사회적 평등과 정의를 대변하는 하나의 동맹으로 기술하는 작업을 등한시했기 때문이다.

## 깨어 있는 두 매개자

내가 독일과 프랑스의 관계를 더욱 특별하게 생각하게 된 데에 누가 특히 영향을 미쳤는지를 자문해보면 곧바로 브리지트 소제이Brigitte Sauzay

가 떠오른다. 그녀는 조르주 퐁피두Georges Pompidou부터 프랑수아 미테랑 François Mitterrand까지 프랑스 대통령의 수석 통역사로 일했다. 그녀는 미테랑 대통령이 서거할 때까지 정치적 신임자이자 조언자였다. 1993년에는 은퇴한 괴팅겐대학교 근대사 교수 루돌프 폰 타덴Rudolf von Thadden과 함께 겐스하겐에 '유럽 내 독일-프랑스 협력을 위한 베를린-브란덴부르크 연구소'로 불리는 일종의 싱크탱크를 설립하였다. 이 연구소는 일상의 정치적 압박에서 벗어나 양국과 유럽의 미래에 대한 토론을 이끌었고 지금도 계속 활동하고 있다.

1998년 초쯤, 괴팅겐 시절부터 잘 알고 지낸 폰 타덴이 전화를 걸어와서 소제이를 소개해줄 테니 시간을 비우라고 했다. 실제로 그렇게 지적이고 달변인 여성을 나는 보지 못했다. 그녀는 투철한 사명감을 가지고 있었다. 1989년에 베를린 장벽이 붕괴되자 그녀는 유럽에 큰 기회가 온 것을 확신했다. 독일과 프랑스가 함께 밀고 나가야만 이 기회를 충분히 활용할 수 있다는 사실을 그녀는 분명히 알고 있었다.

소제이는 깨어 있는 프랑스 시민계급의 대변자였고, 오랜 기간 독일에 살며 직장생활을 한 경험으로 두 민족의 특수성과 특징을 잘 알고 있었다. 그녀는 두 민족 사이에 오해의 위험도 잘 파악하고 있었다. 이들 오해를 사전에 차단하고 두 민족이 서로 신뢰를 창조하는 데에 모든 힘을 쏟았다. 이렇게 우리는 1998년 선거전 한가운데서 만났다.

소제이는 현명하고 지성과 기품을 겸비한 인재였다. 그녀의 날카로운 분석과 해석은 언제나 설득력이 있었다. 우리는 1998년 5월 어느 날 오후 하노버의 라이네성 테라스에서 다음과 같은 계획을 세우게 되었다. 선거에 승리할 경우 프랑스인인 소제이가 독일-프랑스에 관한 문제에서 독일 연방총리에게 자문역이 된다는 것이었다. 이것은 프랑스인이 독일 연방총리의 자문을 맡는다는 점에서 매우 참신한 발상이었고, 독일뿐만 아니라 프랑스의 정치 엘리트들에게도 모두 깊은 인상을 남겼다. 그리고 우리가 약속한 내용은 현실이 되었다.

소제이가 자문역을 맡은 동안 나는 그녀에게서 많은 것을 배웠다. 무엇보다 이 자문역이 한 특정 부처에 소속되지 않고 여러 부처를 넘나들 수 있었던 덕분에 특정 주제에 구속되지 않고 첨예한 정치적 이슈에서도 거리를 둘 수 있었기 때문에 객관적인 제3자의 자문을 받는 장점이 있었다. 소제이는 독일과 프랑스 사회 모두에서 활발한 활동을 펼쳐서, 프랑스에서 연방총리인 나에 대한 편견은 말할 것도 없고 사민당-녹색당 연립정부에 대한 편견을 깨는 데에도 크게 기여했다. 반대로 그녀는 독일에서 프랑스에 대한 편견을 깨는 일에도 매우 중요한 역할을 했다. 그녀가 프랑스인으로서 독일 문제에 정통한 전문가였고, 양국의 정치와 문화에 깊은 이해와 통찰을 가지고 있었기 때문에 가능한 일이었고, 그만큼 적녹연립정부가 외국인과의 협력에 개방된 자세를 견지했기에 가능한 일이기도 했다.

소제이는 오랜 투병 끝에 2003년 11월 향년 55세로 이 세상과 작별했다. 그녀의 죽음은 나에게도 너무나 가슴 아픈 일이었다.

라인하르트 헤세Reinhard Hesse도 소제이와 비슷하게 두 나라 국경을 넘나들면서 나에게 이슬람 세계에 관한 많은 지식을 알려주었다. 마찬가지로 그도 중병으로 이 세상과 너무 빨리 작별했다. 내가 니더작센주 의회의 야당 대표였을 때 기자인 헤세를 알게 되었다. 그 후 그와 함께 《고교 졸업시험Reifeprüfung》(1993)과 《그리고 우리가 더 좋은 나라를Und weil wir unser Land verbessern》(1998)을 출판했다. 1998년에 우리가 선거에서 승리했을 때 그는 잠시 자기 일을 접고, 해박한 지식과 특히 남다른 글재주로 나

"이 프랑스 여성은 독일-프랑스에 관한 문제에서 독일 연방총리의 고문이 되기로 했다."
1998년 9월 말 파리에서 브리지트 소제이와 이후 외무부차관이 되는 귄터 페어호이겐(맨 오른쪽)
과 정치 이야기를 나누고 있는 슈뢰더.

를 지원할 채비를 했다.

　혜세는 다양한 국제 경험을 겸비한 깨어 있는 좌파였다. 그는 영어, 프
랑스어 그리고 아랍어를 모국어처럼 구사했고, 전 세계에 친구가 있었으
며, 카이로와 베이루트, 베를린에서 살았고, 레바논 여자와 결혼했다. 그
역시 정치적 일상과 거리를 두고 경험에서 터득한 신선하고 독창적인 아
이디어를 관공서의 일상에 가져다주었다. 그 덕분에 그의 펜 끝에서 중
요한 연설문과 문서의 초안이 작성되었다. 그는 베를린에 있는 도로테엔

슈타트 묘지에서 마지막 휴식을 취하고 있다. 그의 묘비에는 "그는 늘 우리를 놀라게 했다"라는 문구가 쓰여 있다. 그는 정말 그랬다.

# 터키는 유럽 국가인가

총리 임기 동안 유럽 정치와 관련된 가장 어려운 문제는 터키의 EU 가입을 수용할지 결정하는 것이었다. 나는 그 결과 국내에서 발생하게 될 정치적 문제를 잘 알고 있었다. 폴커 뤼에Volker Rühe를 비롯한 몇몇 원내 의원을 제외하고 기민-기사당은 터키 정책을 완전히 뒤집는 작업에 착수했다. EU는 터키가 EU 회원 자격이 있음을 계속 확인해주며 회원 가입에 필요한 코펜하겐 기준을 충족하는 즉시 협상을 시작할 것을 약속했다. 헬무트 콜 정부는 16년 동안 적어도 공식적으로는 이 EU 결의 사항을 지켜왔다.

그러나 기민-기사당이 야당이 된 지금, 반터키 정책으로 국내에서 정치적 이득을 보려는 희망으로 이 결의 사항이 더는 유효하지 않다고 주장했다. 나는 회원국이 되고자 하는 터키의 노력을 단호하게 지지하여 사회의 소수자들을 파고들어야 한다고 확신했고, 여론조사 결과에서도 효과가 있는 것으로 나타났다. 이렇게 나는 독일의 유럽 정책을 일관성 있게 유지하고, 유럽으로 힘찬 발걸음을 내딛기 시작한 터키를 전적으로 지원하기로 결정했다.

나는 터키가 유럽 내에서 그리고 유럽을 위해서 중요한 역할을 할 것이라고 과거에도 그렇고 지금도 굳게 믿고 있다. 특히 터키 조사위원회가 내놓은 훌륭한 보고서를 보고 이런 확신을 얻게 되었는데, 마르티 아티사리 핀란드 전 대통령이 위원장을 맡아 독립적으로 활동한 이 조사위원회에는 작센주 초대 주총리인 쿠르트 비덴코프Kurt Biedenkopf도 참여했다.

2004년 9월에 제출된 이 보고서는 유감스럽게도 독일 언론으로부터 별 호응을 얻지 못했다. 하지만 이 보고서는 '터키는 유럽 국가인가'라는 질문에 보기 드물게 명확한 답변을 내놓았다.

터키의 유럽 연관성 관점에서 볼 때 이 나라는 문화와 역사가 유럽과 관련되어 있고, 수십 년 전부터 유럽 정부들도 인정하는 강한 유럽적 성향과 유럽적 소명의식으로 무장되어 있는 유라시아 국가로 볼 수 있다. 이런 점에서 터키는 북아프리카나 중동에 있는 유럽의 이웃 나라들과 근본적으로 구별된다. 따라서 이 나라가 EU에 가입한다는 사실이 반드시 이들 이웃 국가들의 EU와 관계에 대한 본보기가 되지는 않을 것이다. 터키를 유럽 통합 작업에 참여시키는 데 대한 원칙적인 이의 제기는 1959년에 터키가 가입 신청을 했을 때, 1987년에 두 번째로 지원했을 때, 그리고 1999년에 터키가 후보자 지위를 획득하기 이전에 제기되었어야 한다. EU 가입 협상에 관한 2002년 코펜하겐 유럽이사회의 결론을 포함하여 이 결정이 모든 상황을 고려하지 않고서 내려졌다고는 그 어떤 국가도 결코 주장할 수 없을 것이다.

그러나 정치적 약속보다 더 결정적인 것은 터키가 EU에 가입함으로써 얻게 되는 전략적 중요성이다. 아시아와 유럽의 연결 지점에 있는 터키의 지정학적 위치, 유럽의 에너지 조달자로서 역할, 그리고 정치적·경제적·군사적 중요성 등이 EU에는 엄청난 소득이다. 그 밖에도 터키가 EU에 확실하게 정착한다면 유럽과 이슬람 세계 사이의 관계에서도 중요한 역할을 할 수 있다.

터키 측에서 보면 EU 가입은 서방으로 방향을 잡은 것이 옳았다는 사실을 최종적으로 확인하는 셈이 된다. 또한 현대 민주주의 사회로 전환하는 것이 불가역적이라는 사실도 확인하게 될 것이다. 터키가 EU 가입에 실패한다면 이는 양쪽이 좋은 기회를 상실하는 것에 지나지 않을 뿐만 아니라 터키인에게 심각한 정체성 혼란을 가져올 것이며, EU 소속 이웃 나라들의 정치적인 동요와 불안을 야기할 것이다.

더 나아가 터키 조사위원회는 터키에서 이주 압력이 생길 수 있다는 등 우려의 목소리가 EU 회원국들 사이에서 커지고 있다는 사실도 조사하였다. 노동 인력의 이주 자유는 오랜 과도 기간이 경과한 뒤에야 도입될 테고, 따라서 각국 정부가 터키의 EU 가입 이후 몇 년 동안은 이민을 통제할 것이므로 이 점은 걱정할 필요가 없다. 게다가 과거 EU 확대 경험에 비추어보면 터키에서 오는 이민자들이 그리 많지 않을 것으로 보인다. 오히려 시기적으로만 봐도 유럽 여러 국가에 인구 고령화가 심각해 인력 부족을 야기할 테고, 따라서 지금의 사회보장 시스템을 유지하려면 이민자를 받아들이지 않을 수 없는 상황이어서 이는 큰 문제가 될 것 같지는 않다.

터키 조사위원회는 다음과 같은 경고와 함께 업무를 종료했다.

터키의 EU 회원 자격은 지난 수십 년간 여러 기회에서 확인되었다. 따라서 터키가 가입 조건을 충족한다면 EU 회원국으로 환영받을 것을 기대하는 것이 당연하다. 독립적으로 활동한 터키 조사위원회는 터키가 이 문제에서 EU로부터 최고의 존중, 공평 그리고 배려의 자세로 대우받아야 한다고 확신한다.

나는 복잡한 키프로스 문제를 이와 연결해 살펴보고자 한다. 1974년

이래 이 섬은 그리스어를 쓰는 남쪽 키프로스 공화국과 터키어를 쓰며 1983년부터 북키프로스 터키 공화국이라고 불리는 북쪽으로 분단되어 있다. 북쪽은 국제법상 인정받지 못하고 있으며, 경제적으로나 정치적으로 고립되어 있다. 반면 남쪽은 터키가 인정하지 않으며, 키프로스 공화국의 선박이나 항공기는 터키 본토 접근을 금지당하고 있다.

키프로스섬을 다시 통일하고 갈등을 종결하고자 코피 아난 유엔 사무총장은 2002년 2개 주로 구성된 연방제도를 규정하는 제안서를 제출했다. 아난 총장의 제안서는 2004년에 실시한 국민투표에서 그리스어를 쓰는 남쪽에서는 거부된 반면, 터키어를 쓰는 북쪽에서는 대다수가 찬성하였다. 북쪽의 찬성표는 무엇보다 터키의 레제프 타이이프 에르도안 Recep Tayyip Erdogan 총리 정부의 적극적인 자세 때문이었다.

터키 문제를 공평하게 살펴보려면 키프로스섬 문제 자체가 왜 발생했는지를 명확히 이해할 필요가 있다. 키프로스섬 남쪽이 통일을 거부했기 때문에 문제가 된 것이다. 국민투표 결과 남쪽, 즉 키프로스 공화국은 2004년 5월 EU에 가입했고, 반면 북쪽은 찬성투표를 했음에도 가입하지 못하게 되었다. 이는 EU가 1997년에 의결한 키프로스 가입 절차의 결함으로, 당시 이 섬이 EU에 가입하려면 그전에 통일이 되어야 한다는 사실을 가입 조건과 결부시키지 않은 탓에 발생한 일이다. 그러나 이 실수는 시정이 불가능했고, 그 결과 북키프로스의 고립은 오늘도 계속되고 있다. 터키어를 쓰는 키프로스인들은 통일과 화해 의지가 있음에도 EU로부터 사실상 벌을 받은 것이고, 이는 그야말로 유럽 통합 과정에서 결코 빛나는 사례가 될 수 없다. 남쪽 키프로스 공화국은 공식적인 EU 회원국이 되었고, 따라서 터키의 가입을 얼마든지 저지할 수가 있었는데, 가입에는 EU 회원국들의 만장일치가 필요하기 때문이다.

"정치적 약속보다 더 중요한 것은 터키의 EU 가입에 따른 전략적 의의다."
2005년 5월 4일 터키 이스탄불에서 레제프 타이이프 에르도안 총리와 함께.

그렇다면 유럽이사회 회의가 시작될 당시는 어떠했는가? 이사회 의장을 맡은 네덜란드는 터키 가입 협상이 시작되기 이전부터 터키가 키프로스 공화국을 국제법상 인정해야 한다고 강하게 밀고 나갔는데, 이는 정치적으로 현명하지 못한 행보였다. 터키는 당시 이 조건을 수용할 수 없는 상황이었다. 특히 코피 아난 사무총장이 계획한 키프로스 독립에 대한 국민투표와 관련해서 터키가 양보한다면 터키의 어떤 정부도 정치적으로 무사하지 못할 것이었다. 타소스 파파도풀로스Tassos Papadopoulos 키프로스 공화국 대통령이 협상에서 직접 제시한 것도 아닌 이 광범위한 요구를 에르도안 총리는 단호하게 거절했다. 그 후 관심은 터키와 EU 사이의 관세동맹 적용 범위를 키프로스 공화국을 포함하는 새 회원국들에까지 확대하는 내용을 담은 앙카라 협정의 수정 조서를 서명하는 문제에 집중되었다. 협상 과정에서 에르도안 총리는 추가의정서에 서명하는 것이 터키가 키프로스 공화국을 국제법으로 인정하는 것이 아님을 계속 지적했다.

에르도안 총리의 태도는 협상이 진행됨에 따라 지지를 얻었다. 어렵게 토론이 진행되는 와중에 파파도풀로스 대통령은 터키와 가입 협상을 시작하기 전에 반드시 조서에 서명하고 이를 터키가 비준하고 실행에 옮기는 것까지 마무리해야 한다는 주장을 굽히지 않았다. 유럽이사회 회의는 수차례 중단되었다. 결국 시라크 프랑스 대통령과 블레어 영국 총리 그리고 내가 앙카라 협정의 수정 조서를 서명하는 것만으로 가입 협상을 시작할 수 있다는 점, 즉 키프로스 공화국을 공식적으로 인정할 필요가 없으며 비준은 추후 시점에 이행되어도 좋다는 점을 양측에 납득시키는 데 성공했다.

터키가 EU에 가입하기까지 이 험난한 시간이 얼마나 계속될지는 모르겠지만, 머지않은 시기에 끝날 것이고, 결국 모든 회원국이 가입에 동의하지 않을 수 없을 것이다. 모든 회원국을 설득하려면 터키가 자신의 유럽적 정체성을 더욱 확립해야 한다. 비록 지금까지 과열된 토론으로 흥분 상태에 있기는 하지만, 유럽인들 역시 자국의 이익뿐만 아니라 평화 확대에 따른 이익을 생각해서라도 더는 이들의 앞길을 막아서는 안 된다. 프랑스가 유럽 헌법에 반대표를 던진 것은 터키의 가입이 자국의 일자리를 위협하고, 임금 수준을 떨어뜨릴 수도 있다는 우려 때문이라는 사실을 간과해서는 안 된다.

여기서 나는 시라크 프랑스 대통령을 존경하지 않을 수 없다. 그는 자신이 터키에 대한 독일의 견해를 지원할 경우 EU 국민투표에서 자신에게 도움이 되지 않을 것을 알면서도 이를 공식적으로 지원했다. 이것도 프랑스의 유럽 정책에 변화가 생겼다는 또 하나의 증거다.

# 동유럽으로 확대된 EU

이렇게 EU는 깊이와 규모 면에서 상당한 발전을 이루었다. 1999년 3월에 독일에서 개최된 EU 정상회담도 그 중요한 계기 중 하나였다. 당시는 사민당-녹색당 연립정부가 막 집권했을 때로, 농업정책의 개혁에 착수하고 예산 편성 및 구조 정책적 문제를 해결해나가고 있었다. 우리는 그 과정을 용감하게 수행해냈고, 유럽 협상 과정에서 경험이 없는 새 독일 정부를 쉽게 요리할 수 있을 거라는 기대에 멋지게 찬물을 끼얹었다. 베를린 정상회담은 품질과 자연자원 보호에 집중하는 유럽 농업정책의 단계적 변화를 위한 첫걸음이었다.

이후 2002년 12월에 덴마크 코펜하겐에서 개최된 정상회담도 언급하지 않을 수 없다. 여기서 EU의 10개 회원국이 새롭게 정식 가입 결정이 내려졌다. 이 회담에서 동쪽에 위치한 이웃 나라 폴란드의 가입을 위해 독일이 노력하지 않았다면 폴란드 가입은 무산되었을지도 모른다. 반드시 필요한 협상과 포괄적인 물질적 양보가 주로 우리 주장 덕분에 성사된 것이나 다름없다. 다시 말해 코펜하겐 정상회담의 성공과 EU가 꼭 필요한 시기에 동유럽 국가들에까지 확대된 데는 사실상 독일의 적극적인 노력이 있었다. 당시 레체크 밀러Leszek Miller 폴란드 총리의 바람을 잘 이해하고 엄청난 재정적 부담을 떠맡아준 것이 우리 독일인데, 이 사실을 오늘날 폴란드는 자꾸 망각하려 한다. 반독일, 반러시아 그리고 반유럽적 태도를 취하고 있는 폴란드 정부가 과연 중장기적인 이익에 맞는 정책을 펼칠 수 있을지 의심스러운 대목이다.

새 회원국들의 가입일은 2004년 5월 1일로 확정되었다. 가입 합의서에는 새 회원국들의 역사적 경험을 토대로 집단적 의식에 침투된 모든 우려가 반영되어 있다. 한 가지만 예로 들어보자. 7년이라는 유예기간(폴란드의 경우 12년)에 중부 유럽과 동부 유럽 국가들은 다른 회원국 주민이 토지를 매입하는 것을 계속 국가가 관리할 수 있고, 금지할 수도 있다. 이 특별 합의는 특히 농지로 이용되는 땅을 자본이 풍부한 EU 기업가가 전부 사들일 경우 이곳의 농부들이 땅을 잃을 수도 있다는 우려를 반영한 것이지만, 국경이 없는 유럽에서 이런 경우가 발생할 근거가 없기 때문에 나는 폴란드가 이 유예기간을 전부 사용하지 않을 거라고 확신했다.

농업 분야와 노동력 이주의 자유와 관련해서도 마찬가지로 해결책을 찾기가 쉽지 않았다. 여기서도 기존의 EU 회원국들이 일자리 경쟁을 우려했기에, 이를 완화해야 했다. 새 회원국 주민들도 기존의 EU 주민들과 마찬가지로 다른 EU 국가에 살면서 일할 수 있는 권리를 얻는 데에 7년의 기한을 인정해주었다. 농가 보조금 문제에서는 직접 보조금을 단계적으로 신규 가입국들에 확대하는 것에 합의하였다. 10년 이내에 현재 EU 국가에 보통 25%에 머무르는 농가에 대한 직접 소득 보조금 비율을 100%까지 올리기로 했다. 농촌 지역에 대한 EU의 지원은 단계별로 더욱 체계화되어, 폴란드는 55%에서 시작할 수 있게 되었다. 밀러 폴란드 총리는 대화 도중에 이 부분이 자기에게 얼마나 중요한지를 강조했다. 그는 연정 파트너인 농민당으로부터 큰 압력을 받고 있었고, 2003년에 치르게 될 EU 가입 국민투표를 앞두고 회의적인 농민들을 설득해야 했다. 역사적인 EU의 동유럽 확대가 이 부분에서 좌절되지 않게 하려고 나는 기존 회원국에 큰 부담이 될 수 있는 밀러 총리의 제안을 함께 짊어지고 갈 준비가 되어 있었다. 이 타협을 위해 특히 프랑스를 설득해야 했는데, 무엇보다 이웃 국가들이 EU의 동유럽 확대로 독일이 경제적 이득을 얻을 것이라는 의견을 갖고 있어서 독일은 이 협상에서 더욱더 큰 기여를 반드시 해야만 했다.

또 다른 중요한 사건은 2000년 3월에 포르투갈의 리스본에서 개최된 '고용 정상회담'과 1년 뒤 스웨덴의 스톡홀름에서 개최된 후속 회담이었다. 여기에서 유럽을 세계적으로 경쟁력 있는 경제 공간으로 발전시킬 수 있는 초석이 마련되었다. 그 이후 개최된 모든 정상회담은 이와 관련된 진행 상황을 평가하는 것이었다.

유럽의 발전은 낙관적이다. 모든 회원국이 이득을 보고 있다. 스페인이든 포르투갈이든 아일랜드든 그리스든, EU가 아니었으면 현재와 같은 만족스러운 사회적·경제적 상황을 맞이하지 못했을 것이다. 유럽은 지금 세계 최고이며, 유럽의 잠재력은 조금도 고갈되지 않았다. 유럽이 가는 길은 하나의 성공 사례다. 그것은 국가적 편견을 극복하고 국가 주권을 의식적으로 양보하는 경제 공동체가 평화로 나아갈 수 있다는 본보기라는 점에서 더욱 그러하다.

조용한 세계 권력으로서 유럽이라는 꿈에 다가서는 것은 독일과 프랑스의 공동 임무다. 역사적 전통은 서로 다르지만, 두 나라는 지난 수년 동안 공동의 가치를 토대로 사회적인 요소들을 파고들었다. 그리고 개인주의와 연대책임을 상반되는 개념으로 보지 않는 국가의 역할에 대한 견해를 공유하고 있다. 통합된 유럽의 출발선에 독일과 프랑스의 화해가 있었다. 이 우정이 없이는 공동의 유럽은 성장할 수 없다. 유럽 통합의 역사를 훤히 꿰뚫고 있는 사람들은 유럽의 모든 과제가 특히 독일과 프랑스가 서로 합의한 덕분에 해결될 수 있었다는 사실을 알 것이다. 유럽 대륙의 분단을 극복하고 EU 확대라는 중대한 국면에서도 독일과 프랑스는 큰 힘을 실어주었다. 통합된 유럽에서 평화는 이미 반세기 이전부터 불변하는 확신이었다. 제러미 리프킨이 말한 '유러피언 드림'은 아직 실현되지 않았다. 그러나 그것은 실현 가능한 선택지다.

Bin ear völlig mideutig
und für mich immer klar:
ich musste an der unpopulären
Politik fest halten. Die
Agenda 2010 war eine Kurs-
lestimmung, die aufzugeben
für mich undenkbar und
für die VPD eine katastrophe
geworden wäre.

한 가지 분명한 사실은, 이미 시작한 정책을 끝까지 밀고 나가
야 한다는 것이고, 나는 시간이 흐를수록 더욱 확신에 찼다. 어
젠다 2010은 우리가 지향할 노선을 규정한 것이었고, 이를 포
기하는 일은 나에게 상상도 할 수 없는 것이었으며, 사민당에는
대참사가 될 수도 있었다.

# 변화
# 하겠다는
# 용기

8

Mut zur
Veränderung

Weg mit
Hartz4 und
Agenda 2010 !
Eine Bi
Dankt Sc
Ehrenmit
LEIPZIGER
PROT

"이들은 1989년 구동독 저
항운동의 전통을 계승한다
고 하였다. 1989년에는 자
유와 민주주의를 위해 시위
했다지만, 2004년에는 물
질적 요구를 위해 시위할
뿐이라는 점에서 이는 뻔뻔
한 주장이다."
2004년 8월 16일 라이프치
히의 '월요시위.'

———————————

짧고 불안한 꿈에서 놀라듯이 깨어나 알람시계의 불빛을 바라보던 순간
이 떠오른다. 긴바늘이 12를, 작은바늘이 3을 가리킬 때 만들어지는 마술
같은 삼각형을 뚫어지게 쳐다본다. 연방총리청에서 보낸 잠 못 이룬 밤
들. 총리청 9층에는 욕조가 딸린 작은 침실이 있고, 책장으로 된 벽과 문
을 사이에 두고 동물정원이 내려다보이는 공식 만찬장이 있다. 국빈들과
동행자들이 식탁을 가운데 두고서 둘러앉아 예의를 갖추고 식사를 하던
공간이다. 같은 층 뒤쪽에 있는 작은 침실은 집무실 바로 건너에 있고, 8
층에 있는 사무실과는 작은 계단으로 연결되어 있다.

연방총리에 취임한 후 첫 몇 달간을 베를린 달렘 지역 퓌클러 거리의
정부 영빈관에서 보내다가 이곳으로 이사했다. 그곳에서 나는 비싼 숙박
료를 내고 잠만 잤으며, 아침에는 베를린의 교통 체증으로 슐로스광장에
있는 임시 총리청까지 거의 한 시간을 허비한 일도 여러 번 있었다. 2001
년 5월에 총리청이 구동독 국가평의회 건물에서 연방하원 맞은편에 있
는 신축 건물로 이주하면서 나는 정부 영빈관 하숙 생활을 정리하고 이

아늑한 총리관저로 옮겨왔다.

나는 잠을 깊고 편안하게 자는 편이었다. 그러나 총리 임기 동안 잠을 못 이루게 한 사건이 세 가지 있었다. 코소보와 아프가니스탄 파병이 그중 하나였는데, 이 결정은 젊은 군인들을 불확실한 미래로 내보내는 일이었다. '만약 이들이 목숨을 잃는다면 그것이 어떻게 정당화될 수 있는가'라는 질문이 내 머릿속을 떠나지 않았다. 이 같은 예외적인 상황, 즉 사람들의 삶과 죽음까지도 책임져야 한다는 자각은 총리직에 수반되는 큰 부담 중 하나였다.

또 다른 사건은 2005년 5월 22일 노르트라인-베스트팔렌주 선거에서 참패한 후 사민당 원내 대표인 프란츠 뮌테페링과 내가 연방하원 선거를 앞당겨 실시하자는 결정을 내릴 때였다. 이때는 전혀 다른 종류의 감정이었다. 나를 불안하게 한 것은 조기 총선(연방하원 선거)이 성사될 수 있을지, 아니면 헌법적 문제로 불가능할지에 대한 불확신이었다. 이에 대한 결정권은 연방대통령과 연방헌법재판소에 있었다. 선거를 공포하고 결정이 내려지기까지 견디기가 무척 힘들었다. 당시 내 주변에서 나를 겪어야 했던 분들에게 지금이라도 용서를 빌고 싶다.

총리청 9층 침실에서 겪은 이 불안한 밤이야말로 지난 7년의 총리 임기 동안 발생한 모든 일을 다시 겪는 심정이었다. 연방하원 선거에 반대하는 의견들을 두고서 계속 고민했고, 꼭 선거를 다시 치러야 하는지, 피할 수는 없는지 의문을 제기한 요슈카 피셔의 생각을 두고도 고민했다. 피셔의 의견은 매우 진지했다. 코소보에서 이라크 문제에 이르기까지 지난 7년 동안 우리가 함께 이겨내지 못한 일은 없었다. 그는 그 기간에 내가 믿을 수 있는 파트너였고, 그가 내 결정에 찬성해주지 않을 때는 반박하기가 쉽지 않았다.

나는 피셔에게 일찍 내 생각을 털어놓았고, 그는 크게 두 가지 점에서 이의를 제기했다. 그는 우선 조기 총선을 알리는 시점과 연방헌법재판소가 몇 달 뒤에나 내리게 될 최종 결정까지 기나긴 기간이 문제라고 보았다. 그다음으로 2006년에는 경제적 상황이 나아질 것으로 모두가 기대하기 때문에 그때 선거를 치르는 것이 더 유리할 것이라는 점을 문제 삼았다. 두 주장 모두 진지하게 고민해볼 만했지만, 결국 나를 설득하지는 못했다. 그러면서도 나는 계속해서 다른 대안이 없는지를 고민했다.

당시 노르트라인-베스트팔렌주의 참담한 선거 결과가 우리를 괴롭혔고, 북부에서는 2005년 3월 17일에 시행된 슐레스비히-홀슈타인주(주도는 킬Kiel — 옮긴이) 의회의 주총리 선거에서 같은 라인의 사민당 저격수에게 쓰러진 하이데 지모니스Heide Simonis의 패배를 극복해야 했다. 4차 투표에서도 패배하자 그녀는 물러나지 않을 수 없었다. 이 사건이 발생한 이후 사민당-녹색당 연립정부는 여론조사에서 요란한 소리를 내며 추락했다. 엎친 데 덮친 격으로 연립정부의 업무 능력 불신에 불을 붙인 것은 실업자 수가 500만 명을 넘어섰다는 소식이었다. 2005년 1월에 정확히 503만 7,000명이 실업자로 등록되었다. 물론 이 수치는 기초생활보장급여와 실업급여를 통합하면서 발생한 통계적 문제였지만, 그 사실로 이 수치의 상징성이 줄어들지는 않았다.

실제로 이때 처음으로 경제활동 능력이 있는 기초생활 수급자들이 실업자 통계에 반영되었다. 따라서 이는 당연히 슐레스비히-홀슈타인주 선거전 막판과 3개월 뒤 노르트라인-베스트팔렌주 선거전에서 이슈가 되었다. 북쪽에 대해 낙관적이었던 우리의 기대는 퇴색해갔다. 선거 패배로 우리 당이 자신감을 잃고 있는 게 분명하게 느껴졌다. 이런 상황은 당내 우리 편이 내 개혁정책과 어젠다 2010을 언제까지 지지할 수 있을까 하는 우려를 낳았다. 나는 이 정책을 표결에 부치고, 다시금 새로운 신뢰를 구축하고 싶었다. 이를 이룰 수 있는 유일한 방법은 조기 총선을 실시하는 것뿐이었다.

내 정치 인생에서 가장 힘든 시기가 찾아왔다. 이렇게 몇 날 며칠을 뜬눈으로 보내고 마침내 연방하원에서 신임투표를 거쳐 선거를 다시 치르는 길이 열렸다. 한 가지 사실, 즉 이미 시작한 정책을 끝까지 밀고 나가야 한다는 것은 분명했고, 나는 확신할 수 있었다. 어젠다 2010은 일종의 노선을 규정한 것이어서 이를 포기하는 일은 상상할 수 없었고 사민당에도 대참사가 될 수 있었다. 핵심 당원들과 원내교섭단체가 나에게 압력을 넣었다면 물러설 수밖에 없었을 것이다. 적어도 나는 상황을 이렇게 보았고, 그래서 나는 뮌테페링에게 조기 총선이라는 제안을 한 것이다.

슐레스비히-홀슈타인주 선거에서 패배한 이후 뮌테페링과 집중적으로 대화를 나누면서 그에게 이렇게 말했다. "만약 원내 대표님이 이 정부의 임기가 끝나는 시점인 2006년까지 어젠다 정책이 우리 원내교섭단체 다수의 지지를 받을 수 있다고 확신한다면 새로운 선거는 필요 없습니다. 하지만 이를 확신할 수 없다면 우리는 선거를 다시 해야 합니다. 이것이 내가 퇴임을 강요당하고 그렇게 해서 사민당의 발전에 엄청난 부정적인 결과가 초래되는 상황을 피할 수 있는 유일한 방법입니다."

당시의 모든 순간이 내 눈앞에서 또렷하게 펼쳐진다. 그 작은 공간을 왔다 갔다 하다가, 식당으로 갔다가, 베란다 문을 열고 나가서는 베를린의 밤하늘을 쳐다본다. 그러고 나서 나치 독재로 가치가 떨어진 독일 사회에 새로운 기회를 열어준 상징물인 연방하원과 자유의 종을 시대 순으로 바라보고, 마침내 우리의 현재, 즉 민주주의 국가들의 깨어 있는 동맹의 일원인 독일에 도달한다.

그리고 나는 21세기가 철의 장막이 붕괴되면서 품었던 희망과는 전혀 무관하게 가고 있다는 사실을 깨달으며, 다시 환상에서 깨어나는 통찰을 반복해서 경험한다. 21세기는 무엇보다도 민주주의 세계의 평화적인 균형 능력과 합리성에 기대하는 열망이 큰 세기가 될 것이다. 그 어느 때보다 사회적 평등이 전 세계적 수준으로 요구될 것이다. 기존 서구 산업국들의 패권은 과거가 된 지 이미 오래다. 다른 나라들이 문을 개방하고 세계시장에서 경쟁자로 나서고 있다. 우리의 개혁정책과 쇄신정책은 이 세계적 도전에 대응한 것이었다. 너무나도 끔찍한 시대 상황에서 나라와 국민이 세상과 등을 돌린 채 파괴적인 모습과 자기 파괴적인 모습을 함께 보여준 이 도시와 역사의 무대장치를 총리청 9층에 있는 집무실 베란다에서 바라보면서 나는 이런 상념에 잠겼다.

노르트라인-베스트팔렌주 선거일에 대한 기억은 그즈음 밤마다 계속해서 떠올랐다. 뮌테페링과 나는 이 선거 결과에 따라 앞으로 계획을 결정하기로 약속했다. 우리는 2005년 5월 22일 정오에 총리청에 있는 내 집무실에서 만나 몇 가지 다짐을 했다. 그럼에도 우리가 얻은 선거 결과는 충격적이었다. 결과는 사민당에는 대참패였고, 과거 사민당 일색의 노르트라인-베스트팔렌주에서 기민당이 압도적인 승리를 거두었다. 기민당은 44.8%를 얻어 대승을 거두었고, 사민당은 37.1%를, 동맹 90/녹색당은 6.2%로 나쁘지 않은 결과를, 자민당도 6.2%를 얻었다.

뮌테페링은 노르트라인-베스트팔렌주 선거 결과에 대해 두 가지 대안을 준비했다. 하나는 내각을 개편하는 것이고, 다른 하나는 연방하원 선거를 다시 치르는 것이었다. 베를린의 밤하늘을 바라보면서 나는 우리 대화를 다시 정리해보았다. "원내 대표님, 우리가 해낼 수 있다고 생각하십니까? 그렇다면 선거를 실시할 필요가 없지요. 내가 가장 걱정하는 것

은 우리 당입니다. 내 걱정은 두 번째입니다. 나는 견딜 수 있어요." 그러
자 그가 대답했다. "확신이 없습니다." 이 대화는 역사적 진실이며, 우리
는 함께 결정했다. 조기 총선에 모든 것을 걸기로.

　정치적으로 우리 당 내에서 실패하고 물러나야 하는 상황도 생각하지
않을 수 없었는데, 뮌테페링도 나도 이 대안은 소용이 없다고 생각했다.
이 대안을 선택했더라도 당의 상황은 나아지지 않았을 것이다. 이렇게
우리는 선거 패배를 이유로 새로운 선거를 치르기로 결론을 내렸고, 5월
22일 저녁에 뮌테페링은 약속한 대로 기자들 앞에서 이 사실을 발표했
다. 결정은 함께했지만, 그에 대한 책임은 나에게 있음을 분명히 하기 위
해 총리청 기자들 앞에서 나는 짧게 의견을 밝혔다.

　이후 몇 달을 나는 평생 잊지 못할 것이다. 요슈카 피셔가 지적했듯이
상황이 진행되는 동안 가장 큰 문제는 시간이었다. 시간을 견디는 일은
생각했던 것보다 훨씬 더 힘들었다. 이 8주 동안 나는 시간의 포로로 지
냈다. 연방하원이 여름 휴회를 하기 이전에 선거를 치를 수는 없었다. 9
월 18일을 선거일로 하려면 기본법 제38조에 규정된 기한을 전부 사용
해야 한다. 여기에는 연방하원을 해산할 경우 새로운 선거는 60일 이내
에 치러야 한다고 규정되어 있다. 9월 18일부터 거꾸로 세면 7월 21일이
나온다. 즉 이날이 연방대통령이 결정을 내리는 날이다. 그리고 기본법
제68조에 따라 연방대통령은 21일 이내에 결정을 내려야 한다. 따라서
내가 신임을 물어야 하는 날은 7월 1일이었다.

　한편 한쪽에서는 조기 총선 실시를 막기 위해 최상급 법원인 연방헌법
재판소까지 끌어들였다. 녹색당과 사민당 소속의 두 연방하원 의원이 헌
법소원을 제기한 것이다. 이들은 연방대통령이 연방하원을 해산할 수 있
다는 사실에 반대했다. 신임투표가 의회 의사 형성 과정의 자유와 개방

"이것이 퇴진 압력을 피할 수 있는 유일한 방법이다."
2005년 5월 22일 밤 프란츠 뮌테페링이 사민당–녹색당 연립정부가 선거에서 패배한 이후 '빌리-
브란트-하우스'에서 연방정부가 조기 총선을 실시하도록 노력해보겠다고 선언하고 있다.

성을 침해할 수 있고, 의회의 자기해산권을 무기로 일부 비판적인 의원
들에게 위협을 가할 수 있다는 게 이들 의원의 이유였다. 그러나 최상급
법원은 너무나 분명한 어조로 결정을 내렸다. 연방헌법재판소는 다음과
같이 확인해주었다.

기본법은 행위능력이 있는 정부를 보장하려고 노력한다. 행위능력은 총리가
정치적 형성 의지를 갖고 정책 노선을 결정하고 이에 대한 책임을 지는 것뿐
만 아니라, 이를 위해 독일 연방하원에서 의원 다수의 지지를 받는 것도 의미

한다. 총리가 의회 과반수의 신뢰할 만한 지지를 받는지는 외부에서는 부분적으로만 판단할 수 있다. 의회와 정치권의 업무 여건을 고려할 때 연방총리와 총리의 정책을 수행하는 원내교섭단체의 관계가 어떻게 형성되어가는지는 일반에게 부분적으로 알려지지 않을 수도 있다. …… 기본법 제68조의 의미에 의거하여, 앞으로 시행될 선거에서 패배할 위험이 있는 총리가 미리 의회 해산을 목표로 하는 신임투표를 실시하는 것은 신임투표의 목적에 반하지 않는다. 왜냐하면 총리가 연방하원에서 공개적인 지지 하락을 피하기 위해 자신의 정책 방안의 중요 핵심에서 후퇴하고 다른 정책을 추진할 수밖에 없는 상황이 된다면, 이 경우에도 행위능력은 상실되는 것이기 때문이다.

이 판결은 연방총리에게 유사 신임투표를 실시할 권한을 인정한 것으로, 다시 말해 자신의 정책이 연방하원에서 충분한 과반수를 얻지 못할 것 같은 인상을 받을 때 연방총리가 의도적으로 의회 해산을 시도할 수 있다는 것이다.

이로써 헌법재판관들은 1983년에 선임 재판관들이 제시한 것과 유사한 논거를 제시했다. 당시 헌법재판소는 헬무트 콜 총리가 그전 해에 연방총리직을 사임하지 않고 새 연방하원 선거를 실시하기 위해 동일한 우회로를 선택했을 때 이를 허가했다. 헌법재판관들의 이번 판결에 대해서도 흥미로운 법학 박사학위 논문이 여러 편 쓰일 게 분명하다.

어쨌든 현재의 헌법 상황이 만족스러운 건 아니다. 나는 연방하원이 현재의 헌법 상황이 허용하는 위험한 길을 가지 않고 바른 길로 자신의 해산을 결정할 수 있도록 헌법에 명시되는 일이 중요하다고 본다. 물론 악용에 대한 보호 장치는 있어야 한다. 1972년에 빌리 브란트 총리가, 10년 뒤에는 헬무트 콜 총리가 그리고 이제는 나도 이 과정을 거쳐야 했지

"행위능력은 총리가 자신의 정책 방안의 핵심에서 후퇴하도록 강요받는 경우에도 상실된다."
2005년 6월 9일 신임 문제를 사안 문제와 결부시키지 않겠다고 선언한 이후 게르하르트 슈뢰더
총리가 총리청의 기자회견장을 떠나고 있다.

스페인 조각가 에두아르도 칠리다의 작품 〈베를린〉.

만, 남은 것은 씁쓸한 여운이었다.

베를린의 지붕에 해당하는 총리청 9층의 좁은 발코니에 서서 바라보
면 연방하원 건물이 보인다. 그 뒤로 브란덴부르크문이, 바로 그 옆에 학
살된 유럽 유대인을 위한 기념물이 있고, 다시 그 가까이 브란덴부르크
문을 통과해서 6·17 거리를 100미터 정도 내려가면 소비에트 적군 기념
물이 있다. 이런 식의 열거만으로도 베를린에 얼마나 많은 역사가 숨겨

져 있는지 알 수 있다. 이 도시는 독일의 어느 도시보다도 방문객들에게 이미 먼 과거가 된 시절의 이야기를 해줄 채비를 하고 있다. 이 도시에서 역사를 인식하며 사고하는 것을 배우지 못하는 자는 그 어디서도 이를 배우지 못할 것이다.

그 위에서 나는 이 '세탁기'의 전면을 어슬렁거렸다. 베를린 사람들은 사각 나무토막처럼 생긴 총리청을 그렇게 부른다. 이곳은 베를린 신新중앙역에서 시작되는 시티투어 구역의 일부다. 총리청이 완공되기 전 뼈대만 세워졌을 때 나는 안전모와 장화를 신고 공사장을 걸으면서 에두아르도 칠리다Eduardo Chillida의 작품 〈베를린〉을 설치할 좋은 자리를 찾고 있었다. 이 작품은 너무도 친애하는 한 후원자가 새 정부 소재지인 베를린에 기부한 것이다. 분단되었다가 다시 함께 성장하는 베를린을 상징하는 우뚝 솟은 철재 형상은 현재 총리청 앞마당을 장식하고 있다. 이는 과거 본에 있는 옛 총리청 앞에 설치된 헨리 무어Henry Moore의 작품이 그랬던 것처럼 베를린 현장을 알리는 상징적인 조형물이 되었다.

## '어젠다 2010' 개혁 방안

지금 나는 베를린에서 7년간 정부를 책임진 데 대한 결산을 하고 있다. 우선 나 자신에게 해명이 필요할 것 같아 이렇게 자문해본다. 어떤 게 옳았고 어떤 게 잘못되었나? 지방선거의 연이은 실패에서 시작된 내리막길의 결정적인 이유는 무엇이었나? 왜 독일 국민들이 큰 변화에 한 걸음 한 걸음 준비하고 적응할 수 있도록 전철을 놓는 작업을 지원해줄 충분한 원군을 얻지 못했나?

'노동을 위한 동맹(노사정협의체─옮긴이)'은 아홉 차례 회의를 거치고 나서야 노사가 실제로 어깨동무를 하게 되면 양측 모두에게 과도한 부담이 된다는 사실을 깨달았다. 네덜란드나 스칸디나비아반도의 일부 국가들이 실현한 일을 독일은 하지 못했다. 이들 나라 국민들은 국가가 고용인과 피고용인이 협력할 수 있도록 제안한 내용을 받아들였다.

2002년 선거 이후 분위기가 과열된 독일에서 이 둘이 가까워지는 것은 더 언급할 대상이 아니었다. 우리가 심도 깊은 개혁정책을 펴나가기 위해 함께 노력해왔던 가장 중요한 동지는 무대에서 사라졌다. 이제 실질적인 논쟁을 벌일 여지는 사라졌고, 이로써 개혁사업을 사회에 정착시키는 일도 불필요해졌다. 고용인과 피고용인은 서로를 적으로 대했지만 우리의 개혁사업에 반대하는 일에는 의기투합했고, 정부가 계획한 것에는 전부 공격을 퍼부었다. 한쪽이 너무 지나치다고 하면, 다른 한쪽은 너무 부족하다고 했다. 언어 공격은 날로 심해졌다. 전부 '거짓말', '사기'라고 했다. 양쪽 대변인은 오히려 갈등을 부추겼고, 이때마다 야당은 이 두 주장의 핵심 증인이 되었다.

우리는 집권 기간에 이런 일이 발생한 데 대해 일정 부분 책임이 있음을 인정하고, 가능한 한 거기서 교훈을 얻어야 했다. 연방하원 선거가 실시되기 몇 주 전에 나는 2기 사민당-녹색당 연립정부의 '대형' 사건들을 되돌아보았다. 시작부터 좋지 않았다. 선거와 선거 결과에 대한 분석도 충분하지 않은 채 비틀거리며 출발했다. 몇천 표를 더 얻어 겨우 승리했고, 다시 기민당을 앞서는 제1당이 되었다. 거의 무승부였지만 어쨌든 근소한 승리였다.

독일의 보수주의 세력들은 안타까운 패배를 결코 인정하려 들지 않았다. 자신들이 예감한 승리를 현실로 만들고자 했다. 우리는 이후 논쟁에 맞서기 위해 좀 더 철저히 준비했어야 했다. 적어도 약점 하나라도 보여주지 말았어야 했다. 그것도 아니라면 가혹했던 선거 마라톤이 끝났으니 우선은 좀 쉬고 새로운 힘을 비축하자는 경고라도 새겨들었어야 했다. 결국 두 가지가 한꺼번에 작용했다. 실무자들은 눈에 띄게 지쳤고, 새 정부는 비틀거리면서 출발했다. 우리는 녹색당과 연립정부 구성 협상에서 한스 아이헬 재무부장관의 이른바 '삭감 리스트'를 제대로 논의하지 않은 채 통과시켰다. 보조금과 조세특권 축소에 관한 이 삭감 리스트는 재무부 직원들이 정리한 것으로, 이 리스트로 불거질 수 있는 정치적 파장 같은 것은 전혀 고려하지 않았다. 이 리스트에서는 전반적으로 우리 정부가 사회정의를 중요시한다고 주장할 만한 아무런 상징성을 찾아볼 수 없었다. 우리는 이 사실을 전달하는 데에 실패한 것이다.

11월에는 공공연하게 '독극물 리스트'라는 이름으로 불린, 이른바 아이헬 재무장관이 제출한 제안서의 41개 항목에 대해 제2차 내각에서 협의해야만 했다. 기업들은 자신들에게 적용되는 모든 삭감 항목이 경기를 위축시키며, 따라서 근시안적이고 근거가 부족한 위장 증세라고 비난했다. 보조금을 축소하려는 노력은 토론이 제대로 시작되기도 전에 이미 실패로 돌아갔다.

연립정부 내부의 사전 회담에서 요슈카 피셔와 나는 유권자뿐만 아니라 정치 실무자들의 의식 속에도 최소한 정의로운 정치에 접근했다고 받아들여질 만큼 확실한 정책을 구상하자고 약속했다. 그중에서도 두 가지 항목, 즉 사회의 고령화와 경제의 세계화는 불가피하게 변화를 요구한다는 사실이 분명했다. 우리는 아이헬 장관에게 확실히 지급해야 할 보조금 리스트를 작성해보라고 주문했다. 모두가 감당할 수 있을 만큼의 부담이되, 재산이나 고소득과 거리가 먼 사람들에게만 적용되는 것은 결코

"어떤 면에서 보더라도 그는 어려운 직책을 맡고 있었다."
연방 재무부장관 한스 아이헬.

아님을 그 리스트에서 분명하게 확인할 수 있도록 해달라고 요청했다.

아이헬이 제출한 제안서에는 자가주택 지원금 축소, 저축생활자 공제 3분의 2 삭감, 수돗물과 사료의 부가가치세 전액 과세, 항공 연료의 과세, 자본회사의 최소 과세 및 증여, 기부금, 접대비의 세금공제 제한 등이 포함되어 있었다. 한눈에 봐도 절차가 매우 복잡할 것 같은 인상을 주었고, 상당수는 최소한으로 삭감되었음에도 부담을 공평하게 나눠 갖겠다는 인상을 전혀 주지 못했다. 나는 아이헬이 작성한 이 보고서의 취약점을 더 일찍 눈치채지 못했고, 따라서 오해를 불러일으킨 이 서류 뭉치의 결과에 책임져야 했다.

실제로 일부 항목은 고민이 부족했고, 또 다른 일부 항목은 여론의 압력 때문에 재무부에서 이 서류를 철회해야 했는데, 이로써 오해가 불거져 삭감 리스트가 위장한 증세로 표현되기에 이르렀다. 결국 토론은 완전히 무산되었고, 야당은 거의 매일 잔치 분위기였다. 분위기가 이러했으니 정부가 진지하게 고민하고 행동하는 능력이 없다고 쉽게 떠들어댔다. 베를린 출신의 정치학자이자 역사학자인 아르눌프 바링Arnulf Baring 교수가 어느 대목에서 특히 화가 났는지는 모르겠지만, 그는 리스트에 포함된 유가증권과 부동산 거래 소득의 일괄 과세 삭제와 관련해서 '조세징수자'들의 밥줄을 끊어놓을 시민 봉기가 필요하다고 호소했다. 바링 교수는 국민들을 시위 현장으로 불러냈고, 짧은 시간에 황색언론의 1면을 장식하는 스타가 되었다. "상황은 반란을 일으킬 만큼 무르익었습니다"라며 그는 2002년 늦가을의 격앙된 분위기 속에서 호소했고, '대규모 납세 보이콧' 혹은 '분노한 폭동'이 대기 중에 느껴지고 있다고 확신했다. 그 후 상황은 그만큼 격앙되지는 않았지만, 정부의 모든 행위를 비방하려는 무리는 이제 더는 그 혼자만이 아니었다.

야당은 이 분위기를 이용하여 '허위사실진상조사위원회'를 활용해 사회 분위기를 조장하고 연립정부를 약화시키려 했다. 하지만 이 선동의 화살이 자신들에게 돌아갈 수도 있다는 사실을 간과했다. 대중은 연방정부만 능력이 없다고 본 게 아니라 정치권 전체가 시급한 문제를 해결할 능력이 없다고 보았다. 정치권의 행위능력에 대한 이런 평가는 우리가 생각하는 것보다 오랜 기간 우리 앞길을 힘들게 할 터였다.

이런 상황을 고려했을 때 2003년 2월 헤센주와 니더작센주 의회 선거에서 우리가 요란하게 패배한 것은 그리 놀랄 일이 아니었다. 헤센주 의회 선거에서 승리하기 위해 최선을 다했지만, 한순간도 우리가 기민당을 이길 수 있다고 생각한 적은 없었다. 물론 니더작센주에서 그렇게 비참하게 패배하리라고는 전혀 생각지 못했다. 1998년에 내가 승리했을 때만큼 분위기가 좋지는 않겠지만, 지그마 가브리엘Sigmar Gabriel 사민당 주총리의 인기를 감안했을 때 그보다는 나은 결과를 기대했다. 결국 나에게도 책임이 있는 베를린의 불리한 분위기뿐만 아니라 니더작센주 선거전의 실책들이 승리에 방해가 되었던 것이다.

2002년 크리스마스 전에 이미 총리청 총괄수석(총리청의 수장―옮긴이)인 프랑크-발터 슈타인마이어와 나는 연립정부 구성 협상 이후의 상황에 대해 냉철하게 분석해보았다. 이런 협상 내용으로는 이 정부의 임기를 버텨낼 수 없을 것이 분명했다. 우리는 연립정부 구성 계약 내용을 훨씬 뛰어넘는 공격적인 개혁정책을 실행할 수 있을 만큼 시기가 무르익었다는 데에 의견을 함께했다. 나는 슈타인마이어에게 개혁정책 초안 작성을 부탁했다. 초안의 핵심 내용은 완전히 바뀐 국제적·경제적·사회적 조건하에서 사회국가 원칙을 지키는 것과, 보건과 연금보험 분야 그리고 노동시장의 구조개혁의 당위성을 알리는 것, 사회보장 지급액 삭감과 보험료 상승을 막을 수 있는 개인의 자기보장 강화 등이었다. 사회보장 시스템의 효율성 확보와 보조금 축소 그리고 감세로 경제성장을 촉진하고 국가의 미래 투자를 위한 자금을 마련하는 것이 목표였다. 당연히 한두 가지 내용은 언론에 새어나갔다. 당과 원내교섭단체 그리고 일반 대중할 것 없이 다가올 이라크 전쟁에 대한 논의가 지배적이었기 때문에 이런 구상들의 폭발적인 힘은 별다른 주목을 받지 못했다. 그렇게 우리는 소리 소문 없이 계속 준비해나갈 수 있었다.

경제노동부장관 볼프강 클레멘트Wolfgang Clement와 뮌테페링에게 이 내용을 알린 후 피셔와도 이 계획에 관해 논의했다. 모두 찬성했다. 당시에는 명칭이 없었지만 이렇게 해서 '어젠다 2010'이 탄생했다. 우리는 밤

시간을 이용하여 주로 외교정책적 위기 극복과 국내 정치 안정의 관계에 대해 많은 이야기를 나누었다. 물론 이라크 문제에 대한 우리 태도와 어젠다 2010의 구상이 한 가지 전략의 두 부분이라고 주장하는 것은 아니다. 하지만 독일의 외교정책적 주권과 경제적 잠재력이 서로 얼마나 밀접하게 관련되어 있는지를 점점 더 깊이 깨닫게 되었다. 아울러 세계 속에서 우리가 책임을 다하고 함께 이 세상을 만들어나가는 역할을 수행하려면 힘 있고 통일된 유럽이라는 기반이 있어야 한다는 사실을 알게 된 것도 바로 이러한 외교정책적 변화 때문이었다. 그러나 외교정책과 안보 정책의 결정과 관련해서 독일이 독립적이려면 경제력을 강화하고 경제 정책과 사회정책에서 좀 더 유연한 모습을 보여주어야 했다.

내 생각에 국내 정치와 외교 정치의 상호작용을 분리하는 것은 불가능하다. 즉 국내의 경제적·사회적 안정과 유럽 및 전 세계에서 독일의 역할은 서로 밀접하게 얽혀 있다. 따라서 유럽에서 그리고 유럽을 위해 독일이 책임을 다하려면 국내에서 근본적인 개혁을 시작해야 한다. 우리의 사회보장제도는 실제로 50년 전부터 거의 변화가 없었기 때문에 경직된 사회보장제도를 재구성하고 쇄신하는 일은 불가피했다. 우리는 제도의 본질이 훼손되지 않도록 하면서 심도 깊은 개혁을 해야 했다.

이런 전후 사정과 그에 따른 개혁 필요성에 대해 나는 수차례 강연을 했다. 그렇기 때문에 어젠다 2010의 정치적 배경을 충분히 설명하지 않았다는 언론과 심지어 사민당 내부의 주장은 옳지 않다. 조금만 관심을 가져도 충분히 알 수 있는 내용이었다. 그래도 내용을 모르겠다면 그건 아마 아예 들으려고조차 하지 않았기 때문이리라.

우리 정부는 2003년 3월 14일 개혁정책에 대한 성명서를 발표했다. 이 성명서는 극소수 인원이 작성한 것으로, 최종 편집은 내가 직접 했다.

"'어젠다 2010'이라는 이름은 전 세계적으로 독일의 개혁 능력과 동의어가 되었다."
2003년 4월 28일 본에서 개최된 사민당 서부 지구 콘퍼런스에서 연설하는 슈뢰더.

야당을 깜짝 놀라게 하려고 전날 연설문 원고를 보내면서 일부러 중요한
단락은 포함시키지 않았다. 그 부분은 의회에서 연설하면서 구두로 보완
했다. 마지막 순간까지도 연설문의 제목을 찾지 못하다가 연방하원 본회
의 직전에야 제목을 확정했는데, 그것이 '어젠다 2010'이다. 2010을 제
목에 넣은 이유는 발표한 사업이 그때가 되어야 비로소 완전한 효력에
도달하기 때문이다(실제로도 이 계획은 그렇게 되었다). 총리청 직원들은 처음
에는 이 제목이 너무 기술적이고 관료적(테크노크라시적)이라고 꺼렸다. 하
지만 내게는 이 말이 유럽적인 뉘앙스를 풍기고 오히려 우리가 그동안
통상적으로 사용하던 개념이 아니었기 때문에 결국 이 이름을 쓰기로 결

정했다.

어젠다 2010이 다루는 분야는 상당히 포괄적이어서 사람들은 정부와 의회에서 작업이 진행되고 나서야 그 사정거리를 가늠할 수 있었다. 여기에 중요한 몇 가지 사업을 소개한다.

1. 더 많은 사람에게 일자리를 제공한다는 목표를 지닌 노동시장 정책의 개혁: 국가의 책임과 개인의 자발적인 노력이 장기적으로 새로운 균형을 이루어야 한다. 세금으로 운영되는 사회보장 급부는 실제로 도움이 필요한 수급자들에게 집중되어야 한다. 이는 실업급여나 기초생활 수급자에 비해 월급이 그리 높지 않은 직장인들도 많기 때문이다. 이런 불평등은 사라져야 한다. 우리는 하루빨리 사람들이 자신의 힘으로 일해 당당하게 수입을 얻을 수 있는 여건이 되도록 지원할 것이다. 이는 특히 실업급여와 기초생활보장을 통합하여 달성할 수 있다. 일자리를 잃은 지 12개월(55세 이상의 경우 18개월)이 지나 더는 실업급여 수급권이 없는 생산활동 가능 연령 인구에 해당하는 이들도 동일한 수급권을 가지고 동일한 규칙에 따라 지원받아야 한다. 한 지붕 아래의 한 주머니에서, 즉 같은 기관에서 지급받아야 한다. 우리는 장기 실업자들이 노동청과 복지부를 번갈아 왔다 갔다 하는 일을 끝내려고 한다. 신설될 이 실업급여 Ⅱ는 그 액수나 지급 기간이 원칙적으로 이전 납입 보험료나 퇴직 직전 소득을 기준으로 하지 않고, 구직자와 가족의 어려운 정도만을 기준으로 해야 한다. 원칙적으로 최저생계비 수준은 되어야 한다. 실업급여 Ⅱ는 납세자들이 낸 보험료로 운영된다. 따라서 사회는 구직자가 구직에 적극적으로 참여하라고 요구할 수 있다. 다시 말해 지원과 요구가 동시에 시행되어, 실업자는 그 일이 법률 또는 공서양속公序良俗에 위배되지 않는 한 자신에게 제공되는 모든 기대 가능한(무리한 요구가 아닌) 일자리를 받아들여야 한다. 그것이 기대 가능한 일자

리임에도 거절하는 이는 사회보장 급부의 삭감을 감수해야 한다. 도움을 받는 자는 국가의 지원에 따른 종속에서 가능한 한 빨리 벗어날 수 있도록 스스로 모든 수단을 동원해야 한다. 납세자가 낸 세금으로 지원을 받는 사람은 사회의 부담을 줄이려는 태도를 가져야 하며, 자신의 소득이나 재산을 최우선적으로 생활비에 사용해야 한다.

2. 본질에 손상을 주지 않는 부당해고 금지의 간소화: 부당해고 금지는 사회적 성과인 동시에 문화적 성과이지만 특히 중소기업에서는 수정이 불가피했다. 신규 채용에 대한 심리적 장벽을 극복하기 위해서 기간제로 채용되는 직원의 수와 파견 및 파트타임 직원의 수는 부당해고 금지에 해당되는 상한선을 기준으로 해서는 안 된다. 경영상 이유로 해고할 때에는 퇴직금 규정을 선택적으로 도입하고, 해고자를 선별할 때에는 능력이 좋은 사람을 기업에 남겨둘 수 있도록 '사회적 선별Sozialauswahl'(회사가 경영상 문제로 직원을 해고해야 할 때 직원의 경제적 상황을 함께 고려하여 해고 대상 직원을 선별해야 하는 것을 말함―옮긴이) 방식을 변경하는 것도 고려하고 있다.

3. 단체교섭권: 경영상의 결정에 참여할 수 있는 피고용인의 권리에 손대지 않으며, 지역별 단체협약도 폐지하지 않는다. 하지만 단체협약 시에는 더 많은 선택지, 즉 현재의 단체교섭법에 기반을 둔 개방 조항이 더 많이 마련되어야 한다. 노사 양측에게는 이미 여러 업계에서 시행되고 있듯이 기업별 노사 간 합의를 기대하고 있다. 이것이 성사되지 않으면 입법기관이 나서야 할 것이다.

4. 실습(직업교육): 경제계에 이미 약속한 사항을 준수할 것을 촉구한다. 실무 수습 일자리를 찾고 있고 그럴 능력이 있는 사람은 누구라도 실무교육을 받을 수 있어야 한다. 이 약속이 이행되지 않는다면 실습 분담금 형태로 법규정이 마련되어야 한다.

5. 수공업법의 현대화: 이는 창업과 기업의 인수를 용이하게 하기 위함이다. 중요 업계에서는 장인(마이스터)증서 의무가 그대로 적용된다. 그러나 여러 직업에서 앞으로는 숙련된 직원이 장인증서 없이도 독립할 수 있어야 한다. 그리고 수공 사업장의 대표는 앞으로 장인증서 소지자가 아니더라도 자기 사업체에 장인을 고용하는 것으로 대체할 수 있어야 한다.

6. 수입과 지출의 비율을 다시 합리적 수준으로 돌리는 것을 목표로 하는 보건의료제도의 개혁: 우리 사회의 인구구조 변화로 보건의료 지출이 지속적으로 상승했다. 이를 충당하기 위하여 임금부대비용이 계속 상승했고, 이것이 임금 비용을 치솟게 했으며 새 일자리 창출을 방해하고 있다. 그래서 최우선 대책은 다음과 같아야 한다.

- 의사협회 계약독점의 개정: 의사 간의 경쟁을 촉진하기 위해 의료보험사가 의사와 개별계약을 체결할 수 있어야 한다.

- 지급 목록 수정 및 지급 항목 삭감: 앞으로 법정 의료보험의 핵심 항목에 속하는 것과 아닌 것을 다시 규정해야 한다.

- 병가 수당은 앞으로는 일괄적으로 지급되지 않고 피보험자가 납부한 보험료로만 지급되어야 한다.

- 분기당 10유로의 개인병원 진료비 도입

- 약제비 개인 부담 인상

7. 경제성장을 촉진하기 위하여 국가의 조세정책과 투자정책에 대한 인센티브가 제공되어야 한다.

- 최저 세율을 15%로, 최고 세율을 42%로 인하. 이로써 2004년 1월 1일에는 약 70억 유로, 2005년에는 약 180억 유로의 재정 부담을 덜 수 있다.

- 외국에 투자한 돈을 처벌받지 않고 다시 국내로 가져올 수 있도록 이자소득에 대한 일괄 원천세 도입

- 양도(매각) 수익에 과세
- 재건축을 위하여 금융기관을 통해 총 150억 유로에 달하는 투자금 동원. 기초자치단체의 투자계획에 70억 유로, 개인의 주택을 보수하기 위해 80억 유로 투입.
- 영업세를 개선하여 자치단체 재무 상황을 근본적으로 개혁
- 근로 능력이 있는 기초생활 수급자로 인한 기초자치단체의 수십억 유로에 달하는 부담 완화.

지금까지 어젠다 2010 개혁 방안의 주요 내용을 항목별로 살펴보았다. 세부적인 비판은 당연히 예상한 바였지만 그 후 닥칠 상황은 미처 예상하지 못했다. 예상대로 경영자 측에서 가장 먼저 반응이 나왔다. 방향은 맞지만 개혁안이 불충분하다고 독일 경영자총협회 연방총회가 알려왔다. 독일 수공업중앙협회는 이 방안을 전적으로 거부했다. 경제연구가들도 개혁이 충분하지 못하다고 불만을 표시했다.

그다음으로 노조가 반응을 보였다. 독일노동조합총연맹DGB 미하엘 좀머Michael Sommer 위원장은 '확실한 수정'을 요구했다. 노조들은 우리 정책에 반대하는 대규모 캠페인을 전개하겠다고 협박했으며, 최악의 경우 사민당과 결별하겠다고 했다. 나는 이들 모두에게 세부 사항에 대해 논의할 수는 있지만 기본 노선은 변경할 수 없다고 말했다. 결국 충돌을 피할 수 없는 지경에 도달했다. 사민당 소속 연방하원 원내교섭단체 의원들이 어젠다 2010 초안에 반대하는 캠페인을 조직했다. 이들은 "우리가 그 정당입니다!"라는 구호를 인터넷에 올리고 3개월 동안 대규모 서명운동을 벌이겠다고 했다. 이 청원의 목적은 어젠다 2010에 반대하는 사민당 당원의 표결을 유리하게 이끌어내려는 것이었다.

# 사민당 특별 전당대회 소집

뮌테페링은 사민당원이 낸 당내 청원의 파괴력을 즉시 간파했다. 우리는 즉각 논의에 들어갔고, 사민당 특별 전당대회를 소집하기로 했다. 우리는 관련 연방장관들과 네 차례에 걸쳐 사민당 지역별 콘퍼런스를 열고, 당원들에게 어젠다 2010을 집중적으로 홍보하며 개혁의 필요성을 설파하기로 했다. 우리는 이러한 노력이 "우리 당이 통치 능력을 유지할 수 있는가"가 달린 문제라는 사실을 잘 알고 있었다. 그렇게 해서 4월 28일에는 본에서, 5월 5일에는 뉘른베르크에서, 5월 7일에는 함부르크에서 그리고 5월 21일에는 포츠담에서 콘퍼런스를 개최했다. 이와 동시에 뮌테페링은 사민당 최고위원회 핵심 제안서를 작성하여 6월 1일에 개최되는 전당대회에서 어젠다 2010에 필요한 지지를 받을 수 있도록 하였다. 그는 이렇게 당원들의 토론 요구를 수용하는 엄격한 절차를 거쳐 당원들이 제출한 청원이 근거 없음을 확인시키려 했다.

이 모든 토론은 금속노조IG Metall와 통합서비스노조ver.di.를 선두로 한 노조들의 활동으로 순조롭게 진행되지 못했다. 금속노조는 노동절인 5월 1일에 개최되는 집회에 나를 초대하지 않겠다고 통보했으나, 미하엘 좀머 독일노동조합총연맹 위원장이 이 요구를 (아직은) 철회했다. 나는 박물관으로 유명한 노이-안스파흐에 있는 헤센공원에서 독일노동조합총연맹이 개최한 총집회에 초대되었다. 사전에 대규모 시위가 예고되었다. 연방 범죄청 소속 경호팀에서는 불참하라고 제안했지만 나에게는 일고의 여지도 없었다. 나를 비판하는 이들을 피하기보다 직접 대면해서 내 주장을 펴고 싶었다. 노조에는 이 5월 1일이 뜨거운 5월의 시작인 동시에 우리 정책에 대한 대규모 저항의 시작이었다. 3,000명가량이 노이-안

"노조는 우리 정책에 반대하는 대규모 캠페인을 열고 사민당과 결별할 수도 있다고 협박했다." 2003년 5월 1일 노이-안스파흐에서 개최된 노조 총집회를 바라보고 있는 슈뢰더 연방총리와 미하엘 좀머 독일노동조합총연맹(DGB) 위원장. 슈뢰더 총리는 약 3,000명이 지켜보는 가운데 자신의 어젠다 2010을 설파했다.

스파흐로 몰려들었고, 행사는 계획대로 진행되었다. 그들이 협연이라도 하듯 요란하게 불어대는 휘파람 야유에도 나는 동요하지 않았다. 그러나 집회 현장에 걸린 플래카드는 내게 상처가 되었다. '사회 부적응 자폭꾼'이라고 나를 비웃었다. 개인적으로 정말 가슴이 아팠다.

5월 내내 대립은 격화되었고 인신공격이 계속되었다. 원내교섭단체 의원들은 볼프강 클레멘트 경제노동부장관에게 사민당-녹색당 연립정부에서는 더 할 일이 없다며 사퇴를 촉구했다. '실세'인 나에게는 근본적인 노선 변경을 요구했고, 노조도 옆에서 거들었다. 건설-농업-환경노조IG BAU 위원장인 클라우스 비제휘겔Klaus Wiesehügel은 현재 상황을 도박으로 빗대며, 이제는 총리와 노조 중 누가 끝까지 자제력을 잃지 않는지의 기싸움이라고 했다. 그는 사민당 좌파세력에게 의회에서 공개적으로 어젠다 2010을 거부할 것을 호소했는데, 이는 총리의 실각을 간접적으로 호소한 것이나 다름없었다. "총리는 너무 큰돈을 걸었는데, 이 경우 실패할 수도 있다. 그러면 모두가 그의 책임이다." 그는 우리 개혁 방안이 '비열하며' 인간 존엄에 위배된다고도 했다. 금속노조 위원장인 위르겐 페터스Jürgen Peters는 개혁 방안을 심지어 '똥물'이라고 표현했다. 사민당 최고위원회와 노조 간부 사이에 예정된 면담은 직전에 노조 측에서 취소했다.

노조는 모든 힘을 동원해서 어젠다 2010에 대한 저항을 강화하는 데 집중했다. 2003년 5월 24일에 독일 14개 도시에서 대규모 행사가 계획되었다. '개혁은 찬성, 사회보장 축소는 거절'이라는 강도 높은 이름을 건 강력한 시위였다. 주최 측은 30만 명이 참가할 것으로 기대했다. 그러나 9만 명 정도만 참가했고, 노동자 수백만 명을 대표하는 단체가 계획한 집회로서는 실패작이었다.

특별 전당대회 전에 개최된 사민당 지역별 콘퍼런스가 긴장 속에서 치러졌다. 행사는 참가자들과 토론이 핵심이었다. 나는 여기에 많은 시간을 할애하며 어떤 질문도 피하지 않았다. 일부 저녁 행사는 3시간 이상 계속되었는데, 이런 행사에서는 흔치 않은 일이었다. 내각의 관련 부처 동료들도 참여하여 열심히 개혁을 알리는 일을 도왔다. 한마디로 작전은 성공적이었다. 네 차례 콘퍼런스에서 모두 어젠다 2010에 대한 지지를 얻어낼 수 있었다.

그리고 6월 1일에 특별 전당대회가 열렸다. 뮌테페링과 직원들이 나무랄 데 없이 대회를 준비했다. 당 최고위원회는 '혁신, 성장, 일, 지속 가능성'이라는 제목의 핵심 제안서를 작성했다. 이 제안서에서 어젠다 2010은 폭넓은 지지를 받았다. 사민당 좌파들에게서는 이들이 원했던 구절, 이른바 거대 사유재산을 공공의 이익을 위해 더 많이 사용할 수 있게 하는 내용을 추가하는 조건으로 지지를 얻어냈다. 나는 한 시간 가까이 개혁 방안을 다시 설명하고 근거를 제시했다. 사정이 급한 경우에 늘 그랬던 것처럼 이번에도 에르하르트 에플러가 도움을 자청했다. 그는 강력한 개혁 옹호자였고, 이번에도 적극적인 참여와 타고난 권위로 분위기를 상승시켰다. 베를린의 에스트렐호텔에서 개최된 이 전당대회에서 결국 대의원 520명 중에 90%가 어젠다 2010에 찬성표를 던졌다.

그다음은 구체적인 법 제정 차례였는데, 시간적으로 상당한 압박을 받았다. 우리는 어젠다 2010을 신속하게 항목별로 채택하고 자체 과반수로 의회를 통과시켜 2004년 1월 1일에는 개혁이 효력을 발휘할 수 있게 해야 했다. 왜냐하면 의결된 법률안이 기민당이 다수를 차지하는 연방상원에서 기각되어 중재위원회에 회부될 것이 뻔했기 때문이다. 그러나 우선은 연방하원에서 실시하는 개혁 법률에 대한 결정투표에서 자체적으로 과반수를 얻어야 했다. 그래서 10월 17일은 중요한 날이었다.

"그것은 끈질기게 설득 작업을 한 프란츠 뮌테페링의 공로이기도 했다."
2003년 10월 17일 사민당과 녹색당의 거의 모든 의원이 노동시장법에 찬성했다.

기명으로 진행된 투표에서 다수의 연립정부 소속 의원들은 찬성투표를 던질 것을 수차례 종용받았다. 특히 문제가 된 것은 노동시장 개혁의 핵심 내용으로, 실업급여와 기초생활 수급비를 통합하는 문제와 '일자리 수락 조항'(적당한 일자리를 제공받았을 때 그 일을 수락해야 한다는 조항─옮긴이)이었다. 몇몇 사민당 의원은 법률안에 찬성할지 반대할지 끝까지 결정하지 못했다. 결과는 과반수 도달이었다. 이 결과는 지치지 않는 에너지로 고집스럽게 설득 작업을 해낸 뮌테페링의 공로이기도 했다.

예상했던 대로 연방상원에서 법률안이 기각되어 중재위원회가 소집되었다. 크리스마스 휴회 전에 법률을 의결한다는 데 모든 일정이 맞춰

졌기 때문에 이 회의에서도 합의해야 한다는 상당한 압박에 시달렸다. 2003년 12월 14일에서 15일로 넘어가는 늦은 저녁에 모든 항목에 대한 합의가 이루어졌다. 연방노동청의 개혁(하르츠 III), 실업급여와 기초생활 수급비의 통합(하르츠 IV), 조세개혁의 최종 단계, 단체교섭권, 보조금 축소(자가주택 보조금, 통근자 세금공제), 수공업법과 지자체 재정 개혁 등이 그것이다. 헤닝 쉐르프Henning Scherf 브레멘 시장을 위원장으로 하여 32명으로 구성된 중재위원회 위원(연방주 대표 16명과 연방하원 의원 16명)은 당연히 합의에 이르지 못했고, 그날 밤 여러 차례 최고위급 회의가 소집되었다.

9명으로 구성된 이 회의에서는 내 옆으로 기민당, 기사당, 자민당 대표가 앉았고, 피셔 부총리와 뮌테페링 사민당 원내 대표 그리고 주총리 3명이 앉았다. 우리에게 몇몇 쓰라린 대목도 있었지만 나는 해결책을 찾은 것이 기뻤다. 예를 들어 기민-기사당의 압력으로 최저 세율이 15%가 아닌 16%로 인하되었고, 최고 세율도 계획된 42%가 아닌 45%로 인하되었다. 이로써 세금 부담은 엄격히 말해서 절반밖에 완화되지 않았다. 역시 기민-기사당의 압력으로 실업급여 II 수급자들의 관할이 노동청과 지자체 간에 관리가 통일되지 않은 채 더욱 복잡해졌다(이는 심각한 실수로 판명되었다).

중요한 한 가지 협상 항목 결과에 대해 나는 혼자서 조용히 기뻐했다. 당시 기민-기사당은 사업장들이 동맹이나 사업장 협약 등을 쉽게 체결할 수 있도록 단체교섭권에 개방 조항을 법으로 확정하려고 했다. 하지만 이런 상황을 우려해서 금속노조 위원장 위르겐 페터스와 금속산업사용자단체Gesamtmetall 회장 마틴 카네기서Martin Kannegiesser는 서로 화해하기로 하고 부담 완화 전략을 개발했다. 이들은 입법자의 개입을 원치 않으며, 단체협약을 해서 사업장 내 노동협약의 형태로 더 많은 선택의 여지를 마련할 것이라고 발표했다. 이는 내가 처음부터 생각했던 것이지만 혼자서는 실행할 수 없는 내용이었다. 그러니까 노사 양측이 이제야 스스로 이성을 되찾은 것이다. 그 후 12월 19일에 전체 중재 타협안이 우선 연방상원에서, 그다음으로 연방하원에서 과반수로 의결되었다. 어젠다 2010 개혁 사업은 예정대로 2004년 1월 1일 발효될 수 있었다.

## 당 대표를 내려놓다

2003년은 1년 내내 나뿐만 아니라 정부, 원내교섭단체 그리고 총리청 전우들이 엄청난 기력을 소진한 한 해였다. 우리는 모든 저항을 이겨내면서 반대자들을 설득하고 우리 당의 과반수를 찬성표로 이끌어 계획된 방안을 법으로 만드는 일을 실제로 해냈다. 이런 점에서 내가 기뻐하지 않을 이유는 없었다. 그러나 다가올 1년을 생각하면 걱정이 앞섰다. 과거에 나를 비판하던 사람들이 얼마나 집요하게 물고 늘어질지 가늠이 안 되었기 때문이다. 개혁이 실행되더라도 곧바로 긍정적인 결과가 나오는 것도 아닐뿐더러 이런 규모 사업이 효과를 발휘하려면 꽤 긴 시간이 걸릴 게 분명했다. 그래서 연말과 연초에는 우리 측 지지자들이 얼마나 인내심을 가지고 기다려줄지를 걱정해야 했다.

상황이 불안하다는 최초 징후는 2003년 11월에 보훔에서 열린 사민당 연방 전당대회에서 나타났다. 여담이지만 이 전당대회에서 한스-요헨 포겔이 나의 사민당 입당 40주년을 기념해주었다. 하지만 이 행사는 여러 측면에서 불씨를 안고 있었다. 어젠다 2010을 둘러싼 논쟁이 흔적을 남겼기 때문이다. 물론 비판적인 당원들이 당 대표와 총리에게 대놓고 저항한 것은 아니며, 약 80%에 달하는 지지율도 앞선 논쟁에 비춰볼 때 나쁘다고 볼 수 없는 결과였다. 하지만 어젠다 2010의 주요 책임 부처인 경제노동부장관 볼프강 클레멘트는 나를 대신해서 56.7%밖에 획득하지 못했고, 나의 신임을 받고 있던 올라프 숄츠Olaf Scholz 사무총장은 52.6% 를 얻음으로써 내 정책에 의리를 지킨 대가를 혹독히 치러야 했다. 이는 사민당원 상당 부분이 지속적이고 단호하게 개혁정책을 지지할 준비가 되어 있지 않다는 증거였다.

사민당과 정부가 어젠다 정책을 단호하고 공격적으로 이끌고 나가기 에는 내 힘이 턱없이 부족하다는 사실을 나는 점점 더 분명하게 느꼈다. 사민당 내 최고 실력자들은 대부분 내키지 않는 경우도 있겠지만 연방총 리가 사임하는 일은 원치 않았기에 내 의사에 따를 자세가 되어 있었다. 하지만 이들도 총리의 정책이 내용적으로 옳은지 확신하지 못했기에 사 회 속으로 전달할 준비가 되어 있지 않았다. 하지만 사실은 그 반대였다. 의사소통 문제가 해결되지 않고 있었다. 주로 헤센주, 니더작센주 그리 고 자를란트주의 사민당 핵심 당원들과 원내교섭단체의 목소리 큰 소수 파들은 어젠다 2010이 반사회국가적이라고 비난하였고, 영향력 있는 매 체들은 이를 물고 늘어졌다. 사정이 이렇다보니 어젠다 2010을 사회국 가의 본질을 보장할 수 있는 미래 지향적 개혁 방안으로 묘사하기가 불 가능했다. 그 결과 사민당의 열성 지지자들도 불안해하기 시작했다.

그들이 이렇게 생각한 이유는 간단하다. 당내에서조차 이 정책이 옳 은지 확신이 없고, 국민에게도 부담이 될 것 같은데, 무엇 때문에 유권자 가 이 정책을 지지하겠는가? 결국 사민당 좌파 핵심 인사들의 전략은 좌 파 정당을 탄생시키는 데에도 일조하게 되었다. 나는 사민당 내부 계파 와 나 사이의 간극을 좁히려면 당 대표와 최고위원들 사이에 더 깊은 친밀감을 형성할 수 있어야만 한다는 사실을 분명히 알고 있었다. 다만 그 과정에서 업무 방식이나 중재 방식은 달라져도 상관없지만 정책의 골자가 바뀌어서는 안 된다는 점을 유의해야 한다. 그렇지 않을 경우 연방총리의 신뢰 기반이 무너질 수 있었기 때문이다.

나는 우리 당 내에 개인적 권위와 자기 확신 그리고 충성심이 충만한 사람이 한 명 있다고 확신하는데, 바로 뮌테페링이다. 내가 꾸린 최초 내각에서 교통건축주택부장관을 맡은 그는 1999년 말에 라퐁텐이 물러난 후 사무총장으로 돌아왔다. 그리고 나의 집권 2기 정부에서는 사민당 원내 대표를 맡았다. 2004년 1월에 나는 그에게 한 가지 구상을 제안했다. 당 대표를 맡으라는 내 제안에 그는 소스라치게 놀라며 단호하게 거절했다. 자신이 당 대표를 맡게 될 경우 내 실각은 예정된 것이며, 어젠다 2010을 관철해야 하는 중요한 시기에 정부 수반의 힘이 더욱 약해질 것이라고 주장했다. 물론 그의 이 말에 나는 조금 흔들렸다. 우리 정당의 대표이기를 기꺼이 자처하는 나로서는 다시금 고민에 빠지지 않을 수 없었다. 나에게 사민당과 정서적 유대가 결여되어 있다고 주장하는 여론이 있는데, 내가 걸어온 길을 제대로 살펴본다면 이는 있을 수 없는 일이다.

사민당 안에서 그리고 사민당을 위해서 일하는 동안 나는 당원들과 한 번도 곤란한 일을 만든 적이 없다. 물론 정책의 확신과 사고의 경직을 구별 못하는 몇몇 실무자를 제외하고 말이다. 당의 발전을 위해 당 대표 교체를 여러 차례 제안했으나 받아들여지지 않았던 것이 사실이지만, 뮌테페링에 대해서는 고집을 꺾지 않았다. 그가 당 대표가 되어야만 책임감 없이 행동하는 주와 지역의 당 대표들을 자제시킬 수 있다고 생각했다. 결국 나는 뮌테페링을 설득하는 데 성공했다.

우리는 2004년 2월 6일에 이 사실을 발표하기로 했다. 전날 저녁에는 클레멘트와 총리청에서 오랜 시간 노동 입법 문제에 관해 토론했다. 뮌테페링과 약속한 것에 대해서는 아무런 말도 하지 않았다. 아주 어색한 상황이었다. 당 부대표인 클레멘트에게는 발표 직전에 알리기로 뮌테페링과 약속했기 때문이다. 클레멘트는 이 사건에 대해 아주 불쾌해했는데, 나도 충분히 이해하는 바다. 하지만 사전에 그에게 이야기를 했다면다른 사람들에게도 이 사실을 알리지 않을 수 없었을 것이다. 나는 깜짝효과를 놓치고 싶지 않았고, 클레멘트를 불쾌하게 할 수밖에 없었다.

당 부대표들에게 이 소식을 알리기 바로 전에 나는 사민당에서 인정받고 있는 두 사람과 면담했다. 한스-요헨 포겔과 에르하르트 에플러였다. 처음엔 둘 다 회의적인 반응을 보였지만 곧 내 주장에 수긍하고 지지해주기로 했다. 이로써 뮌테페링과 나는 무거운 발걸음을 조금은 가볍게내디딜 수 있었다.

베를린 연방하원 기자회견에서 공개한 이 결정은 일반 대중뿐만 아니라 정보가 빠른 기자들에게도 충격을 주었다. 이는 뮌테페링과 나의 약속이 사전에 유출되지 않았기에 가능했고, 그가 얼마나 의리 있고 믿을만한 사람인지를 다시 한 번 보여주는 대목이라 할 수 있다. 그뿐 아니라나는 기자들이 보기에 불변의 법칙, 즉 "손에 쥔 권력은 절대 내놓는 게아니다"라는 원칙을 깨뜨린 사람이 되었다. 그러나 이들의 예상과 달리이후 몇 달 동안 나는 권력의 일부를 포기함으로써 총리로서 활동하는데에 더 많은 집행력을 행사할 수 있었다. 이는 우리 두 사람이 서로 믿고의지하고 보완했기에 가능한 일이었다. 이후 정치 인생에서도 나는 그만큼 관계가 돈독한 사람을 만나지 못했다.

어젠다 2010 개혁정책을 소개하면서 나는 두 가지 원칙을 확인했다.두 사람이 같은 것을 생각하고 표현하고 행한다고 해서 결코 그것이 동

"이후 정치 인생에서도 나는 그만큼 관계가 돈독한 사람을 만나지 못했다."
2004년 3월 21일 베를린에서 개최된 사민당 특별 전당대회에서 프란츠 뮌테페링이 새 당 대표로 선출되어 슈뢰더의 자리를 물려받았다.

일한 것은 아니라는 사실이다. 왜냐하면 저마다 다르게 받아들이기 때문이다. 이러한 사실은 당과 특히 당의 실무자들에게 우리의 개혁정책을 설명하려고 시도하는 과정에서 드러났다. 당 대표인 뮌테페링은 총리로서 정부를 책임지고 있는 나보다는 여러 가지 강요되는 제한에서 비교적 자유로웠기 때문에 이 일에서는 나보다 유리한 상황이었다.

당 대표에서 물러나는 일이 나에게도 쉽지는 않았다. 뮌테페링이 내 후임 당 대표로 선출될 예정이던 2004년 3월 21일 전당대회가 가까워오자 이런 감정이 더욱 강하게 느껴졌다. 전당대회 연설에서 나는 올바르다고 인정받은 이 개혁 노선을 거침없이 밀고 나가야 할 필요성을 다시 한 번 강조했다. 연설문 말미에는 원고를 보지 않고서 연설을 이어갔다. "이토록 위대하고 독일에서 역사가 가장 오래된 민주적 정당의 대표직이 저에게 허락된 사실이 정말 자랑스러웠습니다. 그러나 연방총리로서의 임무, 즉 독일뿐만 아니라 유럽과 유럽의 경계를 넘어 더 멀리까지 사회민주 정책을 이루어나가는 일을 수행하려면 한 사람의 모든 힘이 필요하며, 그러려면 내가 존중하고 나를 존중하는 사람들의 지지가 필요합니다."

당 대표 교체는 이미 발을 내디딘 어젠다 2010 개혁 노선을 2004년에 계속 이끌고 나갈 수 있도록 기반을 마련해주었다. 왜냐하면 6월에 있었던 여러 지방선거에서 승리하지 못한 데다, 특히 유럽의회 선거가 21.5%의 득표율을 기록하며 사민당의 참패로 끝난 뒤에 인물 논쟁이 곧바로 불붙었을 게 뻔했기 때문이다. 그랬다면 당 대표직 포기를 요구하는 사민당 좌파의 압력을 피할 수 없었을 것이다. 만일 이러한 압력으로 당 대표직에서 물러났다면 총리직도 끝이었을 것이다. 돌아보건대 2004년은 내 총리 임기 중 가장 힘든 한 해였다. 이 기간에 내가 배운 점이 있다면, 개혁을 공포하고 법을 제정하고 이를 실행하는 것 못지않게 그 실행 단계에서 정당과 이익단체 그리고 사회의 어떤 저항에도 흔들리지 않고 나아갈 수 있는 굳은 의지가 더욱 중요하다는 사실이었다.

2004년 한 해 동안 정부 대변인 벨라 안다Béla Anda는 정부의 소통 능력에 대한 비난을 자주 견뎌야 했다. 나는 사민당 위원회에서 연방 홍보실의 업무를 비난하는 이들에게서 그를 대변하기 위해 여러 차례 변호해야 했다. 나는 지금도 그때 제기된 불만이 부당하다고 생각한다. 의사소통 문제는 정부부처, 원내교섭단체 그리고 정당들이 내놓은 서로 모순되는 수많은 발언 때문에 생겨난 것이다. 이따금 부처에서 정치적으로 처리되기도 전인 계획안이나 법안들이 기자들에게 전달되고, 이들이 눈 깜짝할 사이에 이를 정치면 머리기사로 다루는 경우가 적지 않았는데, 그때마다 안다는 자제력을 잃지 않았고, 부처와 원내교섭단체 그리고 당의 대변인들과 조율하려고 소처럼 일했다. 2004년처럼 많은 일이 있어났던 상황을 생각하면 결코 간단한 일이 아니었을 것이다. 지금 연방 홍보실이 현대적인 서비스를 갖춘 신속한 정보센터가 될 수 있었던 것 역시 그의 공로였다. 안다는 말도 중요시했지만 사진도 그만큼 중요하게 여겼다. 그래서 사진기자들도 더 많이 배려했고, 대도시의 유명 언론사 기자들과 경쟁해야 하는 지방언론사 기자들에게도 소홀하지 않았다. 하지만 정부 대변인이 아무리 노력한다 한들 자기편이 앞장서서 이런 노력을 깎아내리는 반대 목소리를 낸다면 무슨 소용이 있겠는가?

## 개혁하려는 노력

2004년에 나는 개혁정치와 관련하여 두 가지 의미 있는 경험을 했다. 개혁이 추상적인 단계에 머물러 있는 동안에는 개혁을 하고자 하는 사람들의 관심이 매우 높아서 주민의 확실한 과반수가 여론조사에서 '이 나라는 개혁되어야 한다'고 답한다. 그러나 그 개혁이 직접적으로 주민들에게 영향을 미치면 개혁 의지는 개혁 거부로 돌변한다. 이런 현상은 특히 의료개혁 과정에서 분기당 10유로로 병원비 자기부담이 도입된 해 초반에 여실히 드러났다. 1월과 2월에 여론과 언론의 반응은 가히 히스테리적이었다. 지금은 이 제도가 당연한 것이 되었고, 기대했던 효과를 보이고 있다. 환자들은 좀 더 신중하고 책임감 있게 병원을 찾고 있으며, 이로써 비용 절감에 직접 기여하고 있다.

또 다른 경험에서 매우 중요한 사실을 배웠다. 고통스러운 개혁의 결정 시점과 그 개혁으로 첫 성과가 가시화되는 시점 사이에 시차가 발생한다는 것이다. 다시 말해 독일에서 정치는 지속적으로 그 정당성을 입증해야만 하는데, 특히 16개에 달하는 연방주와 지자체 선거가 시차를 두고 실시되기 때문이다. 따라서 개혁이 가져올 긍정적인 효과가 내일 당장 가시화되지 않을 경우 유권자들이 지방선거에서 개혁에 대해 곧바로 단죄해버릴 위험이 있는 것이다. 2004년이 바로 그런 시차의 기간이었고, 내 개혁정책은 그 시차의 나락 속으로 추락했다. 개혁이 열매를 맺기도 전에 지방선거가 실시된 것이다. 사민당이 지방선거에서 맛본 쓰라린 패배는 너무나 고통스러운 것이었다. 그것은 비단 선거 후 나와 내 정책에 쏟아진 비난 때문만이 아니었다. 사민당 출신의 거의 명예직에 가까운 수많은 지자체 의원이 자기 지역에서 훌륭히 직무를 수행했음에도 그 자리를 떠나야만 하는 상황이 된 것을 뼈저리게 통감해야 했기 때문이다.

하지만 우리는 가던 길을 계속 가야 했다. 내가 그 자리에서 포기하거나, 어젠다 2010 개혁을 철회하거나, 심지어 연방총리직을 사퇴했다면 당장 사민당에 엄청난 피해가 발생했을 뿐만 아니라 사민당의 집권 능력과 당에 대한 신뢰가 향후 수십 년에 걸쳐 무너졌을 것이다. 이는 특히 독일의 발전에 엄청난 악영향을 끼쳤을 것이다. 여기서 포기한다면 우리가 수년간 일궈온 개혁정치의 신뢰를 떨어뜨리고, 우리의 경직된 사회복지제도에 근본적 변화를 가져올 기회마저 수포로 돌아갈 수밖에 없었다.

일부 노동조합 지도부는 사민당의 악화된 여론조사 결과와 나에게 불리한 정치적 압력을 이용해 조직적으로 나를 추락시키려는 작업에 들어 갔다. 위르겐 페터스 금속노조 위원장과 프랑크 브지르스케Frank Bsirske 통합서비스노조 위원장은 이제 더는 어젠다 2010의 세부 내용 변경에 관심이 없었다. 개혁 방안 자체와 연방총리인 나를 한꺼번에 무너뜨리려 고 했다. 물론 사민당과 노조의 출발선이 다르다는 것을 모르지 않는다. 우리가 정당으로서 때로는 힘 있는 단체의 이익에 반하더라도 공공의 행 복을 책임져야 하는 것처럼, 노조는 노동자들의 이익을 대변해야 한다.

그러나 노동운동 역사에서 성장한 공동의 이상과 목표는 사민당과 노 조를 연결해주는 고리다. 이 둘은 항상 인간의 삶을 개선하고 자유와 연 대책임 그리고 정의라는 기본 가치를 관철해왔다. 나는 이런 가치를 위해 노조와 협력하려고 늘 노력해왔다. 2002년까지 독일노동조합총연맹DGB 회장을 지낸 디터 슐테Dieter Schulte와도 좋은 관계를 유지해왔고, 대부분 개별 노조 위원장과도 서로 협력하며 지내왔다. 그들은 사회적 과제를 해 결하는 데에 건설적으로 참여하는 것이 노조 위원장의 임무라고 생각했 다. 그들도 변혁이 시작된 사회에서는 노조가 능동적으로 그 변혁 과정에 주체로서 참여할 때만 존속할 수 있다는 사실을 잘 알고 있었다. 더구나 독일에서 노조 조직률이 극단적으로 떨어지고 있는 데다가 지역별 단체 협약에서도 갈수록 결함을 드러내는 상황에서는 더더욱 그러했다.

정부와 대치 전략은 2004년 4월 초 '사회보장 축소 반대 행동일'에 시 작되었다. 베를린에서 개최된 이 행사에서 독일노동조합총연맹 회장 미 하엘 좀머는 '반사회국가적인 정책'이라고 나를 대놓고 비난했다. 2004 년 5월 1일에 나는 처음으로 독일노동조합총연맹의 전통인 노동절 집회 에 초대받지 못했는데, 사민당 소속 연방총리를 의도적으로 '엿 먹인' 것 이다. 이와 동시에 금속노조와 통합서비스노조는 새 좌파인 '노동과 사회정의를 위한 대안'을 설립하고 확장하는 데 자신들의 인프라를 제공하기 시작했다. 금속노조 위원장 위르겐 페터스는 유럽의회 선거 이틀 후에 금속노조 고문단 앞에서 다음과 같이 솔직하게 말했다. "이렇게 해서 인간이 개인적 공간으로 숨어버리는 것을 막고, 노동과 사회정의를 이룰 수 있는 정치에 적극적으로 참여하도록 바꾸는 것이 우리의 임무입니다. 요점만 말하면, 우리는 시민운동을 확대하여 사민당이 이성을 되찾도록 해야 합니다."

금속노조는 직장 내에서 연방정부의 개혁정책에 반대하는 서명운동을 벌였다. 8월 초에는 민사당과 노조 일부의 지지를 받아 연방정부의 노동시장 개혁에 반대하는 시위를 시작했다. 이들은 이를 '월요시위'라고 이름 붙이고 1989년 구동독 저항운동의 전통을 계승한다고 밝혔다. 1989년에는 자유와 민주주의를 위해 시위했다지만, 2004년에는 물질적 요구를 위해 시위할 뿐이라는 점에서 이는 뻔뻔한 주장이 아닐 수 없다.

그러나 시위의 규모와 격렬함에 나는 놀라지 않을 수 없었다. 게다가 9월로 예정되어 있는 브란덴부르크주와 작센주 의회 선거를 생각하면 정치적 행동은 더욱 과격해질 게 뻔했다. 작센주의 독일민족민주당NPD조차 하르츠 IV 개혁에 대한 분노를 이용해 정치적 이익을 꾀하려 했다. 처음에는 시위대의 언어 표현만 과격했으나, 점점 폭력이 행사될 것 같은 위협이 느껴졌다. 8월 24일 동부 브란덴부르크주의 비텐베르게를 방문했을 때 실제로 나에게도 폭력을 행사했다. 민주사회당이 고속열차 이체ICE의 새 역사 완공 기념식에 집회 신고를 했는데, 나는 행사가 진행되는 동안에도 집회가 열리는지 전혀 눈치채지 못했다.

역사를 떠날 때쯤에야 비로소 거리에서 시위대를 발견했다. 그 후 달걀이 날아들었고, 나중에 보도된 바에 따르면 돌도 날아다녔다. 위협적인 상황에서도 나는 부상이 두렵지 않았다. 3개월 전 만하임에서 사민당 행사 후반부에 나를 향한 테러가 있었던 것처럼, 이제 사람들은 정치인에게 육체적 공격을 가하는 것에 거부감이 없어진 것 같았다. 그런데 언어적 공격이든 육체적 공격이든 그것이 나에게는 이들이 의도한 것과 오히려 정반대 결과를 초래했다는 점이다. 그때부터 나는 폭력이 나에게 아무런 영향을 미치지 않는다는 사실을 동독 지역을 포함해 모든 대중에게 확실히 보여주기로 했다. 마침 8월 24일 저녁에 라이프치히에서 개최되는 작센주 사민당 선거전 개막행사에서 내가 연설하기로 되어 있었다. 이 행사에서도 좌파뿐만 아니라 극우파의 방해가 있었지만 나는 일정을 취소하지 않았다.

3일 뒤에도 브란덴부르크주 선거전의 일환으로 핀스터발데에서 개최되는 가창대회에 참석하기로 되어 있었다. 비텐베르게에서 내가 공격당한 소식을 듣고 브란덴부르크주 총리인 마티아스 플라체크Matthias Platzeck가 전화를 걸어 핀스터발데에 갈 것인지를 물었다. 그는 나와 함께 그곳에 갈 생각이 있으며, 내가 일정을 취소하더라도 이해하고 결정을 존중한다고 말했다. 결국 우리는 가창대회에 참가하기로 했다. 다행히 행사는 예상과 달리 아무 일도 일어나지 않고 마무리되었다. 행사를 마치고 플라체크가 나에게 자신은 주의회 선거운동을 하면서 연방정부의 개혁 정책을 확고하고 단호하게 옹호할 것이라고 다시 한 번 말했다.

이 선거에서 나는 그에게 큰 존경심을 갖게 되었다. 그는 어젠다 2010을 위해 용감하게 나섰고, 격렬한 저항과 방해에 맞서 싸웠다. 플라체크는 나에게 사민당 최고 인재 중 한 사람이다. 그가 당 대표직을 오래 수행하지 못하고 그만두어야 했을 때는 매우 유감이었다. 하지만 건강이 우선이고, 누구나 이해할 것이다.

"나에게 그는 사민당 내 최고 인재 중 한 명이다."
2004년 8월 24일 비텐베르게에서 브란덴부르크주 총리 마티아스 플라체크와 슈뢰더.

2004년 9월의 선거 결과는 사민당에 좋다고 볼 수는 없지만 안정되는 기미가 보였다. 작센주에서는 기민당의 절대다수를 무너뜨리고 새 파트너로 기민당-사민당 연립정부를 구성할 수 있었다. 다만 어이없게도 극우정당인 독일민족민주당 NPD가 작센주에서 9.2%를 획득하는 사태가 벌어졌다. 하르츠 IV 개혁 반대 시위가 엉뚱한 곳에서 열매를 맺기 시작한 것이다. 브란덴부르크주에서는 플라체크가 사민당을 가망 없는 상황에서 구해내며 1위를 차지했다. 반면 자를란트주에서는 사민당이 고작 30.8%를 획득해 크게 패했는데, 이는 연방정부의 개혁정책을 반대한 자를란트주 사민당이 선거에서 받은 명백한 성적표였다. 노르트라인-베스트팔렌주 지방선거에서는 기민당이 패배하여 주요 시장직들을 사민당에 내주었다.

가을이 되자 독일에서 시위 물결이 잦아들었다. '월요시위'는 그 의미를 상실했다. 독일노동조합총연맹도 개혁정책에 반대하는 캠페인을 중단하고 연방정부와 새로운 대화의 실마리를 찾으려고 했다. 사민당의 여론조사 결과도 다시 상승했다. 독일 국영방송 ZDF가 월 1회 실시하는 '정치 바로미터Politbarometer' 보도에 따르면, 2004년 초 지지율은 기민당이 52%였고, 사민당이 23%였다. 이후 10월에는 기민당이 38%로 하락했고, 사민당은 33%로 상승했다.

2004년 한 해의 추이를 살펴보면, 단호한 태도를 고수한 것이 실제로 효과가 있다고 드러났다. 전설의 풍자화가 호르스트 하이칭거Horst Haitzinger가 독일 주간지《분테》에 그린 풍자화는 이 상황을 너무나 잘 묘사했다. 내가 무거운 자루 하나를 끌고 있고, 자루 사이사이에 칼과 창이 삐져나와 있다. 이를 쳐다보는 두 사람 중 한 사람이 이렇게 말했다. "저 사람이 점점 존경스러워지려고 해."

2003년과 2004년에 걸친 개혁 노력은 한 나라를 요동시킬 만큼 파장이 컸다. 그러나 지금까지 싸운 모든 것을 사소한 일로 만드는 일대 사건이 발생하자 개혁 논쟁은 뒤로 밀려나고 말았다.

2004년 12월에 동남아시아의 상당 부분을 덮친 묵시록의 예언 같은 규모의 재난은 우리 모두를 혼란에 빠뜨렸다. 해저지진으로 발생한 쓰나미가 육지를 덮쳐 해안 지방을 황폐하게 만들었고, 22만 명이 사망하고 170만 명이 집을 잃었다. 사건 발생일인 12월 26일에는 재해의 전체적인 규모조차 파악하기 힘들었다. 처음에는 1,500명이 사망했다는 이야기가 있었지만, 시간마다 그 수치가 믿을 수 없을 만큼 증가했다. 피셔 외무장관은 즉시 성명을 발표하고 외무부에 비상대책위원회를 꾸렸다. 나는 가족과 함께 타그머스하임에서 휴가를 보내던 터라 피셔 장관과 총리청으로부터 수시로 상황을 보고받았다.

얼마 지나지 않아 독일인 수천 명도 이 재앙으로 희생되었다는 사실이 밝혀졌다. 태국과 스리랑카로 여행 간 독일 관광객 수백 명이 실종 상태였고, 해당 지역에서 철수를 기다리는 여행객 숫자도 엄청났다. 나는 즉시 휴가를 중단하고 베를린으로 돌아와 비상대책위원회를 열고 피셔 장관과 하이데마리 비초레크-초일 경제협력부장관과 회의했다. 날아다니는 야전병원인 연방군 소속 특별기가 부상자들을 실어나르려고 파견되었다. 군용기와 전세기가 독일 여행객 귀환에 투입되었다. 연방 범죄청, 재난 구조대 그리고 외교부 전문가들이 재난 지역에 파견되어 실종된 독일인의 상황을 조사하고 희생자 확인 작업을 도왔다. 또한 인도주의 차원에서 긴급 원조비를 2,000만 유로로 제공하기로 의결하였다. 거대한 파도가 삼켜버린 이 나라들에 연방군은 식수 처리 시설과 야전병원을 제공하였다.

크리스마스와 연초 사이의 여러 날 동안 내 머리에는 쓰나미가 수백만 명에게 남기고 간 어마어마한 고통의 영상이 떠나지 않았다. 그때 나는 긴급조치 외에도 중장기적인 지원 방안이 필요하다는 사실을 분명하게 깨달았다. 이 재난으로 고아가 된 수많은 아이를 포함하여 수백만 명을 고통 속에 그냥 둘 수는 없었다. 쓰나미가 몇 초도 안 돼서 파괴한 모든 것을 다시 일으켜세우려면 몇 년이 걸릴 것이다.

나는 신년사에서 국민들에게 도시 간, 마을 간 그리고 학교 간에 자매결연을 맺어 장기적이고 지속 가능한 재건에 도움을 줄 것을 당부했다. 이를 위해 '해일 지원을 위한 자매결연 운동'을 창설하고, 요하네스 라우 전 대통령 부인 크리스티나 라우Christina Rau를 회장으로 추대했다. 이 운동은 매우 성공적으로 진행되어 짧은 기간에 300건 이상이 넘는 재건사업과 자매결연이 지역, 기업, 학교 그리고 단체 간에 맺어졌다.

연초의 몇 주 동안은 연말에 발생한 이 끔찍한 사건으로 언론들이 도배되었다. 반면 실업급여 II가 순조롭게 도입될 수 있을지에 대한 여러 비평가의 우려는 뒷전으로 밀려났다. 다만 우리가 내부에서 늘 걱정하던 사건이 발생했다. 예전부터 뉘른베르크의 연방 노동청은 기초생활수급비와 실업급여를 통합해 통계를 내더라도 실업자 수에 크게 반영되는 일은 없을 것이라고 주장해왔는데, 바로 그 반대 결과가 발표된 것이다. 통계에 따르면 1월의 실업자 수가 500만 명을 넘겼다. 이는 대중이 느끼기에는 끔찍한 수치였다. 이 수치는 마치 우리가 개혁정책을 실시해 실현하려고 한 모든 것이 틀렸음을 증명하는 것처럼 보였고, 슐레스비히-홀슈타인주 의회 선거 막판에 마치 번개가 비수를 내리꽂듯이 꽂혔다. 내리막길이 시작되었고, 멈추는 것은 불가능했다. 이 길은 5월 22일에 치른 노르트라인-베스트팔렌주 의회 선거가 끝난 후 조기 총선을 치르겠다는 결단과 함께 끝이 났다.

## 슈뢰더 정부의 전우들

두 번째 집권 시기를 되돌아보는 지금, 나는 정부의 안과 밖에 있는 전우들에 둘러싸여 있다. 집권 후반부에 정부를 책임진 '68년 학생운동' 이후 세대가 역사의 의무를 매우 충실히 수행해냈고, 모든 면에서 용감하게 헤쳐나갔다는 생각에는 그때나 지금이나 변함이 없다.

"그는 권력이 무엇인지 잘 알고 있었으며, 권력을 남용하지 않고 사용하는 법을 알고 있었다."
1998년 11월 2일 요슈카 피셔와 비행기 안에서.

## 위르겐 트리틴

가끔 소통에 어려움을 겪기는 했지만 위르겐 트리틴은 큰 역할을 했다. 실제로 중요한 일이 있을 때마다 언제나 그에게 믿고 맡길 수 있었다. 그는 자신이 한 말을 지켰다. 니더작센주에서 이미 경험했던바, 우리 협력은 가끔 부적절한 발언으로 오해가 생기기도 했지만 전체적으로 보면 즐거웠다. 트리틴은 환경부장관으로 전문성에서는 누구도 의심하지 않았다. 그가 정부 내에서 혹은 원내교섭단체에서 협상해야 했을 때 대부분 그보다 사정을 훤히 알고 있는 사람은 거의 없었다. 그는 자신이 맡은 분야를 잘 알고 있고 자기 부처를 장악하고 있었다. 그는 이 정부에 대한 흔들림 없는 충성심으로 무장한 프로 정치가였으며, 이 정부의 역사적 의무가 무엇인지도 잘 파악하고 있었다.

## 요슈카 피셔

녹색당에서는 요슈카 피셔가 사민당-녹색당 동맹이 정착하는 데 가장 크게 기여했다. 피셔가 없었다면 이 연립정부가 어떻게 존재할 수 있었을까? 그는 녹색당과 녹색당 원내교섭단체에서 두각을 나타낸 인물이었다. 그는 언제라도 소환할 수 있는 예리한 이성을 가지고 있었고, 권력이 무엇인지 알고 있었으며, 권력을 남용하지 않고 사용하는 법을 알고 있었다. 그러나 그에게 권력이란 정치적으로나 내용적으로 옳다고 생각하는 것을 관철하는 도구에 불과했다. 나는 연방총리로서 할 수 있는 한 외교정책이 전적으로 총리청에서 만들어지고 구상되었다는 인상을 주지 않으려고 노력했다. 당시 외교정책은 그의 작품이며, 그는 자기 분야의 일을 훌륭하게 해내는 것은 그렇다 치더라도, 국외 또는 심지어 국내 정치 일부를 그와 상의했을 때도 너무나 훌륭한 조언자였다. 유럽이사회 회의에서도 우리는 잘 통했다. 다른 위원들의 어떤 위장 공격도 우리를 속일 수 없었고, 필요할 때마다 우리는 그때그때 서로에게 눈치를 주었다. 유럽 정상회담 때에도 늘 내 옆자리에 앉았다. 우리 사이는 말 그대로, 아니 최상의 의미로 항상 신호등의 녹색 불이었다.

## 카를-하인츠 풍케와 레나테 퀴나스트

레나테 퀴나스트 이전에는 안드레아 피셔가 녹색당 보건부장관으로 내각을 구성했다. 하지만 제약업계가 장악하고 있는 영역을 관리해야 하는 이 중요한 부처를 작은 연정 파트너에게 넘겨준 것은 좋은 생각이 아닌 것으로 판명되었다. 게다가 안드레아 피셔에게는 이 분야에서 시급하게 요구되는 집행력의 일부가 부재한 상태였다. 퀴나스트는 매우 유능하고 열정적이었으며, 보건정책을 개선하기 위해 각별히 노력했다. 내가 그녀에게 느끼는 애정이 상호적인 것이라고 믿는다. 나는 연립정부 위원회에서 그녀가 주변적인 것에 머무르지 않고 분명한 언어로 매우 직설적으로 사안을 다룬 것에 그녀의 기여를 항상 높게 평가했다.

보건부와 농업부를 합치면서 농업부장관이던 카를-하인츠 풍케의 자리가 사라지게 되었다. 그는 나의 니더작센주 총리 시절에도 내각에서 같은 직책을 맡았던 인물로, 나는 이 일이 그에게 받아들이기 쉽지 않았을 것을 잘 알고 있다. 풍케는 매우 교양 있고 신앙심이 깊으며, 유머와 친근함이 넘쳤다. 한마디로 가슴에 와닿는 사람이다.

그를 대신하여 레나테 퀴나스트가 녹색당 소속 장관으로 소비자보호 농업부를 맡았다. 베를린 출신인 그녀는 성공한 농부인 풍케와는 완전히 다른 생활방식을 가지고 사람들을 만났다. 그녀는 기존의 농업정책을 뒤집어엎고 지속적으로 사용 가능한 토대를 새롭게 놓았는데, 나는 이 과정에서 그녀를 항상 지지했다. 퀴나스트는 전문 지식이 풍부한 장관이었고, 사적인 협력에는 소극적이지만 지적이고 성공한 여성이었다. 그녀 덕분에 생태 농법이 확실하게 육성될 수 있었다.

나는 초기에 그녀가 EU, 그중에서도 프랑스의 보수적인 농업정책 사이에서 긴장감이 형성될지도 모른다고 생각했는데, 과거 농업부장관을 지낸 프랑스 대통령이 이 분야를 워낙 훤히 꿰고 있었기 때문이다. 그러나 놀랍게도 농업정책은 순조롭게 진행되었다. 그녀와 프랑스의 농업부장관은 언제나 합리적인 타협안을 이끌어냈다. 유럽의 농업정책 개혁이 진전된 것은 그녀의 역할이 크다. 농업 종사자들의 소득과 생산이 마침내 분리될 수 있었던 것 역시 그녀의 공이다.

## 오토 쉴리

한편 우리 내각에서 뛰어난 인물 가운데 한 명은 단연 오토 쉴리다. 그는 두 번은 봐야 하는 사람이었다. 겉으로 드러나는 이미지뿐만 아니라 종종 자신이 직접 말로 표현하기도 하는 엄격함은 딱딱한 껍질 속에 너무나 부드러운 인간이 숨어 있다는 사실을 감추기 위한 것이다. 그는 심오한 지식을 겸비한 훌륭한 시민이며, 직접 악기를 연주하고, 누구보다 책을 많이 읽은 까다로운 고전음악과 문학 애호가다. 그의 생일은 히틀러에게 저항한 운명의 날과 같은 7월 20일인데, 이 사실이 나에게는 그의 인격에 대한 상징처럼 느껴졌다. 그가 하필이면 이날 태어났다는 사실은 해가 갈수록 이 완고한 민주주의자를 표현하는 삽화를 보는 듯하다.

의지가 확고한 법률가이자 변호사로서 그는 적군파에 대한 소송에서 테러리스트들에 대한 도를 넘는 복수심으로부터 법치국가를 수호하려는 일을 하면서 투사적인 열정을 품게 되었다고 한다. 그가 녹색당 창당

"딱딱한 껍질 속에 너무나 부드러운 인간, 심오한 지식을 겸비한 훌륭한 시민이 숨어 있다."
연방 내무장관 오토 쉴리.

멤버인 것도, 1989년에 사민당으로 당적을 옮긴 것도 중요한 정치 이력의 하나다. 쉴리와 나는 좋은 조력자 이상의 사이로 맺어졌다. 우리는 금세 친구가 되었고, 지금도 그 관계는 변함이 없다.

쉴리가 없었다면 그와 같은 인물을 만들어내기라도 해야 했을 것이다. 그는 '안보가 핵심적인 시민권'이라는 생각을 늘 머릿속에 넣고 다녔다. 그리고 국가 안보는 그것을 직접 구매할 수 없는 사람들에게 보장되어야 한다고 생각했다. 그는 법치국가에서 안보의 차별적 분배는 허용되어선 안 된다는 주장을 옹호했다. 돈 많은 사람은 모든 것을 살 수 있지만, 나머지 국민은 결국 국가를 신뢰할 수 있어야 한다. 쉴리는 한 사람의 권위자였고, 사민당-녹색당 연립정부를 신뢰하지 않는 사람들마저 그를 공공 안보의 보증인으로 인식하였다. 정곡을 찌르는 그의 발언은 때때로 토론에 활력이 되기도 했다. 예를 들면 테러 단체 알카에다에 대한 국가의 대응을 겨냥하여 "죽음을 사랑하는 자에게는 죽음을 드리겠습니다"라고 한 그의 발언은 큰 혼란을 야기했다. 연립정부 계파의 일부, 특히 과거 녹색당 동료 당원들에게 그는 반사적으로 사나운 분노를 유발하는 투우사의 붉은 천 같은 존재였다. 그럼에도 그는 국가의 자유와 국민의 안보 사이에서 균형을 유지할 수 있는 바른 길만 계속 찾아다녔다.

그는 또한 이민법이 성사되는 일에도 결정적으로 기여했다. 비록 여전히 개선되어야 할 부분은 많지만, 연방상원에서 기민-기사당이 다수를 차지한 어려운 정치적인 권력 상황에서도 보수파의 유보적인 태도를 이겨냈고, 부분적으로나마 현대적인 공동체에 어울리는 이민법을 관철해냈다. 독일이 유럽 최대 이민국으로 발전했다는 사실에 주목하기보다 오히려 이를 터부시한 결과 새로운 가족의 통합을 장려하는 일이 수십 년 동안 지체되긴 했으나, 이를 감안하면 매우 중요한 성과를 낸 것이나 다름없다.

쉴리는 설득하는 작업을 남들보다 두 배로 해야 했다. 그는 기민-기사당이 이끄는 지역 주들이 내보이는 의심에 타협점을 제시해야 했고, 이와 동시에 연립정부 내에서는 올바른 방향으로 작은 걸음이나마 내딛는 것이 아예 걷지 않는 것보다 낫다고 설득해야 했다. 즉 그는 타협하려는 자세는 갖추되, 연방하원에서 법안을 통과시킬 수 있는 자체 과반수를 잃을 가능성도 늘 염두에 두어야 했다. 그는 이 까다로운 과제를 자랑스럽게 해냈다. 수많은 국민의 의식 속에 쉴리는 자유와 안보가 함께 존재할 수 있도록 책임을 다한 사람이었다. 이런 사람은 결코 편한 파트너는 아니어서 종종 매우 까칠한 모습을 보여주기도 했다. 하지만 비범한 사람과 일하려면 이 정도는 감수할 수 있어야 한다. 나는 오히려 그런 그와 함께 일할 수 있어 기뻤다.

### 오스카 넥트

하노버대학 사회학 교수로 '68년 학생운동'에서 이름을 날린 오스카 넥트는 부드러운 정서와 동프로이센적인 고집을 지녔다. 그는 늘 내게 현명한 조언을 해주었고, 포기하고 싶을 때나 좋은 충고가 필요할 때 항상 그 자리에 있었다. 또한 우리 교육제도가 이 시대와 부합하는지를 매우 일찍부터 고민해온 친구다. 그는 자유로운 학습과 사회적인 행동에 초점을 두는 개혁학교인 '글로크제 슐레Glockseeschule'의 공동 설립자로, 지금도 이 학교는 매년 빈 자리보다 신청자가 두 배나 많다.

### 베르너 뮐러

주총리 시절에 베르너 뮐러를 알게 되었다. 그는 에너지업계에서 일했

2002년 5월 15일 '친구' 베르너 뮐러 연방 경제장관과 대화 중인 슈뢰더.

고, 확실한 정치적 감각을 지닌 몇 안 되는 경영자 중 한 명이었다. 경제계 인사들 사이에서는 사회민주주의자로 알려져 있지만, 사실 그는 사민당 당원이었던 적이 한 번도 없었다.

뮐러는 기업이 이윤 추구와 사회적 책임 사이에 균형을 이루어야 한다는 사실을 정확히 이해하는 드문 경영인이었다. 그는 내가 니더작센주총리였던 시절에 에너지정책과 관련한 문제에서 가장 중요한 조언을 해주었고, 우리는 '탈원전'이라는 중요한 프로젝트를 진행하려고 두 번이나 시도했지만 실패했다. 그러나 이 시도는 결국 성공을 거두었는데 그는 연방 경제부장관으로, 나는 연방총리로 참여했다. 뮐러의 열정적인 노력, 조언, 인내심과 고집 그리고 창조적인 협상 기술이 없었다면 핵협상은 성사될 수 없었을 것이다. 나는 정부 활동뿐만 아니라 다른 일에서도 항상 그를 신뢰할 수 있었다. 친구 간의 의리 말이다.

그가 연방하원에서도 두각을 나타내자 놀란 것은 나뿐만이 아니었다. 그는 조용한 성격에서 나오는 짤막한 유머, 재치 있는 농담으로 토론 자리에서 빛을 발했다. 의회 내의 토론 문화에 예상치 못한 큰 수확이었다.

## 볼프강 클레멘트

정부 수반으로서 중대한 직책에 누군가를 임명해야 할 때면 거센 바람을 견뎌낼 수 있는 검증된 후보와 자의식이 강하고 고집 있는 후보 중에 누구를 선택해야 할지 고민하는 상황에 자주 직면하게 된다. 이런 경우에 나는 늘 후자를 선택했는데, 따라서 경험이 적은 이들과 얼굴을 붉히는 상황이 종종 발생하는 것은 당연했다. 예를 들면 결정된 사항에 대해 내 생각보다 일찍 언론에 공개해버리는 경우가 바로 그러하다. 또는 인터뷰한 내용이 하필이면 주말에 공개되어 소중한 일요일의 휴식을 한 방에 날려버리게 되는 일도 그렇다.

볼프강 클레멘트는 어젠다 2010을 실행에 옮기고, 그 내용을 사회에 정착시키는 데에 무한한 기여를 한 동지다. 노동시장에서 반드시 수행해야 하는 모든 변화를 클레멘트는 직접 판단해서 처리했다. 하지만 하르츠 개혁 입법 과정에서 연방상원의 개입으로 불필요한 절차상 문제가 발생했을 때는 그도 할 수 있는 일이 별로 없었다.

클레멘트는 어려운 상황에서 경제노동부장관을 떠맡았다. 독일 내 최

2000년 2월 2일 두이스부르크-라인하우젠에서 볼프강 클레멘트와 함께. 당시 라인란트-팔츠주 총리였던 클레멘트는 두 번째 적녹연정에서 연방 경제노동부장관이 되었다.

대 연방주인 노르트라인-베스트팔렌주에 뿌리내린 그에게 2002년 연방 하원 선거 이후에 주총리직을 내려두고 연방의 거대 부처 장관직을 맡도록 설득하는 일은 쉽지 않았다. 솔직히 말해서 나는 그가 내 제안을 받아들일 것이라고 거의 기대하지 않았다. 우리는 부처를 어떻게 재편성할지 오랜 기간 토론했다. 우리 두 사람 모두 경제부와 노동부를 통합하는 구조조정이 필요하다는 것에 동의했다. 물론 연정 파트너 간에 이 문제에 대한 일정한 동의가 있어야만 가능한 일이었다. 대연정 상황이었다면 이런 거대 부처 모델은 상상도 할 수 없었을 것이다.

## 한스 아이헬

헤센주 의회 선거에서 패배한 한스 아이헬을 오스카 라퐁텐 후임 연방 재무부장관으로 임명하여 본과 베를린에서 임기를 함께한 일은 한 번도 후회되지 않았다. 그는 지방정치 경험이 풍부했고, 주총리로서 매우 유능했으며, 의회와 대중 또는 텔레비전 토론에서 중요한 사항을 설명할 능력을 갖추었다. 그가 맡은 재무부는 꽤 독립적인 부처로, 아이헬의 책상 위에 놓인 돼지저금통은 그가 표방하는 재무정책의 상징이었다. 그는 콜 정부가 남긴 빚더미가 더 커지는 것을 멈추게 하고, 축소하려 노력했으며, 장기적으로 살림살이를 안정시킬 수 있을 거라 믿었다. 그러나 세계 경기 관련 데이터뿐만 아니라 그에 동반되어 내수가 하락하고 있었고, 노동시장에서 사회보장과 관련해 국고의 부담 완화를 전혀 기대하기 어려웠다. 그리고 그때에는 최소한 이 목표가 실현 가능한 선택지가 아니라는 것이 분명해졌다.

아이헬이 맡은 직책은 어느 면을 봐도 힘든 자리였다. 재무부의 재무 관련 전통이 조금만 덜 엄격했다면 최대 채무를 3%로 제한하자는, 이른바 유연하지 못하고 성장을 저해하는 마스트리히트 기준에 대해 그가 문제제기를 하기가 훨씬 쉬웠을 것이다(독일은 채무를 GDP의 3%로 제한하는 규칙을 고수한다—옮긴이). 그는 예산을 재정비하고 과세율을 낮추어 경기에 활력을 불어넣으려고 했으나, 갈수록 국가 재정은 숨쉬기도 어려운 지경에 이르렀다. 결국 당분간은 엄격한 재정 안정 정책에서 후퇴해야 했다. 마스트리히트 기준과의 충돌은 이미 예정된 것이나 다름없었다. 아이헬

한스 아이헬 연방 재무부장관.

---

은 다시 내각에 합류하기 위해 예산을 대대적으로 손보는 일을 다음으로 미뤄야 했는데, 이 부분은 누가 봐도 힘들었을 것이다.

하지만 나는 공정함을 유지하겠다. 누구든 지나놓고 보면 당시 자기가 할 일이 무엇이었는지를 더 잘 알게 되는 법이다.

나는 "사민당이 돈을 쓸 줄 모르는 것으로 유명하다"라고 여당이 매일 반복해서 주장하는 것이 실제로 대중에게 효과가 있다는 사실을 너무 늦게야 깨달았다. 우리는 재무구조를 개선하라는 그들의 요구와 우리가 제시한 목표에 도달하기가 사실상 불가능하다는 현실 사이에서 소통의 함정에 빠졌다. 게다가 EU 집행위에서 보내온 '경고장'에 대해 언론이 매일 떠들어대는 바람에 이 우울한 분위기가 더 고착되었다. 만약 우리가 브뤼셀 EU 집행위의 기준을 충족했더라면 삭감 바람이 불었을 테고, 그랬다면 우리는 버텨낼 수 없을뿐더러 경기 부양 관점에서 보더라도 그릇된 결정을 했을 것이다. 독일의 경제안정법률(경제성장촉진 및 안정에 관한 법률)에도 명시되어 있듯이, 우리가 마스트리히트 조약을 해석할 때 경제적 약세 국면 상황을 인정받아야 한다는 질문을 조금만 더 일찍 했더라면 힘을 조금이나마 아낄 수 있었을 것이다.

이 상황에서 재무부 역시 공동 책임이 있음을 부인하기가 어려웠다. 박빙의 선거에서 끝에 성급하게 만든 이른바 '독극물 리스트(삭감 리스트)'가 그 시작이었다. 정치적 행위의 실패에 대한 책임도 당연히 정부수반이 짊어져야 하는 일이다. 혼신의 힘을 다한 선거전 후에 휴식을 취하며 상황을 제대로 바라볼 수 있는 에너지를 끌어모았어야 했다. 그랬더라면 아이헬과 내가 보조금 축소와 관련하여 어디에 가중치를 두어야 하는지 신중하게 협의할 수 있었을 것이다. 결국 내가 이 일을 하지 못한 것이고, 그 결과 정부라는 배에 올라타자마자 대중이 보는 앞에서 발을 헛디디는 실수를 저지르고 말았다.

## 페터 슈트룩

페터 슈트룩은 거물급 정치가였고 지금도 여전히 그러하다. 니더작센주에서 태어난 걸 자랑스럽게 생각하는 그는 북독일 사투리로 '진정한 곡식으로 빚은', 즉 강직한 사람이었다. 그는 여러 임무를 잘 처리할 수 있는 만능 일꾼이자 프로였다. 그래서 나는 루돌프 샤핑이 물러난 후 그에게 국방부를 맡아달라고 제안했다. 2002년 여름, 그 어려운 국면에서 가장 적임자라고 생각했기 때문이다.

　슈트룩은 실제로 이 일을 훌륭히 해냈다. 군인들은 그를 존경했고, 동료들은 그가 믿을 만하고 협조적인 파트너라며 칭찬했다. 비록 그 자리를 3년밖에 지키지 않았지만 그는 독일에서 매우 유능한 국방장관 중 한 명이었다. 그는 헤르베르트 베너와 빌리 브란트를 섞어놓은 것 같은 스타일로 연방하원 사민당 원내교섭단체를 이끌었다. 그는 토론에서도 언제나 반박의 여지를 제공하고, 상대방의 의견을 경청했으며, 설득력 있는 의견은 무엇이든 수용하고, 무엇보다 반대를 무릅쓰고라도 결정을 내리는 용기가 있었다. 타인에게 존중을 표현하는 데 인색하지 않고, 자신의 정책에 대해서도 존중해달라고 당당히 요구할 줄 아는 사람이었다. 가끔 무례한 어투로 사람들을 당황스럽게 할 때가 있는데, 나에게도 몇 번 그런 적이 있지만 나는 이를 전혀 개의치 않았다. 내가 그의 솔직하고 분명한 언어를 좋아한 것은 나 역시 그랬기 때문이다.

## 하이데마리 비초레크-초일

내각에서 회의하던 장면을 떠올려보니 당연하게도 하이데마리 비초레크-초일이 떠오른다. 그녀는 경제협력개발부장관으로서 훌륭히 일했다. 사민당-기민당 대연립정부에서 그녀는 베테랑이었다. 1998년부터 이 부처를 맡아 전문가들에게 인정을 받았고, 국제적으로도 가장 존경받는 경제협력부장관으로 꼽힌다. 비정부 기구들도 그녀의 업적을 높이 평가했다. 내각의 규율을 나무랄 데 없이 지켰으며, 개인적인 충성도도 전혀 흠잡을 데가 없었다. 그녀는 철저하게 정치적으로 사고하는 사람이었고, 자신이 시급하다고 생각하는 일에 관한 한 철저하게 노력했다. 추상적인 것은 그녀와는 거리가 멀었다. 그녀에게 정치는 구체적으로 옳은 일을 행하라는 요청이었고, 객관성이 결여된 논거는 허용하지 않았다. 그러나 일단 결단을 내리고 나면 비록 그것이 자신과 반대되는 생각이라 해도 끝까지 성실하게 수행했다. 참으로 존경스러운 동료가 아닐 수 없다.

## 레나테 슈미트

우리의 첫 집권 시기에 크리스티네 베르크만Christine Bergmann이 열성적으로 시작했던 일은 레나테 슈미트Renate Schmidt에게 성공적으로 이어졌다. 그녀는 기업의 가족정책이 그녀 표현대로 결코 '가벼운 아줌마들의 수다'가 아니라는 것을 경제계에 분명히 알려주었다. 고백하건대 나도 가족정책의 사회적·정치적 의미를 제대로 평가하기까지 꽤 오랜 시간이 필요했다. 독일은 최근 몇십 년 사이에 출생률 증가 국가에서 감소 국가로 바뀌었다. 아이를 낳고 안 낳고는 개인의 선택이라는 점을 인정한다. 하지만 향후 40년간 출생률 저하가 이어지면 독일의 미래가 완전히 바뀌게 될 것이다.

우리는 열악한 국고 사정에도 불구하고 아이가 있는 가정에 재정 지원을 크게 확대했다. 독일은 현금 급여 지급에서는 유럽에서 최상위를 차지하고 있다. 하지만 안타깝게도 출생률에 아무런 영향을 주지 못하고 있다. 나는 레나테 슈미트 가족부장관과 대화하면서 단순히 아동수당을 높이는 것 이상으로, 다시 말해 보육 인프라가 개선되어야 엄마 그리고 아빠들이 직업과 가족을 양립해서 생각할 수 있다는 사실을 파악했다. 현재 여성들은 그 어느 세대보다 좋은 교육을 받고 각종 자격을 갖추고 있다. 이렇게 최고급 교육을 받은 여성들이 자신의 의사와 달리 아이를 돌볼 사람이 없어 일을 할 수 없다면 이보다 더 큰 인격적 불평등이 어디 있겠는가. 이는 동시에 국가 경제의 낭비이기도 하다. 몇 년 안에 최고 인력 부족난에 허덕이게 될 기업들에도 여성은 미래의 고급 인력이다.

보육 상황을 개선하려고 우리는 40억 유로를 투자해 학교의 종일반 사업을 시작했다. 그리고 하르츠 IV 개혁으로 지자체들의 부담을 줄이고 이로써 3세 이하 어린이 보육을 확대하도록 했다. 하지만 이런 노력만으로는 부족하며, 가족정책은 전체 사회가 짊어져야 한다. 경제계, 교회, 복지단체 그리고 노조에도 이런 인식이 확대될 수 있었던 것은 특히 레나테 슈미트의 역할이 컸다. 그녀는 '가족을 위한 연대' 사업을 벌여 140개가 넘는 지역 동맹을 결성함으로써 보육 상황을 개선하는 일에 앞장섰다.

나는 레나테 슈미트에게서 정말 많은 것을 배웠으며, 그녀와의 협력은 선행으로까지 느껴졌다. 공감 능력과 인간적인 따뜻함까지 갖춘 그녀와 함께 일한 것은 우리 정치계에도 큰 행운이었다.

## 울라 슈미트

울라 슈미트에게는 보건부를 맡아달라고 설득했다. 그녀는 믿기 힘들 만큼 엄청난 에너지로 보건산업계의 권력구조에 맞서 힘겨운 투쟁을 시작했으며, 지금까지 잘 버텨내고 있다. 보건부의 보건제도 개혁과 관련해 여러 제안에 비판적인 의견을 내놓는 사람들도 울라 슈미트의 능력은 인정하지 않을 수 없을 것이다. 그녀는 오래전부터 작동하고 있는 보건제도의 돈 먹는 시스템을 지적하고, 의료의 질을 떨어뜨리지 않으면서 재정적으로도 가능할 수 있게 용기 있고 단호한 개혁을 시도했다. 이 제도의 복잡함에 항복하지 않으려면 인내와 자신감이 있어야 한다. 그리고 이익단체들의 끊임없는 야유에도 견뎌낼 맷집이 필요하다. 그녀는 보건제도가 바뀌어야 한다는 데 분명한 그림을 그리고 있었다. 즉 보건 체계가 더욱 투명해지고 좀 더 시장 중심으로 바뀌는 것, 그리고 모든 관련자가 여기에 기여할 수 있도록 동기를 부여하는 것이 바로 그것이다. 다른 사람이라면 벌써 체념했을 이 일을 긍정적인 마인드로 계속 유지할 수 있었던 것은 아마도 라인 지방 출신 특유의 낙관적 성격이 도움이 되지 않았을까 한다.

## 그리고 또 고마운 사람들

내각의 첫 줄과 둘째 줄에 장관 또는 차관으로 있었던 모두에게 공평하려면 한 번 더 긴 명단을 읊어야 할 것 같다. 우리의 최초 내각에서 가족부장관으로 일한 크리스티네 베르크만은 내게는 영특한 기지와 따뜻한 마음을 지닌 친구이자, 전문적으로나 인간적으로 우리 내각의 자산이었다. 에델가르트 불만Edelgard Bulmahn은 종종 자신의 가치를 제대로 인정받지 못했지만 교육연구부장관으로서 학문과 연구 분야에서 훌륭하게 자기 일을 해냈다. 오늘날 연구 환경을 위한 결정적 토대는 그녀의 지시 하에 완성된 것이나 다름없다. 만프레드 슈톨페Manfred Stolpe는 교통부장관으로 구동독 지역의 인프라 건설에 중요한 힘을 실어주었다. 화물차에 대한 통행세를 신설한 것만 봐도 그가 한 일은 결코 쉬운 게 아니었다. 실제로 그는 부지런하고, 여러 차례 매서운 바람에 단련되어 쓰러지지 않는 인내심과 지구력을 갖춘 인재였다. 늘 조화와 균형을 염두에 둔 슈톨페는 종종 논쟁이 격해진 내각회의에서 유머러스하고 분위기를 전환하는 발언으로 평정을 되찾아주었다. 마찬가지로 옆문으로 정치에 입문한 브리기테 취프리스를 언급하지 않을 수 없는데, 그녀는 연방헌법재판소에서 하노버의 주총리청으로 자리를 옮겼다. 최고의 법률가로 관철 능력이 뛰어나고 흠 잡을 데가 없다. 공개석상에서는 다소 소극적인

프랑크-발터 슈타인마이어와 지그리트 크람피츠.

편이지만 자기 전공 분야에서는 늘 정확하고 최신 정보를 많이 가지고 있다.

그리고 바로 내 옆에서 일상의 업무를 준비해준 매우 가까운 이들, 예컨대 프랑크-발터 슈타인마이어를 언급하지 않을 수 없다. 그는 미리 서류더미를 분류해서 불필요한 문제를 제거했고, 대화로 해결책을 준비해놓거나 이미 착수해둔 덕분에 내 책상은 늘 깨끗하게 정리되어 있었다. 하지만 지그리트 크람피츠가 없었다면 내 일상의 업무가 시간에 맞추어 작동할 수 없었을 것이다. 그녀의 지적 역량, 절대적인 신뢰성, 확실한 정치적 감각과 인간성이 총리청 7층과 8층에 충만했다. 그 위층에 슈타인마이어와 내가 있고, 그 앞에는 내 충직한 영혼이자 헬무트 슈미트 시절부터 근무해온 마리아네 두덴이, 그 바로 아래층의 구석진 사무실에는 누구나 들어올 수 있도록 항상 문을 열어둔 크람피츠가 앉아 있었다.

하노버 시절부터 주총리청 총괄수석이었던 슈타인마이어는 초고속으로 그 자리에 올랐다. 나는 그를 스쳐간 모든 사람이 나에게 '자네 말이 맞네', '저 사람 정말 최고야'라는 느낌을 받았을 거라 생각한다. 그의 발언에 상처 입은 경쟁자는 한 명도 없었으며, 시기의 대상이 된 적도 없었다. 그는 하노버에서 언론 문제 담당관으로 일을 시작했다. 당시에 헌법 담당관이었고 이후 부서장으로 승진한 취프리스가 그를 추천했다. 그는 거만함이라고는 전혀 찾아볼 수 없지만 자신감 있는 모습으로 내 집무실을 찾았고, 우리는 처음 본 순간부터 좋은 관계를 유지했다. 그가 투입된 업무마다 독보적으로 일을 처리했기에 그의 승진은 예정된 것이었다. 그렇게 그는 주총리청의 꼭대기 층에서 2층으로 내려왔고, 마침내 총리청 수장만 입성할 수 있다는 그 옆방을 차지했다. 크람피츠는 같은 시기에 주총리 비서실장이었다. 이 두 사람은 그때부터 니더작센주에서 같은 배를 타고 있던 우베-카르스텐 하이예 주정부 대변인과도 잘 통했다. 그렇게 우리 4인조는 하노버에서 본을 거쳐 베를린으로 함께 움직였다.

연방총리로 지낸 7년 동안 휴식이라고 할 말한 순간은 한순간도 없었다. 연립정부 내에서는 너무나 많은 소통이 필요했고, 큰 소동이 벌어지지 않고 그냥 지나간 여름휴가는 단 한 번도 없었다. 외교정책적으로는 코소보와 마케도니아에서 시작해 9·11 테러를 거쳐 아프가니스탄 개입과 '항구적 자유 작전'에 이르기까지 마음 졸이지 않은 순간이 없었다. 국내적으로는 주의회 선거가 실시될 때마다 매번 연방정부의 권력 기반이 바뀌는 살벌한 상황이었다. 이렇게 정치적으로 어수선한 시기에 싫은 내색 한 번 없이 묵묵히 함께해준 믿을 만하고 전문성 있는 동료가 가까이 있다는 것은 큰 행운이었다.

## 신임투표, 선거를 위한 첫걸음

드디어 2005년 7월 1일이 다가왔다. 우리는 연방하원 건물까지 어떻게 가는 게 가장 좋을지를 잠시 고민했다. 보통 때라면 회기 중에 늘 그랬던 것처럼 총리청에서 의회까지 걸어갔을 것이다. 그러나 그날은 여러 카메라 팀이 우리를 기다리고 있었고, 총리청 주변에는 세상의 그 어느 흥미로운 장소보다 많은 기자가 대기하고 있었다. 결국 나는 이 짧은 길을 차를 타고 가기로 했다.

나는 이 회고록을 준비하면서 2005년 7월 1일에 신임투표를 실시하는 이유를 설명한 의회 연설문을 다시 훑어보았다. 의회에서 건설적인 불신임투표를 거쳐 의회 해산을 결정해야 했던 이날, 조기 총선을 위한 내 행보가 시작되었다. 다시 한 번 읽어보아도 헌법이 지지하고 있는 능선이 너무나 협소하다는 사실을 깨닫게 된다. 하지만 이 연설은 의회 앞에 놓인 '중대한 사건'의 본래 핵심을 다루었다. 연설문 가운데 여섯 단락만 여기에 인용한다.

- 사민당은 어젠다 2010을 결의한 이후 모든 주의회 선거와 유럽의회 선거에서 표를 잃고 있으며, 주정부에 참여하지 못하게 된 경우도 몇 차례 있었습니다. 이렇게 개혁을 관철하기 위해 너무 값비싼 희생을 치렀습니다.
- 가장 최근에 실시된 노르트라인-베스트팔렌주 선거에서처럼 우리가 이렇게 비싼 대가를 치르면서 당내에서 그리고 원내교섭단체에서마저 격렬한 논쟁이 벌어지고 있습니다. 우리의 연정 파트너인 녹색당에서도 상황은 비슷할 것입니다.
- 현재의 권력 상황으로는 연방하원과 연방상원 간의 상호 협조에 미치는 영향도 생각하지 않을 수 없습니다. 여기서 연방상원의 상황은 과반수의 문제가 아니라 태도의 문제입니다. 이 사실은 중재 절차가 종료된 이후에 제출된 이의 제기 건수만 봐도 알 수 있습니다.
- 현 임기 동안 연방상원은 관련 법률에 대해 이의를 29건 제기했습니다. 여러분, 이는 1949년부터 1994년까지 열두 차례의 정부 집권기에 제기된 이의 제기를 모두 합친 수치에 해당합니다.
- 이 건뿐만 아니라 조세정책이나 보조금 축소 등과 같은 사례에서도 연방상원은 내용 합의나 국가의 정책적 책임을 위해서가 아니라 권력에 심취한 정당정치의 이익을 위해서 일했고, 이는 분명히 국익을 내팽개친 행위입니다.
- 저는 연방상원이 비생산적인 반대 견해를 결코 포기하지 않을 것을 잘 아는 상황에서 정부와 원내교섭단체에 계속해서 양보만 하라고 할 수는 없습니다. 유권자들이 정부 정책의 합법성을 분명하게 인정해줄 때만 연방상원이 다수 의견에도 불구하고 자신들의 견해를 바꿀 계기가 마련될 것입니다. 비록 연방상원의 다수를 단기적으로 바꿀 수 없다 하더라도 말입니다.

다시 말해 민주주의의 근간을 해칠 수도 있는 국가 정책상의 끔찍한 위기를 타개하겠다는 얘기이기도 했다. 위의 문장이 이를 고스란히 증명해준다. 내가 봤을 때 유일한 출구는 연방하원 선거를 다시 실시하는 방법밖에 없었다. 대체 어떤 중대한 문제가 걸려 있는지를 선거전에서 국민들에게 전달하는 기회로 삼자는 것이었다.

선거를 위한 첫걸음은 이미 내디뎠고, 나는 전력을 다해 싸우기로 결심했다. 이렇게 하는 것이 우리 당에 대한 나의 책무이자 무엇보다도 뼛속 깊이 느끼고 있는 정부 수반으로서 나의 책임이었다.

Ich war und bin mehr wie
aus fest davon überzeugt,
dass auf Dauer ohne eine
umfassende Verständigung
mit Russland keine stabile
Friedensordnung für unseren
Kontinent denkbar ist.

나는 장기적으로 러시아와 광범위하게 소통하지 않는 한 유럽
대륙의 평화적 질서는 상상하기 어려울 것이라고 확신했으며
지금도 그 확신에 변함이 없다.

# 러시아,
# 세계 무대의
# 선수

9

Russland,
der Global
Player

"핵심 내용은 러시아가 유
럽에서 환영받는다는 메시
지여야 한다."
2004년 8월 30일 러시아
대통령의 여름별장이 있는
흑해 연안 소치에서 개최된
독일-러시아-프랑스 정상
회담 중 푸틴 러시아 대통
령과 저녁 산책을 하면서.

———————————

여름의 끝자락이라지만 아직은 열기가 느껴지는 2001년 9월 25일 베를린. 연방하원 건물 앞에는 늘 그렇듯이 호기심으로 무장한 사진기자들이 두 줄로 늘어서 있고, 검은 리무진 승용차들도 질서 정연하게 대기하고 있다. 지금 연방하원 건물에는 원내교섭단체 의원들이 모두 본회의장에 모여 있다. 드디어 기다리던 연사가 나타나자 모두 그의 마력에 빠져든다. 의원들은 역사적인 순간을 함께하고 있다. 멀리서 온 이 손님은 독일에 다방면으로 협력을 제안한다. 그는 유럽이 하나가 되어야만 국수주의의 독성을 극복할 수 있다고 강조한다.

지금 연설하고 있는 사람은 러시아연방의 블라디미르 푸틴 대통령이다. 러시아어로 시작해 30분가량 계속된 연설에서 그는 독일에 대해 '항상 특별한 감정'을 품어왔다는 따뜻한 인사부터 건넸다. 독일은 유럽 문화에 없어서는 안 될 핵심 국가이며, 여기에는 러시아도 적지 않게 기여했다고 했다. "이 나라 문화에는 한 번도 국경이라는 게 없었습니다. 이 문화는 늘 공동의 것이었고, 여러 민족을 하나로 묶어주었습니다." 그래

"이제는 통일된 안전한 유럽이 통일된 안전한 세계의 전령사가 되기 위해서 무엇을 해야 하는지
를 생각할 때입니다."
2002년 4월 10일 바이마르에서 블라디미르 푸틴 대통령과 함께.

서 그는 이 연설을 '괴테, 실러 그리고 칸트의 언어인 독일어'로 이어가보려는 대담한 '모험'을 해보기로 했단다.

나는 독일과 러시아의 관계를 고민하는 이런저런 논평가들에게 독일 연방하원에서 푸틴이 말한 연설문을 보내주고, 다음번에 이 주제에 관해 기사를 쓰기 전에 꼭 한번 읽어보라고 간곡히 부탁하고 싶은 생각이 종종 들었다. 그만큼 이 연설문에는 전쟁과 전후 시대, 철의 장막과 유럽 분단이 유럽 주민의 집단의식 속에 남긴 모든 것이 언급되어 있다. 당분간 우리는 지난 시대의 반성 또는 편견이 혼합된 이 장면과 직면하게 될 것이고, 이로써 우리에게 시급한 일, 즉 정치적·경제적·문화적으로 안정된 새 출발은 지체될 것이다.

## 세계 평화의 걸림돌이 된 미국

1998년 9월, 선거에서 승리한 이후 클린턴 미국 대통령을 처음 만났을 때부터 우리 대화는 러시아에 관한 것이었다. 당시 이 나라는 희망 없이 혼란과 약탈의 하강곡선을 그리며 사회적·경제적으로 위기에 빠지기 직전이었다. 그래서 나와 클린턴 대통령은 시급한 도움 없이는 이러한 악순환에서 빠져나올 수 없는 이 병든 나라의 정치 상황에 관해 논의했다. 내가 만난 클린턴 대통령은 유럽 역사에 대해 해박했고, 경제적 어려움 때문에 자기 나라의 상황조차 잘 파악하지 못하고 있는 러시아가 세계 평화에 얼마나 큰 위험이 될 수 있는지 가감 없이 이야기했다.

그는 또한 사회주의적 계획경제에 익숙한 러시아 엘리트들이 미국식 경제 이론에 따른 조언을 절대 받아들이지 않을 것이라는 사실도 알고 있었다. 그만한 노력을 기울이기에는 미국인의 감정 이입 능력이 부족하다는 게 그의 의견이었다. 사실 비슷한 시도가 있었지만 비참하게 실패했다. 그래서 그는 러시아와 독일의 특수한 관계를 이용해서 일단 긴밀한 경제 공조의 기반으로 삼고 이를 확대해나가자고 제안했다. 심리적인 이유에서 보더라도 독일에서 제안하는 물리적 지원은 쉽게 받아들일 것이라고 생각한 것이다. 대화가 러시아의 핵 보유 문제에 이르자 그는 아직까지 군사적 위험은 없는 것 같다고만 말했다. 그러면서 유럽의 분단을 극복하고 안보정책을 강화하는 측면에서 가장 시급히 고려해야 할 러시아 정책으로 무엇보다 러시아 경제 안정화를 이루기 위해 노력해야 한다는 점을 꼽았다. 그는 이에 대해서도 독일이 적극 노력해주기를 당부했다.

클린턴의 이 발언은 알려져 있는 내용이었다. 나는 장기적으로 러시아와 광범위하게 소통하지 않는 한 유럽 대륙의 평화적 질서는 상상하기 어려울 것이라고 확신했으며 지금도 그 확신에 변함이 없다. 2001년 9월 25일에 푸틴 대통령이 베를린으로 가지고 온 메시지도 바로 이것이었다. 이 연설은 바로 직전인 9월 11일에 뉴욕과 워싱턴에서 일어난 테러 공격에 대한 답변으로, 공동의 기반이 무엇인지를 알려준다는 점에서 더욱 중요한 메시지였다.

푸틴은 베를린 연설에서 이 기반에 대해 이렇게 설명했다. "어느 누구도 유럽과 미국 관계의 큰 가치를 의심하지 않습니다. 그러나 유럽이 가장 강력하고도 독립적인 세계 정치 무대로서 명성을 공고히 하려면 유럽의 능력과 러시아의 인적·영토적·자연적 자원과 경제, 문화 및 국방 잠재력을 통합해야만 한다고 확신합니다." 연방하원 의사록에 따르면 이 부분에서 박수가 터져 나왔다고 한다. 박수가 끝나자 다음 문장이 이어졌다. "이 방향으로 가는 첫걸음은 이미 함께 내디뎠습니다. 이제는 통일된 안전한 유럽이 통일된 안전한 세계의 전령사가 되기 위해서 무엇을 해야 하는지 생각할 때입니다."

나는 그전부터 푸틴 대통령과 수없이 대화를 나누어왔기에 그가 양방향으로 성장하기 위해 러시아-유럽의 관계를 어떻게 구축해야 하는지 오랫동안 고민해온 사실을 잘 알고 있었다. 여기서 그가 자국에 대해 갖고 있는 비전이 무엇인지는 분명했다. 바로 러시아의 중요성을 부활시키고 싶은 것이다. 아시아적 요소를 배제할 수는 없지만 그는 유럽의 일부로서 러시아의 임무가 있다고 생각하고, 문화적으로나 감성적으로 그리고 생활관과 가치관에서는 유럽의 일부라고 생각했다.

이런 태도는 프랑스, 독일과 함께 이라크 전쟁에 단호히 반대한 그의 행동에서도 잘 드러난다. 이는 위험한 세계정세를 판단하는 데 유럽의 이해관계를 고려한 것으로, 외교정책에서 중요한 행보로 볼 수 있다. 더욱 확실한 것은 미국이 별생각 없이 경솔하게 이라크 전쟁을 결정한 상황에서 러시아가 독일-프랑스와 합의했다는 사실이 참전 거부에 힘을 실어주었고, 그 결과 대서양 건너 미국에서 울려 퍼지는 요란한 선동에도 개의치 않고 계속 거부하는 태도를 유지할 수 있었다는 사실이다.

푸틴 대통령의 이라크 전쟁 반대가 미국의 심기를 건드렸고, 아마도 그것이 2006년 7월에 미국이 러시아의 세계무역기구WTO 회원 가입에 반대하는 결정적 이유를 제공했을 것이다. WTO는 전 세계적인 영향력을 행사하는 막강한 세계무역기구로, 자유로운 국제 교역 및 경제 관계에 관한 규정을 만들어내는 것이 주된 목적이다. 만약 러시아가 7대 주요 경제국67에 가입했더라도 비슷한 반대가 있었을 것이라 나는 확신한다. G7에서 러시아를 포함시켜 G8이 된 것은 독일의 역할이 컸다.

한편 G8이라는 기구가 앞으로 어떻게 발전해나가고 발전할 수 있을지는 미지수다. 막강한 선진 산업국들이 이성적으로 합의에 도달해 자기중심주의를 극복할 수 있다면 이 기구는 흥미로운 세계정치기구가 될 수 있을 것이다. 이를 실현하려면 현재 세계 4대 국민경제로 성장한 중국과 인도를 G8 그룹에 받아들이는 것도 고려해보아야 한다(중국은 현재 세계 2대 국민경제로 부상했다―옮긴이).

2006년 7월에 러시아 주재로 상트페테르부르크에서 개최된 G8 정상회담에서는 이란의 핵무장을 저지하자는 데에 어느 정도 통일된 견해를 확인할 수 있었다. 이런 움직임은 유엔 안전보장이사회에도 영향을 미쳤다. 2006년 8월에 레바논의 전쟁 상황을 마무리짓자는 유엔 공동 결의서가 탄생한 것도 마찬가지다. 여기서도 서방과 같은 견지에 서고 싶어 하는 러시아의 의도가 잘 드러난다. 이런 태도만 봐도 러시아를 서방세계에 통합하려는 푸틴 대통령의 분명한 의지를 확인할 수 있다.

이란이라는 주제에 대해 같은 태도를 보인 것은 앞으로도 뜻을 함께하겠다는 표시로 볼 수 있다. 유엔 안전보장이사회가 앞으로도 중동 국가들의 격렬한 충돌을 평화롭게 또는 확실하게 해결할 수 있는 가장 중요한 기구인 것은 분명하지만, 유럽과 러시아가 더욱더 적극적으로 협조한다면 이 과정을 촉진할 수 있다. 러시아는 전통적으로 시리아나 이란과 같은 나라들과 긴밀하게 접촉하고 있다. 하지만 이들이 협조하지 않는다면 대치 국면을 제거하는 일은 말할 것도 없고 갈등 완화도 어려울 수밖에 없다.

따라서 러시아와 함께하면 독일도 이 갈등을 중재하는 데에 중요한 역할을 할 수 있다. 우리는 이스라엘과 아랍 국가들로부터 신뢰를 받고 있다. 이들 적대국들의 긴장이 안정 국면에 들어서는 즉시 유럽은 이들 국가와 신뢰를 잘 유지해나가야 한다. 휴전이 지속될 수 있다는 믿음만 있다면 제대로 된 평화를 구축할 수 있다. 한 걸음이라도 이런 행보를 시작하려면 양측의 신뢰를 구축하는 것이 최우선이다. 그렇게 무無에서 시작해야 한다.

현재로서는 이 일에 건설적인 역할을 하기가 어려운 미국보다 유럽과 러시아가 도움이 될 수 있다. 2001년 9월 11일 이후 미국은 경솔하게 전 세계적인 테러와의 전쟁을 공포하며 사실상 재해 수준의 외교정책을 펴고 있고, 이슬람 국가들은 자신을 이런 정책의 희생자로 보고 있다. 미국이 군사적으로 시행하는 모든 행동은 갈등을 완화하기보다는 오히려 부추기는 꼴이다. 결국 미국은 레바논에서 휴전을 약속하는 보증인으로서의 지위도 상실했으며, 그것은 미국이 이를 위한 신뢰를 잃었기 때문이다.

## 유럽에서 에너지 사업은 왜 중요한가

중동 지역이 화약고로 머무르는 기간이 길어질수록 이웃 나라인 독일 역시 막대한 손해를 입게 될 개연성이 커진다. 또한 갈등이 장기화되면서 테러리스트들의 잠재된 폭력성과 세계경제의 흐름에 미칠 영향을 계산하는 일이 더욱 어려워진다. 유가는 이미 에너지 비용을 상승시켜놓았고, 신흥산업국의 경제성장을 위한 모든 노력에 큰 방해가 되고 있다. 따라서 유럽은 더더욱 러시아를 유럽이라는 시선으로 한데 묶어두고 단순한 전략 파트너에서 우대 파트너로 격상시켜야 한다. 러시아는 유럽에서 가장 중요한 에너지 공급국이며, 앞으로도 계속해서 이 역할을 원한다는 것을 나는 푸틴 대통령과 면담에서 확인하였다.

우리가 러시아의 이런 태도를 지지하고 유지하는 것은 동시에 유럽에도 이익이 된다. 러시아의 대형 에너지 기업들이 독일의 에너지 시장에 진출할 수 있도록 문호를 개방하고, 마찬가지로 러시아도 유럽 에너지 기업들이 자국의 가스나 석유 자원을 채굴하는 데 참여시켜야 한다. 바꿔 말하면 러시아의 생산자들이 유럽의 최종 소비자 거래에 직접 개입해도 되는지, 이들이 독일 지역 에너지공사나 에너지 기업의 지분을 가질 수 있도록 허용해도 되는지 같은 문제를 터놓고 고민해보아야 한다. 만약 이 문제에 회의적이라면, 반대로 우리가 시장을 개방할 경우 매년 4~6% 성장률을 보이며 급속하게 회복되고 있는 러시아 경제를 지속적으로 유럽 경제와 엮는 데 기여할 수 있다는 점을 생각해보기 바란다.

사실 이런 생각 때문에 나는 총리직에서 물러난 이후 '북유럽가스관 사업NEGPC'의 주주위원회 의장직을 수락하였다. 이 회사는 세계 최대 천연가스 채굴 기업인 가즈프롬Gazprom과 독일 에너지 기업 에온e.on 그리고 화학업체 바스프BASF가 합작한 독일-러시아 조인트 벤처기업이다. 2005년 11월에 가즈프롬의 대표이사가 나에게 이 자리를 제안했을 때 처음에는 거절의 뜻을 밝혔다. 일 때문이 아니라 고정된 직장에 묶이고 싶지 않아서였다. 그 후 12월에 푸틴 대통령이 나에게 전화를 걸어 유럽 에너지 사업의 중요성을 설명하며 최고 책임자를 맡아달라고 부탁했다.

지금은 우리 국민들도 독일이 러시아 사업에 참여하는 것이 프랑스나 미국 사업에 관여하는 것만큼이나 대수롭지 않다고 생각한다. 하지만 이때만 해도 전혀 그런 분위기가 아니었다. 최고 책임자 자리를 수락한 내 결정 때문에 촉발된 이 공방은 내가 상상할 수도 없는 최악의 상황으로

"러시아의 풍부한 자원이 없이는 유럽의 에너지 부족을 충족할 수 없다."
2006년 3월 28일 게르하르트 슈뢰더 총리가 가즈프롬 자회사 총괄 사장인 림 술리에마노프와 함께 독일어 학습반이 개설된 회사 부속학교를 방문하고 있다.

까지 몰고 갔다. 특히 나에게 제기된 온갖 모함에 대해서는 할 말을 잃었다. 내가 이런 이유로 총리 시절부터 파이프라인 사업을 지원했다고 떠들어대는 것은 사실이 아닐뿐더러 명예훼손감이다. 내가 오스트제-파이프라인Ostsee-Pipeline을 지원한 것은 전적으로 독일과 유럽의 이익을 위한 것이었으며, 당시 독일 내 여론도 이를 지지했다. 러시아의 풍부한 자원 없이는 유럽의 부족한 에너지를 충족할 수 없다. 이는 모두가 잘 알고 있는 사실이다.

러시아가 유럽적 관점을 가지려고 노력하는 것은 결국 유럽에도 유리한 일이며, 우리는 이를 받아들여 경제적·문화적 연결고리로 전환해야 한다. 게다가 장기적 관점으로 러시아 대통령이 양쪽의 이익을 위해 최선을 다하는 상황에서 우리가 이 제안을 받아들이지 않을 이유는 없다.

지금도 러시아 우주비행사들은 미국과 독일의 우주비행사들과 국제우주정거장ISS에서 함께 일하고 있다. 어떻게 보면 이것도 이 큰 사업에서 핵심 역할을 수행해온 러시아의 학문과 연구 수준을 잘 보여주는 것이다. 미사일 기술과 러시아의 핵 잠재력은 우리가 과소평가할 수준이 결코 아니다. 보수 진영에서는 종종 러시아를 고립시켜야 한다고 주장하지만, 오히려 나는 러시아가 주는 안보적 이익을 진지하게 받아들이는 것이 유익하다고 생각한다. 러시아는 과거 동유럽의 위성국가들과 발칸반도의 연방공화국들이 자신의 영향력에서 벗어나 서방의 동맹 체제에 편입되고 EU에 성공적으로 가입하는 것을 옆에서 지켜봐야만 했는데, 이때 러시아가 정치적으로 얼마나 견디기 힘들었을지 생각해보면 더더욱 그렇다. 이런 상황에서 우왕좌왕하지 않고 유럽적 시각을 발전시켜나간 것은 러시아의 큰 성과다.

앞으로도 러시아, 미국 그리고 유럽의 우주비행사들이 우주에서 함께 연구 과제를 수행해나갈 것이다. 우주정거장에서는 무중력으로부터 목숨을 보호하기 위해 우주복을 입게 마련이다. 그러나 정치적 근시안이나 어리석음에는 보호 장구가 없다.

## 러시아의 심장은 힘차게 뛰고 있습니다

러시아가 세계무역기구의 회원이 되는 것은 독일과 유럽의 이익을 위한 일이고, 마찬가지로 러시아에 시장경제적 사고가 정착되어 공동경제라는 가치관에 도달하는 것도 독일과 유럽에 이익이 된다.

푸틴 대통령도 나와 생각하는 방향이 같다. 그는 러시아의 안정화 과정을 비판적으로 평가할 수 있는 그 어떤 사람보다도 러시아 상황을 잘 알고 있으며, 러시아가 지난 반세기 동안 시민사회적 관점에서나 제도적으로 그리고 국민 대다수의 사고방식mentality에서 중부 유럽의 수준과 (중부 유럽은 지난 반세기 동안 엄청난 노력으로 이 수준에 도달했다) 어떤 격차가 있는지를 정확히 이해하고 있다. 한편으로 그가 러시아 정치를 책임진 이후부터는 러시아에 투자하는 사람들이 투자안전을 확보하려고 범죄조직에 돈을 들이지 않아도 되는 환경이 마련되었다. 푸틴은 대통령으로서 국가라는 틀을 재건하는 일에 착수했고, 국민뿐만 아니라 기업과 투자자들에게 처음으로 법적 안정성이라는 것을 보장해주었다. 그가 역사에 남긴 실질적인 공로는 바로 이것이다.

하지만 이와 같은 혁신 과정에서 잘못이 있다고 해서 그리 놀랄 일은 아니다. 특히 이런 잘못의 일부를 과거 소비에트 정권의 권력 장치를 유지해주던 기관이 수행하거나 관철했다면 더더욱 그렇다. 지금 푸틴 대통령이 해내려는 일은 러시아 역사에서 전례가 없던 것들이다. 오래전부터 러시아는 황제(차르)가 지배하는 전제주의 국가였고, 1917년에 몇 달 동안 국민이 통치한 것을 가지고 민주주의를 경험했다고 보는 건 의미가 없다. 그 후 우수한 예술품들이 증명해주듯이 잠깐 문화와 예술이 해방되었지만, 이는 역사에서는 그야말로 눈 깜짝할 만큼 짧은 기간이었다. 그리고 나서 블라디미르 레닌Vladimir Lenin과 이오시프 스탈린Iosif Stalin이 등장했고, 이들의 공포 지배 아래에서 국가의 영혼은 소멸되었다.

만약 히틀러-스탈린 동맹이라는 비열한 공모가 없었다면 그리고 이후 히틀러 독일의 러시아 침공이 없었다면, 러시아 국민들은 자기 힘으로 스탈린이라는 폭군에게서 벗어났을지도 모른다. 세계대전 중 일어난 독일의 러시아 침공은 러시아에서 발생한 유일한 대학살로 이어져 6,000만 명이 희생되었으며, 그중 소비에트 연방에서만 2,700만 명이 목숨을 잃은 것으로 추정된다. 이 전쟁이 끝난 지도 어느덧 60년이 훌쩍 넘었다. 그러나 통일된 새 유럽이 형성될 수 있었던 계기가 된 소비에트 연방의 붕괴는 아직 20년도 채 지나지 않았다. 글라스노스트 정책(소련의 고르바초프 공산당 서기장이 실시한 개방정책—옮긴이)이 실시되지 않고 러시아가 동유럽에서 획득한 전리품을 돌려주지 않았다면 독일 통일은 불가능했을 것이다.

한 나라를 말 그대로 뒤집어엎는다는 것이 상상할 수 없을 만큼 복잡하고 지리한 일이라는 사실, 즉 그런 변화에는 최소한 한 세대가 걸린다는 사실은 동독이 붕괴된 뒤 우리도 경험한 바 있다. 계획경제에서 벗어나려면 비록 비용은 많이 들겠지만 장기적으로 문화적·사회적 경험의 간극을 줄여나가는 노력이 필요하다. 사람은 정치적 조건처럼 그렇게 빨리 변하지 않는다. 사람이 변하려면 시간과 인내 그리고 믿음이 필요하다. 물론 차원은 완전히 다르겠지만 러시아는 지금 과감한 행동이 필요한 여러 가지 과제에 직면해 있다.

예나 지금이나 서양인들이 곰곰이 생각해봐야 할 질문이 몇 가지 있다. 이런 변화는 얼마나 많은 사람의 생애를 단절해놓았을까? 자신이 몸바친 이상주의가 실제로 범죄 정권이 살아남는 데 도움을 준 건 아닌지 자책하는 사람은 얼마나 많을까? 이처럼 폭발적인 사회 변화와 함께 동반되는 심리적 중압감은 얼마나 크며, 이 무게를 줄여나가기 위한 길은 또 얼마나 힘겨울까? 이는 러시아 전 국민이 어깨에 짊어져야 하는 교훈이자 우리 역시 동서독 통일 과정에서 얻은 교훈이기도 하다.

러시아가 내부적으로 이런 과정을 거치는 동안 독일과 유럽도 건설적인 방향으로 함께 나아가야 하며, 협력이라는 당연한 일상을 창조하는 데 작은 걸음이나마 기여해야 한다. 나는 아무런 조건 없이 이 일을 위해 나설 것이다. 낡은 편견, 과거의 신화 그리고 이데올로기가 부활하는 것을 막을 것이다. 폴란드에서 우파의 국수주의가 통제 불가능하게 되면 결국 독-러 관계마저 손상될 우려가 있다. 이는 유럽에도 치명적인 결과가 될 것이다.

그러려면 러시아가 다른 나라를 먹어치우려고 호시탐탐 때를 노리는 한 마리 곰에 지나지 않는다는 오해부터 바로잡아야 한다. 사실은 그 반대다. 러시아 국민들 사이에도 자국이 전 세계에서 미국과 눈높이를 맞추면서 제 역할을 하려면 유럽과 광범위하게 연대해야 한다는 사고가 자리를 잡아가고 있다. 이런 상황은 유럽도 마찬가지다. 이 과정에서 우선 발칸반도와 폴란드에 남아 있는 감정적 저항을 줄여야 한다. 이들 지역에서는 EU와 나토 가입이 국민들에게 새로운 인식을 심어줄 수 있다. 즉 자국의 안보 문제를 대서양 건너 미국이 아닌 유럽에서 지켜주고 있다는 확신을 주어야 한다. 러시아와 독일이 친밀한 것에 대한 우려는 유럽이 함께 겪어온 고난의 역사에서 보면 충분히 이해할 수 있는 일이다. 하지만 21세기에는 이를 두려워할 아무런 이유가 없다. 통합된 유럽의 핵심인 독일에서 러시아와 전략적 우호관계를 우려하는 사람들은 러시아의 현대화로 경제적·사회적으로 얻을 수 있는 무한한 이익을 제대로 알지 못해서다.

유럽의 일부로 인정받고 싶어 하는 러시아의 욕구 강도도 이와 유사하다. 베를린 연설에서 푸틴 대통령은 러시아는 민주주의 사회를 건설하고 시장경제를 실현하는 길목에서 '수많은 장벽과 난관'을 넘어야 한다고 직설적으로 말했다. 그러면서 "그러나 객관적인 문제들과는 별개로, 그리고 솔직히 말해서 많이 미숙하기는 하지만, 러시아의 심장은 완전한 협력과 우호관계를 발전시키기 위해 힘차게 뛰고 있습니다"라고 덧붙였다.

이 연설에서 우리는 너무나도 솔직한 한 사람의 중재자를 경험했으며, 절박한 어조와 표현의 강도를 느낄 수 있었다. 연설이 끝나자 의원들은 자리에서 일어나 박수갈채를 보냈다. 하지만 이런 감동이나 역사적 순간은 보존이 불가하다. 시간이 갈수록 다시 익숙한 습관으로 되돌아가고 케케묵은 경험을 다시금 하게 된다. 따라서 러시아뿐만 아니라 통합된 유럽 모두에 앞으로는 우호적인 역사가 전개될 것이며, 이 일이 공동의 이익을 위한 것이라는 사실을 반복하여 공공연하게 확인해줘야 한다.

예를 들면 앞서 언급했듯이 러시아 대통령이 독일 연방총리를 모스크바 종전 60주년 기념식에 초대하는 일과 같은 상징적인 계기가 필요하다. 이 초대는 나에게 매우 영광스러운 일이었다. 그보다 1년 전에 시라크 프랑스 대통령이 연합군의 노르망디 상륙 60주년 기념식에 나를 초대

"이 사람은 전 세계에서 매우 어려운 공직 중 하나를 맡고 있다."
2001년 9월 25일 러시아 대통령으로서는 최초의 독일 연방하원 연설.

한 일과 폴란드가 바르샤바 봉기 60주년 기념식에 나를 초대한 일도 마찬가지다. 나 혼자만의 착각이 아니라면 이 초대는 당시 전쟁 상대국이던 초청국이 민주적이고 통일된 독일에 신뢰를 표현하는 상징적 신호였다. 그렇지 않다면 전후 시대가 종료되는 시기를 어떻게 우리가 함께 갈 수 있었겠는가?

## 역사적인 화해의 현장

2005년 5월 8일과 9일 이틀 동안 러시아의 수도를 여행했다. 꽉 짜인 일정 가운데 모스크바 근교의 독일 군인 묘지를 찾았다. 추모비로 가는 걸음은 무거웠고, 다시 한 번 나치 독일이 일으킨 전쟁 범죄에 비통함을 금하지 못했다. 긴 무덤 대열을 따라 말없이 걸으며 나는 이들 군인들이 히틀러 범죄 정권에서 자신의 목숨을 내주어야 했을 때 얼마나 어린 나이였는지 묘비에서 확인할 수 있었다. 내 아버지도 이들 중 한 사람이었다. 군 역사 연구소에서는 내 아버지를 포함하여 530만 독일 군인이 전사한 것으로 본다. 그리고 구소련에서도 최소 2,700만 명이 희생되었다.

숫자를 세어본들 무슨 의미가 있겠는가. '절대 다시는' 이런 일이 발생하지 않아야 한다는 생각은 누구나 똑같이 한다. 이미 일어난 일에 대한 책임이 다음 세대까지 전달되지는 않겠지만, 이를 기억하고 과거 행적에서 발생한 대가를 치러야 하는 의무는 똑똑히 전달되어야 한다. 그리고 폴란드와 다른 유럽 국가들뿐만 아니라 러시아에 대해서도 우리 역사로 발생한 일에 책임을 져야 한다. 이런 책임감이 러시아와 독일의 관계를 결정하는 데 함께 작용하는 것이 중요하다. 다른 모든 이해관계를 넘어서 말이다.

독일 군인 묘지를 지나갈 때에는 전율이 밀려왔다. 수많은 독일 청년이 이곳에서 죽음을 맞이했다. 이 묘지는 이상주의적인 열광과 동시에 거기서 뿜어져 나온 나쁜 유혹에 이끌려 받게 된 가장 비참한 성적표다.

헌화를 마치고 모스크바에 있는 프레지던트호텔에서 독일과 러시아 참전용사들을 만났다. 이들은 전선에서 서로 적으로 마주보고 싸웠던 사람들이다. 나는 과거 동부전선에 참전한 군인 10여 명에게 이 역사적인 날에 동행하자고 제안했다. 라인하르트 퓌러Reinhard Führer 독일 전쟁희생자원호협회 회장이 이들을 선발했다.

세월의 흔적이 느껴지는 이분들을 보면서 나는 슬픔과 함께 먹먹해지는 마음을 지울 수가 없었다. 우리는 긴 테이블에 둘러앉았고, 통역사의 도움을 받긴 했지만 같은 경험을 공유한 덕분에 금세 서로 이해하기 시작했다. 이들은 삶과 죽음, 혼자만의 생존 그리고 전사한 이들에 대한 슬픔을 함께 느끼고 있었다. 여기에 미움이 차지할 자리는 없었다. 게다가 이 자리에 러시아 대통령이 참석했다는 사실을 참가자들은 특별히 상징적인 의미로 받아들였다.

연합군 참전용사 대표들과 공식 오찬, 참전용사들을 위한 행사 그리고 전 세계에서 온 손님들 앞에서 보여준 사열식 등 이 모든 행사에서 러시아 대통령은 한 가지 주제를 조금씩 바꿔가며 이야기했다. 그의 화두이기도 한 독일과 화해에 관한 것이었다. 붉은 광장에서 개최된 사열식의 자리 배치도 이런 상황을 깊이 고려한 흔적이 보였다. 맨 앞줄에 미국 대통령, 그 옆에 러시아 대통령, 그 오른쪽으로 시라크 프랑스 대통령, 그 옆에 독일 총리인 내가 앉았다. 블레어 영국 총리가 빠졌는데, 영국에서 내각을 구성하는 일로 바빠서 행사 직전에 불참을 결정한 것으로 기억한다. 이렇게 당시 적군이었던 독일이 첫 번째 줄 승전국들 사이에 자리한 것이다. 이 모습은 독일과 러시아가 서로 화해했다는 사실을 분명하게 보여주었다.

행사가 시작되자 범상치 않은 열병식이 광장에서 진행되었다. 제2차 세계대전에 투입된 차량을 흉내낸 차를 타고 2,700명 러시아 참전용사 '프론토비키Frontowiki'가 청중석 앞을 지나가고, 이어서 젊은 군인 7,000명이 그 시절 군복을 입고 그 뒤를 따랐다. 소규모 현역 군인 부대도 청중석 앞을 행진했다. 하지만 분위기는 전혀 전투적이지 않았다. 푸틴 대통령은 짧은 연설에서 자신의 화두를 다시 꺼냈다. 이날 그는 이 행사를 '독일과 역사적인 화해를 보여주는 찬란한 본보기'라고 표현했다.

함께 겪어온 역사를 생각해보면, 나에게 폴란드나 러시아와 화해는 마치 기적과 같은 것으로 느껴졌다. 이런 기적이 일어나는 데에는 내 전임자인 콜 총리와 보리스 옐친Boris Yeltsin 러시아 대통령도 한몫했다. 그러나 여기에는 누구보다 빌리 브란트 총리의 역할이 컸는데, 그는 절대 사라지지 않을 것 같은 적대감을 동방정책으로 깨뜨려버렸다. 게다가 그가 폭넓게 추진한 외교정책이 뿌린 씨앗은 1989년의 전환기와 이후의 독일 통일 그리고 오늘날에 이르기까지 그 열매를 우리가 수확하고 있다. 나는 이 화해가 두 민족, 러시아와 독일 민족을 크게 감동시켰다고 확신한다.

이런 인상을 나는 1970년대 중반에 이미 받은 적이 있다. 당시 나는 사민당 부대표였던 클라우스 우베 베네터Klaus Uwe Benneter가 이끄는 청년 사민당 파견단과 함께 처음으로 모스크바와 우크라이나를 방문했다. 우크라이나에서는 수도 키예프와 공업도시 사포로쉐예를 방문했다. 그곳에서 나이가 지긋한 러시아인 한 명이 수력발전소를 안내했는데, 그곳은 '위대한 조국의 전쟁'을 추모하는 장소이기도 했다. 그는 안내 도중에 자신의 아들도 이곳에서 전사했다고 했다. 그의 아들은 발전소 댐을 폭파하려는 독일인들에게 저항하는 도중에 목숨을 잃었고, 결국 댐은 폭파되지 않았다. 노인은 자기보다 어려 보이는 우리에게 "자네들은 이런 일이 다시는 발생하지 않도록 해야 하네"라고 말했다. 낡은 양복을 입고 담담하게 이야기하는 이 러시아 노인에게서도 증오나 질책의 흔적은 찾을 수 없었다. 오히려 그는 독일 파시스트들이 소련을 침략한 것과는 거리가 먼 다른 독일, 유능한 사람들이 사는 독일과 러시아의 관계를 이야기해 주었다. 댐 위에 서서 그의 설명을 들으면서 우리는 그가 이해하고 있는 독일의 문화 수준에 크게 감동받았다.

## 러시아를 바라보는 눈

러시아의 정치적 변화 속도나 민주주의 발전 속도가 느리다고 재촉하거나, 체첸 공화국과의 갈등 국면에서만 러시아를 평가하는 것은 바람직하지 않다. 내가 푸틴 대통령과 나눈 대화도 바로 이 민감한 주제에 관한 것이었다.

러시아는 국내에서도 이슬람 근본주의자들과 정치적으로 자주 부딪친다. 러시아군은 여러 측면에서 이해심이나 정치적 감각을 거의 보여주지 않고, 오히려 지나칠 만큼 엄격하게 대처해 적대감을 강화한다. 미군이 이라크 민간인을 습격하고 아부그라이브 수용소에서 고문한 사실이 알려진 뒤로 러시아의 대처 방식에 대한 비난의 목소리가 잦아들기는 했지만, 이런 적대감은 계속 문제로 남아 있다. 이 두 갈등의 공통점은 종교적인 문제에서 발원했다는 것이다. 이라크에서는 그전까지는 별문제가 안 되던 것이 미국과 연합군이 공격한 이후 종교 문제가 위험한 수준에 이르렀고, 체첸과 갈등에서는 처음부터 종교가 주요 원인이었다.

어차피 체첸 공화국은 러시아의 내부 정세나 경제 발전과 깊이 연관되어 있기 때문에 이 상황이 안정되기까지는 꽤 시간이 걸릴 것이다. 이라크나 중동 국가들처럼 체첸 공화국 내에서도 이슬람 세계의 근본주의자들이 갈등을 부추기고 자금을 지원하고 있다. 아랍 산유국들이 분쟁 지역에 돈과 무기를 대어주는 것이다. 따라서 체첸 공화국에 대해 이러한 지원이 중단되어야 정치적으로 해결 방안을 모색해 분쟁을 종식할 수 있으며, 이것이 러시아 연방 내에서는 유일한 해결책이다. 이 체첸 문제에서 한 가지 차이점은, 러시아는 오래전부터 존속돼온 내부 갈등의 불씨를 없애려는 취지라면 이 다른 강대국은 피 흘리며 싸우는 갈등을 스스로 만들어냈다는 데 있다.

한편 푸틴은 종교적인 사람이기도 해서 러시아 정교회와 매우 밀접한 관계를 유지하고 있다. 나는 개인적으로 그의 주변을 지켜볼 기회가 여러 차례 있었다. 그는 대통령 공관 내의 과거 행정실 건물에 예배당을 만들고, 별장에는 오래된 목재들을 사용해 교회를 짓게 했다. 그리고 이 교회를 방문객들에게 보여주며 매우 자랑스러워했다. 나는 푸틴과 자고르스크 수도원에 간 적이 있는데, 그곳에서도 푸틴과 교회의 관계가 전략적인 것이 아니라는 사실을 알 수 있었다. 교회는 그의 일부였고, 이를 진지하게 받아들이지 않는다면 그에게 큰 실례가 될 것이었다. 나는 그의 이러한 신앙심이 서양 문화를 대변하는 유럽에 우호적인 그의 정치적 원동력이라고 본다.

러시아에 눈을 돌리면서 이 병든 거인을 일으켜세우기 위해 유럽의 역할이 필요하다고 생각한 이는 조지 부시의 선임자인 빌 클린턴이었다.

그 과정에서 특히 독일을 염두에 두었다는 것은 그가 신중하고 현명하다는 사실을 증명한다. 따라서 미국과 좋은 관계를 유지하는 것이 독일과 유럽의 정책적 기초인 것은 사실이지만, 이것은 러시아와의 전략적 우호 관계와 무관하며 아무런 영향을 미치지 않는다. 이 점은 제대로 정리되어야 할 부분이다.

유럽의 외교정책을 대변하려면 이성적으로 상황을 바라보고 결정을 내릴 수 있는 적절한 독립성이 요구된다. 미국인들은 러시아를 바라보는 독일과 유럽의 처지를 이해해야 하며, 유럽인들은 러시아의 민주화를 발전시키는 데 미국까지도 끌어들이는 것을 목표로 삼아야 한다. 푸틴이 일구어낸 러시아의 국내 안정화를 약화시킬 수 있는 모든 행위를 중지하는 일이 가장 중요하다는 사실을 이들 모두에게 설득해야 한다. 러시아의 경제는 성장하고 있고, 국내의 소비재 산업도 발전할 것이며, 중장기적으로 천연자원 공급국의 역할과 석유-가스 수출국의 역할도 보완될 것이다.

이런 발전은 안정적으로 진행되어야 한다. EU와 러시아가 앞으로 협상하게 될 새로운 조약에서는 향후 10년간 우리 관계를 전반적으로 규정할 장기적이고 본질적인 내용을 주축으로 삼아야 한다. 그리고 핵심 내용은 러시아가 유럽에서 환영받는다는 메시지여야 한다. 우리의 관계가 진보했다는 사실을 여러 단계에서 확인할 수 있어야 한다. 구체적으로는 자유무역 지역, 에너지 동맹 그리고 비자 면제가 시행되어야 한다. 유럽의 안보 및 국방정책에서도 러시아와 긴밀한 공조를 검토해보아야 한다. 시작은 민간 부문이나 재해 원조로도 이루어질 수 있다. 이러한 지원은 제3세계의 공동 평화유지 사업과 같은 형태의 군사 협력으로 확대될 수 있을 것이다.

러시아 시장에서 독일은 넘버원이며, 독일에서 러시아는 최소한 중국의 위치를 차지하고 있다. 따라서 중국에 대해 경제적으로 바람직하다고 간주되는 것은 러시아에도 적용되어야 한다. 지금도 전반적으로 경제 협력이 잘되는 수준인데, 이와 관련해서 나는 독일 동방경제위원회 위원장 클라우스 망골트Klaus Mangold의 역할이 무척이나 중요하다는 점을 강조하고 싶다. 동방경제위원회는 동유럽에서 독일 회사의 수출을 육성하고 동유럽과 서유럽 간의 안정된 교역 관계 확대에 중대한 기여를 하고 있다. 망골트의 열정적 노력과 동유럽 국가 및 러시아와 우수한 네트워크는 소통상 문제를 줄이고, 러시아와 독일의 전략적 동맹의 기반을 공고히 하는 데 크게 기여하고 있다. 그 덕분에 2000년에 독일과 러시아 교역이 당시로서는 기록적인 415억 마르크에 도달하기도 했다. 푸틴은 이 액수를 연방하원 연설에서 언급하면서 독일이 가장 중요한 경제 파트너이고, 가장 믿을 만한 채권자이며, 외교정책을 논의할 가장 핵심적인 파트너라고 말했다.

'피터스버그 비정부기구대화Petersburg dialogue'는 러시아의 시민사회 구조를 강화하고 육성하기 위한 것으로 양국 도시 간, 특히 대학 간의 자매결연을 바탕으로 인적 교류를 활발히 진행하고 있다. 그뿐만 아니라 청소년 교류도 시행되고 있는데, 독일-프랑스 청소년지원센터 사례를 따라 독일-러시아 청소년협회로 탄생되기를 기대한다. 이미 긍정적으로 평가할 수 있는 몇 가지 상황이 전개되었다. 이는 오래전부터 이어온 관계를 기반으로 문화 교류에도 활발하게 진행되고 있다. 푸틴 대통령이 독일 의회 연설에서 "러시아와 독일 사이의 문화에 국경이 있었던 적은 없다"라고 한 것은 틀린 말이 아니었다.

최초의 문화수석 미하엘 나우만이 제안한 대로 소유권과 무관하게 양국이 서로 문화재를 접할 수 있게 하는 일은 계속 추진하고 실현해야 한다. 이는 작지만 중요한 문화 교류의 일부로서, 사람들에게 러시아와 유럽이 평화와 복지가 공존하는 대륙이라는 사실을 이해시키기 위해서라도 꼭 필요하다.

Dass die SPD jetzt schon in der
dritten Legislaturperiode in der
deutschen Politik eine entscheidende
Rolle spielt, erfüllt mich mit
Befriedigung. Es ist doch eine
sozialdemokratische Ära ge-
worden, die wir 1998 einge-
leitet haben. Und eine
Voraussetzung dafür war, sich
nicht zu scheuen, eine
Reformagenda zu entwerfen
und alles zu sehen, das das
Land dringend braucht, um
in der Welt von morgen
bestehen zu können.

독일에서 정권을 잡은 세 번째 임기에서도 사민당이 결정적인 역할을 하고 있고, 이로써 정치적으로 건설적인 역할을 할 수 있다는 사실에 나는 매우 만족한다. 이렇게 해서 우리가 1998년에 착수한 사회민주주의 시대가 도래했다. 이 일이 가능했던 것은 내일의 세계를 헤쳐 나가기 위해 국가에 시급하게 필요한 개혁 과제를 설계하고 관철하는 일을 두려워하지 않았기 때문이다.

# 연방하원 선거

10

Die Wahl

# WER GERECHTIC
# WILL, MUSS DAS
# SOZIALE SICHER

**SPD**

**Vertrauen in Deutschland.**

www.spd.de

"정치 전반에 적용되는 것
이 선거전에도 적용된다.
즉 부엌이 너무 덥다고 생
각하는 사람은 요리사가 되
면 안 된다."
2005년 선거 벽보.

_____

**Die Wahl**

———

"지금이 선거를 치르기에 딱 좋은 시점인데!"

"월드컵 축구에서 보여준 화려한 전력으로 선거전을 시작했더라면 사민당-녹색당 연립정부가 다시 승리할 수 있었을 텐데."

한편으로는 정곡을 찌르고 다른 한편으로는 안타까움을 토로하는 이런 발언들을 2006년에 어렵지 않게 들을 수 있었다. 장담하건대 독일의 많은 신문사 편집실에서는 이와 비슷한 생각이 번뜩 들었다가 곧 가볍게 한숨을 내쉬며 그 외 소식란으로 넘겨져 저장되고 말았을 것이다. 우리 당에서도 일부 당원들이 이런 우울한 발언을 내뱉었고, 조기 총선을 환영하지 않던 녹색당에서도 사정은 별반 다르지 않았다.

이런 발언들 가운데 그 어떤 발언도 나에게는 피부로 와닿지 않았고, 2005년에 내린 결정을 지금도 후회하지 않는다. 이제는 현실에 이를 검증해보면 된다. 내가 조기 총선을 실시하기로 결심한 이유는 그전에 실시된 주의회 선거에서의 연속적 패배, 당내 우리 계열의 지지율 하락, 거기에다 우리의 개혁정책에 대한 국민들의 거부감이 더해져서였다. 그것이 정치적으로 반드시 필요한 결단이었다는 생각에는 그때나 지금이나 변함이 없다. 라인과 루르 지역의 선거에서 참패하고, 연방상원에서 기민-기사당 집권 연방주들이 과반수를 차지하게 되자 우리가 이대로 연방정부를 이끌고 나가기에는 너무나 많은 것이 위태로웠다. 우리가 어떻게 해볼 수 있는 것은 실제로 아무것도 없었다.

노르트라인-베스트팔렌주 선거에서 패배하고도 당원들의 조언에 따라 내각을 바꾸는 정도의 통상적인 쇄신정책으로 집권 2기의 임기를 채우려고 했다면 사민당-녹색당 연립정부의 태도를 언론은 어떻게 보도했을까? 추측하건대 아마 내가 조기 총선을 실시하겠다고 선언한 이후 우리 정부와 적녹연정에 대해 보도한 어조와 크게 달라지지 않았을 가능성이 높다.

2005년 6월 5일에 한 유명 일요신문은 머리기사로 "자살을 선택한 어리석은 사민당-녹색당 연립정부"라는 제목을 달고 "연립정부는 죽지도 않고 살아 있지도 않은 좀비 정부다. 이 정부의 비현실적인 행동을 보노라면 마치 공포영화를 보는 것처럼 진지한 느낌은 안 들지만 섬뜩하기는 하다"라고 보도했다. 당시 이 논평은 잘못된 평가였다. 하지만 15개월 뒤에 연립정부의 상황은 이 논평과 크게 다르지 않았을 것이다. 달리 말하면 우리는 다음 선거까지 남은 1년 반을 견디지 못하고 여론조사에서 바닥을 찍었을 것이고, 아마 다시는 회복하지 못했을 것이다.

나는 그때 분위기가 어떻게 변했을지 상상하고 싶지도 않다. 아마 공개적으로 매일 국가의 이성을 위해 새 선거를 할 수 있도록 길을 비키라고 준엄하게 요구했을 것이다. 경기에 드리운 모든 어두운 그림자, 주식시장의 사정 그리고 노동시장의 침체에 대해 공개적으로 책임을 물어 심판대에 올린 것은 단 하나, 집권 중인 연방정부였다. 야당인 기민당과 자민당뿐만 아니라 이들 편에 서 있는 경제 단체들도 마찬가지로 함께 집중포화를 날리며 연립정부를 압박했을 것이다. 좌파 당으로 사민당 의원들의 유입이 쇄도하여 양 집권 정당에 추가 장애물이 되었을 수도 있다. 그래서 언젠가는 실제로 '좀비 정부'의 모습을 갖췄을지도 모른다. 어쩌면 이 과정에서 국가 위기로까지 발전해 최악의 상황이 되었을 수도 있다. 그리고 우리 민주주의 공동체의 결정 능력에 대한 신뢰가 붕괴되었을 확률이 매우 높다. 이미 오래전부터 정치가에 대한 비난의 화살이 거의 독보적인 경지에 이르렀기에, 참여에 기반을 둔 정치 시스템은 약화될 대로 약화된 참이었다.

체제를 경멸하는 태도와 맞물려 이런 억양이 계속 유지되면 우리가 서 있는 기반이 위험해진다. 간단히 말하면 한 차례 위기가 지나가면 다음 위기가 또다시 닥칠 것이고, 아마도 집권당 원내교섭단체들도 이를 견디지 못했을 것이다.

2005년 5월 국가 정책적으로 아무런 다른 대안이 없었으며, 내가 내린 결단은 사민당이 살아남기 위해서는 반드시 필요했다. 한순간도 헌법으로 장난치지 않았다. 우리 헌법은 현재 유사 신임투표 외에는 다른 어떤 방법도 허용하지 않는다. 그리고 내가 정부 수반으로서 이 결정을 혼자 관철할 수 있었던 것이 아니라는 사실을 많이들 망각하는데, 이 결정은 3개 헌법기관, 즉 연방대통령, 연방총리 그리고 연방하원의 공동 작업으로 탄생했다. 이에 반대하여 제기된 위헌소송은 연방헌법재판소에서 기각되었다. 나는 의회에 자기해산 기능이 없다는 것이 우리 헌법 제도의 결함이며, 앞으로는 유사한 위기를 다른 방식으로 해결할 수 있도록 연방하원에서 이 작업을 해주기를 바란다.

그래서 나는 2005년 5월에 내가 너무 성급히 행동했고, 1년이 지난 지금 선거를 치렀다면 계속 집권할 수 있었을 것이라고 말하고 싶어 하는 사람을 만났을 때 자책하며 괴로워할 필요가 없다. 내가 총리직에 미련을 두었다면 국가의 행위능력을 시험대에 올렸다는 비난이 정당했을 것이다. 지금도 나는 조기 총선을 실시한 것이 독일 민주주의 공동체의 안정을 위한 것이라는 생각에 변함이 없다.

## '하늘이 준 기회'

헌법상 요구되는 절차가 종료되고 새로운 선거를 위한 길이 열리자 비로소 다시 심호흡을 할 여유가 생겼다. 드디어 몇 주에 걸친 침체된 분위기를 극복할 기회를 열어줄 선거전에 돌입하는 일만 남았다. 우리 당이 인물 중심의 선거전을 치르게 될 것이라는 사실은 처음부터 분명했다. 또한 우리의 최우선 목적은 당을 무기력 상태에서 회복시키고, 동시에 떠도는 소문(내가 총리직에서 폼 나게 사임하는 장면을 연출하려 다시 선거를 치르려고 한다)에 반박하는 것이었다.

따라서 2005년 8월 31일 베를린에서 개최된 특별 전당대회는 우리에게 무척 중요한 기회였다. 나는 참석자들에게 선거전을 준비시키고, 당원과 대의원들이 가능한 한 설득력 있는 주장으로 무장해서 토론전에서 이길 수 있도록 내 연설을 세심하게 준비시켰다. 여기서 가장 중요한 부분은 우리를 수세에 몰아넣은 노동시장 개혁 부문을 잘 이해시켜서 있는 그대로, 즉 약점으로 알려졌지만 실제로 강점이라는 사실을 전달하는 일이었다.

나는 우리 당원들과 전당대회에 참여한 대의원들이 언론의 공격과 새

노동시장법에 반대하는, 이른바 월요시위에 얼마나 시달렸는지 잘 알고 있었다. 실업수당과 기초생활보장을 통합하려는 목적과 그 체계를 이해하지 못하는 사람들도 많았다. 결국 이번 전당대회는 대의원들에게 개혁의 동기를 직접 설명할 기회를 나에게 준 것이다. 동시에 기민당과 자민당은 사민당의 관점에서 볼 때 '사회적 시장경제'와 노조의 대항력 그리고 이 대항력을 유지하는 데 필요한 거의 모든 것, 즉 지역별 단체협상에서 부당해고 금지에 이르기까지 사회적 시장경제가 추구한 가치를 모두 처분 대상으로 삼으려는 의도를 선거전에서 더는 숨길 수 없게 되었다.

기민당이 연정 파트너인 자민당의 압력에 밀려 독일이 추구해온 사회적 시장경제를 정책 프로그램에서 삭제한 사실이 밝혀지면 우리에게 '사회보장 축소', '사회적 냉정함' 그리고 '공평성 결여'라고 비난했던 민사당과 노조의 선전선동은 전과 같은 효력을 발휘하지 못할 것이었다. 또한 우리가 사회보장을 축소했다는 비난이 유효했던 기간은 기민-기사당이 연방상원에서 우리가 발의한 법률안을 실제로는 더 강화하는 방향으로 밀고 나가면서도 공개적인 책임은 지지 않아도 되었던 동안뿐이었다. 그리고 우리 역시 개혁안을 의회에서 통과시키려면 성에 안 차는 타협안을 감수할 수밖에 없었다. 이는 앞서 리스터연금제도 도입 때도 그랬고, 노동시장 개혁 때에 다시 반복되었다. 하지만 이런 작전은 기민당이 자신의 색채를 인정하고 목적지가 어디인지 분명히 밝혀야 하는 선거전에서는 더 이상 통하지 않았다. 그들이 가고자 하는 목적지는 지금까지 비난과는 앞뒤가 전혀 맞지 않는 다른 나라였기 때문이다.

기민당의 정책 프로그램이 사회에 어떤 결과를 가져올지 대중은 갈수록 더 확실히 인식하게 되었고, 이것은 선거전의 전환점이 되었다. 여기에는 특히 앙겔라 메르켈Angela Merkel 총리 후보 그리고 파울 키르히호프

"나는 대의원과 당원들에게 용기를 불어넣는 일을 해냈다고 확신한다."
조기 총선 약 3주 전인 2005년 8월 31일 베를린에서 개최된 사민당 특별 전당대회에서 게르하르트 슈뢰더.

Paul Kirchhof와 에드문트 슈토이버가 저마다 한몫을 했다. 이들이 자기 정당의 선거 공약에 대해 공개 발언을 할 때마다 사민당-녹색당 연립정부의 개혁정책에 대한 분노가 상대화되고 줄어들었다. 우리가 특별 전당대회를 개최했던 시점만 해도 여론조사 결과는 기민당이 연방하원에서 절대다수 의석을 차지할 것이라고 내다보았다. 하지만 기민-기사당 핵심 주요 3인 트로이카와 기민당 집권 연방주의 주총리들이 등장할 때마다 지지도는 점점 낮아져서 격차는 계속 줄어들었다.

그리고 또 한 가지, 여론조사 결과가 작용했다. 2002년 10월에 근소한 차이로 선거에서 승리한 이후 우리는 여론조사에서 겨우 25%를 넘고 있었다. 이로써 언론들은 연립정부의 붕괴가 더는 막을 수 없는 대세의 흐름이 되었고, 따라서 사민당-녹색당 연립정부의 종말은 이미 오래전부터 정해진 것이며 그저 좀 더 앞당겨질 뿐인 것으로 분석했다. 이로써 점점 더 승리가 예상되는 정당에 언론 보도가 집중되다가 끝내는 그 정당에 대한 보도 일색으로 채워졌는데, 이는 어쩌면 당연한 현상이기도 했다. 결국 유권자의 선택으로 결정되어야 할 사안인데도 그때부터 사람들은 이미 언론 보도 내용을 기정사실처럼 여기게 되었다.

사실상 선거전 전당대회 이전 사민당 내부의 심리적 풍경은 이러했다. 분위기는 침체되었고, 사기는 저하되었으며, 스스로에 대한 확신도 없었다. 이를 극복해야 했다. 따라서 전당대회는 우리 캠프에 용기를 불어넣고 수세에서 끌어내기 위해 너무나 중요한 행사였다.

이 전당대회에서 나는 하이델베르크대학 파울 키르히호프 교수의 독특한 논평을 처음으로 입 밖에 냈다. 아마 키르히호프 교수는 지금도 우리가 그라는 인물만을 문제 삼았던 것이라고 믿고 있겠지만, 실제로 문제시된 것은 다른 국가, 다른 사회 모델의 상징이 되어버린 그의 테크노크라시technocracy(과학기술 분야 전문가들이 많은 권력을 행사하는 정치 및 사회체제로, 이른바 기술에 의한 지배를 말한다―옮긴이)적인 발언이었을 뿐이고, 그는 거의 매일 한마디씩 거들면서 이 상황에 기여했다. 기민당이 조세 정책의 구루로 추대해온 키르히호프는 2005년 8월 31일에 발표된 단 하나의 보도로 한때 절대 과반수까지 기대하던 기민당에 선거전의 큰 부담으로 전락했다. 경영자총협회와 자민당의 추진하에 기민당을 신자유주의가 압도하는 정당으로 이끌어갈 수 있다는 발상을 해낸 사람이 바로 키르히호프 교수였기 때문이다.

전당대회 날 아침, 나는 DPA 통신의 보도 기사를 읽었다. 나는 즉각적으로 이것이 '하늘이 준 선물'이라는 사실을 깨달았다. 전당대회가 개최된 에스트렐호텔에서 숨죽이며 경청하고 있는 청중을 향해 나는 다음과 같이 연설을 이어갔다.

파울 키르히호프 교수는 자신이 발표한 조세 모델에 대해 기민-기사당 원내 교섭단체의 반대에 부딪히게 되었습니다. 그는 지난 화요일 바이에른주 지역 신문인 《파사우어노이에프레세》와 인터뷰에서 연봉 4만 유로를 받는 여비서가 자신의 세금 모델에서는 4,000유로를 세금으로 납부한다고 했습니다. 기민당 원내 부대표인 미하엘 마이스터Michael Meister는 그다음 날 바로 이를 반박하며 미혼인 여비서의 세금은 키르히호프의 세금 모델에 따르면 6,750유로라고 발표했습니다. 기민당 중앙 당사에 있는 키르히호프 교수의 직원은 이 차이를 이렇게 설명했습니다. 여기서 여비서라고 했을 때 이는 미혼이거나 기혼의 여비서를 의미하는 것이 아니라 '평균적 여비서'에 해당되는 계량 수치를 의미한다는 것입니다. 즉 이 세금 모델에 따르면, 여비서란 자녀를 1 · 3명 둔 자로 특정 퍼센트만큼만 기혼 상태인 사람인데, 이런 사람에게 적용하면 평균 세금 부담으로 4,000유로가 나온다고 합니다.

전당대회장에는 폭소가 터졌고, 기민-기사당은 우리에게 절호의 타이밍에 맞춰 난관에 부딪혔다. 솔직히 이를 공개적으로 언급하는 일이 얼마나 즐거웠는지 인정하지 않을 수 없다. 내가 이 보도 기사에 대해 얼마나 재미있는 논평을 달았는지는 여기에 싣지 않겠다. 나는 선거 행사 때마다 그 논평을 반복해서 이야기해주었다. 내가 그 이야기를 하지 않으면 청중이 실망할 지경이었다. 메르켈에게 '최소 42%'라며 승리할 선거 득표율까지 정해주었던 기사당의 에드문트 슈토이버와 키르히호프 교수가 나에게는 최고의 선거 도우미가 된 셈이다.

나는 전당대회에 참석한 대의원들과 당원들에게 용기를 불어넣는 일에 성공했다고 확신한다. 이들에게는 내가 단호한 자세로 투쟁에 임할 것이라는 굳은 의지를 보여주는 일이 중요했다. 여기에 당 대표인 프란츠 뮌테페링의 연설도 한몫했다. 우리 두 사람은 개혁정책으로 빠지게 된 나락에서 하루빨리 빠져나올 수 있도록 조기 총선을 결정한 데 대해 끝까지 책임지겠다는 모습을 보여주었다.


## 내 인생에서 가장 특별한 선거전

베를린에서 개최된 특별 전당대회는 대성공이었지만 선거전에 돌입했을 때는 여러 감정이 교차했다. 8월 13일 내 고향인 하노버에서 시작하기로 되어 있는 대규모 행사를 개최하기 전에 몇 차례 작은 행사를 계획해달라고 선거운동본부에 부탁했다. 선거전에서 내 연설에 대한 반응을 미리 알고 싶었고, 대규모 행사를 열기 전에 분위기라도 파악하고 싶었다.

다섯 곳에서 진행된 사민당 행사는 일부러 크게 광고하지도 않았고, 나는 그저 '워밍업'이라 생각하고 참석했다. 그러나 이곳의 반응은 폭발적이었다. 홀과 의자가 가득 채워졌다. 바이에른주 쾨싱에서 개최된 행사가 아직도 기억에 생생하다. 회관은 입추의 여지없이 사람들로 터질 듯 들어찼고, 입구에는 입장하지 못한 시민이 최소 1,000여 명은 기다리고 있었다. 그때 내가 이 지역에서 느낀 유권자들의 분위기는 그때까지 여론조사 기관들이 내놓았던 26~28% 수준의 지지율과는 괴리감이 사뭇 컸다. 이곳에서 체험한 뜨거운 반응은 선거전 마지막 주 내내 나에게 엄청난 용기를 북돋아주었다.

나에게 선거기간은 정치가로서 살아가는 동안 가장 흥미로운 시기에 해당한다. 내가 참여한 선거 유세는 셀 수 없었고, 수백 개 시장을 방문했으며, 수천 명과 악수했고, 수없이 많은 사인을 건넸다. 정책을 마련하고, 정치를 행하고, 결정을 내리는 것이 정치가의 핵심 과제, 즉 의무인 것은 분명하다. 하지만 나에게 정치의 꽃은 선거전과 유권자와의 만남, 선전, 표를 얻기 위한 투쟁, 의견 교환이다. 정치적 결의문을 작성하는 것은 테크노크라트(기술관료)도 할 수 있고, 더 정확한 정보는 언론인도 가지고 있지만, 선거전을 치르는 것은 정치가만 할 수 있는 일이고 또 반드시 해야만 하는 일이다. 그뿐만 아니라 정치 전반에 적용되는 것이 선거전에도 똑같이 적용된다. 즉, 부엌이 너무 덥다고 생각하는 사람은 요리사가 되면 안 된다.

9월 18일 선거까지 남은 7주 동안 나는 내 인생에서 가장 특별한 선거전을 치러냈다. 선거 막판에는 체력의 극한까지 밀어붙였다. 수백 개가 넘는 행사에 참가했는데, 그렇게 많은 유세를 치른 적이 없었다. 동시에 그만큼 기쁨이 큰 선거가 없었다. 사민당 연방 사무총장 카요 바서회벨Kajo Wasserhövel이 이끄는 팀은 엄청난 시간의 압박 속에서도 믿기 힘들 만큼 열정과 투쟁 의지로 최고의 선거전을 준비했다. 그들의 열정은 엄청난 힘을 발휘했고, 나에게도 기운을 불어넣어주었다.

하노버에서 유권자 1만여 명 앞에서 선거전을 시작한 이후, 동독에서는 드레스덴을 첫 번째 유세지로 삼았다. 이곳은 1년 전 노동시장법이 거센 공격을 당한 곳이다. 당시 가장 위선적으로 행동했던 사람은 게오르크 밀브라트Georg Milbradt 작센주 총리로, 그는 노동시장법을 반대하는 '월요시위'에 자신도 참여하겠다며 이 문제를 공개적으로 논의했다. 그는

"7주 동안 나는 내 인생에서 가장 특별한 선거전을 견뎌냈다."
2005년 9월 16일 베를린 잔다르멘시장에서. 왼쪽부터 귄터 그라스, 볼프강 티어제, 게르하르트
슈뢰더, 프란츠 뮌테페링.

기민당 소속 다른 연방주 총리들처럼 연방상원에서는 우리 개혁안을 더 강화하고 함께 의결했음에도 이런 행동을 서슴지 않고 했다.

드레스덴의 분위기가 어떨지 감이라도 잡아보겠다는 생각으로 나는 유세 시작 한 시간 전에 그곳에 도착했다. '동독 쪽 분위기는 어떨까, 광장이 텅 비어 있으면 어쩌지, 반대자들의 방해가 있지는 않을까, 혹시라도 2004년 같은 대규모 반대시위가 나오면 어쩌지'라는 상념이 머릿속을 맴돌았다. 광장을 바라보니 고작 1,000명 정도 모여 있었다. 나의 비관적인 예상이 틀리지 않은 것 같아 실망스러웠다. 하지만 그 한 시간 동안 시간이 흐를수록 매분 매초마다 점점 광장이 채워졌다.

유세가 시작되자 믿기지 않을 만큼 많은 사람이 모였다. 경찰은 8,000명 정도가 온 것으로 추산했다. 참가자가 많았던 것으로 알려진 2002년 선거전 때보다 더 많은 수치였다. 내 선거 유세장에 이렇게 많은 사람이 몰린다는 사실에 힘이 났고, 그 힘으로 나는 추가로 요청하는 유세까지 한 군데도 거절하지 않고 참여하면서 그 여세를 몰아 선거전까지 이런 분위기를 이끌어나갔다. 드레스덴의 유세는 성공적으로 마감되었다. 이곳에서 나는 처음으로 청중의 호의와 관심을 몸소 느꼈는데, 이런 감정은 선거전 내내 계속되었다. 나는 참가자들과 일일이 악수를 나누었고, 유세장은 어디나 만원이었다. 지방선거나 주의회선거에서 참패를 안겨주며 엄하게 꾸짖었던 지역들도 예외는 아니었다.

청중이 1만 명 이상인 대규모 행사도 적지 않았는데, 그런 유세장에서는 어디를 가든 호기심에 차서 이렇게 묻는 듯한 유권자들과 맞닥뜨렸다. '자, 우리도 이제 한번 직접 만나서 얘기를 들어보자. 대체 뭘 하겠다는 걸까? 우리한테 무슨 얘기를 하려고 온 걸까?' 나는 참석한 유권자들을 보며 이런 생각을 했다. '그래, 이 사람들한테는 자세한 설명과 안내가 필요해. 내 정책을 이 사람들에게 이해시킬 수 있다면 충분히 설득할 수 있어.' 어디를 가나 사람들은 받아들일 준비가 되어 있었다. 내가 한결같이 어젠다 정책을 지지할 것이라는 데에 조금도 흔들림이 없다는 태도를 보였는데도 말이다. 몇 달 전까지만 해도 어젠다 2010에 반대하는 폭동에 가까운 충돌이 있었는데, 갑자기 이렇게 우호적인 반응을 접하다보니 나도 어리둥절해지곤 했다.

이 선거전 덕분에 비로소 나는 아무런 망설임 없이 유권자를 마주할 수 있게 되었고, 이들에게 내가 새 시대의 조건에 맞춰 철저하게 사회민주주의적인 정책을 지지하고 있다는 사실을 이해시킬 수 있었다. 이렇게 해서 지난 집권기 3년 동안 여러 가지 이유에서 내가 해낼 수 없었던 일들을 선거전에서 만회할 수 있었다.

2005년 연방하원 선거전을 겪으면서 최신 통신수단보다 직접 대화를 나누는 것이 훨씬 더 중요하다는 사실을 깨우쳤다. 선거 유세장처럼 간접적이더라도 의견을 서로 교환하는 것이 낫다. 길거리나 광장에서 하는 선거 유세는 벽보나 텔레비전 토론으로 대신할 수 없는 그것만의 의미가 있다. 대체로 유권자들은 정치가와 만나면서 연출된 모습이 아닌 직접적인 인상에 좀 더 신뢰를 갖게 마련이다.

시간이 지나서 이 선거전을 회고해보니, 초기에 우리 당이 떠안아야 했던 많은 시련처럼 다른 정당들도 비슷하게 어려운 국면을 거쳤다는 사실을 되새기게 된다. 그중에서도 당원들의 고령화가 가장 큰 문제였다. 정당들마다 아주 천천히 연령대가 젊어지고 있기는 하지만, 인구 변화로 앞으로 그 속도가 더 빨라지지는 않을 것이다. 이 속도로는 내가 젊었을 때와 달리 젊은 사람들은 전반적으로 정치에 큰 매력을 느끼지 못한다는 사실을 숨길 수 없다. 이들의 정치 참여는 일시적이고 단순한 관심으로 보인다. 이들을 민주주의 정당으로 끌어들여 정치의 중요성을 일깨워주기 위해 정당 내부를 쇄신하고 개방할 필요가 있다. 인간적이고 민주적이며 동시에 다원화된 사회가 되기 위해서는 정치에 적극 참여하는 사람이 필요하다. 정당들이 의사 형성에 영향을 미치는 것은 결코 추상적인 것이 아니다. 다시 말하지만 민주주의는 참여가 기본이다. 하지만 안타깝게도 이런 참여도가 갈수록 낮아지고 있다.

나는 어떻게 하면 신세대가 정치에 관심을 갖게 할 수 있느냐는 질문을 자주 받는다. 이 질문에 대한 답변은 신세대가 직접 해야 한다. 물론 장년층, 특히 정치에 적극 참여하는 사람들이 본보기가 되어야 한다. 하지만 젊은이들이 이런 도전을 받아들이지 않고 미래를 책임감 있게 바라보지 못한다면 그 결과는 결국 자신이 짊어질 수밖에 없다. 마찬가지로 장년층도 이들에게 이런 사실을 확실하게 주지시키고, 조언을 구하면 성의 있게 답변해주어야 한다. 아울러 자신의 미래에 대한 책임을 교육하는 것은 정치계나 정치가만의 일이 아니라는 점도 오해 없이 수용해주기 바란다. 특히 언론에서 그 나라의 정치문화를 어떻게 전달하느냐가 중요한 만큼 이들에게서 이 일을 기대한다.

이렇게 감동적인 선거전을 치르고 나자 선거일인 2005년 9월 18일에는 오히려 아주 태연할 수 있었다. 승리를 예상하지는 않았지만 얼마나 득표할지는 내심 기대되었다. 선거전 이전에 우리 당 득표율이 예언대로 25%까지 하락할 수 있다는 공포는 사라졌다. 심적으로는 사민당-녹색당 연립정부뿐만 아니라 기민당-자민당도 충분한 표를 얻지 못할 상황에 어느 정도는 대비했다. 하지만 기민-기사당이 그처럼 비참한 결과를 얻을 것이라고는 생각하지 못했다. 그래서 나는 선거 결과 대연정 외에는 대안이 없는 상황에서 기민-기사당이 총리직을 요구할 거라고 예상하고 있었다. 강함에서 나오는 것이 아니라 약함에서 나오는 그런 요구 말이다.

첫 번째 출구조사 결과가 사민당 중앙당사인 빌리-브란트-하우스에 도착했을 때 나는 희열과 만족이 뒤섞인 감정에 빠졌고, 5월부터 쌓인 긴장이 한꺼번에 풀렸다. 모두들 내가 해내지 못할 것이라고 했지만 이제는 모든 게 다 가능할 것처럼 보였다. 무승부였다. 아무도 예측하지 못한 결과였다.

이런 희열을 느낀 사람은 나뿐만 아니었다. 우리가 밤을 새우며 선거 방송을 지켜본 사민당 중앙당사 곳곳으로 퍼져나갔다. ARD와 ZDF 방송사와 인터뷰를 할 때쯤에는 대연정으로 결론 날 것이 분명해졌다. 나는 사민당을 제외한 상태로 또는 사민당 정책에 반하는 방향으로는 어떤 정부 구성도 불가능하다는 점을 분명하게 밝히는 일이 가장 중요하다고 생각했다. 기민당이 패배자로서 이 연립정부에 참여하는 것이며, 앞으로 협상하게 될 연립정부 구성 합의서에서도 이 사실을 못 박아야 한다는 데 추호의 의심도 남기지 않으려 했다. 기민당과 기사당을 합친 것만큼 강한 사민당이 같은 눈높이에서 자신 있게 협상을 시작해야 했다. 어떤 일이 있어도 기민당과 기사당에 자신들이 '타고난 국민 정당'이며 사민당은 함께 집권하도록 그들이 허락해주는 것을 기쁘게 받아들여야 한다는 식의 생각이 들도록 해서는 안 되었다.

다음 날, 이런 희열은 사라지고 마음 깊은 곳에 만족스러운 감정 같은 것이 남았다. 선거 결과 대연정 말고는 대안이 없었다. 물론 자민당 측에서 바로 야당을 자처했지만, 이와 상관없이 다른 어떤 정당 결합도 결국 불안정할 수밖에 없었다. 우리 사민당이 이기기는 했지만 승리한 것은 아니었다. 보수당들은 선거 전문가들이 예상한 것보다 더 큰 추락을 경험했고, 이는 국민들이 이들의 선거 공약을 거부한 것으로밖에 달리 평가하기 어려웠다.

뮌테페링의 부탁으로 나는 연립정부 구성 협상에 참여했다. 내용과 관련된 의문을 해소하고 부처 배분 관련 협상이 타결될 때까지는 대연립정부에서도 내가 총리직을 계속 요구해야 한다는 사실을 분명히 했다. 기사당 대표인 슈토이버가 경제부와 새 정부에서 중요한 역할을 요구한 것이 우리 측에는 큰 도움이 되었다. 그 덕분에 사민당이 다른 모든 중요한 문제를 관철할 수 있었다. 슈토이버는 그 내용까지 확정해놓기를 요구했고, 따라서 사민당은 정부 구성 합의서에 아무것도 바꿀 수 없는 도장까지 찍을 수 있었다. 슈토이버가 요구한 권력의 공간이 더 커질수록 기민-기사당이 협상으로 사민당에 양보받을 수 있는 내용은 줄어들었다. 그리고 내가 총리직에 대해 더 강하게 요구할수록 기민-기사당의 희생은 커졌다.

결국 군데군데에서 방점이 다른 곳에 찍히기는 했지만 전체적으로 사민당-녹색당 연립정부가 제시했을 법한 온건한 사회민주 정책이 탄생했다. 게다가 사민당-녹색당 정부였다면 연방상원에서 보수당이 다수를 차지하고 있는 상황 때문에 이 개혁정책들을 실현할 기회조차 없었을 것이다. 이로써 사민당의 본질적 과제가 "어젠다 2010의 노선에 따라 일관성 있게 실행되어야 한다"로 결정되었다.

독일에서 정권을 잡은 세 번째 임기에서도 사민당은 결정적인 역할을 하고 있고, 이로써 정치적으로 건설적인 역할을 할 수 있다는 사실에 나는 매우 만족한다. 이렇게 해서 우리가 1998년에 착수한 사회민주주의 시대가 도래했다. 이 일이 가능했던 것은 내일의 세계를 헤쳐나가기 위해 국가에 시급하게 필요한 개혁 과제를 설계하고 관철하는 일을 두려워하지 않았기 때문이리라.

"처음엔 모두들 내가 해내지 못할 것이라고 했지만, 이제는 모든 게 다 가능할 것처럼 보였다."
2005년 9월 18일 선거일에 베를린 사민당 중앙당사에서 환호하는 게르하르트 슈뢰더 연방총리.

## 에필로그: 남은 것들

7년에 걸친 총리 임기를 정리하면서 장부 정리하듯 써 내려갈 생각은 전혀 없었다. 중요하다고 생각되는 일들만 가려냈다. 이 일들은 내가 늘 고민해온 주제들로, 우리가 내놓은 해결 방안이나 우려 또는 고뇌에서 미래를 추론해낼 수 있을 만한 것을 보여주고 싶었다. 에르하르트 에플러는 나를 '정치적 동물political animal'이라고 불렀는데, 나는 이 호칭이 마음에 들고 나에게 잘 어울린다는 걸 인정한다. 그리고 앞으로도 정치적 동물로서 정치적 사건에서 눈을 떼지 않을 것이다.

비장하게 들릴지도 모르겠지만 나는 총리 임기 동안 최선을 다해 상식과 양심에 따라 행동했다고 감히 말할 수 있다. 그리고 전 세계에서 내 경험을 이야기해달라는 초청에 기쁘게 응했다. 그러나 총리 시절에 메모한 과제들 가운데 많은 것이 아직도 충분히 해결되지 못했다는 사실을 잘 알고 있다. 앞으로는 '차후 보완'이라는 개념을 질책으로 이해하지 말고, 변화의 속도에 따른 필요 사항 정도로 이해하는 자세를 가져야 할 것 같다. 많은 과제, 이른바 우리가 7년 임기 동안 궤도에 올려놓은 거의 대부분의 개혁과제는 이런 의미에서 '차후 보완'되어야 할 것이다.

이 회고록을 집필하면서 사진 자료를 찾다가 선친의 묘소 사진을 다시 보게 되었는데, 그때 아버지 생일 날짜가 눈에 들어왔다. 알고 보니 거의 100년이 지난 같은 날에 아들 그레고르가 태어났다. 이 우연의 일치를 발견하고는 나도 모르게 어떤 벅찬 감동이 밀려왔다. 사실 나는 아버지 얼굴도 모르는데 말이다. 하지만 손자와 생일이 같다는 사실을 아버지가 아셨다면 분명 매우 기뻐하셨을 것이다.

여느 부모처럼 우리 아이들이 자라났을 때 살아가야 할 세상에 대한 걱정이 앞선다. 이 아이들이 어른이 되었을 때 과연 평화 속에서 살아갈 수 있을까? 이스라엘이나 팔레스타인, 이라크 또는 이란에서 오는 모든 소식은 해결되지 않은 문제들만 전해준다. 광신적 종교를 핑계로 한 인간의 희생, 폭력과 비인간성에 대한 무감각의 증가, 한마디로 우리가 매일 뉴스라며 접하는 모든 것이 아이들의 정신에 영향을 미친다. 그 누구도 자기 아이를 이런 기사들로부터 차단할 수 없다. 저곳에서 무슨 일이 벌어지고 있는지 내 아이들에게 어떻게 설명할 수 있을까? 왜 난민들은 아프리카보다 살기가 낫다는 세계로 넘어오려고 절망적인 길 위에 자신의 목숨을 내거는지, 그 피난길에서 상상할 수도 없는 극한 상황을 만나 목말라 죽거나 바다에 빠져 죽는지를 아이들이 묻는다면 뭐라고 대답해줄 수 있을까?

우리 아이들의 미래는 "테러가 전 세계를 장악하고 위협하는 전염병이 될 것인가" 하는 데에 달렸다. 하지만 오늘날 세계 무대에서 관찰되는 많은 일이 테러를 부채질하는 이유를 늘려가고 있다. 광신적인 지도자들은 테러를 행할 젊은 세대를 모집하는 데에 아무런 어려움이 없다. 테러가 커질 수 있도록 정치적·사회적·경제적으로 자양분을 형성해주는 한 이들은 얼마든지 젊은이들을 끌어모을 수 있다. 유럽은 여기서 자신의 정치적 임무를 찾아야 한다. 유럽은 조용한 세계 권력으로서 전 지구가 삶의 터전을 잃지 않도록 노력해야 한다.

물을 얻기 위한 투쟁, 증가하는 에너지 수요 충족, 에이즈와 같은 유행병 퇴치, 이미 시작된 난민들의 피난 같은 전 세계적인 문제를 해결하지 않은 채 내버려두는 한 이것들은 눈 깜짝할 사이에 전쟁을 일으키는 동기로 변질될 수 있다. 광신주의와 테러에 자양분을 제공하는 토양을 없애려면 전 세계적으로 사회적·물질적·문화적 안전을 보장해야 한다. 사람들이 자기 삶에서 성공을 맛보고, 비폭력이 가치가 있다는 것을 경험하고, 국가 공동체로 되돌아오는 것이 더 많은 평화와 안전, 복지와 발전의 기회를 준다는 것을 경험해야만 테러와 싸움에서 성공할 수 있다.

자연이 준 삶의 터전을 지키는 일은 사회보장 문제와 같은 비중으로 정치적 노력을 다해야 한다. 이 과제를 몇몇 정치인이나 기관에 넘겨서는 안 된다. 게다가 한 나라에서 사회보장 문제를 풀어가려면 결국 전 세계적으로 생태학적 문제를 제어할 능력이 갖추어져야 한다. 또한 이런 능력은 우리가 미래에 에너지를 어떻게 조달할 것인지에 대한 만족스러운 해답을 찾을 때에만 비로소 가능하다.

간편한 방법만 찾는 사람들의 목소리는 점점 커지고 있다. 이를테면 에너지정책 논의에서 의지나 능력이 부족할 때 사람들은 핵에너지를 부활시키는 것에서 해답을 찾으려는 경향이 있다. 이는 결코 올바른 길이 아니다. 원자력은 세계의 에너지 문제를 해결하는 데 크게 기여하기 힘들다. 이 거대 기술은 고장에 취약하며, 스웨덴의 경험에서 볼 수 있듯이 (원자력 모범국으로 통하던 스웨덴에서 2006년 포스마크 원자로에 정전 사태가 발생해 외신에서 체르노빌 참사에 근접한 사고로 보도한 사건—옮긴이) 기술적 경험이 풍부한 나라에서도 상황은 다르지 않다. 또한 방사능폐기물은 수천 년 동안 인간과 자연을 해칠 수 있다. 그런 점에서 볼 때 핵발전 사업에서 하차하기로 한 공동 합의를 사민당이 고수하는 것은 바람직한 일이다. 우리는 계속 대체에너지원 개발에 광범위하게 투자해야 한다. 바이오매스, 태양열과 풍력, 에너지 저장 기술 등은 해결책을 알려주는 키워드일 뿐만 아니라 세계적인 미래 성장 시장이다.

또 우리는 이미 착수한 미래지향적 농업정책을 흔들리지 말고 계속 추진해야 한다. 생물학적 방법으로 생산된 검증된 식품을 기본으로 하는 건강한 식생활은 우리 사회 대다수의 관심사가 되었다. 식생활이 인간의 건강에 미치는 영향, 특히 어린이의 신체 발달에 미치는 영향은 논쟁할 여지가 없다. 식생활 때문에 생기는 질병은 현재 매년 700억 유로 이상의 비용을 발생시키고 있다. 생물학적으로 제조된 제품에 대한 신뢰는 의식 있는 소비자들은 물론 농가에도 도움이 된다.

내가 전 세계 청중을 대상으로 반복해서 언급하는 한 가지 화두도 이 문제와 관련된 것인데, 전 세계 개발도상국들이 자신의 농산물을 제값 받고 시장에 공급할 수 있도록 자유화되어야 한다는 것이다. 이를 위해서는 미국은 말할 것도 없고 유럽이 함께 움직여야 한다. 특히 독일이 앞장서서 모든 나라가 공평하게 국제경제 시장으로 편입될 수 있도록 영향력을 행사해야 한다. 우리는 이 세계가 세계화의 승리자와 패배자로 양분되는 것을 막아야 한다.

한 인간이 삶의 목표를 이루는 일이 점점 지식에 좌우되는 세상에서, 우리 아이들이 살아남을 수 있도록 누구에게나 교육의 기회를 주는 것은 어른들의 의무다. 교육 기회를 얻는 것과 우리 교육 수준은 21세기의 정의에 관한 문제이기도 하다. 교육 기회는 곧 생존과도 직결되는데, 누구보다 나 자신이 이를 경험한 바 있다. 교육은 노동시장으로 가는 길이자 사회적 인정을 누릴 수 있는 열쇠다. 교육은 개인의 재능과 능력을 펼칠 수 있는 문을 열어주며, 동시에 사회에서 책임감 있는 인생을 살 기회를 준다. 또 윤택한 삶을 영위할 수 있게 해줄 뿐만 아니라 사회의 의사 결정에도 참여할 수 있게 해준다. 그리고 경제적·사회적·문화적으로 급속하게 변화하는 세계에서 가치와 목표를 알려준다. 따라서 우리는 아이들의 출신이나 부모의 경제력과 무관하게 모든 아이가 공평하게 교육 기회를 가질 수 있도록 지원해야 한다.

교육 및 탐구와 관련된 최선의 조건을 마련해주는 것은 국가의 책무다. 연방주의 개혁으로 교육 분야에서 연방주들의 역할이 더욱 강화되었다. 여기에 더해 나는 연방정부가 교육 문제에서 더 많은 권한을 가지고 국가적 기준을 정해 관철하는 것이 더 바람직하다고 본다. 왜냐하면 독일 전역에서 적정 수준의 종일반 수업 제도를 마련하려면 연방정부의 주도적 역할이 필요하기 때문이다. 사민당-녹색당 연립정부가 결정한 대로 연방정부는 연방주들이 종일반 수업을 확대하는 것을 지원하고, 연방주들의 힘만으로는 불가능했던 학교 정책의 노선 변화에 착수했다. 이제 각 연방주는 교육 분야의 중대한 책임도 잘 수행하고 있다는 사실을 증명해 보여야 한다. 이는 국제학업성취도평가PISA에서 증명될 것이다.

7년의 임기 동안 가장 갈등이 많았던 주제는 외교정책이었는데, 특히 독립적이고 주체적인 독일의 역할을 규정하는 것이었다. 그 핵심에는 독일이 미국으로부터 상대적 독립성을 획득하는 문제가 있었다. 이 과정에서 어떤 국면에서도 공동의 가치관과 우호적인 동맹에 악영향을 끼치는 일이 있어서는 안 된다는 것에 모두가 견해를 같이했다. 독일은 유럽에서 프랑스와 함께 통합을 추진하는 엔진이자 동유럽으로 건너가는 다리였다. 대외적으로 러시아 그리고 중국과도 전략적 우호관계를 구축했고, 날로 중요성이 커지고 있는 걸프만(페르시아만) 국가들의 상황에도 잘 대처해왔다. 이런 일들은 내가 유럽에 대해 언급한 정책을 넘어서서 특별히 받아들인 과제들이었다. 이 과제는 성장한 독일의 정치적 위상에 따른 것일 뿐만 아니라, 대외무역상의 이해관계에 따른 것이기도 했다.

나는 대미 관계의 중요성을 분명히 강조한 것만큼이나 전 세계에서 독일 경제의 이익이 대변되는 과정에 어떠한 방해도 독일이 용인하지 않겠다는 것 또한 분명히 밝혔다. 그것은 미국이라는 경쟁자에 의한 것이라 하더라도 마찬가지다. 자국의 경제적 이익을 위해서라면 경쟁자에게 큰 정치적 압력을 행사해서라도 관철하는 것이 미국식 외교정책이며, 그 경쟁자가 친구더라도 상황은 다르지 않다. 나는 이에 맞서는 것이 전적으로 독일 연방총리가 해야 할 일이라고 보았다.

중동 지역에 대해서는 특별한 책임을 느끼고 있다. 이스라엘의 생존권을 위해 앞장서는 일이 우리의 도덕적·정치적 의무다. 우리 정부와 외무부장관도 이에 걸맞게 행동해왔다. 독일의 정책에서 절대 바꿀 수 없는 몇몇 과제 말고도 페르시아만 국가들과 사우디아라비아와 특별한 관계를 구축하고 확대하는 일도 너무나 중요하다. 그곳의 경제를 다양화해야 할 필요성, 즉 석유와 가스 등에만 일방적으로 의존하던 상황에서 벗어나는 일은 생산력 있는 독일의 투자재 산업에 좋은 협력의 기회를 제공해줄 뿐만 아니라 이들 국가에도 경제적·정치적으로 안정화를 가져다준다. 이것이 내가 페르시아만 국가들과 특수한 관계를 구축하려고 힘쓴 이유이고, 독일의 국익을 위해 계속되기를 바라는 것이다. 아랍 세계의 민주주의화는 외부에 의해 강요될 수 없고 내부에서 시작되어야 한다. 이를 위한 징후는 페르시아만 국가들에 희망적으로 보이는데, 여기에는

베를린의 총리 집무실.

외부 지원도 필요하다.

유럽의 외교정책이 현재 별 도움이 못 되는 미국 정부의 외교정책에 대한 대안으로 발전해나가고 관철된다면, 이는 명예로운 목표가 아닐 수 없다. 더욱이 많은 미국 전문가가 기대하는바, 미국이 사고를 바꿔 세계 평화를 위해 건설적인 기여를 할지도 모른다. 내가 이라크 전쟁에 반대한 것은 단 한순간도 반미 감정에 따른 다른 의도가 있었던 것이 결코 아니다. 우리는 이성적으로 옳지도 않거니와 문제가 축소되기보다는 확대될 게 빤히 보이는 전쟁에 참전해야 하는가 하는 질문에 답했을 뿐이다. 유감스럽게도 이제는 실제 검증 결과에 따라 우리의 우려가 틀리지 않았음을 확인하는 일만 남았다.

독일은 힘들게 일궈낸 외교정책의 상대적 독립성을 잘 지켜내야 한다. 여기에 니벨룽겐(고대 독일의 전설적인 왕족 니벨룽을 시조로 하는 초자연적인 난쟁이족―옮긴이)과 같은 맹목적 충성은 필요 없다. 2003년 5월 이라크 전쟁 이후 '유럽의 재탄생'을 기대했던 위르겐 하버마스를 중심으로 한 유럽의 지성인들이 내놓은 답변과 마찬가지로, 유럽을 향한 내 답변에는 변함이 없다. 나는 유럽을 믿는다. 독일 민족의 신성로마제국이 막을 내린 후 두 세기 동안 경험한 자유와 평화의 정신을 국민들이 잊지 않고 기억하도록 하는 데 지치지 않는 노력을 경주해줄 것을 기대한다. 통합된 하나의 유럽에서만 제대로 된 새로운 번영을 누릴 수 있다. 또한 다양성 속에서의 통합이라는 매력이 중동과 발칸 지역이 충돌할 불씨를 제거하는 마법의 주문이 될 수 있다.

내가 이끈 연방정부는 1998년부터 2005년까지 이 핵심 과제에 도전했다. 우리는 독일을 대내외적으로 새롭게 정립해나가기 시작했다. 이 7년이라는 시간 덕분에 독일은 좀 더 미래 지향적인 모습을 갖추게 되었다. 어젠다 2010 개혁 방안은 우리 사회의 고착된 경직성을 타파했다. 우리는 독일 사회를 가장 시급한 요건에 적응할 수 있도록 근본적으로 변화시켰다. 주체적이고 책임감 있는 외교 및 안보정책으로 전 세계에서 독일의 역할을 새롭게 정의했다.

하지만 우리가 시작한 모든 일을 다 마무리짓지는 못했다. 이 일들을 마무리지으려면 새로운 '어젠다 2020'이 필요하다. 전 세계적으로 발전의 추이를 고려하여 어디에 강조점을 둘지 잘 살펴봐야 한다. 있는 그대로 생활 터전을 유지하면서 복지 수준의 격차를 좁혀나가는 것이 미래의 가장 핵심적인 과제다. 이런 내용을 골자로 한 새로운 '어젠다 2020'이 만들어진다면, 이는 후진들에게 큰 매력을 발산할 것이다. 왜냐하면 하나밖에 없는 이 지구에서 소유와 발언권에 대한 기회가 공평하게 주어지고, 미래 세대에게도 살 만한 가치가 있는 삶의 터전을 제공하며 평화롭게 함께 살아가는 것이 정치 정당 본래의 관심사이기 때문이다.

## 옮긴이의 말

슈뢰더 총리의 강연을 처음 통역한 것은 2012년 한국경제TV 주최 '국제금융콘퍼런스'의 기조연설자로 방한했을 때다. 2013년에는 한국자산관리공사KAMCO가 아시아개발은행ADB과 공동으로 '국제공공자산관리기구 포럼 창립 및 연차총회'를 개최하고 슈뢰더 총리를 역시 기조연설자로 초청했다. 나는 이 두 행사 모두 기조연설의 동시통역을 맡았기 때문에 총리를 직접 만나 이야기할 기회는 없었다. 하지만 당시 동시통역 부스 너머로 간접적으로 경험한 느낌을 이렇게 메모해둔 적이 있다.

리더십이란?

슈뢰더 총리가 다시 한국을 찾았다. 이번으로 그를 두 번째 만나는 드문 인연의 즐거움을 누렸다. 본인 스스로 앞당긴 총선에서 메르켈 총리에게 자리를 내주고 물러났는데, 요즘 전 세계로부터 강연 초청이 쇄도해 퇴임 이후 총리 시절 못지않은 인기를 누리고 있다. 왜일까?

유로존 위기에도 건재한 독일의 경제 비결이 그를 총리직에서 물러나게 만든

'어젠다 2010' 덕분이라는 분석 때문이다. 그가 자신의 소속 정당인 사민당과 지지 기반인 노조의 엄청난 저항에도 불구하고 관철하려 했던 이 경제개혁안은 끝내 그를 총리직에서 물러나게 했다. 하지만 이 개혁안의 골자를 메르켈 총리가 승계한 덕분에 독일이 오늘날 유로 위기를 견딜 면역력을 갖게 되었고, 그것이 지금 독일 경제를 떠받치는 힘이 되었다.

사회자가 '리더십'에 대해 질문하자 그가 이렇게 대답했다.

"어떤 정치인도 선거에서 지고 총리직에서 물러나고 싶은 사람은 없을 것입니다. 저도 마찬가지입니다. 하지만 위기의 순간에는 진정 옳다고 생각하는 바, 정당의 이익보다 국가의 이익을 관철할 수 있는 힘이 있어야 하는데, 이것이 리더십에서 필요한 것이라고 생각합니다."

'어젠다 2010'이 반대 세력에 부딪히자 그가 총선을 앞당겨 국민의 뜻을 묻겠다는 정치적 모험을 감행했을 때, 아마 그 자신도 이것이 총리의 생명을 몇 개월 단축시키는 결과로 끝나리라고는 예감하지 못했을 것이다. 야당인 기민당과 자신이 속한 사민당마저 당황시킨 돌발적 조기 총선 제안으로 그는 국민에게 자신의 진정성을, 자신의 정당성을 확인받고 싶었을 터다.

독일 국민들은 당시 그의 개혁안에 지지를 보내지 않았으나, 아이러니하게도 지금 독일은 바로 그 개혁안을 발판으로 굳건하게 서 있다. 리더십이란 희생을 감수하고도 자신의 신념을 관철할 수 있는 힘이다. 정치인에게, 즉 국민의 인기를 늘 의식하며 생존해야 하는 정치인에게 이것은 무척 어려운 일이다.

퇴임 후 전 세계에서 강연 초청이 쇄도하고, 퇴임 전보다 퇴임 후에 오히려 인기가 더 높아지는 우리나라 정치 지도자를 기다린다.

세 번째 만남은 2015년 제주평화포럼의 특별세션 연설자로 초청받아 방한했을 때 있었다. 나는 이 포럼에서도 동시통역을 맡았기에 슈뢰더 총리를 직접 만나뵐 기회가 없었다. 그런데 이 포럼이 제주도에서 개최되어서 하루 일찍 내려가야 했기 때문에 원희룡 제주도지사와의 면담 순차통역을 갑자기 하게 되었고, 그제야 비로소 내가 그의 강연을 그동안 보이지 않는 곳에서 통역했다는 인사를 드렸다. 이 세 번째 포럼에서 '변화'라는 주제의 담화가 있었는데, 그중 지금도 기억나는 말이 있다.

"어떤 작은 변화도 시도하지 않는 자, 결국 한꺼번에 모두를 바꾸어야 할 것이다."

이것은 지금도 내가 일상의 작은 변화에 직면해 머뭇거릴 때 과감하게 떨치고 일어나 시작할 힘을 주는 말이다. 내공의 켜가 깊은 사람의 말에서는 특별한 기운이 느껴지게 마련인데, 슈뢰더 총리의 말이 특히 그러하다.

총리의 강연을 통역한 인연으로 회고록의 번역 작업을 하게 된 것은 그 자체로 나에게 큰 기쁨이기도 했지만, 무엇보다 총리의 삶과 정치 역정을 경험하는 소중한 기회였다. 그는 독일의 수도 본과 베를린을 모두 경험한 총리로서 통일 후 수도를 베를린으로 이전하는 과정을 진두지휘했다. 또한 통일 후 구동독 재건 붐과 통일이 가져올 낙관적 기대에 젖어 도외시되었던 통일의 후유증을 물려받아 적체된 개혁을 단행해야 하는 어려운 과제를 떠안았다.

비판적인 논객들이 정치인들의 포퓰리즘에 일침을 가할 때 단골메뉴로 사용하는 것이 '게르하르트 슈뢰더 총리를 벤치마킹하라'는 주문이다. 그가 자신의 지지자들에게 인기가 없는 매우 불편한 개혁을 단행했고, 바로 그 때문에 총리직을 내려놓아야 했지만, 이 개혁정책에 힘입어 당시 '유럽의 병자'로 낙인찍힌 독일을 오늘날 '유럽의 견인차' 역할로 바꿔놓았다고 판단하기 때문이다. 당시 500만에 육박하던 실업자는 현재 독일 통일 후 사상 최저치를 기록하고 있으며, 이것은 어젠다 2010 개혁정책 덕분으로 해석되고 있다. 메르켈 총리는 2015년 슈뢰더 전기 출판기념회에서 직접 책을 소개하면서 이렇게 평가했다.

"2005년 첫 시정 연설에서도 언급했고 이후로도 계속해서 내가 강조했던 것은, 슈뢰더 총리가 어젠다 2010 개혁정책으로 우리 독일에 큰 업적을 남겼으며, 오늘날 독일이 이렇게 부흥하게 된 그 출발점은 의심할 여지없이 그의 개혁정책 어젠다 2010이었다는 사실입니다. 우리는 외교정책에서 근본적으로 서로 의견이 다르지만, 그럼에도 슈뢰더 총리의 개혁정책의 업적을 높이 평가하고 있습니다."*

이라크 전쟁 당시에는 독일을 비롯해 서방의 많은 동맹국이 미국 주도의 질서에 편입해 찬성 의견을 내는 상황에서 슈뢰더 총리는 단호하게 '전쟁은 안 된다'며 반대 의견을 외쳤고, 이를 계기로 독일은 과거 전범 국가로서 무거운 멍에를 벗어던지고 세계 무대에서 평화를 외치는 독자적 목소리를 낼 수 있었다. 이 모든 것이 슈뢰더 총리의 결단에 따른 것이었다. 리더의 지향점과 결단은 한 국가의 지형을 이렇게 바꿔놓을 수 있다.

이 책에서 그는 이렇게 말하고 있다.

미국이 다시 세계 무대에서 고립되는 일이 있어서는 안 된다. 미국 내에서 벌어지는 정치 논쟁을 눈여겨보면 이런 위험이 도사리고 있음을 감지할 수 있

---

* https://www.bundesregierung.de/Content/DE/Rede/2015/09/2015-09-22-rede-merkel-biografie.html

다. …… 결국 우리에게 필요한 것은 테러리스트들을 궁지에 몰아넣고 좌절시킬 수 있는 자발적 평화 운동이다. 미국 혼자만의 힘으로는 결코 해낼 수가 없다. 아랍 국가와 이스라엘을 포함하는 새로운 글로벌 동맹과 EU가 여기에 힘을 보태야 한다. 지금 당장 이 길을 닦지 않으면 테러리스트들이 전 세계에 더 많은 도화선을 놓을 것이다. 그렇게 되면 대서양 국가들 간의 불화를 넘어서 더 많은 것이 위험해질 수 있다. (본문 224~225쪽)

당시에 그가 우려했던 일들이 오늘날 실제로 일어나고 있는 현실을 보면서 우리가 역사를 기억하는 것이 미래를 구상하는 데 얼마나 중요한지를 다시금 깨닫게 된다. 한 정치 지도자가 내렸던 결단의 순간들, 그 과정의 고뇌와 예측 불허의 결과가 담긴 이 책이 독자들에게 특별한 울림과 메시지를 남길 것을 기대해본다.

2017년 8월
김소연

# 찾아보기

ㄱ

간척지 모델 88, 111
게르하르트 골 253
게오르크 밀브라트 436
공중조기경보기(AWACS) 138, 204, 205
교양인들의 봉기 235
교토의정서 237
구스타프 하이네만 263
9·11 테러 84, 150, 151, 178, 391
국가 추방 반대 센터 302
국가사회주의(나치즘) 290
국가윤리위원회 50
군다 뢰스텔 100
귄터 그라스 26, 27, 214, 304
그린카드 251, 280, 281
극우주의 233, 236
급진주의자 41
급진주의자 지침 41
기 베르호프스타트 158
기독교 근본주의자 183
기독민주당(기민당, CDU) 52, 53, 56, 57, 85,
    86, 89, 190, 232, 233, 235, 246, 247, 251,
    252, 254, 255, 257, 262, 284, 333, 340,
    343, 354, 356, 368, 369, 428, 431~434,
    438, 441
기독사회당(기사당, CSU) 57, 235, 270,
    284~286, 356, 434, 441
기민-기사당 96, 97, 190, 239, 245, 246,
    248, 270, 284, 314, 356, 377, 378, 428,
    431, 432, 434, 440, 442
기억, 책임 그리고 미래 재단 75

ㄴ

나토 이사회 160, 162
네오나치 55, 264
넬슨 만델라 278, 279
노동을 위한 동맹 88, 89, 111, 236, 246, 340
노르베르트 블륌 85
노먼 데이비스 304
녹색당 39, 51, 43, 52, 56, 57, 83, 84, 95, 96,
    98, 99, 100, 101, 139, 165, 166, 191, 245,
    258, 260, 265, 270, 334, 341, 373~375,
    377, 392, 427
늙은 유럽 209

ㄷ ──────────

다문화 사회 264
대량살상무기 150, 151, 178, 192, 195, 197,
  199, 206, 212
댄 코츠 157, 160
도널드 럼스펠드 206, 209, 212, 225
도미니크 드 빌팽 208
도미니크 스트로스-칸 104
독일노동조합총연맹(DGB) 236, 350, 351,
  365, 369
독일민족민주당(NPD) 56, 366, 368
독일연방철도청 25, 41
디터 슐테 365
디트마르 쿤트 253
딕 체니 150, 193, 195, 196, 206, 238


ㄹ ──────────

라이너 페팅 79
라인강 자본주의 232
라인하르트 클림트 116
라인하르트 퓌러 415
라인하르트 헤세 312, 313
라히다르 브라히미 175
레나테 슈미트 386, 387
레나테 퀴나스트 258, 259, 260, 374, 375
레제프 타이이프 에르도안 317, 319
레체크 밀러 321, 322
레흐 카친스키 306
로널드 레이건 51, 190
로타 비스키 233
롤란트 코흐 235
루돌프 샤핑 49, 110, 116, 121, 154, 160,
  264, 265, 384
루돌프 폰 타덴 311
리스터연금 241, 248
리오넬 조스팽 112, 157, 291, 292
리처드 클라크 205, 206
리타 쥐스무트 280

리하르트 폰 바이체커 265, 304


ㅁ ──────────

마거릿 대처 190
마르쿠스 뤼페르츠 271
마르쿠스 메켈 46
마르티 아티사리 130, 132, 314
마리아네 두덴 112, 390
마스트리히트 조약 86, 384
마이클 고든 149
마티아스 클라우디우스 214
마티아스 플라체크 367, 368
마틴 발저 214
마틴 카네기서 356
만프레드 비싱어 214
만프레드 슈톨페 388
매들린 올브라이트 106
메서슈미트재단 221
모하메드 엘바라데이 212
무기사찰단(사찰단) 192, 196, 197, 199, 201,
  212, 213, 217
미국 중앙정보국(CIA) 193
미하엘 고르바초프 46, 410
미하엘 글로스 153
미하엘 나우만 61, 271, 420
미하엘 마이스터 434
미하엘 슈타이너 129, 132
미하엘 좀머 350, 351, 365
미헬 프리트만 236
민주사회당(PDS) 84, 96~98, 122, 366


ㅂ ──────────

바르샤바 봉기 301, 302, 304, 306, 307, 414
발터 리스터 107, 242, 243, 245
발터 발만 51
발터 울브리히트 68
베르너 뮐러 103, 253, 378~380
벨라 안다 362, 363

보리스 옐친 416
볼프 레페니스 214
볼프강 쇼이블레 233
볼프강 클레멘트 344, 353, 358, 360, 380
볼프강 티어제 154
부당해고 금지 348, 431
부트로스 부트로스-갈리 137, 138
붉은 여단 287
브레트슈나이더 35
브리기테 취프리스 100, 388, 390
브리지트 소제이 310, 311
브와디스와프 바르토스체브스키 307
블라디미르 레닌 410
블라디미르 푸틴 155, 157, 161, 210, 212,
    216, 220, 222, 399, 401~404, 406, 409,
    412, 416~420
비욘 엥홀름 116
빅토르 오르반 152
빅토르 체르노미르딘 130
빌 클린턴 96, 106, 137, 152, 205, 238, 292,
    401, 402, 418
빌리 브란트 26, 27, 40, 45, 46, 48, 79, 80,
    96, 116, 118, 121, 124, 302, 336, 385,
    416
빌리-브란트-하우스 270, 271, 441
빌리 블라이허 27
빌헬름 픽 68
빔 코크 291

ㅅ
사담 후세인 146~148, 150, 193, 195, 198,
    206
사회민주당(사민당, SPD) 26, 27, 34, 36, 38,
    39, 43, 44, 48, 51~53, 56, 57, 79, 80,
    82~85, 95~102, 104, 112, 113, 115,
    116, 118, 120, 122, 124, 125, 127, 139,
    154, 170, 189, 193, 235, 241, 245, 246,
    248, 254, 255, 260, 270, 284, 330~334,

344, 345, 350, 351, 353~360, 362,
    364~369, 373, 377, 383, 385, 392, 429,
    431, 433, 435, 436, 441, 442
사민당-녹색당 연립정부 → 적녹연정
사회주의인터내셔널 46
사회주의통일당 96~98
새뮤얼 헌팅턴 201
생화학무기 147, 195, 199
샤를 드골 309
세계무역기구(WTO) 403, 409
세계유대인회의 74
슈뢰더-블레어 성명서 249, 292
슈테판 츠바이크 290
스튜어트 아이젠스타트 74
스트로브 탤벗 130
시민권 171, 377
신임투표 165, 166, 332, 334, 336, 391, 429
신자유주의 57, 433
실비오 베를루스코니 190, 208
실업급여 331, 347, 355, 356, 371
실업급여 II 347, 356, 371

ㅇ
아돌프 히틀러 71, 122, 299, 375, 410
아르눌프 바링 343
아메리칸 드림 287, 288, 295
아우구스트 베벨 124
아우슈비츠 재판 38
아흐메드 찰라비 146
악의 축 178
안드레아 피셔 258, 374
알렉산더 두브체크 296
알렉산데르 크바시니에프스키 306
알카에다 149~151, 162, 164, 178, 180,
    193, 199, 377
알프레드 타케 100
앙겔라 메르켈 431, 434
앙카라 협정 319

앙케 푹스 43

어젠다 2010 89, 249, 331, 332, 344~347,
350, 351, 353, 354, 357~360, 362~365,
367, 380, 392, 439, 442

에곤 바르 46, 80

에델가르트 불만 388

에두아르도 칠리다 339

에드문드 바라노브스키 306

에드문트 슈토이버 270, 284, 285, 432, 434,
442

에르하르트 에플러 51, 84, 125, 127, 354,
360

에른스트 벨트에케 108

에른스트 블로흐 70

에리히 밀케 67

에릭 베터만 172

엘 고어 238

연방 안전보장회의 154, 158, 160

연방하원 선거 72, 85, 119, 265, 330~332,
334, 336, 337, 340, 381, 391, 393, 427,
428, 430, 435

연방헌법재판소 55, 73, 138, 139, 330, 331,
334, 335, 388, 429

예란 페르손 291

오사마 빈 라덴 162, 164, 170, 193

오스카 넥트 214, 378

오스카 라퐁텐 85, 98, 100, 103~110, 112,
113, 115, 116, 118~122, 124, 125, 232,
359, 382

오토 그라프 람스도르프 74

오토 쉴리 154, 159, 160, 171, 233, 375,
377, 378

오트키르 술타노프 173

올라프 숄츠 358

요슈카 피셔 99, 100, 105~107, 110, 113,
115, 122, 129, 130, 154, 163~167, 192,
196, 219, 260, 270, 330, 331, 334, 341,
344, 356, 369, 370, 373

요스트 슈톨만 102~104, 109

요크 브룬스 44

요하네스 라우 52, 53, 120, 154, 163, 164,
236, 263, 370

우베 브레머 26

우베-카르스텐 하이예 95, 100, 113, 115,
132, 236, 390

울라 슈미트 258, 260, 262, 387

울리히 하르트만 253

월요시위 366, 369, 431, 436

위르겐 뤼트거스 251

위르겐 트리틴 57, 100, 253, 373

위르겐 페터스 353, 356, 365, 366

위르겐 플림 214

위르겐 하버마스 290, 291, 295

유러피언 드림 287, 288, 295, 323

유럽 방어 공동체 298

유럽 사법재판소 297

유럽 헌법 조약 310

유럽안정화협약 86

유엔 안전보장이사회 150, 161, 164, 167,
179, 192, 196, 198, 199, 202, 208, 210,
212, 215~219, 299, 404

유전공학 58

유전자 변형 유용작물 58, 60

68년 학생운동 38, 41, 52, 125, 371, 378

율리안 니다뤼멜린 271

이라크 전쟁 84, 149, 150, 179, 192, 193,
198, 201, 202, 204~206, 209, 210, 220,
224, 265, 293, 294, 344, 403

이브라힘 뵈메 46

이슬람 카리모프 172

이오시프 스탈린 410

이주법 252


ㅈ

자크 데리다 293, 295

자크 시라크 96, 155, 157, 209, 210, 212,

216, 217, 219, 220~222, 284, 285, 309,
　310, 319, 320, 415
장-클로드 융커 87, 283
재생에너지 252, 254, 256
적군파 56, 287, 375
적녹연립정부(적녹연정) 39, 52, 57, 58, 60,
　81, 95, 96, 99, 101, 103, 107, 109, 111,
　112, 166, 171, 232, 237, 239, 241, 247,
　248, 252, 257, 260, 262, 269, 271, 312,
　320, 331, 340, 353, 377, 427, 428, 432,
　433, 440, 442
정치 후원금 스캔들 232
제러미 리프킨 287, 288, 295, 323
조기 총선 → 연방하원 선거
조르주 퐁피두 311
조지 로버트슨 204
조지 W. 부시 137, 150, 151, 154, 161,
　178~180, 182, 183, 191, 193, 196, 198,
　201, 205, 206, 209, 210, 212, 223, 224,
　237, 238, 418
존 매케인 178
좌파당 98
줄리아노 아마토 291
지그리트 크람피츠 100, 153, 165, 390
지그마 가브리엘 344
직업 금지 조치 40

**ㅊ**
척 헤이글 237
철수 전략 225
철의 장막 53, 76, 77, 79, 296, 333, 401
청년사회민주당(청년사민당) 36, 39, 40, 43,
　115

**ㅋ**
카를-하인츠 풍케 259, 374
카를-후베르투스 폰 부틀러 175
카요 바서회벨 436

칼 빌트 129
케르스틴 뮐러 100
코소보 전쟁 82~84, 105, 107, 110, 113,
　129, 135, 136, 155, 165, 237
코피 아난 197, 198, 215, 216, 279, 317, 319
콘돌리자 라이스 202
콘라트 아데나워 232, 309
콘스탄티노스 시미티스 217, 291
콜린 파월 150, 151, 191, 192, 198, 199,
　208, 212, 306
쿠르트 비덴코프 315
크리스티나 라우 370
크리스티나 바이스 271
크리스티네 베르크만 386, 388
크리스티안 슈타르크 37
클라우스 망골트 420
클라우스 비제휘겔 353
클라우스 슈테크 214
클라우스 우베 베네터 416
클라우스 퇴퍼 238

**ㅌ**
타보 음베키 279, 291
타소스 파파도풀로스 319
탈레랑 127
탈레반 150, 164, 167, 172, 176, 198
테러와의 전쟁 84, 150, 161, 178, 180, 191,
　199, 201, 212, 405
테아 뒤커르트 57
토니 블레어 136, 137, 155, 157, 189, 190,
　213, 238, 248, 249, 291, 319, 415
토니 투렉 28
특별 전당대회 124, 351, 353, 354, 430, 432,
　435

**ㅍ**
파울 슈피겔 233, 236
파울 키르히호프 431, 433, 434

8개국 성명 208, 217
페르난도 카르도소 291
페르디난드 피에히 268
페터 슈트룩 154, 212
페터 폰 외르첸 43
페터 하르츠 268
페터스베르크 회의 167
평화유지군 129, 139
폴 월포위츠 150, 178, 206
폴커 뤼에 314
프란츠 뮌테페링 124, 330, 332~334, 344,
    351, 354, 355, 356, 359~361, 435, 442
프란츠 베켄바우어 172, 176
프란츠 페르디난트 128
프랑크-발터 슈타인마이어 50, 100, 165,
    203, 253, 344, 389, 390
프랑크 브지르스케 365
프리드리히 메르츠 153
프리드리히에버트재단 36
프리츠 발터 28
프리츠 슈뢰더 31

ㅎ

하르츠 III 356
하르츠 IV 356, 366, 368, 387
하르츠위원회 267, 269
하르트무트 메도른 25
하미드 카르자이 173

하이너 플라스벡 108
하이데 지모니스 331
하이데마리 비초레크-초일 370, 385
하인리히 폰 피러 284, 285
한스 블릭스 192, 196, 197, 212
한스 아이헬 152, 235, 341, 342, 382
한스 아펠 44
한스-요헨 포겔 48~50, 120, 357, 360
한스 코쉬닉 45
한스 티트마이어 108
항구적 자유 작전 84, 164, 170, 191, 212,
    265, 391
핵합의 252~254
헤닝 쉐르프 356
헤르베르트 베너 48, 385
헤르베르트 짐머만 28
헨리 무어 339
헨리 키신저 294, 295
헬무트 란 28
헬무트 슈미트 34, 48, 390
헬무트 콜 51, 54, 82~84, 105, 119, 336
호르스트 말러 56
호르스트 얀센 26, 27
호르스트 하이칭거 369
호세 마누엘 바로소 286
호세 마리아 아스나르 190, 213
홀로코스트 295, 302

# 게르하르트 슈뢰더 자서전
## : 문명국가로의 귀환

**초판 1쇄** | 2017년 9월 5일 발행

**지은이** | 게르하르트 슈뢰더
**해제** | 김택환
**감수** | 김소연
**옮긴이** | 김소연 · 엄현아 · 박성원

**펴낸이** | 김현종
**펴낸곳** | (주)메디치미디어
**등록일** | 2008년 8월 20일 제300-2008-76호
**주소** | 서울시 종로구 사직로 9길 22 2층(필운동 32-1)
**전화** | 070-7862-9360(편집) 02-735-3308(마케팅)
**팩스** | 02-735-3309
**전자우편 · 원고투고** | medici@medicimedia.co.kr
**페이스북** | medicibooks
**홈페이지** | www.medicimedia.co.kr

**출판사업본부장** | 김장환
**편집** | 손소전 이상희
**디자인** | 캠프
**마케팅** | 허성권 이지희 김신정
**경영지원** | 전경화 정학순

**인쇄** | 한영문화사

ISBN 979-11-5706-098-6 03340